出版领域知识服务前沿理论及应用

主　编　周国明
副主编　罗尧成　任　娟

上海大学出版社
·上海·

图书在版编目(CIP)数据

出版领域知识服务前沿理论及应用 / 周国明主编．—上海：上海大学出版社，2020.10
 ISBN 978-7-5671-4015-8

Ⅰ.①出… Ⅱ.①周… Ⅲ.①出版业—知识经济—产业发展—研究—中国 Ⅳ.①G239.2

中国版本图书馆 CIP 数据核字(2020)第 206111 号

出版统筹　邹西礼
责任编辑　贾素慧
封面设计　柯国富
技术编辑　金　鑫　钱宇坤

出版领域知识服务前沿理论及应用

主　编　周国明
副主编　罗尧成　任　娟
上海大学出版社出版发行
(上海市上大路99号　邮政编码200444)
(http://www.shupress.cn　发行热线 021-66135112)
出版人　戴骏豪

*

南京展望文化发展有限公司排版
江苏凤凰数码印务有限公司印刷　各地新华书店经销
开本 710mm×1000mm　1/16　印张 26　字数 467 千字
2020 年 11 月第 1 版　2020 年 11 月第 1 次印刷
ISBN 978-7-5671-4015-8/G·3151　定价 78.00 元

版权所有　侵权必究
如发现本书有印装质量问题请与印刷厂质量科联系
联系电话：025-57718474

本书编委会

主　编

周国明

副主编

罗尧成　任　娟

编　委
（以姓氏笔画为序）

于　成　王文举　王晓红　尹　达
李　武　杨晓新　吴　燕　吴　赟
张新新　黄　静

前言 Foreword

媒体融合背景下,随着大数据、人工智能等新技术在出版领域的广泛应用,知识的生产与传播方式发生了重大变革,新技术为满足用户高质量的知识需求提供了有效手段并降低了服务成本,使知识服务成为媒体融合发展的新动能。知识服务正成为出版业和互联网企业为用户提供知识内容或者解决方案的服务方式,并成为这些企业提质增效的转型升级方向。国内数字出版领域诞生了众多的主流知识服务平台,同时越来越多的出版社也开启了向"知识服务"转型的应用和模式探索,它们在知识服务的内容、形式、载体、方法、手段等方面不断改进和创新,为出版业知识服务实践发展提供了新的视角,也为出版领域知识服务学术研究提供了珍贵的研究课题和经验案例。

有鉴于此,由上海出版印刷高等专科学校周国明副校长策划主持、上海出版传媒研究院组织编撰了这本《出版领域知识服务前沿理论及应用》。2018年7月,上海出版传媒研究院围绕"出版业知识服务"主题发布招标课题,来自国内高校、行业研究机构近40位学者申报,共立项10个课题。2018年11月,举行"知识服务与出版创新"专题研讨会,这些举措都为本书的撰写奠定了良好基础。全书共包括10章,由来自上海交通大学、浙江大学、南京大学、上海理工大学等高校的专家学者组成团队共同撰写。本书聚焦于出版领域知识服务的发展现状与态势、技术应用路径、商业模式创新应用等课题,旨在为出版行业的政策制定者、学术研究者、行业从业者等提供有价值的参考。

上海出版传媒研究院是一个开放的平台,未来本研究院将继续坚持"协同创新、共享资源,开放建设"的原则,积极整合校内外优质智力资源,努力建设成为一个立足上海、服务全国、对出版业的转型发展产生重要影响的新型智库平台。

周国明
2020年5月

目录 Contents

第一章　出版类核心期刊知识服务现状调查研究
　　——基于学术期刊数字化转型视角 ………………………………………… 1
　　第一节　导言 …………………………………………………………………… 1
　　第二节　我国学术期刊数字化和知识服务转型的政策背景 ………………… 5
　　第三节　我国学术期刊知识服务研究综述 …………………………………… 8
　　第四节　出版类核心期刊知识服务现状调查评析 …………………………… 21

第二章　知识服务背景下的图书馆转型发展研究 …………………………… 43
　　第一节　序言 …………………………………………………………………… 43
　　第二节　知识服务的内涵与特征 ……………………………………………… 44
　　第三节　图书馆知识服务转型的驱动因素 …………………………………… 48
　　第四节　知识服务背景下的图书馆转型案例研究 …………………………… 53
　　第五节　协同学视角下知识服务与图书馆演化趋势 ………………………… 65
　　第六节　面向高校科研创新的知识服务合作关系及自适应服务机制 ……… 74
　　第七节　小结 …………………………………………………………………… 84

第三章　知识服务语境下的传统书店转型研究 ……………………………… 85
　　第一节　绪论 …………………………………………………………………… 85
　　第二节　实体书店转型与融合发展的必要性和实质 ………………………… 91
　　第三节　实体书店转型与融合发展的维度、模式及典型案例分析 ………… 96
　　第四节　影响实体书店转型与融合发展的产业政策分析 …………………… 120
　　第五节　实体书店融合发展模式优化的路径与措施建议 …………………… 127
　　附录：全国一线城市实体书店分布情况 ……………………………………… 145

第四章 "互联网+"时代的纸质图书版权保护机制研究 …… 149
第一节 研究的目的与意义 …… 149
第二节 国内外研究现状 …… 150
第三节 反侵权盗版策略、模式及版权保护技术 …… 157

第五章 知识服务语境下的绿色印刷产业发展趋势研究 …… 205
第一节 绿色印刷的内涵与外延 …… 206
第二节 绿色印刷产业发展研究存在的问题 …… 210
第三节 基于多源网络信息的绿色印刷产业发展趋势研究 …… 211

第六章 学术出版数字化转型实践及启示 …… 234
第一节 学术出版社早期数字出版实践失败原因
——以莱斯大学出版社为例 …… 234
第二节 突破限制和服务创新：牛津社和剑桥社的转型之路 …… 238
第三节 我国学术出版数字化转型的契机和问题
——以商务印书馆为例 …… 247
第四节 海外整合式学术出版平台对我国的启示 …… 255

第七章 音频知识服务行业研究报告
——行业现状、理论分析和未来展望 …… 267
第一节 音频知识服务概述 …… 267
第二节 音频知识服务行业现状 …… 271
第三节 音频知识服务行业分析 …… 278
第四节 音频知识服务行业未来趋势 …… 293

第八章 我国有声读物市场产业结构及存在问题研究 …… 298
第一节 绪论 …… 298
第二节 我国有声读物市场接触率及规模 …… 309
第三节 我国的有声读物产业结构 …… 311
第四节 我国有声读物市场存在的不足 …… 322
第五节 我国有声读物市场不足的对策 …… 327

第六节　结论 …………………………………………………… 332

第九章　大数据、人工智能在出版业知识服务中的应用研究 …… 334
　　第一节　何为人工智能 …………………………………………… 336
　　第二节　人工智能发展的历史与知识服务 ……………………… 341
　　第三节　人工智能在出版业知识服务中的应用 ………………… 348
　　第四节　出版业提供的知识服务模式 …………………………… 356
　　第五节　人工智能背景下的出版业知识服务的推进策略 ……… 363
　　第六节　结语 ……………………………………………………… 366

第十章　出版业智库建设与知识服务研究 ………………………… 367
　　第一节　数字出版智库建设综述 ………………………………… 367
　　第二节　出版业知识服务流程与类型 …………………………… 386
　　第三节　新闻出版智库与知识服务顶层设计 …………………… 393

第一章
出版类核心期刊知识服务现状调查研究
——基于学术期刊数字化转型视角

第一节 导　　言

一、研究背景

知识服务(Knowledge Services)是知识经济时代与信息时代的必然产物,作为一种以知识为主导要素的经济社会中快捷发展的服务形式,已被广泛应用于各个领域,对一个国家的知识创新与扩散起着极其重要和关键的作用[1]。当前,知识信息的共享化、精准化传播成为图书情报、经济管理、计算机软件及应用、档案及博物馆、新闻传媒、互联网技术等行业着重思考与研究的问题。作为知识密集型产业,出版业天然地具备知识服务的属性。一方面,从创作、生产、传播到消费,出版活动本身即是以知识分享为终极目的的社会行为;另一方面,无论技术如何变革,出版活动的成果始终是经过知识再生产与再创造后的内容产品。在信息化时代,出版业涵盖的知识资源更加丰富,与其他领域融合、互惠的空间也有极大拓展,且有可能打通行业之间的边界,成为真正的"信息产业与文化产业之间的跨界产业"。

可以说,在数字化技术快速发展、媒体深度融合的背景之下,知识服务是新闻出版业高水准满足信息消费需求的必然发展方向。2015年,国家发布《关于开展专业数字内容资源知识服务模式试点工作的通知》,经过专家评选,首批28家单位作为知识服务模式探索的试点单位,启动了出版机构知识服务通用标准的研制工作[2]。部分出版企业也积极谋求转变,成立数字出版部或数字出版子

---

[1] 李霞,樊治平,冯博.知识服务的概念、特征与模式[J].情报科学,2007,25(10):1587.
[2] 张新新.出版机构知识服务转型的思考与构想[J].中国出版,2005,(24):23.

公司,从技术创新、内容呈现方式、产业跨界融合等多个层面展开实践,并学习国外出版机构如励德·爱思唯尔、汤森路透的经验,自觉向信息服务提供商转变,尝试向用户提供知识解决方案。

具体到学术出版领域,学术期刊是现代学术链中不可或缺的一环,肩负着发布学术信息和动态、探讨交流学术成果、引领科技发展的重要功能。同时,作为支撑知识创新和知识利用的重要传播载体,科技期刊的发展关乎国家科学文化的繁荣发展和软实力建设[①]。将知识服务理念引入学术期刊的出版与传播,意味着借助新技术、新平台,在学术知识生产方式、经营方式和传播模式等方面进行积极的变革,实现学术知识的精准传播,拓展学术影响力,进而为我国的科技发展和创新提供坚实的保障。

二、研究意义

数字化技术的快速发展以及移动智能接收终端的高度普及,确实为学术期刊从单一的学术发布者角色向知识服务商转型提供了广阔的空间和多种可能性。但不可否认的是,与 Nature、Science 等国外知名期刊相比,我国学术期刊的知识服务探索还处于数字化发展的初级阶段,在产品的开发、特色产品的打造、平台建设与开放性获取、知识的标准化和规模化生产等方面还存在不小的差距。国内研究者针对此问题从国家政策、融合发展、困境、策略等多个层面进行了描述与分析,但选取的研究对象或案例多为自然科学类期刊,对人文社科类期刊的研究较为鲜见,尤其是出版事业类期刊。

作为我国出版行业最权威的学术发布与分享平台,出版事业类期刊在内容生产上占行业之先,同时也背负着引领行业发展、树立行业标杆的重要职责。目前,出版类期刊普遍确立了以内容为基础、依靠技术创新进行产业融合的基本方向,在知识生产和传播模式上大胆尝试,如将纸本内容转换为 PDF 后再上传网络的二次传播,移动介质与纸、网、移、微、博、视等全媒体出版与传播的相融,以单篇论文为单位优先数字出版的模式创新,以及网络连续出版物直接在线原创首发等等。但是也要意识到,出版类学术期刊的数字化出版与传播转型仍然处于探索阶段,遇到的许多难题、困境需要进一步反思,并积极寻求解决之道,以期为出版业界的整体发展提供有效参照。

因此,本研究的意义主要体现在:拓展对出版类期刊研究的范围,弥补相关

---

① 沈锡宾,刘红霞,李鹏,季媛媛,包靖玲,王红剑,史红,刘冰.数字化环境下中国科技期刊知识服务模式探析[J].编辑学报,2019,31(1):11.

研究空白;为出版类期刊进一步优化数字化转型之路提供思考方向,更好地促进出版领域学术成果的发布与共享;数字化出版与传播模式的变革仍在进行之中,出版类期刊作为出版业界学术发布与交流的最权威知识场域,借助自身内容生产平台的巨大优势,积极探索创新一体化数字出版与传播新模式,为出版领域的研究者和从业者提供精准知识服务,及时反思其中出现的问题,总结经验教训,能在数字化转型中起到引领带头作用。

三、研究目标及内容

本课题的研究目标是通过对知识服务视域下我国学术期刊数字化转型的研究概况进行梳理,结合出版类核心期刊知识服务现状的调研,将其作为研究"入口"和典型样本,对其目前所处的发展阶段、特点、不足进行描述分析,为我国出版类期刊知识服务和数字化发展提供策略和建议,并以此展望我国出版产业未来升级发展的潜在可能。

知识服务视域下学术期刊的数字化转型涵盖了诸多环节的数字化。本研究重点基于数字化出版与传播视角,认为在媒体融合时代,出版类核心期刊应以自身内容价值和服务价值提升为目的,有针对性地提供增强用户黏性的产品和服务,将期刊打造成一个融合传统内容和用户需求的媒体生态系统。主要研究内容涵盖四个方面:一是在互联网信息技术背景下描述国家有关出版业数字化发展的相关政策;二是系统概述数字化转型过程中我国学术期刊知识服务的研究进展和主要观点;三是明确我国出版类核心期刊在数字化转型处于哪个阶段及其数字化出版与传播概况;三是从知识服务的主体、知识服务的受众、知识服务内容建设、知识服务平台建设和移动社交应用等方面对我国出版类核心期刊的知识服务模式进行分析,指出其存在的问题;五是提出出版类核心期刊从知识传播向知识服务推进的策略、建议。

四、核心概念

1. 学术期刊

学术期刊(Academic Journal)是指一种经过同行评审的期刊,是现代学术链条上的重要一环。所刊发文章通常涉及特定的学科,以展示某一领域的研究成果,并起到公示作用,其内容主要以原创研究、综述文章、书评等形式的文章为主。① 本研究论及的学术期刊包括哲学社会科学期刊与科技类期刊,两类期刊

---

① 余树华.学术期刊转型导论[M].广州:世界图书出版社,2013:1.

虽然特质迥异，但在数字化进程和知识服务领域的探索上具有一致性。

2. 学术期刊的数字化转型

数字化是指某个领域的各个方面或某种产品的各个环节都采用数字信息处理技术。数字出版指利用数字技术进行内容编辑加工，并通过网络传播数字内容产品的一种出版方式。学术期刊的数字化转型是一项复杂的系统性工程，特指传统学术期刊以数字技术为支撑，探索内容生产的数字化、管理过程的数字化、产品形态的数字化、传播渠道的数字化。

3. 学术期刊知识服务

知识服务是指从各种知识资源中按照人们的需要有针对性地提炼知识，并用来解决用户问题的高级阶段的信息服务过程。其特点就在于，它是一种面向知识内容和解决方案的服务。它通过智能化技术手段，对经过整合以及有效组织的海量数据进行"挖掘"和"分析"，从而满足用户对知识发现和知识创新等高层次的知识服务需求[①]。

学术期刊知识服务的内涵是指在学术期刊业已积累的大量、可信的数字资源基础上，对学术知识进行筛选、加工、匹配和分发，将已有资源进行新的知识体系构建并提供优质服务的过程。其外延可理解为：建立在期刊所积累的一次文献及期刊编辑、审稿者、作者的知识基础之上；为用户提供与期刊专业相关的信息、知识或知识产品、期刊专家给出的解决方案；追求期刊出版传播与知识服务的有机融合。学术期刊知识服务具有高度专业化的知识特性，并且这种服务还高度个性化、定制化，服务的过程中充满交互性，是一种具备高附加值的服务[②]。

4. 出版类中文核心期刊

出版类期刊是我国编辑出版学发展到一定阶段进行学术交流的产物，是编辑出版学科研成果的重要物质载体和传播场域。从20世纪70年代末至今，我国编辑出版类期刊经历了从无到有、由弱到强的发展阶段，刊物数量众多、类型多样，形成了一批特色品牌[③]。本研究所提及的出版类中文核心期刊专指2018版《中文核心期刊要目总览》中收录的11种出版事业类期刊——《中国科技期刊研究》《编辑学报》《出版发行研究》《编辑之友》《科技与出版》《中国出版》《出版科学》《现代出版》《编辑学刊》《中国编辑》《出版广角》。

---

① 李明理.从知识管理到知识服务：学术信息数据库的发展转型[J].情报资料工作，2014，(02)：67-70.
② 沈锡宾，刘红霞，李鹏，季媛媛，包靖玲，王红剑，史红，刘冰.数字化环境下中国科技期刊知识服务模式探析[J].编辑学报，2019，31(1)：11.
③ 姬建敏.论我国编辑出版类期刊的发展[J].中国编辑，2015，(06)：63-70.

5. 数字化出版与传播

本研究论及的数字化出版与传播这一概念是相对于学术期刊原先的纸质出版与传播方式而言，指运用互联网、大数据思维构建学术期刊出版与传播生态，涉及到出版主体、受众、出版内容建设、出版平台建设等多个层面。

第二节　我国学术期刊数字化和知识服务转型的政策背景

考察我国学术期刊开展知识服务的发展脉络，必然要将其置于出版产业整体转型的背景之下。一方面，进入 21 世纪后，互联网数字技术日新月异的发展使得书报刊媒介的数字出版进程加快，催生着传统出版向数字出版转型；另一方面，也要考虑到随着我国市场经济进程的加快，出版单位全面完成了体制改革，出版业的产业价值和出版物的商品属性进一步得到明晰，这成为共享经济时代各出版单位市场化后开展知识服务的内在驱动力。

一、我国出版业数字化转型的政策描述

从国家政策层面看，涉及出版业及学术期刊发展规划的相关文件和具体内容如表 1-1 所示。

表 1-1　我国出版业数字化发展相关政策一览表

发布年份	文件名称	发布机构	具 体 内 容
2003 年	《文化体制改革试点中经营性文化事业单位转制为企业的规定》（试行）	国务院办公厅	国家文化体制试点改革开始，提出"推动文化体制改革试点工作，积极稳妥地促进经营性文化事业单位转制为企业"，从资产处置、收入分配、社会保障、税收等方面均作了规定。[1]
2006 年	《国家"十一五"时期文化发展规划纲要》	中共中央办公厅、国务院办公厅	提出"加快从主要依赖传统介质出版物向多种介质形态出版物共存的现代出版产业转变"；并将国家"知识资源数字库"出版工程列为国家重大文化产业推进项目之一。[2]

---

[1] 国务院办公厅.文化体制改革试点中经营性文化事业单位转制为企业的规定(试行)[EB/OL]. [2019-04-15]. http://www.gov.cn/zhengce/content/2016-09/21/content_5110267.htm.
[2] 国家"十一五"时期文化发展规划纲要[EB/OL]. (2006-09-13) [2019-04-15]. http://culture.people.com.cn/GB/22226/71018/4814170.html.

(续表)

发布年份	文件名称	发布机构	具体内容
2010年	《关于加快我国数字出版产业发展的若干意见》	原国家新闻出版总署	明确提出"要以数字化带动出版业现代化,鼓励自主创新,研发数字出版核心技术,推动出版传播技术升级换代,构建传输快捷、覆盖广泛的现代出版传播体系"的发展目标,"大力推动书报刊出版单位采用新技术和现代生产方式改造传统出版流程"。①
2011年	《新闻出版业"十二五"时期发展规划》	原国家新闻出版总署	四项"新闻出版精品工程"中有两项涉及学术期刊出版,分别为国家重点学术期刊建设工程和国家学术论文数字化发布平台建设。后者目标是"建立覆盖主要学科领域数字学术期刊,打造基于'云计算'技术的学术论文发布平台,建立多学术期刊单位的在线投稿、同行评议、出版与发布系统,鼓励传统学术期刊与数字学术期刊互动,推动学术期刊出版数字化转型,带动原创学术文献数字出版的产业化、规范化、规模化发展"。②
2012年	《关于报刊编辑部体制改革的实施办法》	原国家新闻出版总署	提出"不再保留科技期刊和学术期刊编辑部体制",学术期刊市场化改革进程加速。
2014年	《关于推动新闻出版业数字化转型升级的指导意见》	原国家新闻出版广电总局、财政部	强调数字化转型的主要任务是开展数字化转型的升级标准化工作、提升数字化转型升级技术装备水平、加快数字出版人才队伍建设、探索数字化转型升级新模式。③
2014年	《关于推动传统媒体和新兴媒体融合发展的指导意见》	中央全面深化改革领导小组第4次会议	提出坚持传统媒体和新兴媒体优势互补、一体发展,坚持先进技术为支撑、内容建设为根本,推动传统媒体和新兴媒体在内容、渠道、平台、经营、管理等方面的深度融合。④

---

① 新闻出版总署关于加快我国数字出版产业发展的若干意见[EB/OL]. (2010-08-16)[2019-04-15]. http://www.gov.cn/gongbao/content/2011/content_1778072.htm.
② 新闻出版业"十二五"时期发展规划[EB/OL]. (2011-04-20)[2019-04-15]. http://www.gapp.gov.cn/contents/785/76075.html.
③ 关于推动新闻出版业数字化转型升级的指导意见[EB/OL]. (2014-04-30)[2019-04-15]. http://www.gov.cn/xinwen/2014-04/30/content_2669106.htm.
④ 谢暄,蒋晓,何雨莲,康祝圣,王燕,邓婧,叶芳,田江."融"时代下学术期刊媒体融合发展策略[J].编辑学报,2017,29(3):218.

(续表)

发布年份	文件名称	发布机构	具体内容
2015年	《关于推动传统出版和新兴出版融合发展的指导意见》	原国家新闻出版广电总局	强调通过整合、集约优质内容资源,推动建立国家级学术论文数字化发布平台,"各出版单位要积极探索适合自身融合发展的道路,创新传统发行渠道,大力发展电子商务,整合延伸产业链,构建线上线下一体化发展的内容传播体系"。①
2015年	《关于开展专业数字内容资源知识服务模式试点工作的通知》	原国家新闻出版广电总局	该通知提出"有效聚集专业领域数字内容资源,开展分领域的知识服务平台建设,加快国家知识服务平台建设,推动国家知识资源服务体系建设"。
2016年	《新闻出版业"十三五"时期发展规划》	原国家新闻出版广电总局	强调"充分发挥科技的引领作用,加速新闻出版业转型升级,增强新闻出版业的文化服务与信息内容服务能力。新闻出版业正在成为与科技深度融合发展的关键领域,必须充分发挥科技的融合作用,借助互联网,不断推进新闻出版业与其他内容产业及外部产业之间的融合,构建立体多元的文化服务与信息内容服务模式"。②
2017年	《"十三五"现代服务业科技创新专项规划》	国家科技部	指出"加快专业内容知识服务平台建设与应用模式创新,构建开放式专业内容资源知识服务众智平台,提供专业知识制作、知识管理和服务等功能,促进数字内容服务产业健康发展"。

二、知识服务转型迫在眉睫

通过梳理以上政策要点,我们可以明确:

第一,学术期刊体制改革作为我国文化体制改革的一部分,已解决了其作为出版单位的市场主体问题,这为应对数字时代的挑战提供了先决条件。

第二,从2006年提出加快现代出版产业转变、2010年提出"改造传统出版流程",到2011年提出建设学术论文发布平台、推动学术期刊出版数字化转型,再到2014年提出媒体融合、"开展数字化转型的升级标准化工作",希望出版业

---

① 关于推动传统出版和新兴出版融合发展的指导意见[EB/OL]. (2015-04-09)[2019-04-15]. http://www.gapp.gov.cn/news/1663/248321.shtml.
② 新闻出版业"十三五"时期科技发展规划[EB/OL]. (2016-03-11)[2019-04-15]. http://www.gapp.gov.cn/ztzzd/zdgzl/cbyszhzxsjxmzl/contents/4380/315099.shtml.

迅速掌握新的信息技术,学会互联网领域的新模式,实现"互联网+",2015 年、2016 年、2017 年明确指出科技核心、知识服务、融合发展,这一系列概念的出笼既顺应了技术变革的曲线,体现了政府推动文化产业发展的前瞻性和指导性,同时也基本展现了学术期刊十多年来的数字化实践之路。

第三,面对数字化挑战,当下的出版业需要以"数字化转型升级"为基础,牢牢把握"内容"核心,实现出版业在新技术环境下的业态融合,最终实现与人民群众日常生活、国民经济外部产业的深度融合,实现"内容+"①。"互联网+知识服务"已成为我国出版业未来的工作重点,也是传统出版业能否顺利完成转型升级的关键所在。对学术期刊而言,既是机遇又是极大的挑战,知识服务转型迫在眉睫。

第四,除了政策指导外,政府也积极展开扶持工作,从人力组织、资金支持、资源整合各方面推进各类出版工程,如学术论文平台建设等。学术期刊如何进一步借势而为,值得深入思索并付诸实践。

第三节 我国学术期刊知识服务研究综述

数字化技术的快速发展以及移动智能接收终端的高度普及,为学术期刊的知识生产方式、经营方式和传播模式的变革提供了广阔空间和转型的可能。前文从国家政策层面阐述了学术期刊向互联网+知识服务产业转变乃大势所趋,众多学术期刊也在其指导方向下顺势而为,提供了诸多值得探讨的经验。国内学者们针对学术期刊知识服务和数字化转型也呈现出了较高的关注度,研究热情呈逐年上升趋势,产生了不少质量较高的研究成果。以下主要从文献研究角度展开述评,以期较为完整地勾勒出我国学术期刊的知识服务现状。

一、主要研究观点及进展

陈茫、张庆普(2018)②的研究显示,我国有关知识服务的研究历程大致可分为:研究初创阶段(1990—2000 年)、快速成长阶段(2001—2008 年)和成熟发展阶段(2009—2015 年)。考虑到学术期刊界真正秉持知识服务意识走上数字化发展之路以及国内学者集中展开研究约从 10 年前开始,本研究仅重点梳理

---

① 冯宏声.新闻出版业"十三五"时期的科技工作思考[J].科技与出版,2016,(06):38-45.
② 陈茫,张庆普.我国知识服务研究的演进历程知识图谱与研究态势[J].情报资料工作,2018,(02):84-88.

2008—2019 年我国 CSSCI 来源期刊中关于"知识服务、学术期刊数字化"研究的相关文献。通过全面系统整理发现：首先，经过多年的积累与发展，我国学术期刊领域的知识服务研究已取得了一定成果。成果中既有宏观理论建构与反思，也提供实践操作方法，既有实证研究，也有个案观察。其次，众多研究者虽然并未明确提及知识服务这一概念，而是从融合发展、数字出版模式等角度切入，实则殊途同归。再次，形成了富有代表性的主题和研究热点，如学术期刊的知识服务模式、学术期刊知识服务平台构建、媒体融合发展等。

1. 学术期刊知识服务的内涵研究

专门针对我国学术期刊知识服务内涵的研究文献较为罕见，大部分研究者仅将知识服务作为探讨学术期刊出版转型的背景，缺乏对其精准的定义，少数研究者即使试图对其进行界定，但由于观察角度的不同而带来了相应表述的差异化。比较有代表性的观点有：

王妍、陈银洲(2017)[①]认为学术期刊开展的知识服务由三个不断延展的层次组成：一是数字信息服务，即把内容资源经过数字化和结构化加工，自建或者依托数字平台提供简单的信息文献服务。二是知识产品服务，即针对用户需求和使用场景，生产并提供专业和精准的知识产品与服务，如增强型电子期刊、专业知识库与数据库等。三是知识解决方案，即面向用户目标驱动，将线上解决方案与线下咨询及衍生的其他服务结合，实现学术期刊出版链条的延伸及其与外部产业的合作。知识服务的源头在内容资源的首次生产上，知识服务使得社会效益与经济效益能够有机结合，其提供知识服务的重要基础是平台与渠道。

还有部分研究者立足科技期刊，如林鹏(2017)[②]认为科技知识服务的本质是基于海量的、权威的、系统的内容资源，为科研人员和机构提供面向科研立项、文献检索分析、实验、学术传播与交流、成果发表和学术评价等整个科研生命周期的多元化、立体化、定制化服务和"解决方案"。陈建华(2017)[③]指出了科技期刊知识服务的狭义概念及价值取向，即建立在期刊所积累的一次文献及期刊编辑、审稿者、作者的知识基础之上，为用户提供与期刊专业相关的信息、知识或知识产品、期刊专家给出的解决方案，并追求期刊出版传播与知识服务的有机融合。其特征体现为高度专业化服务、高度个性化定制服务、高度交互性服务、高

---

① 王妍,陈银洲.基于移动应用的学术期刊知识服务模式与策略[J].中国科技期刊研究,2017,28(10)：929-934.
② 林鹏.科技出版向知识服务转型的探索与实践[J].科技与出版,2017,(06)：4.
③ 陈建华.媒体融合环境下科技期刊知识服务创新的探索[J].中国科技期刊研究,2017,28(12)：1099-1103.

度精准和深入性服务。沈锡宾(2019)[①]等研究者认为科技期刊知识服务概念应聚焦于数字传播的开放化、兼容化、共享化和社交化特点,树立以用户为核心的服务理念,转变传统出版的单向输出思维至融合出版的用户思维,利用科技期刊长期累积的专业文献数据、编辑、读者等知识服务基础,运用新型技术工具创造同一知识衍生的各类知识服务新产品、新方案,不断为用户提供简明、高效、多向互通的学习平台,并以这些创造性的劳动逐步提升科技期刊的社会效益和经营效益。

以上研究均在数字化环境或媒体融合语境下,尝试对学术期刊知识服务的内涵特征进行理论建构,这对我们理解学术期刊知识服务和数字化转型的发展现状、未来实施目标等都具有重要的指导价值。

2. 融合发展视角中的学术期刊知识服务现状研究

(1) 学术期刊融合发展的内涵

融合发展已成为学术期刊在数字出版转型时期的主流共识。景勇、郭雨梅(2019)[②]等研究者指出了融合发展的内涵,认为科技期刊在互联网和数字出版转型背景下寻求突破和发展,需以期刊集群为发展平台整合资源,以媒体融合为内容再造和广泛传播的手段,以共享机制盘活用户、推动知识服务和融合发展。科技期刊的融合发展不是一味地聚合,而是融合与细分的统一,融合发展的高级阶段是在共同的发展目标和利益驱动下,对离散的资源进行整合和优化配置,并细化专业分工,协同进行知识加工、知识服务和知识传播。融合发展的三个核心关键词为:刊群化、媒体融合、共享。刊群化和媒体融合以共享为终极目标。

(2) 集群化平台建设现状

国内外期刊业发展的实践证明,集群化是提高学术期刊核心竞争力和国际影响力的重要途径,我国学术期刊业也进行了相应尝试和改革。阎群、贾非(2014)[③]等研究者从个案出发,以"地球与环境科学信息网(EES)"为研究对象,介绍了网站建设的背景、概况和特点,并以数字出版、信息服务和新刊孵化为切入点,展望了EES如何利用集群化和数字化优势更好地服务用户,实现提高期刊显示度,最终提升我国学术期刊的整体水平和国际影响力,促进我国地环产业发展的目标。武宝瑞(2014)[④]以中国人民大学书报资料中心建设的刊网融合数

[①] 沈锡宾,刘红霞,李鹏,季媛媛,包靖玲,王红剑,史红,刘冰.数字化环境下中国科技期刊知识服务模式探析[J].编辑学报,2019,31(1):11-12.
[②] 景勇,郭雨梅,钟媛,尹淑英.科技期刊融合发展的阶段、内涵与策略[J].编辑学报,2019,31(1):17-20.
[③] 阎群,贾非,蒋超,吴茵杰,王彦,翟亚丽.学术期刊专业化、集群化发展初步探索与实践——以"地球与环境科学信息网(EES)"为例[J].中国科技期刊研究,2014,25(6):736-739.
[④] 武宝瑞.析学术期刊刊网融合变革发展新模式[J].出版发行研究,2014,(10):8-11.

字出版平台"学者在线"为例,介绍了该平台在内容变革与扩充、数据挖掘与分析、学术评价体系探索和创新、技术模式与组织架构创新等方面的成果。杨春兰(2015)[1]重点分析了当前我国科技期刊集群化建设的三种模式:依托主管、主办单位的模式,如中华医学会期刊群;依托出版单位的模式,如中国社会科学院院属期刊(70 余种);依托学科专业内容的网络集群模式,如中国光学期刊网。此外,我国一些高校出版社成立的期刊中心和一些科技期刊开放获取平台也集聚了一定数量的期刊,形成了刊群效应。杨小梅、迟秀丽(2018)[2]等研究者则以我国资源环境科技期刊集群(Library of Resources and Environment Sciences,LORES 平台)为例,认为在多模式集中办刊和融媒发展的背景下,资源环境科技期刊集群的出版功能和知识服务体系构建正处于积极拓展阶段。

(3) 媒体融合背景下学术期刊知识服务现状研究

1983 年,美国马萨诸塞州理工大学教授伊契尔·索勒·普尔首次提出媒体融合(Media Convergence,或译"媒介融合")这一概念,其核心就是把报刊、电视、广播等传统媒体与互联网、手机、手持智能终端等新媒体传播通道有效结合,资源进行共享,信息集中处理,衍生出不同形式的信息产品,然后通过不同的平台传播给受众的信息处理模式[3]。媒体融合具有三个特征:一是媒介的融合,包括媒介形态、媒体功能,还包括媒体资源、组织结构等的全方位融合;二是产品的融合,即生产的产品能在各媒体无碍传播、无缝连接,并是去同质化的融合;三是平台的融合,即将内容资源、生产流程、产品传播、技术方案、市场对接等,融合到统一的平台上来解决[4]。与报纸、广播、电视等大众媒体的转型相比,我国学术期刊的媒体融合发展较为滞后,然而近几年来呈现出融合方式逐渐多元、融合速度逐渐加快的特点。2015 年至今,学术期刊的媒体融合逐渐成为研究热点。

(4) 媒体融合的迫切性

郭雨梅、郭晓亮、景勇(2015)[5]认为媒体融合促进了学术期刊知识生产方式和加工方式的改变、印刷和出版方式的改变,促进了学术传播速度和渠道的改变。谢暄、蒋晓(2017)[6]等研究者认为,学术期刊进行媒体融合是响应国家战略

---

[1] 杨春兰.我国科技期刊集群化发展现状及未来发展趋势[J].编辑之友,2015,(03):38-40.
[2] 杨小梅,迟秀丽,侯春梅,郑军卫,马瀚青,王强.融媒背景下资源环境期刊集群功能拓展建设策略[J].编辑学报,2018,30(1):66-69.
[3] 吉海涛,郭雨梅,郭晓亮,张璐.媒体融合背景下学术期刊发展新模式[J].中国科技期刊研究,2015,26(1):60-64.
[4] 陈如毅.论媒体融合之下学术期刊的"内容为王"[J].荆楚学刊,2015,16(5):93.
[5] 郭雨梅,郭晓亮,景勇.媒体融合时代学术期刊的内生发展策略[J].出版科学,2015(5):53-54.
[6] 谢暄,蒋晓,何雨莲,康祝圣,王燕,邓婧,叶芳,田江."融"时代下学术期刊媒体融合发展策略[J].编辑学报,2017,29(3):218.

大局和行业发展趋势的必然选择,也是繁荣学术发展、促进学术成果转化、提升学术期刊影响力的需要。"媒体融合"可提高学术期刊信息传播的速度、缩短学术成果的出版周期,增加学术期刊信息的发布渠道、扩大论文成果的传播范围,增加学术成果的获取途径,使学术期刊受众日益广泛多元。同时,学术期刊的媒体融合也是适应受众阅读习惯的需要。韩向娣、闫珺(2017)[①]同样认为,学术期刊作为知识服务的提供者,借助融媒体技术,探索服务创新,推动学术出版的转型已成为国内学术期刊发展的主旋律。

(5) 媒体融合现状

关于我国学术期刊媒体融合的发展现状,李艳(2015)[②]从内容生产主体和新媒体使用两方面进行了总结:在内容生产主体上,目前我国学术期刊数字出版的基本支撑仍是传统出版,各大数据库没有自己的学术期刊,其内容主要依赖于各学术期刊编辑部;且各学术期刊分散出版,小而散的出版格局很难发挥集约化和规模化经营及管理的作用。在新媒体使用上,主要表现在利用数据库实现期刊的数字化改造、利用期刊网站与读者和作者进行信息沟通、利用微博和微信等社交媒体与作者互动。

另有众多研究者从单一角度对学术期刊的媒体融合效果予以关注。网站平台建设方面,古丽亚、王雪峰、吕国华、张静(2018)[③]总结了传统学术期刊网站的一般功能——发布期刊内容,优先网络数字出版,展示期刊基本信息并提供一些扩展服务如检索功能、相关/友情链接、E-mail Alert、二维码、常见问题回答等,并探讨了在新媒体融合背景下科技期刊如何实现网站增值功能,比如部分网站在文章的展示形式方面,除了传统期刊包含的文章题目作者信息、摘要、PDF全文以外,增加了 HTML 文件、图标文件、参考文献以及相关文章链接,HTML 文件中又加入了图、表、公式、参考文献的超链接功能,通过超链接或者浮标形式实现相应的标记功能。图和表还可以单独放大显示,并且能直接输出到 Power Point 文件中。对于能查到 DOI 地址的参考文献,还可以直接链接到 DOI 相关网站。

移动/社交应用方面的研究,董清平(2014)[④]通过分析高校学报开设微博情况,指出微博有利于学术信息传播的加快及学术期刊影响力的提升,有利于开放

---

① 韩向娣,闫珺.融媒体时代学术出版的转型与蜕变[J].编辑学报,2017,29(1):S80.
② 李艳.学术期刊媒体融合现状与融合发展模式[J].科技与出版,2015,(09):62-64.
③ 古丽亚,王雪峰,吕国华,张静.科技期刊网站增值功能探析[J].编辑学报,2018,30(1):110-112.
④ 董清平.新媒体时代微博对学术期刊的功效[J].西华师范大学学报(自然科学版),2014,35(3):296-299.

互动微编辑平台的打造,提供了一个更好的营销平台。谢文亮(2015)①强调微信公众号服务应是学术期刊数字化建设的重点,微信公众服务平台融合多种媒介,实现了信息发布、优先出版、稿件状态查询、移动在线投稿、审稿、编辑加工、读者关系维护等全方位服务功能。学术期刊 APP 的开发应用方面,除了以中国知网为代表的数字据资源库平台,各期刊大多还未在此领域开始布局。关于 RSS 推送和 E-mail、Alerts,据陶华、朱强、宋敏红(2014)②的研究,在我国影响因子大于 0.5 的 59 种 SCI 科技期刊中,只有不到一半的期刊网站主页提供 RSS 订阅或 E-mail、Alerts 服务,同时提供这两项服务的期刊仅有 16 种。

多媒体使用方面,徐玲英(2017)③重点介绍了中华医学会杂志社的新尝试——在视频开发上,利用二维码将论文与视频内容建立链接,读者可以在视频和文献之间进行自由转换;学术会议、培训时采用直播形式等。

综上,从传统纸质期刊到期刊网站、微信、微博等平台建设及 APP 应用的开发,从单纯出版纸质版论文到发布与论文相关的图像、音视频资料、数据代码等,从周期性出版到优先出版、碎片化订阅等,从传统邮政发行渠道到点对点、点对面的精准推送,我国学术期刊在媒介融合、产品融合、平台融合上确实取得了一定实绩,但仍处于起步阶段。

3. 学术期刊知识服务盈利模式研究

自 2016 年起,互联网知识付费平台井喷式出现,用户为定制化、个性化的知识付费,成为互联网时代知识消费的新态势。这为小众且经济效益不明显的学术出版带来契机,学术期刊可借此突破传统的盈利模式,多方探索知识付费模式。

王妍、陈银洲(2017)④分析了知识付费兴起的理论依据,认为知识付费变革了互联网的"免费"基因,知识变现的链条极大缩短,知识生产方式随之也发生了变化,这促使传统媒体纷纷将知识付费作为转型的举措之一。陈晓堂(2018)⑤提出在已有的知识增值服务中设置知识付费方式或者增加新的知识付费点,并列举了一些具体手段。例如通过增加视频、动画、图片等,实现内容多种载体传播;专业性较强的学术期刊可将内容改编成浅显易懂的语言并配以视频、动画、

---

① 谢文亮.移动互联网时代学术期刊的微信公众号服务模式创新[J].中国科技期刊研究,2015,26(1):65-72.
② 陶华,朱强,宋敏红.科技期刊新媒体传播现状及发展策略[J].编辑学报,2014,26(6):589.
③ 徐玲英.科技期刊出版中嵌入 VR/AR 技术的必要性和可行性分析[J].中国科技期刊研究,2017,28(6):532.
④ 王妍,陈银洲.基于移动应用的学术期刊知识服务模式与策略[J].中国科技期刊研究,2017,28(10):1074.
⑤ 陈晓堂.数字出版转型中科技期刊知识服务及知识付费模式探析[J].编辑学报,2018,30(3):251-253.

流程图、操作过程等;增加问答应用,与专家、名师一对一问答;充分利用数字技术,在纸刊上设置二维码,将二维码作为知识服务的入口,从而打通客户渠道,提高用户数量,实现精准对接,为知识服务产品后续开发提供大数据支撑,等等。此外还阐述了学术期刊知识付费的四个条件:一是建立健全知识服务体系。其途径包括了解读者需求,调整选题方向;构建起与读者双向的、持续的、多维度的关联,带来更丰富的内容服务体验;打破媒介界限,提供数字化内容服务。二是用新技术生产知识、传播知识,维护用户黏性。三是健全数字运营体制,规范数字知识产权。四是编辑要有创新精神,用互联网思维打造知识服务新供给。

如果说上述研究仅阐明了知识付费的必要性以及几种较为零散的盈利方式,郭黎阳、纪秀明(2017)[①]则深层次厘清了数字化学术期刊出版的产业链及其盈利增长点。具体有三种模式:一是内容盈利模式,即学术期刊编辑部通过对内容资源进行深度挖掘、重构、展现方式转换等创新学术内容。二是技术运营盈利模式,走新旧媒体融合之路。三是服务盈利模式,按照用户需求积极拓展增值服务。

对学术期刊知识服务盈利模式的研究较为稀缺,上述研究者虽然在文章中明确了知识付费的特点、盈利手段等,但提出的策略与知识服务现有模式在本质上并无不同,且多有重合。

4. 国外学术期刊知识服务经验研究

目前对国外学术期刊知识服务领域的研究不多,尤其是中外比较研究稀缺,多以介绍经验为主,以此作为探讨我国学术期刊转型的参照。

韩丽、初景利(2018)[②]对国际知名学术出版商、知名学协会组织及知名刊群和出版平台进行调研和分析,指出其知识服务特征为:一是出版平台大多在数据仓储、文本挖掘、语义出版、数据关联、开放共享等领域堪称业内典范。二是多方开发特色产品。如国际知名出版商爱思唯尔(Elsevier)自主研发了全文数据库ScienceDirect、全球最大的索引摘要数据库Scopus、全医学数据库ClinicalKey、化学数据库Reaxys以及权威的工程、应用科学领域文献检索平台Engineering Village、整合技术信息的在线型数据库Knovel等。三是积累型和应用型产品并举。积累型知识服务主要体现在对大量累积的原始数据资源、文献资料、视频、音频等相关数据进行保存、管理以及聚合化知识平台的建立;应用型知识服务涵盖了全流程服务、个性化服务、提供多样化的知识产品选择、以期刊为品牌和宣

---

① 郭黎阳,纪秀明."互联网+"背景下学术期刊数字化转型的盈利模式[J].大连海事大学学报(社会科学版),2017,16(4):125-128.
② 韩丽,初景利.国际知名出版机构知识服务特征、价值和启示[J].出版发行研究,2018,(02):05-09.

传的标签化知识产品、形成衍生知识产品如 MOOC 课程、试验相关的流程手册以及出版音视频等。四是促进开放科研,打造互通互联。语义出版将知识进行了挖掘、关联和重组,ORCID、DOI 等则是构建了作者、篇章间的关联关系,进而构建了科学共同体、篇章及知识间的关联关系。五是着力打造知识的标准化及规模化,确立了大量的政策、指南、具体方法、版权协议等来促进知识的管理及利用。

其他研究者均未系统地介绍国外学术期刊知识服务的发展模式与特点,零散的描述散见于不同文章中。在研究挖掘和语义出版方面,赵艳(2015)[1]通过调研发现,自然出版集团(NPG)提出语义出版模式,即改变原有 PDF 格式出版,将所有文章转换为一个论文元数据库和一组结构化数据集,表现为结构化的、可交互和查询的图、表和文本,在此基础上实现信息的发现、科学信息内容的分析等功能;爱思唯尔(Elsevier)启动了"Article of the future"项目,通过嵌入视频互动图表等方式改变传统论文格式;英国皇家化学学会(RSC)通过增强 HTML 标记机制,对文本中被化学术语数据库收录的词汇进行高亮显示并提供外部关联和链接。

媒体融合发展方面,李博、程琴娟(2014)[2]通过对美国物理学会(APS)、Cell 出版社以及美国化学学会(ACS)出版的 70 余种科技期刊网站主页的调查发现,各刊主页内容设计都以重点论文推荐为主,在论文传播中编辑以更为直观和简洁的方式对论文信息进行表达,隶属相同出版机构的期刊主页布局风格一致且各刊群着力打造自身的特色,页面的功能设计强调多媒体性和交互性。张新玲、谢永生(2017)[3]研究了顶级学术期刊《Nature》在新媒体应用领域的操作策略:一是赋予学术期刊以新闻媒体的特性,如在官方网站主页建立独立新闻频道"News & Comments",报道最新学术新闻及观点。二是高度重视音视频的应用,2006 年便建立了视频实验期刊,这是一个专门展示可视化实验的期刊,也是世界上第一个科技视频期刊。另外在网站专门设置"Audio & Video"栏目,栏目中发布的音视频皆为该期论文的内容延伸,以动态、立体的方式展示给读者,提高了学术信息的传播效率;每周还出版免费的音频节目——podcast,由专人主持并重点概述当期文章的核心内容,包括采访著名科学家以及来自世界各地记者的深入评论和分析。

盈利模式方面,国外科技期刊集约化程度高,多以集团化形式运作。向飒

---

[1] 赵艳.国外科技期刊集群化建设的动力机制调查与研究[J].数字图书馆论坛,2015,(03):17-19.
[2] 李博,程琴娟.国外科技期刊网站主页设计的分析和思考[J].中国科技期刊研究,2014,25(12):1486-1490.
[3] 张新玲,谢永生.国外顶级学术期刊《Nature》新媒体应用研究[J].中国传媒科技,2017,(04):75.

(2017)①指出国外科技期刊出版集团盈利模式主要有两个：一是开发新型媒体和系列产品,拓宽产业链实现盈利增值;二是开发多元化的增值服务,加长产业链实现盈利增值。

5. 学术期刊知识服务困境研究

在"互联网+"融合发展、数字化转型的进程之中,我国学术期刊基于知识服务理念,从技术、平台、内容、媒介、盈利方式等多个方面进行了出版实践,众多研究者对此有理论总结,也分析了阻碍知识服务进一步展开的亟待解决的困难。

(1) 品牌建设不足、数字化发展不充分。陈媛、葛正鹏(2017)②认为我国学术期刊面临人力和物力资源的限制,发展速度远远跟不上互联网的发展速度,难以实现期刊的全方位数字化发展;同时存在期刊品牌化建设不足的问题,同类期刊的同质化现象较为突出,传播内容相近,形式雷同,难以形成自己的特色和风格。

(2) 集约化程度低,国际影响力弱。王炎龙、邱子昊(2017)③发现中国科协693种学术类期刊被国际知名数据库收录的比例偏低,综合影响因子整体水平较低,英文期刊种类偏少,编委国际化程度偏低。虽有国内知名刊群,但国际影响力不足,并且存在同类期刊数量累积的问题。

(3) 服务精准度不高、媒体融合度低。陈晓峰(2017)④指出当前学术期刊普遍存在知识服务精准度不高、服务模式单一、读者地位不够突出、媒体融合度有待提升、经济效益不显著等难题,导致知识服务活力不强、缺乏可持续性。另外,相关理论与实践研究中尚未形成可以广泛推广的媒体融合精准知识服务典型模式供广大学术期刊参考。具体到新媒体建设和媒体融合,余朝晖(2015)⑤认为我国学术期刊微信公众平台的缺陷体现在：微信服务宣传推广不足,信息呈现方式较为单一;大部分期刊在公众平台上与用户互动不足,难以让受众持久关注;内容缺乏个性化,同质化现象明显;文章篇幅过长,不利于微信传播;在发布方式上,对视频和语音几乎没有运用;微信营销活动发起较少,与其他新媒体对接较弱。钱筠(2015)⑥认为国内学术期刊APP开发较为滞后,除了中国知网等大型期刊数据库外,我国学术期刊几乎还没有独立建APP,存在战略发展意识

---

① 向飙.国外科技期刊出版集团的经营特色和盈利模式分析[J].出版广角,2017,(03下)：12-14.
② 陈媛,葛正鹏."互联网+"时代学术期刊的困顿与多元性共生[J].中国科技期刊研究,2017,28(11)：986-990.
③ 王炎龙,邱子昊.科技期刊刊群建设与影响力重构探究[J].中国科技期刊研究,2017,(09)：781-787.
④ 陈晓峰.媒体融合精准知识服务助推学术期刊供给侧改革[J].中国科技期刊研究,2017,28(9)：805-809.
⑤ 余朝晖.微信公众平台在学术期刊中的传播模式研究[J].科技与出版,2015,(06)：112.
⑥ 钱筠.APP时代学术期刊的发展策略[J].编辑学报,2015,27(1)：71-74.

欠缺、内容平台建设薄弱、交互形式单一、用户活跃度不足、盈利模式单一、版权风险意识模糊等问题。

(4) 数字产业链缺乏合作,赢利模式尚待完善。探索新的盈利增长点仍然是我国学术期刊知识服务和数字化转型中面对的难题之一。艾岚(2012)[①]指出处于产业链上游的著作权人对数字出版的收益分配不了解,作为内容提供商的期刊编辑部在主要依托商业数据库网站实现数字化转型的方式中处于利益分配的弱势地位,缺少话语权与主导权,致使拥有版权的大多数期刊出版单位只是数字资源的提供者而不是控制者,在数字出版领域获利能力较低。李贞(2014)[②]指出我国学术期刊盈利渠道同质化严重,主要集中在对于硬性广告作品、广告链接、资源下载费用的过分依赖,同时还存在产业链缺乏合作、盈利模式不完善的问题。

6. 学术期刊知识服务模式或策略研究

我国出版业数字化转型升级工作的重点任务之一就是探索知识服务模式。随着数字技术的进步和媒体融合程度的加深,我国学术期刊不断转变理念,积极探索知识服务创新模式。

在技术层面,聂静(2008)[③]以技术接受模型的基本架构上添加新的研究变量,构建了学术出版数字化知识服务用户接受行为的理论模型,提出学术出版数字化知识服务应将知识内容与技术应用相融合、创新产品形态贴近用户需求、传统运营与数字化运营相融合、权威与互动相融合、服务场景化与付费学态化相融合。

张睿(2017)[④]等研究者探讨利用"二维码"推进学术期刊数字化转型的途径,从作者、读者需求和编辑部供给的角度,分析了微信公众平台、官方网站、APP系统、单纯实现延伸阅读的二维码链接等当前常见的几种二维码应用形式的特点,从技术角度提供了学术期刊开展知识服务的具体手段。

在开放获取平台建设层面,张惠(2013)[⑤]认为科技期刊之间应组成战略联盟,实现期刊集群化发展;实现原创内容资源与网络资源的整合;增强期刊网站的服务功能;利用网站优先发表论文和宣传期刊的优势,扩大刊物读者群。景勇、郭雨梅(2019)[⑥]等研究者提出科技期刊应打造一条合理高效的资源整合、内

---

① 艾岚.学术期刊数字出版产业发展与盈利模式研究[J].产业经济研究,2012,(09):81.
② 李贞.学术期刊数字出版盈利模式探讨[J].新闻世界,2014,(11):112.
③ 聂静.学术出版数字化知识服务实证研究[J].出版发行研究,2008,(02):19-24.
④ 张睿,闫其涛,王晓华,徐琳君.学术期刊"二维码"链接内容的编辑策划[J].编辑学刊,2017,(12):S66-S67.
⑤ 张惠.科技期刊数字化运营的困境及出路[J].出版科学,2013,(07):94-96.
⑥ 景勇,郭雨梅,钟媛,尹淑英.科技期刊融合发展的阶段、内涵与策略[J].编辑学报,2019,31(1):17-20.

容策划、知识加工、服务与传播的生态链,使期刊、集群平台、用户都因此受益,从而实现融合发展;操作层面来说就是科技期刊负责向集群平台提供内容,而集群平台负责内容的深度加工、媒体融合并统一向用户提供服务。

关于互联网+新媒体融合发展,陶华(2014)[①]等研究者在借鉴国外顶级科技期刊网站应用新媒体情况的基础上,提出综合运用 RSS 订阅、E-mail 提醒、iPad 阅读平台、播客、微博、期刊 APP 等新媒体,构建立体式科技期刊出版与传播格局。钱筠(2015)[②]分析了学术期刊 APP 作为一种移动终端平台可以实现碎片化阅读、有效延伸阅读体验、提供个性化定制内容、提高用户黏性的特点,提出适合于学术期刊 APP 的发展策略——树立战略发展意识,重视内容与平台建设,增强 APP 交互性,提高 APP 用户黏性和活跃度,扩充盈利模式,重视版权建设。倪燕燕、寿彩丽(2016)[③]则结合浙江大学期刊群的办刊实践,提出综合运用微信公众平台、单篇优先出版、文章二维码、HTML 超文本、微博、公众号等新媒体,转变科技期刊的出版与运营模式。周华清(2017)[④]针对移动媒体成为科技期刊受众最常用媒体的现状,提出移动优先出版模式。

关于知识服务模式的构建,周敏、闫佳琦(2017)[⑤]认为应着重从平台建设和内容建设入手。平台建设方面,既要做好服务于作者的"采集—编辑—发布"平台和服务于读者的"订阅—接收—检索"平台,更要着眼于新媒体时代特征,打造传授融合的"共享—出版—传播"平台。在内容建设方面,需要在知识再次加工、专属个性服务、增强交流互动、完善细分领域等方面持续推进。陈晓峰(2017)[⑥]从助推学术期刊供给侧改革角度着手,探索与作者、读者需求精准对接、经济效益显著、可持续发展的知识服务模式,认为打造知识网红 IP、为专家录制在线视频课程、邀请作者进行线上知识问答、资讯订阅定向推送、建立热门主题圈提供服务、在线研讨会直播等六大精准服务模式,能够破解当前学术期刊知识服务模式单一、用户主体不突出、经济效益不显著等难题,实现用户知识的高效共享与变现、编辑功能的回归与期刊价值再挖掘,实现期刊、编辑、作者、读者多方共赢。

---

① 陶华,朱强,宋敏红,孙良英,魏振海,武俊杰,张静辉.科技期刊新媒体传播现状及发展策略[J].编辑学报,2014,26(6):589-592.
② APP 时代学术期刊的发展策略.编辑学报,2015,27(1):71-74.
③ 倪燕燕,寿彩丽.媒体融合与科技期刊出版和运营方式的转变———以浙江大学学报为例[J].中国科技期刊研究,2016,27(12):1248-1252.
④ 周华清.科技期刊的移动优先出版模式研究[J].科技与出版,2017,(01):78-83.
⑤ 周敏,闫佳琦.学术期刊知识服务转型的模式与内容思考[J].科技与出版,2017,(08):97-102.
⑥ 陈晓峰.媒体融合精准知识服务助推学术期刊供给侧改革[J].中国科技期刊研究,2017,28(9):805-809.

另有一些研究者从期刊个案研究出发总结经验,探讨知识服务模式的诸多可能性。如任艳青、陈培颖(2011)[①]等研究者以《自动化学报》自主开发的学习型知识服务平台为例,对该系统的服务对象、功能模块以及应用价值予以详细介绍及肯定,提出建立一个包含知识路径、树形查找、知识拓扑、作者拓扑、新兴热点、作者检索、机构检索、关键词检索和文章信息等9大功能模块的"科技期刊知识服务系统"。汤超、胡冰(2015)[②]等研究者提出"全媒体知识服务体系"的概念,介绍了《中国激光》杂志社的创新与发展前景——以打造数字出版平台(包括数字化展示平台、数字化采编平台)、建立数据内容资源库为核心,构建纸媒服务、网站服务、移动终端服务、社交媒体服务及邮件订阅、在线视频课程等在内的全媒体知识服务体系。

沈锡宾(2019)[③]等研究者则更进一步,精心绘制出中国科技期刊知识服务模式的思维导图,将服务模式分为知识检索系统、知识发现系统、工具与应用、移动/社交服务以及多媒体服务等五大类型。其中,知识检索系统包括全文数据库、专题数据库、题录数据库、引文数据库和图片数据库;知识发现系统的主要分类有知识关联、知识拓扑、知识本体、热点趋势、学术评价;工具及应用则分为科研辅助型工具、论文写作辅助型工具、行业应用型工具和决策辅助型工具等四类;移动/社交服务以微博、微信、RSS 推送和 E-mail Alerts、微社区服务及其他交互型应用为主;多媒体服务方式有音视频、视频库、直播、慕课(MOOC)、虚拟现实/增强现实(VR/AR)等。这一研究结果几乎囊括了当前学术期刊知识服务模式的各个层面。

二、发展阶段及特点

知识服务视域下的学术期刊出版转型是个复杂的系统工程,由于知识服务理论研究本身缺乏系统的理论指导,结合我国学术期刊实践的经验研究在形成体系化理论研究成果上未免存在天然缺陷。同时,对人文社科类学术期刊的关注度较低,对新型出版平台的研究也较为稀缺。结合上述文献研究,主要基于纸质期刊的数字化出版与传播这一视角来简单总结我国学术期刊开展知识服务的大致阶段及特点。

---

① 任艳青,陈培颖,胡蓉,刘禹.科技期刊的知识服务系统——以《自动化学报》知识服务平台为例[J].中国科技期刊研究,2011,(05):688-692.
② 汤超,胡冰,郑继承,杨蕾.中国激光杂志社全媒体知识服务体系构建初探[J].中国科技期刊研究,2015,26(3):275-280.
③ 沈锡宾,刘红霞,李鹏,季媛媛,包靖玲,王红剑,史红,刘冰.数字化环境下中国科技期刊知识服务模式探析[J].编辑学报,2019,31(1):11-16.

1. 从期刊内容的数字化到知识平台化传播

我国学术期刊数字化转型的初级阶段为期刊内容的数字化，主要表现为将纸质期刊内容资源进行源数据处理，生成 PDF 电子期刊。这是学术期刊数字化转型的第一步，也是基础性工作。完成数字化录入之后，一般通过两种方式进行学术知识的出版与传播：一是自建门户网站平台，上传数字化资源供受众免费阅读或下载。二是加入中国知网、维普期刊网、万方数据知识服务平台等综合性全文检索数据库，获取优先出版、OA 系统、在线审稿、学术不端查重、语义出版等技术支持，提供更加便捷的知识检索服务。加入大型数据库只是传统纸质期刊的网络化拓展，在期刊编辑、运营与管理及出版模式上并无质的变革，因此并不是真正意义上的数字化出版。

除了以上两种方式外，近几年来不少期刊积极融入其他各种类型的数据库，如期刊集群数据库、专题数据库、题录/文摘数据库、引文数据库和图片数据库等，并独立开发符合自身学科特点的知识服务平台或加入"域出版"平台。

学术成果的获取越来越依赖于可检索、开放获取，以上模式彻底改变了获取学术知识的方式。但是也要意识到，与大型网络数据平台的合作，使得学术期刊的研究成果以单篇论文的形式出版，从而降低了学术期刊的整体策划的完整性，存在感不断降低；由网络技术服务商驱动的数字化转型模式，对学术期刊而言并没有产生很好的盈利效果，远不能维持期刊基本生存需求，无法解决对知识创造者（作者）和对知识加工者（编辑）的激励问题，对于期刊学术和品牌影响力直接提升作用也是十分有限的①。

2. 从编辑出版流程数字化到新媒体出版与传播

数字技术改变了传统的编辑出版模式。继期刊内容的数字化之后，我国学术期刊普遍进入了数字化转型的第二个阶段——编辑出版流程的数字化。这意味着期刊编辑部使用在线投稿编辑系统，实现了在线收稿、编辑在线审稿、专家外审、主编终审、编辑加工、校对以及组版、发行等全流程管理，以及优先数字出版等功能的开发。这一阶段的特点是编辑部的自动化水平和工作效率大幅提高，作者、编辑、审稿专家之间的互动性增强，但是仍有一些功能尚需开发，如在线缴费功能、用户信息安全保障功能等。

移动互联网技术的迅猛发展和手机的普及颠覆了传统的阅读习惯，进而也对期刊出版与传播的理念和方式带来了全新契机。我国学术期刊运用互联网思

---

① 陈晓峰，刘永坚，施其明，刘琦.基于现代纸书模式的科技期刊数字化转型研究[J].科技与出版，2018，(08)：76.

维,借助微博、微信公众平台、APP 应用等新媒体工具积极推进数字化内容的出版与传播,在产品形态、盈利模式、交互手段、品牌塑造等方面效果显著。

3. 从单向信息传播到交互式精准知识服务

纸媒时代的信息传播以单向度为主,互联网语境中的学术生产与传播全面进入交互模式。基于知识服务平台建设和新媒体建设,我国学术期刊普遍以"交互性"为驱动力,从信息服务升级到知识服务,多方探索知识服务的新手段,如图片、音频、视频等多媒体信息形式的融合,形式多样的微社区服务,深挖知识的学术价值,构建知识关联和知识拓扑等。从知识传播效果上看,我国学术期刊正在从"信息提供商"向"知识服务者"角色转变,但是在知识再次加工、个性定制化服务、精准化传播方面还有明显不足。

第四节 出版类核心期刊知识服务现状调查评析

编辑出版类专业期刊是研究出版业发展、展示编辑出版成果、开展学术交流、探索出版趋势的重要信息媒介平台。2018 版《中文核心期刊要目总览》收录的出版事业类期刊依次是《中国科技期刊研究》《编辑学报》《出版发行研究》《编辑之友》《科技与出版》《中国出版》《出版科学》《现代出版》《编辑学刊》《中国编辑》《出版广角》。在我国出版业向知识服务和数字化转型过程中,这 11 种核心期刊承担了发布、传播该领域研究成果的重要角色。那么,作为引领我国编辑出版学科发展态势的此类期刊,其自身的知识服务现状也是值得深入探究的问题。

一、出版类核心期刊基本概况

从刊物名称看,11 种期刊可大致分为三类:出版类有《出版发行研究》《科技与出版》《中国出版》《出版科学》《现代出版》《出版广角》,编辑类有《编辑学报》《编辑之友》《中国编辑》;《中国科技期刊》则以科技期刊为研究对象。实际上,这些期刊均打破了编辑和出版的界限,各期刊发表的论文涵盖了理论研究、编辑实务、经营管理、数字出版、版权等各个领域,代表了对我国出版业研究的最高水准。以下从创办时间、出版周期、地域分布、主办单位、栏目设置等方面简要介绍 11 种期刊的大致概况。(详见表 1-2)

1. 创办时间与刊名变化

本次调查的 11 种期刊中,创办最早的是《中国出版》,1978 年就已问世。创办于 20 世纪 80 年代的期刊有《编辑之友》(1981)、《科技与出版》(1982)、《编辑学刊》(1985)、《出版发行研究》(1985)、《出版科学》(1986)、《编辑学报》(1989)等 6 种;创办于 20 世纪 90 年代的期刊有《中国科技期刊研究》(1990)、《现代出版》(1993)、《出版广角》(1995)等 3 种;《中国编辑》创刊时间最晚,为 2003 年。要注意的是,有的刊物虽然创刊时间较早,但随着时代变革刊名也有所变化,以上时间的确认均以初创刊名为准。如《中国出版》创刊名为《出版工作》,1991 年更名;《编辑之友》创刊名为《编创之友》,1985 年更名;《出版发行研究》创刊名为《出版与发行》,1988 年更名;《现代出版》创刊名为《大学出版》,2010 年更名。

2. 出版周期

11 种期刊的现有出版周期较为规范,有半月刊、月刊,也有双月刊。半月刊 1 种,月刊 5 种,双月刊 5 种。《科技与出版》2007 年 1 月改双月刊为月刊;《编辑之友》2009 年 1 月改双月刊为月刊。总体来说,11 种期刊的出版周期基本符合学术期刊的出版规律,但也要意识到,出版周期过长可能会相对削弱部分刊物所刊发论文的时效性、前瞻性,尤其是对行业的前沿探索或研究。

3. 出版地域分布

11 种期刊中,《中国科技期刊研究》《编辑学报》《出版发行研究》《科技与出版》《中国出版》《现代出版》《中国编辑》等 7 种期刊的出版地为北京,《编辑学刊》的出版地为上海,《出版科学》在武汉出刊,《出版广角》《编辑之友》分别在南宁和太原出刊。由此可见,北京和上海作为我国传统的文化和出版重镇,无论在出刊数量上还是学术成果的生产上都占有优势;其余期刊的出版地均位于省会城市,说明出版业天然地依赖一定的地缘优势;另外,《出版科学》依托武汉大学出版学专业一贯的强势地位,得以占有一席之地,《出版广角》得益于近年来广西出版业的异军突起,《编辑之友》倚靠其久远的办刊历史和资源也不落其后。

4. 主办单位

根据我国《期刊出版管理规定》,期刊的主办单位需要对期刊的出版内容予以严格把关,并对其经营活动实行监管。从数量上看,11 种期刊的主办单位共有 16 家。从主办单位的性质看,基本涵盖了行业学会、出版机构、高校和科研机构这三大类。其中,科研院所机构占 4 家,行业学会、出版集团、出版社各占 3 家,高校占 2 家,杂志社占 1 家,分布较为均衡。这种布局之下,出版机构的实践经验、高校和科研院所的理论建设、行业学会的导向把握这三者就有可能立体融合,从而改变长期以来我国编辑出版学界和出版业界之间较为分化的状态。

5. 主要栏目设置和研究主题

长期而言,期刊栏目处于动态变化之中。表 1-2 中梳理 11 种期刊较为常规的主要栏目设置。王福军(2015)[①]等研究者统计了2003—2013年间各期刊高被引论文的栏目分布后发现,研究主题主要涉及12个方向,按被引率从高到低依次为期刊研究、学术理论、数字出版、编辑工作、改革探索、出版物营销、图书评论、出版文化、版权保护、学术不端、传播学、出版工作。肖超(2019)[②]统计了11种期刊高被引论文关键词词频(详见表1-3),认为科技期刊、期刊编辑、数字出版是三大研究主题,随着出版技术的演进,微信、微博、大数据、移动出版等研究主题日益受到关注。11种期刊按照CNKI数据库2017版复合影响因子由高到低排序依次为:《中国科技期刊研究》《编辑学报》《科技与出版》《编辑之友》《出版发行研究》《中国出版》《出版科学》《中国编辑》《编辑学刊》《现代出版》《出版广角》;影响因子除《编辑学报》和《中国科技期刊研究》期刊大于1外,其他期刊均未达平均值。出版事业类中文核心期刊的学术影响力尚有待进一步提升。

表1-2 出版事业类核心期刊基本信息一览表[③]

刊物名称	创刊年份	出版周期	出版地域	主办单位	主要栏目设置
《中国科技期刊研究》	1990	月刊	北京	中国科学院自然科学期刊编辑研究会 中国科学院文献情报中心	院士论坛、数字出版、质量建设、编辑规范、管理与改革、评价与分析、能力建设等
《编辑学报》	1989	双月刊	北京	中国科学技术期刊编辑学会	理论研究、编辑工程与标准化、期刊现代化、办刊之道、人才培养、学术争鸣、期刊评价、他山之石、经营管理、谬误辨析、好书荐读、有问必答等
《出版发行研究》	1985	月刊	北京	中国新闻出版研究院	理论探索、产业论坛、数字出版、期刊研究、编辑理论与实践、书市营销、版权贸易、环球扫描、出版法苑、出版教育、对话与方谈、阅读与接受、出版实务、装帧研究、图书评论、出版史研究等

---

① 王福军,徐国红,冷怀明.10种出版事业类高被引论文研究[J].遵义师范学院学报,2015,(04):160-161.
② 肖超.我国编辑出版类期刊高被引论文分析[J].出版与印刷,2019,(01):32-38.
③ 赵翔,王彦祥.编辑出版类专业期刊发展现状分析[J].科技与出版,2013(10):104.

(续表)

刊物名称	创刊年份	出版周期	出版地域	主办单位	主要栏目设置
《编辑之友》	1981	月刊	太原	山西出版传媒集团有限责任公司	特稿、沙龙、专题、书业、刊界、营销、传媒、数字、学研、人物、实务、荐书、版权、史料、域外、出版、术业、书道、个案等
《科技与出版》	1982	月刊	北京	清华大学出版社有限公司	特别策划、专稿、产业观察、数字无限、融媒之光、经营管理、理论研究、专家谈、编辑实务、研究与教育等
《中国出版》	1978	半月刊	北京	中国新闻出版传媒集团	本期话题、前沿探索、书业经纬、学术园地、智媒时代、版权之页、全民阅读、品书录、数字时代、出版史话、经营观察等
《出版科学》	1986	双月刊	武汉	武汉大学	专论·特约稿、博士论坛、编辑学·编辑工作、出版学·出版工作、发行学·发行工作、多媒体·数字出版、港澳台出版·国外出版、出版史·出版文化、品书录等
《现代出版》	1993	双月刊	北京	中国传媒大学出版社	特稿、理论前沿、经营与管理、数字时代编辑与策划、实践案例、国外出版、学术书评等
				中国大学出版社协会	
				中国传媒大学编辑出版研究中心	
《编辑学刊》	1984	双月刊	上海	上海市编辑学会	理论研究、编辑工作研究、期刊研究、编辑学论著介绍、各名家编辑思想、出版编辑史研究等
				上海世纪出版集团	
《中国编辑》	2003	双月刊	北京	中国编辑学会	编辑观察、人物专访、理论研究、行业建设、图书、报刊、广播影视、新媒体、质量聚焦、人才培养、编辑春秋、编辑抒怀、媒体评论等
				高等教育出版社有限公司	
《出版广角》	1995	月刊	南宁	广西出版杂志社	策划、新观察、专栏、人物、实战、观点、阅读、书架等

表1-3 出版事业类核心期刊高被引论文词频统计①

刊名（按影响因子排序）	前 五 位 关 键 词
《编辑学报》	科技期刊、期刊编辑、科技论文、审稿、高校学报
《中国科技期刊研究》	科技期刊、期刊编辑、学术期刊、文献计量学、科技论文
《编辑之友》	期刊、学术期刊、科技期刊、数字出版、高校学报
《出版发行研究》	数字出版、期刊、阅读、版权、实体书店
《中国出版》	数字出版、期刊、微信、版权、微博
《出版科学》	数字出版、出版产业、编辑学、图书营销、编辑
《科技与出版》	科技期刊、数字出版、学术期刊、众筹出版、版权
《中国编辑》	网络新闻、数字出版、编辑、学术期刊、新闻编辑
《编辑学刊》	出版产业、期刊史、少儿图书、阅读、畅销书
《现代出版》	数字出版、教育出版、出版产业、版权、阅读
《出版广角》	数字出版、阅读、新媒体、微信、互联网

6.研究现状

针对出版类期刊的研究远未形成"显学"，现有的成果多聚焦于发展概况研究、影响力研究、学术规范研究、数字出版现状研究四大方面。调查、分析出版类核心期刊知识服务现状的研究稀缺，需要从理论和实践两个层面进行建构。当然，出现这种情况也是因为出版类期刊在这个方面表现不够突出，仍有较大改进空间的缘故。

二、知识服务模式调查与分析

结合前文数字化转型背景下我国学术期刊知识服务发展阶段及特点的分析，通过访谈和实地调研11种出版类核心期刊的出版实践，可明确出版类核心期刊基本完成了期刊内容的数字化、期刊网站和网络数据库平台的建设，实现了在线编辑出版流程的数字化，在新媒体建设和提供精准知识服务方面处于探索上升阶段。据此，绘制成出版类核心期刊知识服务模式导图（详见图1-1）。

下面重点基于数字化转型视角，从知识服务的主体、知识服务的受众、知识服务内容建设、知识服务平台建设、移动社交应用等方面具体分析出版类核心期刊知识服务的现有模式。

---

① 肖超.我国编辑出版类期刊高被引论文分析[J].出版与印刷，2019，(01)：37.

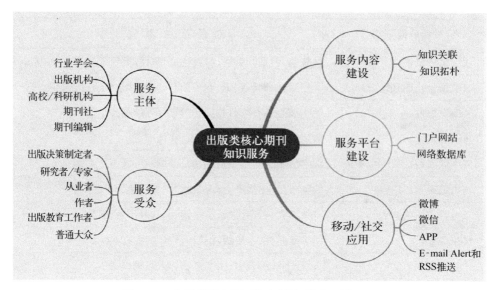

图1-1 出版类核心期刊知识服务模式思维导图

1. 知识服务的主体

11种期刊的知识服务主体从上至下由三个不同层面组成：一是行业学会、出版机构、高校和科研机构等主办单位。上级主办单位不直接参与期刊内容制作与运营。二是期刊出版单位。作为提供出版领域学科知识服务的出版主体，期刊出版单位不仅拥有内容生产的自主性，在运营方面也保持较大独立性。三是知识服务的具体实施者，即各期刊的核心人才——期刊编辑。

数字化转型促使期刊编辑的功能和角色从传统出版时代单一的文字内容编辑向数字化复合型编辑过渡，职责范围更加宽广，面临的技术挑战更加多元。在知识加工层面，原先单向度的传播转而为双向甚至多向的信息交流，期刊内容生产方式和出版流程的数字化促使编辑工作方式发生变化，具备了在线收稿、审稿、编辑加工、出版发行以及相关技术软件的使用能力；在知识发布层面，普遍学会运用互联网思维，通过建设网站、开设微博、建设微信平台等扩大知识的传播范围，初步具备了数字化平台运营能力。

2. 知识服务的受众

通过11种期刊的栏目设置和研究主题(详见表1-2)可知，研究内容基本覆盖了出版发行、编辑实务、理论探索、前沿观察、版权贸易、书评荐书、出版史话、出版人物、数字出版、国外出版观察、出版教育与人才培养等领域；在研究热点上，对出版融合、媒介融合、互联网＋、知识服务、人工智能等敏感度普遍较高。由此可知 11 种期刊的目标受众或者说知识服务的对象主要包括出版决策制定者、出版学科研究者和专家、行业从业者、作者、出版专业教育工作者以及普通大众等。

传统媒体时代，知识或信息的出版与传播以出版机构为主动的定向发布者，由点到面向受众传输，受众在这一过程中始终处于被动地位。互联网时代信息出版与传播的交互性特质促使双方地位发生了变化，受众地位有所上升，甚至在某种程度上处于主导性位置，出版主体受制于点击率、下载率、被引率等学术评价指标，也在积极谋求自身角色的升级，由单一的出版者向服务者身份转变。在 Web2.0 模式下，以期刊网站和微博、微信等社交平台为基础，出版类核心期刊正在探索点对点的交流与传播格局——在学术知识的传播中，受众可通过留言、在线评论等方式与编辑交流互动，也可以通过扫描二维码直接与作者形成互动，如《编辑之友》网站提供国内知名学者专家的微信二维码和主要学术观点，读者扫描二维码后既可以与专家一对一沟通，同时还能在以作者为中心建构起的学术社区里，与其他受众建立起多向互动关系。当然，出版类核心期刊整体上在个性化、定制化服务形式的拓展方面尚在起步阶段，微社区、微访谈、知识问答平台等个性化服务形式较为鲜见。

3. 知识服务内容建设

纸质期刊出版经过严谨知识加工的全文内容，以此为基础的知识内容在通过其他媒介形式传播时，需要因应不同媒介特点，对论文篇幅、内容形态、组织形式等进行深度挖掘。出版类核心期刊在内容挖掘上的尝试主要可分为知识关联、知识拓扑两种类型。

（1）知识关联

知识关联是指大量的知识单元之间存在的知识序化的联系以及所隐藏的、可理解的、最终可用的关联[①]。学术文章涉及的知识点包含了作者、参考文献、学科等，都可以通过关联手段凸显知识的聚合效应。如《科技与出版》的网站上，点开单篇文章页面，作者发表于该刊的全部论文已然归类并设置了相关链接；相同或相近研究主题的文章也赫然在列；同时，读者还可将单篇文章推荐给他人。《编辑学刊》《出版科学》等期刊也提供相关文章链接。

（2）知识拓扑

知识拓扑是指通过多向关联方式将文献知识单元进行延伸和扩展，揭示更多领域的知识[②]。出版类期刊在这个领域着力不多，可供借鉴的实例匮乏，仅

[①] 文庭孝,龚蛟腾,张蕊,刘晓英,刘进军.知识关联：内涵、特征与类型[J].图书馆,2011,38(4)：32.
[②] 沈锡宾,刘红霞,李鹏,季媛媛,包靖玲,王红剑,史红,刘冰.数字化环境下中国科技期刊知识服务模式探析[J].编辑学报,2019,31(1)：13.

《编辑之友》网站的呈现内容和架构形式可能提供了知识拓扑的一种新思路。该网站全面整合所有纸质版期刊内容,除具备全刊数字化期刊浏览功能外,将不同栏目内容纵向归类,划分作者栏、话题栏、沙龙栏等,将纸刊线性呈现的知识内容改为块状发布与传播;注重网站的交互功能,设有论坛社区、读编互动模块;针对从业人员,发布职业资格考试、韬奋杯、编辑之友杯等三大权威考试或竞赛信息及行业热点动态、趋势;注重核心作者群及学术圈层建设。与其他期刊相比,打破了原有知识传播的既定模式,知识广度、厚度也有所增强。

4. 知识服务平台建设

(1) 门户网站

除《中国出版》外,其他 10 种期刊均自建有门户网站(详见表 1-4,统计截至 2019 年 5 月 21 日)。各网站在内容发布的时效性、活跃度方面有一定差异。除期刊简介、联系方式、编委会介绍、创刊年份、投稿指南等基本信息外,各网站知识服务功能模块多少不一,发展并不均衡。具体表现为:

第一,在线办公。10 种期刊均启动了在线办公功能,但在具体功能上有较大差异。目前仅有《中国科技期刊研究》《编辑学报》《科技与出版》《出版科学》4 种期刊全面使用在线编辑系统,实现了在线投稿(收稿)、在线审稿、在线编辑和在线订阅的服务功能,其余期刊基本实现了在线投稿和在线订阅功能。

第二,知识检索。10 种期刊均提供对期刊论文内容的检索服务,除《现代出版》缺失当期目录、《编辑学刊》缺失过刊内容外,其他 8 种期刊设置了过刊浏览和当期目录查询的双重功能。但是信息更新速度不一,部分期刊存在较为严重的滞后现象,如《编辑学刊》的过刊内容仅停留于 2014 年 12 月。

第三,知识开放内容。10 种期刊网站的学术论文及其相关知识关联内容在开放性上有较大差异。其中,2 种期刊提供全文下载,1 种期刊部分论文可全文下载,2 种期刊的论文提供全文浏览,其余 5 种期刊仅开放论文的题目、作者、摘要和关键词。《科技与出版》在探索知识之间的关联方面走在前列,除提供与单篇论文研究主题的相关文章链接外,还设置了论文作者的文章归类与链接应用,此外还单独提取出文章图表、参考文献等;《中国科技期刊研究》《编辑学刊》提供相关文章链接,《现代出版》《中国编辑》《编辑之友》网站还发布学术新闻信息;《编辑之友》是唯一一种发布出版专业职业资格考试和行业内权威技能竞赛的刊物,其对知识服务内容的开发值得借鉴。

第四,知识互动。互联网时代,知识的出版与传播呈多向交互性状态,出版主体之间、出版主体与受众、受众之间均存在互动交流的可能。10 种期刊中,《编辑之友》在此方面表现较为突出,网站发布有核心作者和业内研究专家的核心观点和微信二维码,设置了社区论坛供编辑、作者、读者探讨学术问题,进行学术交流,还设有"读编互动"栏目,但该栏目信息暂时空缺;《编辑学刊》在单篇文章浏览的基础上,增加了评论功能,以方便受众针对该文章发表学术评价,开展学术交流;《科技与出版》则开发了一个可为他人推介单篇文章的小功能。

第五,其他功能。10种期刊的其他服务功能主要分四类:一是排行功能。这其实关系到学术量化评价的问题,对受众而言也是重要的参照指标。《科技与出版》提供阅读排行、下载排行,《中国科技期刊研究》还提供引用排行,《编辑学报》《出版科学》则列出全文下载排行和摘要点击排行。二是稿件审理公告,以《中国科技期刊研究》和《编辑之友》最为迅速。三是 E-mail Alert 提醒和 RSS 订阅功能,目前仅有《编辑学报》和《出版科学》尝试这种个性化定制服务的方式。四是优先出版功能。《编辑学报》设置有该功能栏。

总体而言,《中国科技期刊研究》《编辑学报》《科技与出版》《出版科学》等4种期刊网站的知识服务功能最全面、数字化程度最高,《编辑之友》网站的内容组织和架构方式最为个性化,其他期刊网站的功能有待进一步完善和开发,尤其是论文的开放程度。10种期刊在网络交互功能上均着力不多,对多媒体介质的运用较少,网站信息形式也偏于单一。

表1-4　10种出版类核心期刊门户网站主要服务功能一览表

期刊名称	在线办公			知识检索		知识开放内容		知识互动	其他功能
	在线投稿	在线审稿	在线编辑	在线订阅	过刊浏览	当期目录	论文	知识关联	
《中国科技期刊研究》	√	√	√	√	√	√	全文下载	相关文章		稿件审理公告;阅读排行;下载排行;引用排行
《编辑学报》	√	√	√	√	√	√	全文浏览		发表评论	下载排行;摘要点击排行;优先出版;E-mail Alert;RSS

(续表)

期刊名称	在线办公			知识检索		知识开放内容		知识互动	其他功能
	在线投稿	在线审稿	在线编辑	在线订阅	过刊浏览	当期目录	论 文	知识关联		

期刊名称	在线投稿	在线审稿	在线编辑	在线订阅	过刊浏览	当期目录	论 文	知识关联	知识互动	其他功能
《出版发行研究》	√			√	√	√	题目；作者；摘要；关键词			
《编辑之友》					√	√	全文浏览	行业新闻；职业资格考试及业内权威竞赛信息	名家微信；社区论坛；读编互动	稿件审理公告
《科技与出版》	√	√	√	√	√	√	部分论文全文下载	图表；参考文献；相关文章；Metrics；作者文章链接	文章推介他人	阅读排行；下载排行
《出版科学》	√	√	√	√	√	√	全文下载			摘要点击排行；全文下载排行；E-mail Alert；RSS
《现代出版》	√				√	√	题目、作者、摘要、关键词	学术新闻		
《编辑学刊》	√			√		√	题目、作者、摘要、关键词	相关文章		
《中国编辑》	√				√	√	题目、作者、摘要、关键词	新闻通告		
《出版广角》	√				√	√	题目、作者、摘要、关键词			

注：各项信息统计截至 2019 年 5 月 21 日。

（2）网络数据库

11种期刊主要收录于国内三大网络数据库平台——中国知网服务平台、万方数据知识服务平台、维普中文期刊服务平台。其中，仅有《中国编辑》未加入维普中文期刊服务平台。此外，《现代出版》《编辑之友》《出版科学》3种期刊还加入了国家哲学社会科学学术期刊数据库（详见表1-5）。该数据库以推动哲学社会科学繁荣发展为目标，已与2 131家学术期刊建立了合作关系，收录论文超过1 000万篇，汇聚学者超过101万位，整理了2.1万家研究机构的相关信息，另对数以万计的图片等数据信息完成了收集、加工和入库。

表1-5　11种出版类核心期刊依托的网络数据库及服务功能一览表

网络数据库名称	收录期刊	主要服务功能			
		期刊信息	学术评价信息	开放获取内容	其他功能
中国知网	全部	1. 简介、主办单位、刊号、出版周期； 2. 数据库收录情况； 3. 获奖情况	1. 出版文献量、影响因子； 2. 年度总文献量、基金资助文献量、近十年文献所属栏目分布； 3. 近十年文献的学科分布和关键词分布	1. 免费：目录、标题、作者、摘要、关键词； 2. 付费：全文阅读与下载	网络首发；优先出版
万方数据知识服务平台	全部	1. 简介、主办单位、刊号、出版周期； 2. 数据库收录情况； 3. 获奖情况	1. 文献量、下载量、被引量、基金论文量； 2. 发文趋势、被引趋势、影响因子、学科分布、研究主题分析、机构分析、地区分析	1. 免费：特色目录、标题、作者、摘要、关键词； 2. 付费：全文阅读与下载	DOI服务
维普中文期刊服务平台	《中国编辑》未收录	1. 简介、主办单位、刊号、出版周期； 2. 数据库收录情况	1. 作品数、被引量； 2. 发文年代统计、学者与机构分析、主题分析、参考文献与引证文献分析、发文领域分析、资助分析； 3. 评价报告	1. 免费：目录、标题、作者、摘要、关键词； 2. 付费：全文阅读与下载	

(续表)

网络数据库名称	收录期刊	主要服务功能			
		期刊信息	学术评价信息	开放获取内容	其他功能
国家哲学社会科学学术期刊数据库	《现代出版》《编辑之友》《出版科学》	1. 简介、主办单位、主管单位、刊号、出版周期等；2. 数据库收录情况	无	免费：目录、标题、作者、摘要、关键词；全文阅读与下载	作者文章汇总

注：各项信息统计截至 2019 年 5 月 21 日。

依托四大网络数据库，各期刊均在相应平台拥有期刊主页，主要服务功能可归为四大类：一是登载期刊的基础信息。包括如简介、主管单位、主办单位等信息，数据库收录情况以及获奖情况等；二是发布有关学术评价的信息。通过统计期刊出版的文献量、论文下载量、被引量、影响因子等，分析文献主题趋势、作者趋势、学科分布情况、作者机构分布情况、课题基金资助趋势等。值得注意的是，除了年度统计与分析，中国知网还对近十年文献所属栏目、文献的学科分布和关键词分布予以图表呈现，维普中文期刊服务平台在以上常规统计分析的基础上，另发布一份包含影响因子走势、引用期刊列表、被引期刊列表三方面数据的评分报告。国家哲学社会科学学术期刊数据库暂不提供针对单个期刊出版的学术统计与评价。三是开放获取的知识内容。前三大平台均免费提供期刊目录或特色性目录，以及单篇文章的标题、作者、摘要、关键词等信息；全文阅读或全文下载则需要按资费标准付费获取，加入国家哲学社会科学学术期刊数据库的三种期刊则可以免费获取。四是其他功能。借助中国知网平台，11 种期刊使用较多的是优先出版和网络首发功能；万方数据知识服务平台作为中文信息服务领域首家国际 DOI 基金会组织下的中文代理，实现了对期刊论文数字资源的编码和标识；国家哲学社会科学学术期刊数据库平台在发布单篇论文的页面，设置了该论文作者所有已发表文章题目的汇总式链接，可谓知识关联的有效举措。

5. 移动社交应用

（1）微博运营

11 种期刊对微博媒体建设整体不够重视，甚至完全无视。顺应媒介融合发展趋势，仅有 3 种期刊开通了新浪官方微博，其中《现代出版》《出版广角》开通时间较早，《出版发行研究》相对滞后（详见表 1-6，各项数据统计截至 2019 年 5 月 21 日）。3 种期刊微博的运营和服务效果均不理想。

表1-6 3种开通微博的期刊运营概况

期刊名称	开通时间	关注人数	粉丝人数	发文数量	最近更新日期	发布内容	发布形式
《出版发行研究》	2018.12.5	148	10万	27	2019.4.4	论文	文字
《现代出版》	2012.11.23	29	77	15	2013.4.21	目录、论文、行业会议通信等	文字 视频 图片
《出版广角》	2009.12.28	643	2 879	1 337	2017.6.21	封面、目录、卷首语	文字 图片

注：各项数据统计截至2019年5月21日。

从最近更新日期看，《现代出版》2012年11月23日开通微博后仅运营5个月便停更至今；《出版广角》运营时间最长，约7年半，但是2017年6月21日后停止发博文；《出版发行研究》2018年12月5日开始运营，目前还不足半年。从关注人数和粉丝人数看，《现代出版》不足百，其他两种期刊表现较好，尤其是《出版发行研究》的粉丝数达10万人，受众基数较大。从发文数量看，《出版广角》运营期间发布了1 337条信息，远高于另两种期刊。从发布内容和发布形式看，《出版发行研究》以纸刊重要论文为主，没有运用图片、音视频等多媒体形式；《现代出版》发布当期目录和重要论文，间或穿插行业会议通信等，因应内容不同选择相应图片、视频资源；《出版广角》主要以图片形式发布当期目录、封面和卷首语。在编辑手段上，3种期刊都充分适应微博特点，对单篇文章以简评、摘要形式重点引导受众点击后进行全文阅读。

（2）微信公众号运营

除《编辑学报》外，其余10种期刊均于2013年到2018年间陆续开通微信公众号服务平台（详见表1-7，各项数据统计截至2019年5月21日）。其中，《科技与出版》最具前瞻性，于2013年12月20日便投入了这一新兴媒体领域。

从最近更新时间和推送频次看，各期刊的最新发文时间多集中于2019年5月，但推送频次有较大差异。《出版发行研究》《科技与出版》推送频次最为密集，工作日基本都会及时发文，信息密度最大；《编辑之友》《中国科技期刊研究》《出版广角》《出版科学》等更新的规律是纸刊出版后一段时间内集中推文；其他期刊的更新频率较低，且无明显规律可循。

从菜单栏看，除《出版发行研究》《中国出版》《编辑学刊》外，其他7种期刊充分运用微信自带功能，设置了三个一级菜单栏，并在每个菜单栏下分设若干二级菜单栏，尽最大限度容纳多种服务功能。对此可大致从四个方面细化分析。

表1-7 10种期刊微信公众号主要服务功能一览表

期刊名称	开通时间	最近更新	推送频次	一级菜单服务功能	二级菜单及主要服务功能			
					在线办公	知识检索	发布内容及获取形式	其他
《中国科技期刊研究》	2015.2.7	2019.4.22	不定期，每月2—3次	1. 在线查询		论文检索 稿件查询 最新资讯	业界动态 论坛通知 课题指南 全文下载	优先出版
				2. 期刊内容		当期目录 过刊浏览		
				3. 用户登录	作者登录 专家登录			
《出版发行研究》	2018.7.10	2019.5.21	工作日推送，数量不等	无	无	无	论文选登 全文浏览	无
《编辑之友》	2014.12.5	2019.5.19	每周约一次，每次3—4条	1. 投稿须知 2. 稿件查询 3. 订阅方式	无	无	会议简讯 论文选登 全文浏览	优先出版
《科技与出版》	2013.12.20	2019.5.22	工作日推送，数量不等	1. 往期精彩		论文查询	全文浏览	二维码识别 绘制思维导图 优先出版
				2. 读者服务	在线投稿 专家审稿 编辑办公	稿件查询 当期目录 历史消息 本期精彩		
				3. 关于我们				期刊订阅
《中国出版》	2015.9.1	2019.5.16	不定期，每次4—5条	无	无	期刊目录	论文选登 全文浏览	无
《出版科学》	2015.11.16	2019.5.21	不定期，每次1—2条	1. 往期回顾		本刊原创 编辑推荐	全文浏览	
				2. 本刊风采				出版数据 小编互动
				3. 联系我们				投稿须知 期刊征订 申请转载

(续表)

期刊名称	开通时间	最近更新	推送频次	一级菜单服务功能	二级菜单及主要服务功能			
					在线办公	知识检索	发布内容及获取形式	其 他
《现代出版》	2014.9.10	2019.5.14	不定期，每次1条	1. 期刊导航		往期精选期刊目录	全文浏览	
				2. 稿件查询				
				3. 联系我们				投稿须知
《编辑学刊》	2015.3.26	2019.5.20	每月1—2次，每次1—2条	无	无		论文选登全文浏览	无
《中国编辑》	2014.4.25	2019.5.20	不定期，每次1条	1. 内容导览		本期目录最新发表精彩回顾	全文浏览	优先出版
				2. 投稿指南				来稿须知投稿邮箱
				3. 联系我们				联系方式期刊订阅
《出版广角》	2018.6.6	2019.5.17	不定期，每次1—8条	1. 精选		近期目录精选文章	全文浏览	
				2. 行业动态				
				3. 读者服务				投稿须知期刊订阅

注：各项数据统计截至2019年5月21日。

一是在线办公功能。《中国科技期刊研究》开辟了作者登录和专家登录窗口，可实现在线投稿和在线审稿功能；《科技与出版》更进一步，还可实现在线编辑、发稿等流程，可谓将门户网站的这一功能移植到了微信新媒体上，也是唯一一家具备较全面在线办公功能的期刊公众号。二是知识检索或发现功能。《中国科技期刊研究》《科技与出版》设有论文检索和稿件查询菜单，以方便受众精准发现所需文章；还提供当期目录和过刊浏览功能。《中国出版》《现代出版》《中国编辑》《出版广角》等4种期刊除推送当期或近期目录外，同时发布本刊精选文章列表；《出版科学》也提供精彩文章链接。三是发布内容的类型及获取形式。大多数期刊支持的开放获取内容为纸刊全刊或当期主打精品文章,获取形式为全文在线浏览;《中国科技期刊研究》《编辑之友》的服务视域较为宽广,推送内容不止于论文,还包括行业会议纪要、简讯、课题指南、论坛通知、贺词等;《现代出版》《中国编辑》等期刊则注重跟行业的打通,常适时推出出版专业职业资格考试相关信息等。此外,仅《中国科技期刊研究》为用户提供论文 PDF 全文下载功能。四是其他功能。《中国科技期刊研究》《科技与出版》《编辑之友》《中国编辑》可实现论文的优先出版,打破了纸刊出版的固定周期,大大提升了学术知识的出版与传播速度。在交互性功能的开发上,《科技与出版》在单篇论文上方放置二维码,读者识别后可倾听作者讲述文章的写作背景,也可以据此关注作者的学术圈,这种方式颠覆了传统媒体时代读者和作者之间隔阂的境况,事实上建造了一个小型的微社区。由于该刊已加入"OSID 开放科学计划",论文扫码的读者量、浏览量、浏览时长,以及读者与作者交互评论的内容,都能用来评估单篇论文的学术影响力,这将是取代"期刊影响因子"实现论文代表作评价最为开放、轻量、快速的路径[1]。《出版科学》则会发起编读在线互动活动,如最近一次的策划是"6·18"读者留言位居前 300 位的可免费获赠刊一年;该期刊公众号还设有常规栏目"申请转载",读者/同行使用此功能无疑会使学术知识的传播面更广。此外,超过半数期刊提供订阅功能,并发布有投稿须知等基本信息。

综上所述,《中国科技期刊研究》《科技与出版》两种期刊的公众号功能较为完备,在媒体融合方面的表现较为突出,其他期刊或多或少存在明显不足。整体而言,10 种期刊公众号的共性问题主要表现在:推送频率较慢,且无规律,不利于稳定受众群的形成;推送内容以论文为主,信息含量薄弱,知识关联度不够;菜单栏设置或缺失或繁杂,需根据受众需求进一步优化;多媒体介质使用匮乏,信息形式单调;微社区服务和交互型应用薄弱,知识问答平台尚未建立。

(3)客户端 APP

目前中国期刊 APP 可以分为单独期刊 APP、具有多种期刊的传媒集团整合旗下期刊打造的整形 APP、由第三方整合多期刊形成的综合性期刊 APP 三种[2]。目前,11 种期刊均没有开发独立 APP。除《中国科技期刊研究》外,其余 10 种期刊依托于第三方平台——中国知网手机 APP 平台,《现代出版》《编辑之友》《出版科学》则同时加盟国家哲学社会科学学术期刊数据库 APP 平台,均可以实现文献的收藏、查询及下载功能。

---

[1] 晓雪."OSID 开放科学识别码"打造新的期刊影响力[EB/OL].[2018-10-25]. http://www.cbbr.com.cn/article/124889.html.

[2] 沈秀.编辑出版类专业期刊数字出版的调查研究[J].中国科技期刊研究,2017,28(7):638.

(4) E-mail Alert 和 RSS 推送

E-mail Alert 是一种较为流行的电子期刊派发形式,用户通过订阅,可免费自动获取期刊目录、摘要等相关信息,也可以自由退订。RSS(Really Simple Syndication)是基于 XML 技术的因特网内容发布和集成技术,该服务能直接将最新的信息即时主动推送到读者桌面,使读者不必直接访问网站就能得到更新的内容。读者订制 RSS 后,只要通过 RSS 阅读器,就可看到即时更新的内容[①]。目前仅有《编辑学报》和《出版科学》的网站支持这两种订制服务。

三、存在的问题

数字化背景下,我国出版类核心期刊从纸质媒体向多媒体身份转变,以用户需求为导向,形成了纸质期刊出版为主,辅之以网站、数据库、移动应用等融合出版与传播的知识服务模式,但是仍然处于初级阶段,存在诸多问题和不足。

1. 服务意识薄弱,数字素养亟待提升

如前文所述,我国出版类核心期刊主要依托于行业学会、大型出版传媒集团、高校等机构,在现有的报刊管理体制及学术评价体制之下,生存压力较小。这使得相当一部分期刊仍然固守思维,将着力点放在纸刊内容的出版与传播上,缺乏真正的创新意识和服务意识,忽视甚至无视期刊数字化转型发展的方向和趋势。同时,期刊社编辑多为人文社科类专业背景,缺乏数字化技术处理能力,复合型人才匮乏,这也制约了各期刊获取信息、评价信息、组织信息、整合信息、加工信息和发布信息的能力。因此,除个别期刊外,大多数期刊在内容建设、平台建设、多媒体服务、融合发展等方面的表现都较为滞后,造成了各期刊内容同质化现象严重,运作流程缓慢,没有形成差异化竞争的态势。

2. 知识重复率高,再加工程度低

在数字化转型过程中,学术期刊的出版与传播平台已然多元化。从受众获取学术知识的路径看,纸质学术期刊事实上已经逐渐边缘化,纸刊内容在数字化潮流中必然需要因应平台特质的不同,对核心知识进行二次加工与创造,以适应受众阅读和获取知识的习惯。然而,我国出版类核心期刊与其他学科期刊相比,存在着知识重复率高、再加工程度低的缺陷。具体表现为:期刊网站、网络数据库平台、微信、微博等登载发布的可供知识检索和发现的数字化信息资源几乎完全是纸刊信息内容的重复版,无论是提供全文浏览、全文下载还是仅开放题目、作者、摘要和关键词,仅仅由于媒介形式的变换而做简单移植,没有充分理解不

---

① RSS 简介[EB/OL].[2019-05-28]. http://lib.hrbeu.edu.cn/6843/list.htm.

同媒介的特点,对知识内容进行深度关联、拓展、重组以及再次加工。甚至由于网络数据库、微信等媒介的单篇论文呈现模式而导致知识的零散化,割裂纸刊内容专题策划的完整性、系统性,对此学者朱剑就曾指出,单篇文献的方式使期刊结构不成体系,导致传播的盲目性,信息聚合反而破坏了原有期刊的专题策划、文章之间的逻辑关系被破坏[①]。

3. 信息形式单一,多媒体服务建设滞后

现有数字技术条件下,多媒体信息形式包含了文本、图像、图形、声音、动画、视频等。科技期刊通过应用多媒体技术,可更多方位地展示研究内容,更利于研究成果的信息发布、推广、应用,实现科研成果的社会效益最大化[②]。如前文所言,国外顶级学术期刊如《Nature》等在多媒体应用方面走在前沿,致力于打造多媒体生态系统。我国部分学术期刊也在图文制作、音视频制作、网络在线直播、慕课制作等领域积极尝试。出版类核心期刊在多媒体服务建设方面处于滞后局面,还处于文本为主,图片、图表相辅助的阶段,忽视音视频资源及其他信息形式的综合开发制作。在网络数据库平台中,中国知网具备增强出版功能,运用此功能,可依据单篇文章的内容特点,进行多种信息形式的技术处理和发布,但是11种出版类核心期刊都没有在此方面深耕细作。

4. 服务平台和移动应用建设不平衡、不完善

对于学术期刊而言,其核心功能是提供学术论文发表的平台,通过分享学术观点和成果、组织学术交流,最终提升其自身的学术影响力。数字化转型和媒体融合发展为学术期刊提供了新的契机,门户网站、网络数据库的建立,微博、微信、APP客户端的建设,RSS推送服务、E-mail Alerts及其他交互型应用的开发都使得学术知识的出版与传播速度加快、广度扩大,立体化的出版与传播格局雏形初现。具体到11种出版类核心期刊,绝大多数期刊建有网站并加入了网络数据库平台,但是各期刊网站建设水平不一,《中国科技期刊研究》《科技与出版》《出版科学》功能较为完备,在线办公和知识开放获取、知识呈现和再次加工这三个方面的表现突出,《编辑之友》最有特色,其他期刊网站的功能偏于单一,更新速度、运作流程仍然比较缓慢,互动模式滞后。在移动应用建设方面,各期刊对微博重视程度极低,更注重微信平台建设,10种期刊开通了微信公众号,能持续发布学术论文及相关信息,且在多媒体信息形式上比纸刊和网站丰富、直观,但是各微信平台建设思路有异,建设水准有差距。如《中国科技期刊研究》《科技与

---

① 朱剑.构建互联网时代学术传播的新秩序——以高校学术期刊发展战略为中心[J].武汉大学学报(人文科学版),2016,69(02): 76.
② 张新玲,谢永生.国外顶级学术期刊《Nature》新媒体应用研究[J].中国传媒科技,2017,(04): 75.

出版》微信公众平台集在线办公、知识开放及多种功能于一体,并且探索平台与知识产品之间可形成的新型衍生品,其他期刊多停留于不定期发布纸刊内容的阶段。

5. 知识传播的精准度不足,增值服务匮乏

知识服务的特点之一就是以用户为目标,强化编辑、读者、作者、专家等之间的多向互动,提供用户真正需要的信息,实现一对一精准化服务。尽管出版类核心期刊已初步建成"刊、网、库、移动应用"四位一体的数字化出版与传播格局,但是也要意识到现有格局徒具其形、不见神韵,远未做到精准服务及提供具有价值的增值服务。以微信平台为例,各期刊针对订阅用户统一推送信息,遵循的仍然是一对多的单向传播模式,既无法对用户进行细分,也不可能精确预测不同用户的个性化需求并据此推出独具特色的服务产品,本质上仍是纸刊传播模式的复制。至于增值服务,各期刊对现有学术资源和学术价值的进一步挖掘几乎付之阙如,比如投稿咨询服务、论文写作指导服务、研究方法服务、按需出版服务等。同时,各期刊在交互性功能的开发上也有明显不足,少数期刊具备留言、评论、扫取二维码与作者互动功能,然而远未打通编辑、读者、作者、专家等多个用户层面的互通关联,更遑论学术微社区建构及其他交互性应用的实现。

6. 期刊角色游离,数字化盈利模式尚未成型

学术期刊的出版发行需要稿费成本、印刷成本、人力资源成本以及硬件设备的购置与维护成本等等,而数字化出版也需要昂贵的网络管理、计算机软硬件维护成本[①]。在数字化转型和知识服务浪潮下,学术期刊应逐渐从知识产品的出版者向知识服务商角色转变,探索符合自身特色的、稳定的盈利模式。目前我国出版类核心期刊的盈利收益来自两种途径:一是纸刊。主要包括发行订阅收益、刊载论文收取的审稿费、版面费、广告费。二是数字化内容资源。主要通过广告链接服务、用户全文下载、数字内容版权转让等方式获取一定费用。前两种方式以《中国科技期刊研究》为代表,收益较为稳定;至于数字版权转让费用,作为内容提供商的各期刊依托网络数据库实现数字化转型,在此过程中始终处于利益分配的弱势地位,相对缺少话语权。各期刊社仍将自身定位为学术出版者或者再进一步而为知识提供商,而非知识服务商,因此在知识产品的出版与传播中没有切实基于不同数字化平台的特点,探索相应的服务策略并获得盈利增长点。

四、策略或建议

通过对数字化背景下我国学术期刊知识服务发展现状的观察研究可知,与

[①] 李贞.学术期刊数字出版盈利模式探究[J].新闻世界,2014,(01):111.

其他学科期刊或出版机构相比,出版类核心期刊的成果经验并不突出,总体上仍处于"随波逐流"状态,暂未形成引领行业发展之势。以下结合国内外学术出版机构知识服务的特点,尝试从"刊网融合"发展的角度提出几点策略性建议。

1. 聚合学术资源,打造期刊集群

赵艳(2015)[①]通过对国外 9 家权威出版机构的调查发现,无论是商业出版机构、学协会出版机构还是大学出版机构,期刊出版的模式都经历了从"单刊"到"刊群"、从少到多的发展历程,其外部动力之一就是信息技术和数字出版技术的快速发展和用户需求的变化。"刊群"化意味着在同一学科内部可集中整合共享信息、技术、人力、物力及其他类型的资源,从根本上提升该学科的学术影响力和竞争力,如我国已建成万方医学网、地球与环境科学信息网、中国地理资源期刊数字传媒网等有代表性的期刊集群平台。作为新闻传播大类下的二级学科,编辑出版并非"显学"。编辑出版领域的学术期刊数量虽不在少数,但各期刊社"各自为政"单刊发展,自身力量薄弱,有效资源分散;且多挂靠于出版集团、高校、行业协会等,其自身的数字化技术水平有限,复合型人才匮乏。可以说,出版类期刊在整个数字出版产业链条中处于弱势一环,单靠自身几无能力对本学科内的已有资源进行系统性聚合、集约,形成强势学科规模,提升知识服务能力,促进知识资源的共享。因此,从顶层设计层面,应尽快建立并完善学术期刊刊群建设机制,制订一系列知识服务标准化的相应指南,严格版权转让法规,并在财政上推出倾斜性政策;从期刊社层面,由于分属不同的主管、主办单位,期刊主体发展理念和模式各异,也急需要政府确立牵头人,由其组织期刊社、数字技术提供商等展开高效沟通和协调,共同规划出版类期刊的刊群建设前景。

2. 着眼"内容+",开发知识衍生产品

对于任何一家出版机构而言,"内容为王"永不过时,坚持内容生产的专业化、权威化是其可持续发展的第一要义。学术期刊应深度学习并理解互联网思维,利用互联网技术,加快并深化纸刊、网站、数据库、新媒体的融合发展,在优化传统纸刊的内容策划、组织、传播的基础上,进一步挖掘、再造知识内容,开发知识衍生品,实现"内容+"。具体到出版专业领域,各期刊可对相关国家政策、出版类数据、研究热点、数字出版技术及国外新兴概念等进行归类整理,建成期刊独有的基础信息数据库,以供用户查询、检索;以微信平台为基础,打造微社区论坛和知识问答平台,将编辑、专家紧密聚合,展开线上学术讨论,并针对用户提出的专业问题、论文选题及写作思路技巧等提供个性化知识解决方案。各期刊主

---

① 赵艳.国外科技期刊集群化建设的动力机制调查与研究[J].数字图书馆论坛,2015,(03):17.

体还可以细化用户需求,录制某一主题的微视频或在线专业课程,如出版专业职业资格考试的内容庞杂、知识点众多,出版及相关行业从业人员常感力不从心,《科技与出版》《中国编辑》等期刊往年均会在考试结束后策划考试专题,邀请专家以文字形式评析重点题型,在此基础上期刊社可以再进一步,以知识体系或答题要点为思路录制专业化视频,同时实现收费盈利。

3. 拓展增强出版功能,重构知识呈现形态

增强出版包含根文献和附加内容,经过组织和封装,形成一个有内在联系的复合数字作品的数字出版物,是全部学术成果的出版。其中,根出版物指与印刷版出版物内容一致的数字化出版物形式,或者并无印刷版相对应的纯粹数字化出版物;附加内容又叫增强材料,伴随根文献一起进行数字化出版,其内容包括文本、数据表格、图像、音频、视频、软件程序、手稿等,通常仅通过网络呈现①。据此可以总结增强出版的特点:第一,该功能需基于网络而实现,数据存放于网络平台、数据库等;第二,增强出版物的构成要素是发表于纸刊的根出版物和关联附加数据,即以纸刊论文为基础,为其增加相关链接和数据;第三,增强出版可融合文本、图表、音视频等多媒体信息形式。增强出版功能丰富了学术期刊知识生产的方式,为其深挖知识价值、拓展知识含量、促进融合发展、提高论文被发现率和引用率等都大有裨益。出版类核心期刊应充分运用门户网站、网络数据库、微信公众平台自有的增强出版功能,实现知识内容的解构、重组和再造。部分期刊在此方面做了些许尝试,但远远不够。具体来说,在对单篇文章进行结构化和碎片化处理的基础上,既可以为全篇论文增强内容,如附加媒体评论、论文亮点、编辑荐语、相关书籍、引证论文、媒体报道、读者评论等链接,也可为文章中的某一知识点增加内容关联,如图表扩展、表格增补、音视频增补、相关论文推荐等。

4. 运用大数据技术,精准化分析用户需求

利用大数据技术,出版类核心期刊可实现对阅读浏览量、浏览时长、下载量、引用量、发行量、同类期刊数据、学科发展和热点趋势数据等海量信息的挖掘,这实际上也是另一种形式的学术评价手段。通过后台数据分析,精准化勾勒出受众(用户)关注的学术焦点、学科发展趋势,进而为期刊的选题策划、知识产品内容的开发、产品形态的再造、平台建设、多媒体服务建设等提供切实依据,最终为读者提供精准且有价值的学术内容。

5. 优化期刊编辑队伍,提升知识服务水平

数字化转型过程中学术期刊编辑从传统文字内容编辑向数字化编辑过渡,

---

① 新型出版模式介绍[EB/OL]. [2019-05-29]. http://nvsm.cnki.net/kns/subPage/introduce.aspx.

从"把关人"向"服务者"角色转变,期刊社或行业组织应顺应媒体融合发展的潮流,通过继续教育、技能培训、到国外顶级期刊团队学习等手段提升期刊编辑的数字化素养和知识服务意识,形成一支既具备扎实的编辑能力又拥有互联网思维的优质编辑团队。在知识服务的探索中,作为知识服务主体的编辑必须充分了解用户需求,以用户需求为导向,对知识内容进行提炼、组织、加工,做到有的放矢;同时,运用媒体融合技术手段,进行知识服务产品的开发和运营。

(黄静:上海出版印刷高等专科学校出版与传播系)

第二章
知识服务背景下的图书馆转型发展研究

第一节 序 言

在很长一段时间内,人们认为图书馆与出版单位的联系仅仅是通过馆配商来实现,图书馆仅被作为出版的下游机构,甚至在一定程度上图书馆被剥离了出版产业链。但随着信息技术的革新、用户需求的改变、媒介融合的推进,图书馆在出版产业中的地位越来越凸显,越来越多的出版单位注重与图书馆的沟通与对接。在这种背景下,图书馆的服务不再止步于借还等传统文献服务,而是提出"智慧图书馆"建设方向;出版社的业务也不再止步于出版物的销售,而是开始"融合发展"的探索。可以说,图书馆的信息分类与数据管理技术和出版单位的内容资源开始了合作探索。图书馆与出版机构在数据资源上各有所长,在知识服务的大环境下,两者的合作显得尤为重要。因此,在探索出版领域知识服务问题时,图书馆知识服务是其中一个重要话题。

理念的变革必然带来传统功能的改变,技术的变革必然带来传统服务手段的创新,环境与内容的变化必然带来服务模式的革新。而图书馆近些年则面临着诸多的改变与挑战,转型迫在眉睫。而实际上,从 2014 年美国图书馆协会(ALA)发起图书馆转型运动,到 2018 年第 84 届国际图联(IFLA)举办"图书馆转型、社会转型"主旨大会,转型已经成为各国图书馆事业发展中难以回避的一个话题,也是国内外图书馆学界与业界普遍关注的焦点[1]。

随着信息技术与信息交流环境的不断变化,信息资源的传递、加工与呈现形式的不断改变,以及科学研究跨学科性与知识获取单元化的不断凸显,伴随而来的是图书馆服务环境、服务理念、服务对象、服务内容、服务方式等全方位的变

---

[1] 柯平,邹金汇.后知识服务时代的图书馆转型[J].中国图书馆学报,2019(1):4-17.

革,传统的信息服务已很完全满足新的需求,难以有效切入用户知识应用和知识创新的核心过程,图书馆的服务重心正从传统文献信息服务向知识服务转变。

本章从图书馆知识服务的概念与特点、图书馆知识服务的驱动因素、国内外图书馆转型案例分析、图书馆知识服务模式构建与路径选择等方面全方位研究知识服务背景下的图书馆发展转型,力求为图书馆在知识服务环境下的转型提供一定的参考依据。

第二节　知识服务的内涵与特征

一、知识服务的缘起

国外对知识服务的探究源于企业界,旨在从知识管理视角提高企业的经济效益和竞争能力[1]。早在1988年,美国管理学家彼得·德鲁克(Peter Drucker)首次对知识管理进行概念界定,认为知识管理是一个学习、获得并表达新知识与新经验的过程,通过这一过程可以提升个人和机构价值。随后,狄玛提亚(DiMattia)和奥德(Oder)于1997年对知识管理思想的实质内涵进行了总结,认为知识管理源于规模的减小和信息技术的变革两个根本性的改变。"规模的减小"所带来的影响主要是指20世纪80年代诸多国外企业的大规模裁员和机构的精简所带来的员工经验的流失;而信息技术的变革所带来的影响主要是指信息技术的变革所带来的信息过载和知识流通共享的便利[2]。在规模的减小和信息技术变革的背景下,企业的管理者逐渐地认识到实施员工知识管理的重要性和可行性。由此,知识的挖掘、整合与利用逐渐成为管理学领域的关注焦点,知识服务的概念越来越被更多的人接受,知识经济时代悄然到来。

因为知识与信息内在的密切相关性,知识服务同样与信息服务有着密切的关系,对于知识服务的研究同样离不开信息服务。因此,作为文献信息服务重要机构的图书馆,也是较早关注、探索、实践知识服务的机构。在CNKI期刊全文数据库中,用"知识服务"和"图书馆"两词作为主题词进行精确检索,得到4 196篇文献,其中CSSCI(含扩展版)论文1 253篇[3]。梳理国内图书馆领域这些有关知识服务的研究文献发现,图书馆领域着重从知识服务理论与实践、模式、技术等方

---

[1]　刘佳.数字图书馆知识服务能力评价研究[D].吉林大学,2010:6.
[2]　尉迟文珠.试论我国高校图书馆知识服务模式构建[D].天津师范大学,2007:2.
[3]　统计截至2019年5月1日。

面展开图书馆知识服务的研究。其中,任俊为(1999)的《知识经济与图书馆的知识服务》一文,真正将知识服务引入图书情报界,提出图书馆将在知识的应用、生产与创新中发挥重要作用,此文拉开了国内图书馆领域研究知识服务的序幕[①]。

二、图书馆知识服务的概念、内涵与特征

1. 图书馆知识服务的概念

从本质上讲,知识服务并非一个全新的概念。国内外关于知识服务明确的概念的提出,始于20世纪90年代。知识服务虽然起源于20世纪末,但其发展相对比较缓慢,学者们就知识服务的概念界定与外延划分提出了各自不同的认识。

国外最初的知识服务概念多见于对知识服务行业的研究文献中,如对知识密集型服务业(信息服务行业、研发服务行业、法律服务行业等)的研究文献。Miles等(1995)对知识密集型服务行业进行了界定,认为这些行业对特定领域的专业知识依赖程度较高,他们向最终用户提供的是以知识为基础的产品或服务[②]。Hipp(1999)则认为知识服务更多地是将企业外部信息与内部信息融合,并将其转化为对用户有价值的服务[③]。Kivisaari(2004)则认为知识服务即为专家通过提供智力支持而实现的一种服务[④]。1997年,专门图书馆协会(SLA)在其会刊辟出专栏,刊发知识管理与知识服务方面的研究文献,这也标志着知识服务引起了图情领域专家的关注[⑤]。

国内关于知识服务的研究多立足于特定的服务领域,尤其是图书情报领域的知识服务研究,其研究内容涉及基于知识服务理念的图书馆建设、图书情报工作的核心能力定位等,并依据图书情报领域的服务特性提出知识服务的概念、形式和操作模式,以及知识服务的技术(计算机技术、网络技术等)支持与实现途径。总体来讲,国内外有关知识服务的研究内容相对比较分散。但是,"从信息服务走向知识服务"几乎成为图书馆界对图书情报事业发展轨迹的一种共性的概况性描述。张晓林(2000)提出,图书情报界应该将自己的核心能力定位在知识服务,并认为知识服务是一种以检索、组织、分析、重组资源的知识与能力为基

[①] 靳红,程宏.图书馆知识服务研究综述[J].情报杂志,2004(8):8-10.
[②] MILES I, N KASTRINOS, R BILDERBEEK, P DEN HERTOG, K FLANAGAN, W HNNTINK. Knowledge-intensive business services: their role as users, carriers and sources of innovation [R]. Report to the EC DG XIII Sprint EIMS Programme, Luxembourg, 1995.
[③] HIPP C. Knowledge-intensive business services in the new mode of knowledge production [J]. AI & Society, 1999, (13): 88-106.
[④] 李霞,樊治平,冯博.知识服务的概念、特征与模式[J].情报科学,2007(10):1584-1587.
[⑤] BIB-YAW SHIH. The Research of the development of an Intelligent Knowledge Service Model [J]. IKE03 International Conference, 2003: 459-465.

础、以需求为驱动、面向知识并融入服务对象决策过程的增值服务①。在随后的数年里,张晓林团队对图书馆知识服务进行了全面深入的探讨,构建了国内图书情报界知识服务认知基本框架。在后来相关学者的研究文献中,都不同程度地对张晓林的观点予以认可。如党跃武等(2001)从组织管理的视角对支持知识服务的组织结构和管理机制进行了探索②。姜永常(2001)从产生背景、蕴含内容、服务方式、管理机制等多个方面对知识服务与信息服务进行了对比分析,提出知识服务即为知识经济发展和知识创新驱动下产生的、面向用户问题解决过程提供知识产品的服务③。戚建林(2003)则从广义和狭义两个层面对知识服务进行了界定,广义知识服务即为向用户提供知识的服务,狭义知识服务即为围绕用户专业需求,以解决问题为目标,对所涉及的知识进行搜集、筛选、分析、加工、传递的一种深层次智力服务④。张华宝(2011)分别从知识和知识经济时代两个视角对知识服务概念进行了解读和比较,认为从"知识经济时代"的宏观视角对知识服务进行整体认知更为合理⑤。陈建龙等(2010)则提出了基于产业实践视角的知识服务概念界定,提出知识服务是一个囊括了研发服务、法律服务、金融服务、市场服务、工程服务、管理咨询服务等不同服务形态中对知识的依赖性较强的那部分服务行为的集合⑥。

笔者认为,图书馆知识服务的界定,不能脱离图书情报学的理论范畴和图书馆的机构属性。伴随着知识服务概念的引入,以及知识工程、数字图书馆研究与实践的蓬勃兴起,知识服务已然成为图书情报学界的重点关注方向之一,从信息服务走向知识服务也成为图书情报学界对本领域研究趋势的一种共性认识⑦⑧。另外,依据教育部2015年颁布的《普通高等学校图书馆规程》)中对高校图书馆的界定,高校图书馆的定位应是"学校的文献信息资源中心,是为人才培养和科学研究服务的学术性机构,是学校信息化建设的重要组成部分,是校园文化和社会文化建设的重要基地"。因此,笔者认为,图书馆知识服务是传统信息服务的升华,而传统信息服务是图书馆知识服务的初级阶段。从本质上讲,图书馆知识服务应是在

---

① 张晓林.走向知识服务:寻找新世纪图书情报工作的生长点[J].中国图书馆学报,2000(5):32-37.
② 党跃武,张晓林,李桂华.开发支持知识服务的现代图书情报机构组织管理机制[J].中国图书管理学报,2001(1):21-24.
③ 姜永常.论知识服务与信息服务[J].情报学报,2001(10):572-578.
④ 戚建林.论图书情报机构的信息服务与知识服务[J].河南图书馆学刊,2003(2):37-38.
⑤ 张华宝."知识服务"概念解读的两个视角比较[J].图书馆论坛,2011(2):1-2,5.
⑥ 陈建龙,王建冬,胡磊等.图书情报工作,2010(3):11-16.
⑦ 廖璠,麦桂芬.近五年图书馆知识服务研究文献定量分析[J].图书情报工作,2006(5):37-39,48.
⑧ 贺德方等.数字时代情报学理论与实践——从信息服务走向知识服务[M].北京:科学技术文献出版社,2008.

充分利用图书情报学的专业知识与专业技能的基础上,深入挖掘、整合、关联、利用自身资源(含文献信息资源、数据资源、技术资源、智力资源等),面向校内外各类用户提供的知识与智力支撑服务,努力将图书馆打造成兼具资源中心、数据中心、智力中心、协同中心四个中心职能的新型智库,服务于学校人才培养、科学研究、文化与信息化建设,同时也服务于社会发展。本章将基于此提出图书馆知识服务的模式构建与路径选择,为图书馆在知识服务环境下的发展转型提供参考和借鉴。

2. 图书馆知识服务的内涵与特征

通过对图书馆传统信息服务与知识服务的对比分析,可以发现,相较于传统的信息服务,图书馆知识服务有着一些显著的特征。

(1) 服务观念的不同

包括用户目标驱动、面向知识内容、面向解决方案、面向增值服务等[①]。在目标上,知识服务不是关注提供了什么文献信息资源,而是关注通过提供的服务解决了用户的什么问题,目标是为了帮助用户寻求问题的解决方案;在内容上,知识服务提供的不再是整体的文献单元,而是基于用户需求重新对文献中蕴含的知识元进行关联、整合。

(2) 服务流程的不同

传统的信息服务,无论是代查代检、定题服务,抑或是参考咨询,均仅限于以序化的方式向用户提供文献信息资源的传递与获取,是一种单向的文献传递行为。而知识服务的流程则贯穿于用户问题解决的全过程,除传统的文献信息资源的传递与获取外,还包括对知识的析取、集成与创新的过程,直至用户问题得以解决。知识服务过程中服务的提供者与用户之间的交互是必不可少的,最终问题的解决是图书馆与用户共同作用的结果。

(3) 研究对象的不同

传统的信息服务研究的是文献、系统、机构,是相对宏观的角度进行研究;而知识服务研究的则是碎片化的知识元,是一种对传统文献资源的结构与重构过程。目的是围绕用户的需求,利用相应的专业知识,基于某种逻辑对相应的知识元进行析取和重构,以形成新的、可以满足用户需求的知识体系。

(4) 其他方面的不同

传统的信息服务强调对信息的序化,而知识服务则更强调用户目标的达成;传统的信息服务提供的是静态的文献信息,而知识服务提供的则是动态的、过程性的知识元;传统的信息服务注重资源的建设,而知识服务注重服务过程的价值创造。

---

① 张晓林.走向知识服务:寻找新世纪图书情报工作的生长点[J].中国图书馆学报,2000(5):32-37.

图书馆作为知识的存储与传播中心,同样是为用户提供知识的重要机构,理应对知识服务更加关注和重视。特别是在目前的云计算、大数据、移动互联、媒介融合等技术变革的大环境下,图书馆的发展转型势在必行,也是图书馆适应社会发展需要的必由之路。图书馆应着力构建基于知识元的大数据中心,为知识服务的开展奠定良好基础。

第三节 图书馆知识服务转型的驱动因素

知识服务是知识经济时代图书馆服务转型的必然的选择,也是图书馆内外环境共同作用的结果。在目前环境下,图书馆的服务转型有着诸多强大的驱动力,而读者需求的变化并非图书馆转向知识服务的唯一驱动因素。我们通过前期研究发现,图书馆每一次服务转型都离不开技术的变革,技术因素也是图书馆服务转型的重要驱动。大数据、云计算、移动互联等新技术的发展都在促使图书馆由传统信息服务转向知识服务。而且,图书馆作为一个生长着的有机体,也有着其创新的内在要求。

可以说,图书馆转型并非一个孤立的问题,而是一个涉及因素较多、内外关联的系统命题。综合分析看,图书馆知识服务转型主要受技术驱动、需求驱动和数据驱动三种因素的影响。

一、技术驱动

信息技术的革新对图书馆的发展影响极其深远,既是图书馆知识服务开展的先决条件,又是图书馆知识服务的驱动力。图书馆对新技术的革新与应用始终极为关注。云计算、大数据、移动互联技术、触屏技术、人工智能等信息技术接踵而至,将图书馆推到一个"万物相联"的新环境,在很大程度上改变了信息组织、传递、获取的方式。

各种信息技术已然成为图书馆发展前行的重要驱动力和支撑条件,网络技术、移动互联技术、大数据技术、云计算技术、数据库技术、知识仓储技术、知识搜索技术、知识组织与知识分析技术等,已成为图书馆向用户提供有效知识服务的必备技术手段[①]。美国新媒体联盟(New Media Consortium,NMC)自 2014 年起发布

---

① 吴新年.图书馆知识服务能力体系结构及关键影响因素分析[J].图书与情报,2009(6):41-44,77.

了3份调研报告,预测未来5年影响图书馆发展的核心技术。根据最新一期的NMC调研报告显示,未来5年对图书馆发展极为重要的信息技术主要有人工智能、大数据、数字学术技术、图书馆服务平台技术、在线身份和物联网技术[①]。

新的技术环境使得图书馆的馆藏结构和服务手段发生翻天覆地的变化,文献类型由过去单一的纸本文献扩展到以计算机技术、互联网、移动互联网为依托的数字化文献资源,用户对文献资源本身的获取变得极为容易,对图书馆传统的文献提供服务依赖程度大幅减弱,而对基于传统文献服务之上的深度知识服务需求越来越强烈[②]。这些影响或者是驱动图书馆知识服务的新技术,主要涵盖多个方面。

1. 领域知识体系构建理论与技术

随着知识组织理论研究的不断发展,针对文献的整理与发掘研究已经从最初的书目情报研究发展到今天面向知识服务的领域知识体系构建。许多图情领域专家对此付出了努力,包括马费成、刘洪波、王知津、蒋永福、苏新宁、张晓林、侯汉清、汪东波、常春等学者,他们的研究成果不仅为各领域基于知识体系构建的知识服务开展奠定了理论基础,也通过对领域本体、领域主题词表等的研究为知识体系的构建铺设了实现路径,为知识的关联与融合作了大量有益的尝试。这些研究为图书馆借助领域知识体系构建以及面向知识关联的领域知识元数据库的搭建实施知识服务提供了借鉴和参考。

2. 大数据技术

随着大数据理念与技术的飞速发展,数据资源越来越受到各行各业的重视,甚至数据资源已经上升为一种战略性资源。大数据技术对图书馆同样意义重大,大数据环境下图书馆服务体系的创新成为图书馆领域一个极为重要的课题。图书馆海量多云异构数据的存在,给图书馆管理与服务创新提供了可能的同时,也带来了挑战。如何从大量的数据中分析、挖掘潜在的价值,实施图书馆知识服务咨询、构建图书馆知识服务模式与体系,是图书馆学界与业界极为关注并不断探索实践的一个重要领域。例如,通过大规模网络分析和大数据挖掘的方法,可以实现对用户行为大数据的整合与挖掘,进而发现用户的多样隐性兴趣和广泛深层需求,从而实现更为精准化、个性化的用户知识服务[③]。再如基于用户需求驱动的智慧服务探索,基于精确、及时服务理念的一站式协同服务模式的构建等,都是大数据环境下图书馆服务变革的尝试。

---

① 司莉,曾粤亮.需求驱动的大学图书馆发展趋势研究[J].大学图书馆学报,2018(3):30-40.
② 范静怡.大学图书馆知识服务——基于新一代信息技术与图书馆系统[J].现代情报,2014(1):74-78.
③ 柳益君,何胜,李仁璞等.面向多样性个性化推荐服务的高校图书馆大数据应用研究[J].新世纪图书馆,2018(10):47-51.

3. 移动互联网技术

根据 2019 年 2 月 28 日中国互联网络信息中心发布的第 43 次《中国互联网络发展状况统计报告》，截至 2018 年 12 月，我国网民规模达 8.29 亿，普及率达 59.6%。这其中手机网民规模达 8.17 亿，网民通过手机接入互联网的比例高达 98.6%[①]。对很多用户而言，手机等移动终端不再只是一种通信及休闲娱乐的工具，而是一种重要的信息检索与利用工具。

由此，各类针对移动终端的应用层出不穷。可以说，移动互联技术的出现为图书馆的知识服务泛在化及知识服务过程中的实时交互提供了可能。包括 EBSCOhost、Elsevier、汤森路透、超星、CNKI 等在内的国内外各大出版商、数据集成商开始提供移动接口或移动应用；图书馆开通 OPAC 系统的移动端访问已经成为一种常态；移动端查询、借阅图书，移动端检索、获取数字学术资源，学术资源的流媒体呈现等，都成为图书馆服务的新趋势。

4. 人工智能技术

人工智能作为一门交叉学科和前沿学科，至今已有 60 多年的发展历程，期间也经历了多次技术与理念的革新，在发展过程中也在诸多领域取得了令人瞩目的成绩。近年来伴随着大数据、云计算、物联网、深度学习等技术的快速发展，人工智能技术的应用领域越来越广。而在 20 世纪 70 年代，人工智能逐渐被引入图书馆管理与服务的各个环节，自助图书馆、智能图书馆、智慧图书馆、基于增强现实技术的 AR 图书馆等新的理念不断被提出，自助借还机、智能盘点机器人、智能参考咨询机器人不断问世，智能化知识组织与智能检索等技术不断被研发并投入实践[②]。诸多实践表明，图书馆引入人工智能技术大有可为。

二、需求驱动

图书馆知识服务的开展，同样是受用户知识需求的驱动。在新技术环境下，伴随着用户获取信息的渠道越来越多样、所获取的信息量越来越大，用户对问题的研究越来越深入，进而使得用户的需求越来越专业、越来越个性化。用户对传统的正式文献资源的获取已不再是关键，关键在于如何对传统文献资源进行知识的挖掘，以快速获取文献资源中有价值的知识内容。

新的需求增长点以及原有需求的新趋势给高校图书馆的发展带来挑战的同时也带来了创新的机遇。目前，全球高等教育的环境在不断发生着改变，高等教

---

① CNNIC.第 43 次《中国互联网络发展状况统计报告》[EB/OL].[2019-05-03]. http://www.cnnic. net.cn/hlwfzyj/hlwxzbg/hlwtjbg/201902/t20190228_70645.htm.
② 布和宝力德.人工智能技术在图书馆的应用、挑战及发展趋势[J].图书与情报，2017(6)：48-54.

育的变革所带来的是人们对于能力本位教育(Competency-Based Education，CBE)和学生成功(即学生获得社会认可的技能)格外关注。作为高校文献信息服务中心的图书馆,在高等教育变革的进程中需要面对同样的压力。美国大学与研究图书馆协会(Association of College & Research Libraries，ACRL)已把通过"深度合作"的方式帮助学生获取成功作为大学图书馆发展的新趋势[1]。面对这种大环境的变革,图书馆更需要对服务对象的需求有清晰的认识和了解。高校图书馆所面临的需求大致来自以下几个方面：

1. 科研实践引发的需求

在教育部最新版《普通高等学校图书馆规程》(教高[2015]14号)中明确提出图书馆应该嵌入教学与科研过程中。高校图书馆的用户涵盖了高校教学科研人员、科研管理人员以及社会机构研发人员、学生用户等。这些群体中很大部分因其工作中对科研创新的要求较高,使得他们对学科发展前沿、最新动态以及学科的新发现、新问题、新理论等格外关注。随着各类信息技术的不断发展与完善,用户获取信息的渠道越来越多,他们对图书馆服务的要求也越来越高。传统的文献服务已经无法满足用户需求,定题跟踪的服务、科技查新服务、图书馆出版服务、科研评价服务、机构知识库建设、以专业特色专题数据库建设为代表的精准化深度知识服务等都在用户的呼吁中与图书馆人的不断探索中应运而生。且这种用户需求驱动的服务模式构建已经成为图书馆工作常态。

2. 决策咨询引发的需求

决策咨询是智库理念下图书馆知识服务的一种实践。图书馆用户的决策需求主要包括以基础数据的搜集整合和事实数据的检索提供为主的支撑服务和以提供综合研究报告为主的全面分析服务[2]。如前所述的定题跟踪服务即为基于基础资源搜集整合的支撑服务。而根据决策者的需求提供深度专题研究报告的服务目前也是图书馆的转型方向之一。这部分需求除来自学校内部决策层外,还有来自政府部门和行业领域的决策需求。图书馆可利用自身信息检索与分析优势,为学校及职能部门政策的制定与调整提供各类决策咨询报告;图书馆也可围绕政府管理过程中引发的各类需求,提供深度知识支撑服务,如围绕区域政治、经济、文化、社会发展中遇到的问题,进行应用型研究,服务地方政府管理等,国家图书馆立法决策服务、天津社科院图书馆的《社科动态》[3]的刊行等即为这

---

[1] 司莉,曾粤亮.需求驱动的大学图书馆发展趋势研究[J].大学图书馆学报,2018(3)：30-40.
[2] 李峰,马芳珍,张春红等.我国高校图书馆决策支持服务的调查与思考[J].大学图书馆学报,2017(2)：56-61.
[3] 天津社科院图书馆的《社科动态》2015年以来共刊行三期,分别是"社科院智库专刊""国家社科基金专刊""高校智库建设专刊"。

方面的尝试与探索①。

3. 企业研发引发的需求

在政、产、学、研合作的大背景下，除了校内用户、政府部门外，企业也是同样是高校图书馆服务的对象之一。特别是在一些经济较为发达地区，具有较强研发能力的企业较为聚集，咨询需求量较大。面对这部分用户群体提出的需求，图书馆也在做着积极的探索。面向企业的科技查新、专利信息分析等服务的开展为企业发展提供了很好支撑。2017年国家知识产权局和教育部联合印发《高校知识产权信息服务建设实施办法》，明确指出支持高校图书馆设立知识产权信息服务中心，服务高校创新；2019年3月，国家知识产权局、教育部联合发文公布了全国首批23家高校知识产权信息服务中心，旨在为知识产权的创造、利用、保护和管理提供系统化的服务，为我国知识产权信息公共服务体系的完善提供支撑，同时促进高校协同创新、高水平科技成果产出与转移转化。在一定程度上来讲，高校知识产权信息服务中心的设立是高校图书馆在满足企业用户需求过程中迈出的一大步。

4. 读者服务引发的需求

在新的技术环境下，除了传统的借阅服务、入馆指南服务、信息素养教育等外，新的学习支持与研究支持服务是大学生读者向图书馆提出的新的命题，如导读导览等阅读服务、空间服务、借助新媒体平台的微服务、借助各类移动终端的移动服务等也是在大学生群体中较为集中的服务需求。

三、数据驱动

图书馆的数据资源主要是图书馆在进行资源建设和信息服务的过程中所形成的各类数据集合。可以说，图书馆拥有着得天独厚的数据优势。图书馆拥有着海量、高价值、多元异构的大数据资源，包括资源数据、用户数据、服务数据等。而这其中，最重要的即为资源数据和用户数据，它们是图书馆服务精准化知识服务的根基所在。而这些大量的数据如果不被挖掘、整理、清洗、重组、利用，它们永远只是数据，只有被开发利用之后，这些数据才可能成为信息、成为知识。这些数据是图书馆服务转型的基础，也是驱动力所在。充分利用好这些数据资源，可以帮助图书馆实现科学决策与服务优化。

1. 资源数据

众所周知，图书馆最显著的特征即为文献信息中心。图书馆历来被赋予保

---

① 郭登浩.基于智库理念的社科院图书馆决策信息服务研究[J].2016(9)：80-83.

存与传承人类文化遗产的功能,大量的文献储藏于此。然而,伴随着信息量的快速增长和信息技术的不断变革,用户获取信息渠道虽然越来越多,但是如何快速、准确地从大量文献信息资源中获取有价值的信息,已经成为用户的一大困惑。加之用户的需求逐渐个性化、专业化,用户所需的不再是整体的文献,而是文献中所蕴含的知识元,甚至是经过一定的关联处理的、具有一定逻辑的知识元体系。面对这种转变,图书馆人需要在知识服务理念下重新审视、挖掘、利用馆藏资源,否则极易被社会边缘化甚至淘汰。部分图书馆已经开始了这方面的探索与尝试。上海图书馆利用以关联数据为主的万维网技术构建以"家谱知识服务平台""名人手稿档案库"等为代表的各类文献的基础知识库,可辅助实现对文献中蕴含知识元的析取、组织、关联、呈现、传递,是图书馆知识服务的重要基础。

2. 用户数据

我国高校在校生人数普遍偏多,在校生人数在万人以上的高校比比皆是。图书馆庞大的用户群体在使用图书馆信息和服务的过程中产生了海量的数据信息。这些数据信息包含用户空间利用数据、用户阅读数据、用户网络行为数据、用户资源利用数据等,它们共同构成了高校图书馆的用户数据集合。借助用户画像技术,可以实现对这些用户数据的采集、挖掘、清洗,进而对用户属性(包括基本信息属性、信息行为属性、互动属性、情景属性等)进行划分以形成用户画像,借以了解用户的类型、特征、需求等,基于用户画像来挖掘用户间的关联以及用户的需求特征,可借以实现精准化的知识服务[1][2]。因此,我们应该正视图书馆内部丰富性的数据集合,借助一定的技术将这些数据变成信息、变成知识,为学校的决策和社会的发展提供知识服务。

第四节 知识服务背景下的图书馆转型案例研究

早在2000年,张晓琳在国内首次提出了"图书馆知识服务"观点,引发了我国图情界对图书馆知识服务的研究热潮。2011年11月召开的中国科学院第六次文献情报工作会议提出,要在"十二五"期间实现中科院文献情报工作向新型知识服务的全面转型。2018年8月第84届国际图联(IFLA)大会将"图书馆转

---

[1] 刘海鸥,姚苏梅,黄文娜等.基于用户画像的图书馆大数据知识服务情景化推荐[J].图书馆学研究,2018(24):57-63,32.
[2] 梁荣贤.基于用户画像的图书馆精准信息服务研究[J].图书馆工作与研究,2019(2):65-69.

型,社会转型"作为大会主题①②。可以说转型发展成为全球图书馆事业的主要特征。

其实,在知识服务背景下,图书馆也正在被重新定义。信息技术的飞速发展、用户需求的驱动使得图书馆的服务理念、服务方式、管理模式等都发生了一系列的变化,图书馆转型势在必行。在此背景下,图书馆应该根据大环境的变化做出积极调整,从用户需求出发,努力完成转型以应对时代的挑战。但是,面对知识服务的大环境,图书馆到底该如何应对?职能如何拓展?服务体系如何搭建?这是摆在所有图书馆面前亟待解决的问题。目前,国内外许多图书馆都在知识服务领域进行了实践探索,其中不乏成功的案例。本节从中选择了部分具有代表性的典型案例进行对比分析,以期对我国图书馆转型提供借鉴与启示。

本节的研究从图书馆知识服务背景出发,以知识构建理论框架为基础,对国内外图书馆转型案例进行调研,通过对图书馆空间、资源、服务、管理等要素的转型案例进行分析总结,提出知识构建理论框架下图书馆转型应该重视对知识相关情境的构建,促进知识构建过程中的协作、沟通和会话;完善知识建构体系核心机制等。

一、案例选取与概况分析

本节研究中根据图书馆转型要素的不同,选取了部分国内外图书馆转型案例,即分别从空间转型、资源转型、服务转型和管理转型几个方面选取了典型案例。取样的总体原则是充分考虑不同类型图书馆转型的区别,尽可能选取各类型转型案例中代表性较强的图书馆。这些样本包含国内外案例,兼顾图书馆类别,提取各转型要素。样本数据主要来源于网络调研和研究论文。最终选取的样本图书馆包括:国外的美国布朗大学图书馆及罗格斯大学图书馆,国内的大连图书馆、宁夏回族自治区图书馆、复旦大学图书馆、中国科学院国家科学图书馆、上海海事大学图书馆、上海图书馆、合肥市滨湖世纪社区图书馆、中共安徽省委党校图书馆以及天津社会科学院图书馆等。

对于图书馆转型案例主要从空间、资源、服务、管理四大要素进行调研。对于空间转型,主要从物理空间规划、内部设施、虚拟空间、空间制度建设等方面进行调研;对于服务转型,主要从服务开放范围与服务领域、主动服务、用户沟通、创新服务等方面进行调研;对于资源转型,主要从资源整合与文献建设、数据库

---

① 柯平,邹金汇.后知识服务时代的图书馆转型[J].中国图书馆学报,2019,45(01):4-17.
② 陈传夫,冯昌扬,陈一.面向全面小康的图书馆常态化转型发展模式探索[J].中国图书馆学报,2016,42(01):4-20.

建设、智库服务等方面进行调研;对于管理转型,主要从管理制度改革、运营管理模式创新、绩效考核改革、战略管理、人力资源管理等方面进行调研。

1. 图书馆空间转型案例

(1) 美国布朗大学图书馆

在美国布朗大学的 CDS 空间变革中,为满足新的内部设施需求,图书馆完善了 CDS 空间内部环境资源,这些资源包括用于支持大型数据运算的计算机、各种扫描仪、3D 打印机、数字化软件、远程会议支持系统、超大显示屏、移动数码、音频、视频、触显屏、移动桌椅等。布朗大学图书馆 CDS 空间环境设施主要有计算和可视化中心、Garibaldi 全景项目、Patrick Ma 数字学术实验室、Mills 学习共享空间以及专门的研究空间。物理空间的内部设施及环境资源促使图书馆由传统服务向以支持数字学术研究为核心的现代服务转变。

对于虚拟空间的建设,布朗大学图书馆首先对虚拟空间资源进行整合。为了解决特色馆藏资源"藏"与"用"的矛盾,布朗大学图书馆 CDS 进行相关资源的数字化处理,并实施了仓储式存储,既将资源进行了有效的保存,又方便了用户的利用。布朗大学图书馆 CDS 还采用了 Fedora 软件,读者可以利用此软件上传、分享与使用各种文献、教学资料、研究数据、电子学位论文、教学资料等,提供用户数字资源的永久性保存功能、异地双备份、数据策管等服务。布朗大学数字资源库存储了约 24 万条文档资料,在此基础上完成了百余个多媒体数字研究项目,其中还包括与巴西(巴拉那)马林加州立大学合作的"公开档案:美国—巴西关系文件记录(1960—1980)"项目以及"佩里在日本:图说历史"这两个著名项目。前一个项目将解密的美国国务院 1963—1973 年关于巴西的文件约 1 万件进行数字化处理并做了索引,在 CDS 网站上公开发布以供用户获取。第二个项目将历史上著名的"黑船事件"的一些资料,包括图片、研究文章、人物传记等进行了数字化处理。处理后的文献资源被布朗大学美洲文明系 Susan Smulyan 教授用于开设的课程教学之中。该项目不仅展示了珍贵的历史文献,还提供了生动直观的多媒体教学资料[1]。

(2) 大连图书馆

大连图书馆在空间改造上,斥资 4 亿元新建了 5 万平方米的新馆。在新馆的建设中,首先设置了盲人阅览室、青少年阅览室、老年人阅览室、电子阅览室等多种特色阅览室,为各种弱势群体创造了相对独立的服务空间,促进了城市的多

---

[1] 盛兴军,介凤,彭飞.数字环境下大学图书馆的空间变革与服务转型——以美国布朗大学图书馆为例[J].图书馆论坛,2017,37(05):133-143.

元文化服务,更进一步践行了图书馆读者第一的理念。大连图书馆在改造馆区的过程中,在扩大阅览面积的同时也致力于读者阅读空间的扩大,开放封闭的书库、阅览室,增加了"社科保存本""外文阅览""过刊过报""大连地方文献""社科工具书"等专题阅览室。其次,大连图书馆为外来人士营造了第三空间,注重少数阅读群体的需求并购买相关文献,同时将外国友人赠送的图书建成"韩国图书角""奥克兰文库""日本图书角""石景宜文库"及外文阅览室。此外,为了促进多元文化的交流和融合,让外来人员在大连可以有放松交流、学习、休闲与娱乐的场所,大连图书馆还开辟了专门的外文图书馆分馆,并加大对外文书籍的购买力度。对于休闲区的设置,大连图书馆将小卖部改为咖啡吧、设立电影观摩区、开放免费电子阅览室、设立休闲学习区等。

(3) 宁夏回族自治区图书馆

宁夏回族自治区图书馆的空间改造中,将空间采用大开间的设计,充分利用墙面空间,在各主题图书陈列区设置阅览区,强调人与书、人与人之间的互动,高度实现了"随处有书、随处可坐,随处可阅"的开放式服务,让读者进入馆区便"坐拥一座书城"。同时,在各区域都设置了导读岗位,配置了电脑、图书检索机、自助借还机、还书箱等设备,实现了借阅、检索、咨询一体化服务[1]。

宁夏回族自治区图书馆还重新规划了馆区的空间及功能。在接待厅的设计中合理设置门禁、安检机、存包柜、导读台、导视牌、办证处、借还书处、自助借还机、大数据显示屏等,并在大厅墙面上展示《四库全书》和《续修四库全书》等。宁夏回族自治区图书馆还设置阅读推广主题区、考试学习区、中文报刊阅览区、综合图书区、工具书与外文书刊区、文学图书区等诸多新的空间区域。

2. 图书馆资源转型案例

(1) 中共安徽省委党校图书馆

中共安徽省委党校图书馆从 2004 年开始数字资源建设、数据库转型建设以及知识服务转型建设。中共安徽省委党校图书馆早在 2004 年就建立了富有党校特色的专题数据库群。在 2008 年承担建设"区域协调发展专题数据库"并获得全国党校系统图书馆数字资源共建共享示范单位称号。2011 年开始,中共安徽省委党校图书馆加快转型,数字资源平台和多媒体服务体系基本搭建完成,相关工作也不断得以推进。中共安徽省委党校图书馆历经 5 年,初步建成了"安徽省地方志文库""安徽新四军研究文库""安徽区域经济与文化发展文库"3 个特

---

[1] 张明乾.图书馆空间再造与功能重组转型的实践与思考——以宁夏回族自治区图书馆为例[J].图书馆理论与实践,2018(10):88-91.

色专题数据库。这3个数据库收录了包括论文、视频、著作、图片、研究报告等类型数据10万余条。中共安徽省委党校图书馆还自建了"党校科研成果库""党校系统数字报刊平台""学科教研参考数据库"等数据库平台,并将这些数据库结合外购的7种数据库一起在全省地市党校范围内共享试用。

(2) 天津社会科学院图书馆

天津社会科学院图书馆在智库建设方面卓有成效。首先在馆藏建设方面,增加了应用型研究文献,为智库建设提供了坚实的资源保障。在2010年至2016年,天津社会科学院图书馆为了给科研人员的智库研究提供信息保障,集中采购一大批国内外有关智库研究的核心著作。图书馆还制定了应用型研究学科文献的优先采购原则,加大对应用型研究学科的采购力度。对于图书排架工作,天津社会科学院图书馆根据应用型研究学科特征对老化的基础性研究文献进行了剔除,有利于科研人员直接查找利用最新的决策性研究资料。其次,天津社会科学院图书馆还加大了对应用型研究数字资源的引进,先后引进了"中国经济信息网""两岸关系数据库"等数字学术资源,为科研人员进行相关应用型研究提供了更好的文献支持[①]。天津社会科学院图书馆在前期智库专题资源建设基础上不断推出自己的决策咨询服务,包括不定期推出决策信息产品——"社科动态"与提供5市经济情况简报等。

(3) 上海海事大学图书馆

上海海事大学图书馆在资源建设中建立了完善的文献供应链体系。上海海事大学图书馆购置了Clarkson SIN、BIM CO、Ports Online、Lloyd's Law Reports、Drewry航运咨询报告、CI-Online、Seasearcher等海事类数据库,整合多个免费的海事信息网站,自建海事特色专题数据库,创建了国际领先的海事文献信息三大高地集群。上海海事大学图书馆还对搜集到的信息进行了整理及浓缩加工、分析总结,构建了集海事信息搜集、海事情报研究和决策咨询研究为一体的海事情报服务体系[②]。

3. 图书馆服务转型案例

(1) 复旦大学图书馆

复旦大学图书馆在推进服务转型的过程中一直践行读者第一的服务理念。复旦大学图书馆扩大了各项服务开放范围,在增加阅览空间的同时还增加可外

---

① 郭登浩.基于智库理念的社科院图书馆决策信息服务研究——以天津社会科学院图书馆为例[J].图书馆工作与研究,2016(09):80-83.
② 吕长红,陈伟炯,梁伟波,陈祥燕.高校图书馆信息智库构建研究——以上海海事大学图书馆为例[J].新世纪图书馆,2014(02):39-42.

借馆藏地,扩大了外文文献借阅服务、古籍文献传递服务、免费馆际互借服务,并且多次增加可外借图书量。复旦大学图书馆还致力于优化资源建设,通过一系列对文献资源的优化整合,为用户迅速便捷地查找文献提供了保障。

此外,改善图书馆的条件设施、重视细节服务也是复旦大学图书馆服务转型的一项重要措施,在阅览室,图书馆为读者提供了自助复印机和扫描仪,增加电源插口和网线插口,以满足读者的多种需求。复旦大学图书馆人性化服务还体现在对读者给予充分信任,阅览室允许读者带包进入,并为借阅量大的读者提供塑料篮子。

复旦大学图书馆还积极推进主动型学科服务,与读者进行面对面的沟通,并为院系提供定向服务、提供学科信息分析报告和决策参考。同时以嵌入式的学科服务方式为用户提供文献获取、文献组织和参考咨询等整体服务。

复旦大学图书馆在与读者沟通方面也做出了许多努力。复旦大学图书馆首先建立起完善的日常沟通机制,利用图书馆主页留言簿、QQ、MSN 实时在线咨询服务和官方微博等渠道,来倾听读者的心声。对于读者的意见建议,图书馆党政联席会议会进行专题讨论。图书馆在学校《情况交流》上发表《关于图书馆建设:读者的意见建议与图书馆的回应》,针对师生的意见和建议进行回答和沟通。

复旦大学图书馆为了主动融入校园信息化和教育信息化建设进程,积极探索信息化新技术的应用服务。积极搭建教育资源公共服务平台,整合、开发、利用优质教育资源。复旦大学图书馆承建的"CALLS 教学参考信息管理服务平台"项目,很好地将图书馆教学资源与学校 E-learning 教学平台相融合,提高了教学服务能力。

(2) 中国科学院国家科学图书馆

中国科学院国家科学图书馆在经历了 10 多年的文献情报创新和知识服务探索后,已经建立了相对健全的服务模式。中国科学院国家科学图书馆初步建立了情报研究服务的工作流程与框架,掌握了情报研究服务的需求分析方法、包括对工具的使用,形成了学科发展战略分析、技术发展态势分析、科技竞争对手分析的面向科研管理、科研活动的战略情报研究服务模式[①]。

(3) 美国罗格斯大学图书馆

由于传统书目情报工作者的角色在图书馆的服务职能中所在比重越来越低,传统图书馆员的角色渐弱,诸多高校图书馆开始重新审视、探索自身的职能

---

① 刘细文,贾苹,王保成.中国科学院国家科学图书馆阵地服务的转型探索[J].图书情报工作,2013, 57(18):6-10.

定位。罗格斯大学图书馆则探索了一条从聚焦图书馆内部转向侧重与图书馆外部进行沟通联络的工作模式。罗格斯大学图书馆借助"转向外部"的工作理念和工作方法,加入了由美国图书馆协会组建的图书馆转型团队,将图书馆传统的"以用户为中心"模式转变为向图书馆外部拓展的"转向外部"模式。罗格斯大学图书馆利用图书馆"转向外部"工具库,创新图书馆服务,重组图书馆研究与教学服务部门,探索联络馆员新模式,并且加强与校内其他部门的合作[①]。

罗格斯大学的研究生因为学科和专业的不同,被分在了不同的校区,因此,不同学科之间的研究生很难有机会进行相互交流。罗格斯大学图书馆以研究生的需求为基础创新图书馆服务,如由图书馆牵头与校内国际事务部门进行合作,举办各种讨论活动以及主题讲座等。每次活动都由图书馆学科馆员负责介绍相关学科的资源以及服务,研究生则主要进行讨论、交流活动,并在讨论活动过程中找寻合作伙伴。这些活动也让图书馆意识到对于学生而言,学术团体是教育经历中的重要组成部分,图书馆的中性位置可以促进学生之间跨学科的交流。

4. 图书馆管理转型案例

(1) 上海海事大学图书馆

上海海事大学图书馆在经过一系列的文献调研及实地考察之后,结合长期的实际工作情况,借鉴其他优秀图书馆的实践经验,尝试建立了具有本校特色的学生全面自主管理模式。上海海事大学图书馆对于学生日常管理模式的创新做法主要有以下几个方面,第一,上海海事大学图书馆为了减轻正式馆员的压力,集中人力资源做其他工作,形成了由指导老师、学生助馆、勤工助学学生、志愿者组成的管理团队。其中,指导老师一般是由正式馆员担任,负责对学生助馆、勤工助学学生、志愿者的招录、培训和考核等。学生助馆负责在指导老师与勤工助学学生、志愿者之间进行协调沟通,将指导老师分配的任务传达给勤工助学学生与志愿者,同时负责将勤工助学学生与志愿者任务完成情况及遇到的问题等反馈给指导老师。勤工助学学生与志愿者负责整理书架、图书上架等工作。

上海海事大学图书馆还积极建立挂靠图书馆的学生社团。目前已经建立起读书会、诚酩社、海事情报社、图书馆学生管理委员会、幻星科幻协会、24帧电影社等6个学生社团。对于学生社团的管理,图书馆除给予经费支持外,还给每一个社团指定一名指导老师。目前社的活动基本形成了老师指导—社团策划—馆办审批的管理模式。

---

① 李娜.图书馆服务转型:从"以用户为中心"到"转向外部"——美国图书馆协会图书馆转型项目对我国图书馆的启示[J].图书馆建设,2017(07):36-42.

(2) 上海图书馆

上海图书馆的战略管理实践具有一定的启示意义。上海图书馆是由上海图书馆与上海科学技术情报研究所合并而来的,最初合并的上海图书馆并未有明确的战略管理思想。随着时间的推移,上海图书馆先后制定了"九五"规划、"十五"计划、"十一五""十二五"规划和"十三五"规划。所有的这些五年规划,都是在广泛调研的基础上制定的,在规划中涉及的战略目标、任务、措施等也都事先进行了分析研究。上海图书馆各个五年计划的制订流程,也是相当规范和严谨。每一次规划的制订馆领导都积极参与,在制定规划的调研、讨论、修改环节,不仅有图书馆的管理层与员工参与,图书馆还请馆外专家、服务对象参与进来。因此,图书馆战略规划的制订是整个图书馆从上到下达成共识的过程。上海图书馆在战略管理转型中的变革已经从自发转为自觉,战略管理形成常态化。

(3) 合肥滨湖世纪社区图书馆

合肥滨湖世纪社区图书馆的管理创新主要涉及运营管理方面。由于职能转变与优化的需要,政府提倡向社会力量购买公共文化服务职能。滨湖世纪社区图书馆作为基层公共图书馆,在社会化管理模式实施之后,政府变为监督者,企业作为承接方变为执行者,而图书馆本身转变为文化服务提供者。采取社会化运作,依靠专业的人才队伍、清晰的管理制度,以及运营方丰富的专家顾问资源,滨湖世纪社区图书馆的建设发展有了精准的定位。这种运营模式既能节约政府咨询投入,也能促进图书馆的良性稳定发展①。

图书馆运营模式的转变,意味着以往的绩效考核机制已经不能与之匹配。对于转变后的图书馆的绩效考核是由政府根据多项评价指标进行的,滨湖世纪社区图书馆每年的图书流通次数、文化活动开展次数、读者到馆人次、读者办证数量、人员培训次数等都是政府对其进行考核的指标。

二、案例分析

案例调研的目的是了解国内外图书馆不同类型转型的实践,分析图书馆转型过程中遇到的实际问题,为图书馆进一步深化改革、加速转型提供经验借鉴。通过对前述案例的统计得出表 2-1,从中可以看出各图书馆在知识服务背景下的转型都取得了一定的成效。

---

① 陆和建,姜丰伟,王蕾蕾.我国基层公共图书馆管理与服务创新实证研究——以滨湖世纪社区图书馆社会化运作为例[J].图书馆,2016(08):104-107.

表 2-1 知识服务背景下的图书馆转型案例

图书馆	转型要素分类	转型实践	成　　效
美国布朗大学图书馆	空间转型	CDS 物理空间及功能整合 图书馆空间环境和设施的变革 虚拟空间资源整合	1. 形成新型数字服务空间 2. 由传统服务向以支持数字学术研究为核心的现代服务转变 3. 完成百余个多媒体数字研究项目
大连图书馆	空间转型	阅览空间营造 第三空间制度建设 服务细节保障 设立休闲服务区	1. 健全多元文化服务功能 2. 健全第三空间制度建设 3. 开辟特色休闲服务区
宁夏回族自治区图书馆	空间转型	调整馆藏布局 规划馆舍空间与功能室	1. 完成适合开放式服务的馆藏布局调整 2. 提供一站式服务 3. 提升综合服务能力项目成效
复旦大学图书馆	服务转型	扩大服务开放 拓展主动服务领域 构建畅通有效的用户沟通 探索信息化新技术应用服务	1. 切实践行读者第一的服务理念 2. 以学科服务抓手推进主动服务 3. 构建畅通有效的用户沟通渠道 4. 融入信息化进程
中国科学院国家图书馆	服务转型	探索阵地服务 探索协同创新空间服务	1. 由文献情报系统向知识服务转变 2. 建设图书馆"智慧服务中心"
美国罗格斯大学图书馆	服务转型	转向外部 建立学术团体交流渠道	1. 改变图书馆传统服务模式 2. 促进学术团体交流互动
上海海事大学图书馆	管理转型	日常学生管理模式创新 学生社团建立及管理	1. 发挥学术的创造力和活力 2. 集中专业馆员资源开展专业图书馆业务
上海图书馆	管理转型	从中长期规划到战略规划 从战略规划到战略管理	1. 战略管理常态化
合肥滨湖世纪社区图书馆	管理转型	运营管理模式创新 工作绩效考核创新 五体协力	1. 业务数据稳中提升 2. 丰富了居民业余文化生活 3. 拓展了社区文化服务范围
中共安徽省委党校图书馆	资源转型	建立了富有党校特色的专题数据库群 建立数字文库群并在全省地市党校范围内共享试用	1. 数据库建设转型 2. 知识服务功能转型

（续表）

图书馆	转型要素分类	转型实践	成 效
天津社会科学院图书馆	资源转型	增加应用型研究文献 提供决策信息服务案例	1. 为院级应用型研究做好信息资源保障工作 2. 为其他用户直接提供决策信息服务
上海海事大学图书馆	资源转型	充实数据库资源 整合与提升信息资源 构建信息智库服务	1. 形成独有的海事文献供应链体系 2. 构建集海事信息搜集、海事情报研究和决策咨询研究为一体的海事情报服务体系

1. 物理空间建设与虚拟空间建设相统一

图书馆的空间是为用户提供服务的基础设施，图书馆转型应该将物理空间与虚拟空间相统一。首先物理空间的设计应打破对传统图书馆的定义，图书馆的布局不能仅仅以藏、借、阅功能为主，应该重视图书馆的空间价值利用，加速对学习空间、创意空间、体验交流空间、休闲娱乐空间、个性特色空间等的建设。大连图书馆空间设计营造的各种新型功能空间，为用户提供了多样化城市公共空间，体现了大连图书馆作为公共图书馆承担起城市第三空间的价值，同时也证明了空间转型的价值。

如今，随着网络技术的应用与信息技术的迅速发展，文献资源的获取更加便捷，图书馆的空间转型已经不仅仅是对物理空间的改造，虚拟空间的建设同样刻不容缓。对于图书馆虚拟空间建设，应要做好馆藏资源的数字化处理，将数字化技术与数字化产品相融合，根据各馆的服务范围与服务对象不同，搭建数字空间。美国布朗大学图书馆数字服务空间就是这一转型的典范。

2. 纸质资源建设与数字资源建设相统一

加强对图书馆纸质资源与数字资源的融合，信息技术的发展以及用户阅读方式转变等因素驱动，图书馆数字资源建设越来越重要，但是并不是说在大数据时代下，图书馆的资源建设就只注重数字资源就可以了，应该是纸质资源与数字资源双轨发展。对于图书馆的纸质资源的建设，应该从藏书数量向藏书质量转移。藏书数量的减少，包括针对纸本馆藏的副本量减少的问题，对于图书馆而言，需要及时进行馆藏资源的数字化处理，与此同时，可以和合作馆进行资源共享，最终将一座座信息"孤岛"连接起来，图书馆未来数字资源建设应该随着图书出版的进一步发展，与出版社合作建立数字资源库，促进数字资源向数字资产转化,将资源与服务融合起来。中共安徽省委党校图书馆和上海海事大学图书馆在这方面取得了较好的成效。

3. 建立畅通有效的沟通机制

图书馆与读者之间沟通机制的构建,一方面有利于读者了解图书馆,包括图书馆资源动态更新、活动预告、信息资源使用方法、图书馆规章制度等;另一方面有利于图书馆了解读者的需求,从而改进服务与加强自我管理,实现服务与管理的创新与发展。有效的沟通机制包括馆员与馆员之间的沟通、读者与读者之间的沟通、馆员与读者的沟通。目前图书馆应该更加注重读者与读者的沟通,图书馆应该建立有效的途径,促进有共同需求或者共同爱好的读者群体之间进行有效的交流与对话,促进他们之间思想的碰撞,这对于读者的知识构建有着不一样的意义。如罗格斯大学图书馆改变图书馆传统服务模式促进学术团体交流互动,复旦大学图书馆则构建畅通有效的用户沟通渠道。

4. 创新管理模式

图书馆管理模式的创新对于图书馆的发展有着关键的作用。图书馆转型必须有新的管理模式与之配套,否则图书馆转型就是一纸空谈。首先,图书馆管理的创新必须先是管理理念的创新,不再墨守成规,大胆改革,改变以往以管理"物"为中心的理念,将人本管理作为图书馆新的管理理念。如合肥滨湖世纪社区图书馆运营管理模式创新拓展了社区文化服务范围。理念的更新会推动图书馆管理模式的变化,也是推动图书馆工作改革的动力。知识服务时代下图书馆管理转型是要将图书馆管理转为知识管理和战略管理。管理模式的转型必须是系统的转变,因此,管理转型需要系统设计后从组织结构、战略管理、读者服务等各方面进行推动,逐渐促进图书馆各方面的转型。

三、知识构建理论视角下的图书馆转型

以认知心理学家皮亚杰(J. Piaget)为代表的一批学者提出的建构主义知识观认为,知识是个体在一定的情境即社会文化背景下,借助他人(包括教师和学习伙伴)的帮助,利用必要的学习资料,通过意义建构的方式获得的。情境、协作、会话和意义建构是知识学习的 4 个要素。这种建构主义知识观对图书馆的空间转型、资源转型、服务转型、管理转型等均有实际的指导意义。

关于图书馆空间转型。图书馆的空间要素最初仅指图书馆建筑设施即物理空间,如今图书馆空间转型涉及的是物理与虚拟两个空间组成的新型复合空间。图书馆对空间转型方面的探索,包含学习共享空间、第三空间、虚拟空间、馆藏空间布局等。构建主义认为学习者的知识首先是在情境的基础上获得的,对于"情

境通过活动合成认知"的情境认知理论而言,无论是图书馆的学习共享空间、第三空间还是虚拟空间,都是图书馆在知识服务背景下为用户创造了知识产生的实际情境,而用户在此情境下通过相关活动进行自有知识的构建。

关于图书馆资源转型。多媒体时代的今天,图书馆馆藏资源的建设早已不单单是对纸质资源或是电子资源的建设。图书馆的资源转型应该是实体馆藏与数字资源的双线并举,而不是一味地注重对数字资源的开发。将纸质资源与数字资源进行融合,最终建立起图书馆的特色资源库、新型资源库与全媒体资源库。用户对图书馆资源的利用是其进行自有知识构建的基础。"人""信息(刺激)"和"客观情境"只是构建过程中的三个核心要素,图书馆的资源属于信息,它既是客观情境的一部分,也是用户在学习过程中的学习内容。图书馆知识服务的价值在于为读者提供针对性强的问题解决方案,这些问题解决方案在帮助读者解决问题的同时也必然提高了读者认识问题和解决问题的能力,因此其本质是被纳入知识情境内帮助读者进行知识建构的"信息(刺激)"。知识建构理论的这一认识很好地诠释了图书馆知识服务的价值、重点以及实现途径[1]。

关于图书馆服务转型。如今的知识服务是以智慧服务为核心,图书馆的各种服务已嵌入到知识的场域与情境。如今的知识链条已经从信息服务时代的(数据 D-信息 I)变为知识服务时代的(数据 D-信息 I-知识 K-智慧 W),进而发展为(数据 D-智慧 W)。由于知识链条的缩短,用户对于大量的隐性知识获取需要新的场域与情境。因此,图书馆服务转型的重点是为读者创造新的情境,让数据在新的情境里更有意义,让读者在新的情境里获得灵感,从而构建新的知识。图书馆服务的转型还涉及与用户的沟通,知识的构建需要协作,而图书馆员在与用户构建畅通有效的沟通途径时,正是知识构建过程的他人协作。在新的知识链条下,图书馆与用户的供求关系也不再是馆员为用户提供知识、用户简单的接受知识,而是变成了知识的创造与分享,让用户主动发现知识、构建知识。用户不仅仅是学习者,也是知识的主动创造者,从而促进知识的转化与共享。

关于图书馆管理转型。随着外部大环境的变化,包括技术与用户需求等驱动,图书馆内部管理创新成为紧随时代潮流的必要步伐。环境的变化要求图书馆树立新的管理理念,对以前的旧体制做出相应的调整和改革创新,重新建立起相应的内部管理机制。管理转型首先应该是管理理念的革新,理念更新是图书馆管理转型过程中需要解决的首要问题。新的理念推动包括图书馆工作、过程

---

[1] 许正兴.创新创业教育导向下图书馆智慧服务模式建构与路径研究——基于后现代建构主义知识论[J].图书馆工作与研究,2018(02):5-10.

和价值观在内的新的文化的产生,这些系统设计、读者服务、组织结构上的改变在不断推动图书馆的转型进程①。因此,图书馆管理转型的重点应该侧重于图书馆的知识管理、战略管理、人力资源管理、内部组织机构、岗位结构等方面。由于图书馆管理转型涉及图书馆资源、服务、空间、人力等各个方面,故其对用户的知识构建影响较深。

第五节　协同学视角下知识服务与图书馆演化趋势

如前所述,知识服务源于知识经济,1992年张和生在《知识经济学》一书中最早系统论述了"知识经济学"②。1996年经济合作与发展组织(OECD)在《科学、技术和产业展望》报告中将"知识经济"定义为:建立在知识和信息的生产、分配和使用之上的经济,是"以知识为基础的经济"的简称。③ 知识经济快速发展使人们意识到知识的价值,对知识的需求快速上升,图书馆界也敏锐地感受到这一变化,并将知识服务引入到图书馆学研究中。1999年《图书情报知识》第1期刊登了安徽机电学院图书馆的任俊为所写《知识经济与图书馆的知识服务》一文,论述了图书馆开展知识服务将在知识经济的所有基础环节中发挥越来越重要的作用,并使图书馆由传统的"知识宝库"变为新经济发展中倚为基石的"知识基础设施"④。该文被图书馆界普遍认为是第一篇将知识经济引入图书馆学研究,论述图书馆开展知识服务的文章。其后图书馆界关于知识服务的研究呈逐年上升之势,陈茫等学者通过对2015年前知识服务相关论文进行统计分析,将我国知识服务研究划分为:研究初创阶段(1990~2000年)、快速成长阶段(2001~2008年)和成熟发展阶段(2009~2015年)三个研究阶段。⑤ 根据该文检索式笔者对目前国内知识服务相关研究进行统计,2015年到2019年这一时期论文发表数量又呈现一波上升之势,并且核心期刊(含北图核心和CSSCI)发文量也呈现上升之势,可见近年来知识服务研究正处于研究热点新一波上升期。

图书馆界关于知识服务研究主要涉及知识服务内容、新技术引入、知识服务

---

① 柯平,邹金汇.后知识服务时代的图书馆转型[J].中国图书馆学报,2019,45(01):4-17.
② 张和生.知识经济学[M].沈阳:辽宁人民出版社,1992.10.
③ 王一鸣.知识经济与中国经济发展[M].北京:中国计划出版社,2000(08):3.
④ 任俊为.知识经济与图书馆的知识服务[J].图书情报知识,1999(01):28-30.
⑤ 陈茫,张庆普.我国知识服务研究的演进历程知识图谱与研究态势探讨[J].情报资料工作,2018(02):80-91.

模式、知识服务平台、知识服务体系、知识服务发展趋势、知识服务评价、知识服务研究综述等,但缺少对图书馆开展知识服务的内在驱动机制的系统化研究。本节运用协同学理论对图书馆开展知识服务的内在因素的协同机制与驱动机制进行系统分析,并运用序参量与役使原理探求图书馆转型演化趋势。

一、协同学理论及其在图书馆学中的应用概述

20世纪70年代初期,联邦德国斯图加特大学教授、著名物理学家哈肯(Hermann Haken)在研究激光问题的基础上提出了协同学理论,并于1977年出版《协同学导论》一书,讨论了非平衡相变和自组织,初步建立起协同学的理论框架,1983年《高等协同学》的出版总结了协同学在理论和应用方面的新进展,进一步全面阐述协同学,标志着协同学作为一门新学科的建立。① 关于协同学的定义,哈肯在其主编的协同学丛书中是这样描述的:"协同学是一门横断学科,它研究系统中子系统之间是怎样合作以产生宏观的空间结构、时间结构或功能结构的。它既处理确定论过程又处理随机过程。"②他在上海机械学院名誉教授受聘仪式上的演讲中将协同学定义为二层含义:一是"系统的各部分之间互相协作,结果整个系统形成一些微观个体层次不存在的新的结构和特征";二是"完全不同的学科之间的协作、碰撞,进而产生一些新的科学思想和概念。"③作为一门横断学科,协同学理论可以广泛应用于自然界与社会生活中,协同学理论已在物理学、社会学、图书馆学等众多学科得到广泛应用,并取得了丰富的研究成果。

笔者通过中国知网学术期刊库以检索式"(SU=协同学 OR SU=协同论 OR SU=协同理论)AND SU=图书馆"(SU为主题字段,检索时间为2019年4月25日)进行检索共检出相关文献55篇。严继东1990年刊登在《四川图书馆学报》第1期上的文章《图书馆协同理论初探》是国内最早一篇将协同理论引入到图书馆学研究,该文论述图书馆是一个开放的系统,并指出高效率的知识信息传递是图书馆系统的"序参量"。④ 唐艺、谢守美所著《基于协同学理论的高校图书馆嵌入式服务研究》一文是被引用数最多的一篇文献,该文基于协同学理论分析嵌入式服务的目标协同、主体协同、资源协同组织与整合、过程协同支撑技术⑤。

---

① 陈义存,周季生.社会科学工作者自然科学手册[M].济南:山东人民出版社,1988(05):643-644.
② 吴大进等.协同学原理和应用[M].武汉:华中理工大学出版社,1990(10):1.
③ [德]哈肯(Hermann,H.)著;杨炳奕译.协同学理论与应用[M].北京:中国科学技术出版社,1990(07):1.
④ 严继东.图书馆协同理论初探[J].四川图书馆学报,1990(01):28-31.
⑤ 唐艺,谢守美.基于协同学理论的高校图书馆嵌入式服务研究[J].图书情报工作,2013,57(08):78-81.

此外,袁静①、张秀岭②、唐虹③和朱云芝等④人将协同学引入到图书馆联盟建设中,分析图书馆联盟不稳定性及协同机制;袁代蓉⑤、于曦⑥、郑燕平⑦等人将协同学运用到学科服务研究中,探讨嵌入式学科服务;陆宝益⑧、倪代川等⑨人将协同学理论运用到图书馆信息共享空间建设研究中。运用协同学理论研究图书馆已经取得了一定的成果,但就整体而言其研究范围和深度还存在不足,对图书馆转型内在协同机制与驱动机制研究还未涉及。

二、驱动图书馆发展的序参量辨析

1. 序参量概述

序参量指在系统演化过程中起主导作用的参数。哈肯在研究中发现复杂系统中的参数有很多,但大部分参数消减的速度非常快,对整个系统的演化没有明显影响,这类参数被称为快变量,另一些参数则变化较慢,并能控制系统的演化,被称为慢变量,这类参数即为序参量。序参量在系统生命周期中并非一成不变,而是在不同的时期根据系统发展会产生不同的序参量,而原序参量则转变为快变量并消失。同时一个系统的序参量数量也并不是唯一的,有些系统的序参量不止一个,在这类多序参量系统中,多个序参量彼此协同共同影响系统演化过程。

2. 图书馆系统组成要素

图书馆是一个开放的系统,正如阮冈纳赞所著《图书馆学五定律》最后一条"图书馆是一个生长着的有机体",图书馆在不断发展与转型过程中,其组成要素的协同起着决定性作用。图书馆系统组成包括:资源、信息技术、馆员、用户(用户需求)、馆舍空间、设备、管理制度、政策法规等。资源是图书馆开展服务的基础,包括传统纸质文献资源和数字资源两大类;信息技术指被引入进图书馆用于提升图书馆工作与服务效率的相关技术,如互联网、云计算、大数据、虚拟现实等;馆员泛指包括馆长在内的所有图书馆工作人员;用户(用户需求)是图书馆存在的根本,没有用户(用户需求)图书馆的社会价值就不存在;馆舍空间是图书馆

---

① 袁静.图书馆联盟不稳定性的理论基础解析[J].图书情报工作,2010,54(23):43-46,55.
② 张秀岭.图书馆联盟不稳定与理论依据的分析[J].四川图书馆学报,2011(06):2-5.
③ 唐虹.图书馆联盟协同管理模式研究[J].图书馆学研究,2012(16):79-83.
④ 朱云芝,唐虹.图书馆联盟战略协同机制及其运行研究[J].四川图书馆学报,2013(01):7-10.
⑤ 袁代蓉.基于协同理论的地方高校学科藏书建设[J].情报探索,2014(10):132-135.
⑥ 于曦.基于知识协同的嵌入式服务模型的构建[J].情报理论与实践,2015,38(08):100-105.
⑦ 郑燕平.协同学理论在图书馆开展嵌入式学科服务应用探讨[J].图书馆界,2016(04):6-9.
⑧ 陆宝益.论协同学理论在 Information Commons 中的应用——Information Commons 构建的理论基础研究之二[J].图书情报工作,2010,54(10):67-70,53.
⑨ 倪代川,任树怀,季颖斐.论信息共享空间的协同内涵[J].图书与情报,2008(05):47-49,63.

员开展工作与服务的物理空间;设备是图书馆开展工作与服务的必要设施;管理制度是图书馆有效开展工作与服务的保障;政策法规是国家及省市层面针对图书馆制定的法律法规及管理政策,对图书馆工作与服务起到规范与保障作用。

3. 图书馆发展过程中序参量辨析

如前文所述,图书馆组成要素包括:资源、信息技术、馆员、用户(用户需求)、馆舍空间、设备、管理、政策法规等,是一个复杂的社会系统,在其发展过程中各系统要素彼此协同,表现出不同的序参量特征。用户是图书馆产生的根本原因与价值体现,从古代藏书楼到现代图书馆,用户一直起着序参量的作用。古代藏书楼虽然没有普通用户,但它们建立的根本原因是满足特定用户的需求,如皇家藏书楼是为了满足皇家成员及大臣需要,私家藏书楼则是为了满足个人需要。但对于图书馆而言其序参量一般不是唯一的,在其发展的不同阶段还存在一些不同的序参量与用户序参量共同合作控制图书馆系统的演化过程。早期图书馆发展表现为以资源建设为主要特征,随着信息技术的快速发展图书馆开始表现出以信息技术引领下的发展特征,进入 21 世纪第二个十年,图书馆又进入到以用户为主的发展阶段。从图书馆发展演化进程看似乎图书馆系统的序参量先后经历了资源、信息技术与用户三个不同的序参量演化推进时期,不过仔细分析下我们就会发现在资源与信息技术作为系统序参量阶段,都受到用户的影响。早期图书馆发展阶段文献资源匮乏,难以满足用户阅读的基本需求,因此图书馆需要以资源建设为主要工作,但目标却是满足用户阅读需求,可以说是用户和资源这两个序参量共同影响图书馆发展演化进程(如图 2-1 所示)。互联网的普及与数字化技术的发展使得用户资源获取渠道无限扩展,资源不再是用户使用

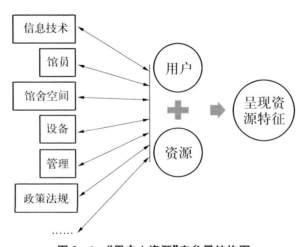

图 2-1 "用户+资源"序参量结构图

图书馆的首要因素,此时的用户更需要在面对海量数据时更快更有效地获得所需资源,这一时期的图书馆发展重点在于引入相关信息技术以提高图书馆工作效率及用户信息获取,云计算、大数据、语义检索、人工智能等等每一项新技术的引入都是为满足用户新的需求(如图2-2所示)。当资源获取不再成为用户首要需求,同时信息技术引入成为常态时,图书馆员在系统中的作用却越来越重要,从信息服务到知识服务,图书馆员正从系统的一般参量转为影响系统发展的序参量之一,馆员与用户成为当前图书馆发展的驱动力,即成为图书馆演化进程的序参量,二者相互作用控制着图书馆系统未来的演化进程(如图2-3所示)。

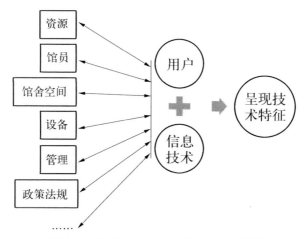

图2-2 "用户+信息技术"序参量结构图

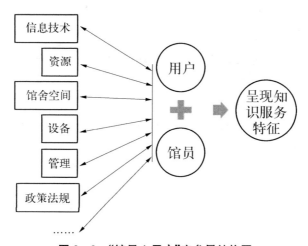

图2-3 "馆员+用户"序参量结构图

三、基于役使原理的图书馆转型分析

1. 役使原理

役使原理又称伺服原理或支配原理,是协同学的核心理论之一,指系统各子系统受序参量唯一确定,但同时也会受到子系统的反向作用的影响。哈肯用木偶艺人来阐述这一原理,木偶表演时,木偶艺人是序参量,木偶的各个部分成为子系统,木偶艺人这一序参量在控制木偶的各个部分子系统的运动时,木偶各个部分子系统同样决定着木偶艺人序参量的活动,甚至会产生新的序参量,其过程如图 2-4 和图 2-5 所示。①

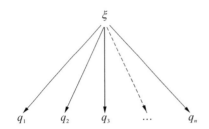 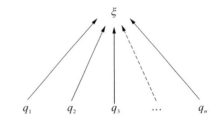

图 2-4　一个或几个序参量役使着变量 q_1, q_2,……表示的子系统的行为　　图 2-5　由 q_1,q_2,……表示的子系统作用于序参量,甚至生成序参量

2. 知识服务与图书馆转型发展

我国图书馆界对知识服务定义并未统一,主要有二类:一类观点认为知识服务中的知识是作为一种产品的知识,提供知识服务就是提供知识产品;另一类观点则强调图书馆员在服务中的知识投入,这里的知识是指图书馆员的知识技能。②笔者更倾向于张晓林教授对知识服务的定义,"以信息知识的搜寻、组织、分析、重组的知识和能力为基础,根据用户的问题和环境,融入用户解决问题的过程之中,提供能够有效支持知识应用和知识创新的服务③"这一概念的前半部分强调了知识服务中馆员知识技能为基础,后半部分则强调了服务的最终产品是知识创新。如前所述,当前图书馆系统正受到用户与馆员两个序参量支配,根据役使原理序参量通过役使图书馆各子统,使整个图书馆系统向满足知识服务需求演化。

(1) 资源建设多元化

知识服务要求图书馆资源建设更加多元化。资源建设多元化有两层含义,

---

① [德] 赫尔曼·哈肯(Hermann Haken)著;郭治安,吕翎译.大脑工作原理脑活动、行为和认知的协同学研究[M].上海:上海科技教育出版社,2001.07:43-45.
② 杨薇薇.近十年来国内图书馆知识服务研究综述[J].现代情报,2009,29(08):221-225.
③ 张晓林.走向知识服务:寻找新世纪图书情报工作的生长点[J].中国图书馆学报,2000(05):30-35.

一是知识服务中馆员所依赖的资源不再仅限于图书馆馆藏资源,还包括大量非馆藏资源,如开展知识产权信息服务时,馆员可以通过网络查询世界各主要国家知识产权局网站,以获取各国知识产权信息;二是图书馆馆藏资源不再仅限于图书、期刊、报纸、学位论文、会议论文、各类数据库等传统资源而将进一步扩展到科研数据、微信公众号资源、微博信息资源等,获取渠道也将扩展到互联网。近年随着开放存取理念的普及以及商业数据库价格不断上涨,越来越多的个人和组织开始将学术资源上传到互联网供读者免费下载利用,这些资源具有较高的学术价值,但却分散在互联网中,对读者而言查找和利用难度较大,因此将这类开放存储于互联网上高价值的学术资源进行收集、整理并利用将是图书馆未来资源建设的重点工作之一。

(2) 跨部门协同成为常态

图书馆知识服务的开展不再仅仅依靠图书馆员,未来将以协同化服务为表征。知识服务除了依靠信息资源外更要依赖服务提供者自身知识和能力,由于用户的知识服务需求涉及的内容是多方面的,而图书馆员的知识储备则相对单一,更多的知识服务要依靠其他学科专业人士来协同合作完成。对高校图书馆而言最常见的部门协同来自学科服务,通过图书馆与学院协作完成特定学科的知识服务需求,这种服务模式笔者称之为"馆院协同模式"[①]。除了馆院协同外,未来还将进一步扩展到政府职能部门,如目前国家知识产权局和教育部正在大力推进的"高校知识产权信息服务中心"建设,就是典型的"图书馆+政府职能部门"模式,根据《高校知识产权信息服务中心建设实施办法》第一章总则第四条明确指出"国家知识产权局、教育部指导知识产权信息中心的建设和运行",并且第二章建设和运行第八条关于"高校知识产权信息服务中心"所开展工作第九款为"承担各级知识产权管理部门、教育管理部门委托的工作"。可以说明该中心将是图书馆与政府职能部门的协同建设。这类"图书馆+政府职能部门"的跨部门协同模式在图书馆提供知识服务中将成为常态模式。

(3) 信息技术智能化

图书馆员为用户提供知识服务,除了利用自身知识外,还要依靠信息技术来协助知识发现、创新与利用。信息技术引入到图书馆大致经历了三个阶段:第一个阶段引入信息技术主要是为了提高图书馆员工作效率,如实现图书馆自动化的相关技术;第二阶段引入信息技术则是为了完善图书馆资源建设,将图书馆由传统纸质文献馆藏扩展到数据馆藏,进入数字图书馆时代,这一时期也是前文

[①] 郑燕平.协同学理论在图书馆开展嵌入式学科服务应用探讨[J].图书馆界,2016(04):6-9.

所述信息技术成为序参量时期；第三阶段信息技术的引入目的则为提升图书馆员服务能力，海量资源背景下，知识发现、创新单靠图书馆员人工几乎是不可能完成的，需要依靠更加智能化的信息技术，如图书馆引入大数据技术用于分析用户行为发现用户隐性需求，引入语义检索用于提供智能化检索等。李晨晖等人[①]对图书馆未来的技术应用与发展进行了较为深入的研究，可以看出未来图书馆引入的信息技术将以智能化为主。

（4）馆舍空间功能化

图书馆馆舍空间功能化已成为发展趋势。馆舍空间是图书馆开展服务的重要资源之一，近年随着图书馆知识服务理念的不断发展，传统以书库为主、阅读为辅的馆舍空间格局已难以适应图书馆的发展需求，馆舍空间再造遂成为近年图书馆转型研究的一大热点。以知识服务为基础的各类功能区成为图书馆馆舍空间再造的重点内容，如信息共享空间、学习共享空间、创客空间、研究共享空间等。除了这些已有功能区外，随着知识服务的深入需要馆员与用户深度融合沟通，图书馆将为这种深度融合沟通提供相应的更加细化的知识服务功能空间，图书馆馆舍空间功能化趋势日益明显。

（5）政策法规日趋完善

图书馆开展知识服务需要政策法规提供法律保障与引导。图书馆开展知识服务涉及影响因素较多，如政府资金投入、相关部门领导意愿等等，需要从法律层面上加以引导。2017年我国文化领域的第一部基本法《中华人民共和国公共文化服务保障法》颁布实施，次年我国第一部图书馆专门法《中华人民共和国公共图书馆法》正式实施。两部法律为图书馆开展公共文化服务提供法律保障的同时也为下一步高校图书馆法出台提供了法律基础，从而为高校图书馆扩展知识服务的范围提供支持。

四、基于协同效应的图书馆转型难点分析

协同效应原本为一种物理化学现象，又称增效作用，是指两种或两种以上的组分相加或调配在一起，所产生的作用大于各种组分单独应用时作用的总和，经常被表述为"1+1>2"。[②] 协同概念在协同学中占据更重要的地位，所谓协同，按照哈肯的观点，就是系统中诸多子系统的相互协调的、合作的或同步的联合作

---

① 李晨晖,张兴旺,秦晓珠.图书馆未来的技术应用与发展——基于近五年Gartner《十大战略技术趋势》及相关报告的对比分析[J].图书与情报,2017(06):37-47.
② 国务院国资委产权管理局投资价值评估课题组.投资价值评估[M].北京：中国市场出版社,2016(01).

用,集体行为。① 在图书馆系统中各要素通过馆员与用户两个序参量协同来控制,因此馆员与用户的协同效应决定了图书馆开展知识服务水平与服务成效。馆员与用户的协同效应取决于馆员服务能力与用户需求培养,这也是目前图书馆转型面临的难点。

1. 馆员服务能力提升

国内图书馆员服务能力有待提升。现阶段图书馆开展知识服务能力与商业公司相比存在较大差距,其中首要因素就是人才建设。当前我国图书馆员整体服务能力较低,而知识服务以图书馆员的自身知识为服务基础,因此提升馆员服务能力是图书馆转型发展首要面对的难题。人才引进是改善图书馆馆员结构的最直接有效的办法,但由于图书馆待遇较低,特别是高校图书馆馆员待遇与高校教师存在较大差距,导致图书馆人才引进困难,优秀的人才不愿加入。商业公司在人才引进、激励机制、人员培训等方面远超图书馆,吸引了大量优秀人才。图书馆要吸引优秀人才就必须完善图书馆人才引进政策,力求馆员待遇提升,特别是高校图书馆应争取与高校教师同等待遇;建立合理的考评机制与激励机制使图书馆员肩负起应有的职责和积极的工作态度;建立人员培训制度不断提升图书馆员业务能力与知识储备等,创造一个有利于人才发展的大环境。另外,知识服务注重馆员与用户沟通,图书馆员除了要具备专业知识外还要具有一定的沟通能力,能与用户进行深度沟通以了解用户显性需求并能揭示用户的隐性需求。图书馆员服务能力提升是一个漫长的过程,因此图书馆在开展知识服务时应充分发挥每个馆员的专长,建立适合的知识服务机制,如建立多层次的服务体系②让图书馆员根据自身能力从低层次(或适当层次)知识服务开始逐渐学习积累服务经验不断提升服务层次。

2. 用户需求培养

图书馆知识服务用户需求不足。商业公司开展知识服务具有广泛的社会认可度,各类智库和数据分析公司业务量持续增长。然而图书馆因受传统认识的影响(图书馆是一个借还书的地方),用户对图书馆开展知识服务的能力有所怀疑,认可度较低。这导致图书馆在知识服务上的用户需求量极低且增长缓慢。知识服务是以用户需求为导向,图书馆需要着力培养用户需求,通过主动服务、宣传展示等多渠道提升用户对图书馆开展知识服务能力的认识,从而吸引用户需求。以华东师范大学图书馆为例,通过为学院主动提供学科发展分析报告,促使学院了解图书

---

① 吴彤.自组织方法论研究[M].北京:清华大学出版社,2001(06):49.
② 郑燕平.高校图书馆构建多层次学科馆员服务体系的探讨[J].情报科学,2014,32(11):50-53,81.

馆知识服务水平并提出新的知识服务需求。除了在校内培养用户知识服务需求外,我馆也积极向校外寻求突破与市科协等政府职能部门协作开展智库服务。用户知识服务需求培养是图书馆开展知识服务的关键,没有需求就没有服务,图书馆应借鉴商业公司成功案例突破市场,将图书馆打造为智库与知识服务中心。

五、协同学视角下图书馆转型的对策与建议

用户是图书馆存在的基础和社会价值的体现,图书馆的发展一直是以用户的需求为序参量,然而用户并不是图书馆发展的唯一序参量,在图书馆发展的不同阶段会有新的序参量出现,如早期的资源序参量、中期的信息技术序参量以及当前的馆员序参量,这些序参量分别在不同的时期与用户序参量协同共同控制图书馆系统演化过程,并使图书馆形成不同的系统演化表征。当前图书馆进入到以馆员和用户两个序参量役使下的系统演化过程,知识服务是这一时期图书馆系统的演化表征,对于多序参量的系统中,各序参量之间也需要协同从而达到一个宏观的控制力来控制系统演化过程,因此图书馆系统中馆员与用户两个序参量的协同所形成的宏观控制力控制着图书馆系统演化过程,在序参量役使下图书馆各子系统将演化发展以适应图书馆开展知识服务的需要。图书馆系统演化过程并不是统一或一蹴而就的,对不同的图书馆由于其馆员与用户序参量影响力并不相同,因此其协同所产生的宏观控制力也不相同,使得图书馆最终呈现出的演化表征也各不相同,即各图书馆的知识服务水平不尽相同,这也解释了目前各图书馆在开展知识服务的内容及水平所存在的差异。序参量与役使原理是协同学理论的两个核心理论,通过分析控制图书馆系统演化的序参量及其在序参量役使下的演化过程可以发现系统的演化趋势,有助于加快图书馆发展转型,提升图书馆知识服务水平,从而达到吸引用户提升图书馆社会价值的最终目标。

第六节 面向高校科研创新的知识服务合作关系及自适应服务机制

知识经济时代,图书馆服务功能正在积极地拓展,转型发展正成为全球图书馆事业的主要特征[1],从以文献资源服务为主的信息服务到知识服务[2],图书馆

---

[1] 柯平,邹金汇.后知识服务时代的图书馆转型[J].中国图书馆学报,2019(1).
[2] 张晓林.从文献传递到知识传递:面向未来的模式转变?——参加ILDS2009会议有感[J].图书馆杂志,2010(2):2-5.

提供的服务越来越精细化。知识服务作为一种提供知识创造、问题解决的服务，在高校图书馆服务中占据着越来越重要的地位。知识服务满足了用户对知识的需求，能够向组织与个人提供在解决问题的过程中所需的种种专业知识，可以在帮助用户解决问题的过程中对知识加以组织、创新，关心并致力于帮助用户找到或形成解决方案[1]。高校科研团队或个人在科研过程中产生的知识需求是多种多样的，往往在科研创新生产过程的不同阶段呈现出不同的需求特征[2]。图书馆可以为科研活动服务，知识服务与科研活动展开深层次的合作是大势所趋。由于服务主体在不同的专业领域其所能提供的服务能力不同，同时科研创新中产生的知识需求又是多样化的，这就使得双方的合作必然呈现多样化的形式，为此，寻求合作的双方需要一种能够高度适应不同科研生产阶段的合作方式。

为满足高校科研创新生产过程中产生的多样化知识需求，协调并推动图书馆知识服务方与科研创新主体的良性合作。本节定义了知识需求三种类型，在此基础上进一步定义了三种类型的合作关系，构建了一种可以根据知识需求的变化而调整合作关系的自适应知识服务机制，当设定的条件成熟时，合作双方经协商及时调整合作关系，从而实现知识服务类型的及时调整，满足科研创新的动态知识需求。

一、相关概念

1. 信息服务

信息服务面向用户的信息查询或简单问题，向用户提供以显性知识形式呈现的结构化知识和信息内容，以文字、图像、符号表述，以印刷或电子等方式记载于存储媒介，可供人理解、交流使用[3]。用户的信息需求往往以文献检索和文献传递为主，图书馆作为信息服务方，根据用户需求在文献资源库中进行文献检索，最终向用户提供其所需的纸质、电子文献[4]。作为高校图书馆，信息服务直到目前仍是图书馆开展的主要服务形式，随着智能化技术的发展，用户的信息需求正在变得越来越深入，信息查询往往需要深入文献内部，以知识请求的形式出现，用户提出的问题正在从简单向复杂变化，以文献资源为基础的信息服务已经难以满足用户需求[5]。

---

[1] 李家清.知识服务的特征及模式研究[J].情报资料工作,2004(2):18-20,10.
[2] 赵静,王玉平.支撑高校科研的团队式知识服务[J].图书情报知识,2005(4).
[3] 王珺.从信息服务到知识服务[J].情报资料工作,2006(6):100-101.
[4] 曹静仁.图书馆服务模式未来发展探析——对比信息服务与知识服务,实现二者的兼顾协调[J].现代情报,2010,30(4):175-177.
[5] 李尚民.图书馆信息服务与知识服务比较研究[J].现代情报,2007,27(12):33-34.

2. 知识服务

随着知识经济的发展,科研信息需求与科研形态正在发生重大变化,科研信息需求不再满足于纸质或数字文献,高校图书馆的信息服务正在从文献传递向知识服务转变[1]。对于知识服务的概念,在国内张晓林先生提出了有代表性的观点,他认为知识服务是以信息知识的搜寻、组织、分析、重组的知识和能力为基础,根据用户的问题和环境,融入用户解决问题的过程,提出能够有效支持知识应用和知识创新的服务[2]。其他一些学者也提出了知识服务的概念,田红梅认为知识服务是指从各种显性和隐性信息资源中针对人们的需要将知识提炼出来、传输出去的过程[3]。李霞认为,知识服务是一个满足客户不同类型知识需求的服务过程,其过程是知识服务提供者凭借其具有的高度专业化的知识,在充分挖掘客户需求的基础上,结合组织内外搜集、整理的信息与知识,进行知识创新,并借助适当的方法和手段,在与客户交互的过程中,帮助客户获取知识、提高客户解决问题的能力、帮助客户理性决策,或者直接帮助客户解决问题[4]。王琤认为知识服务是从各种显性和隐性知识资源中,通过对用户的知识需要和问题环境的分析,将信息析取、重组、创新、集成的知识提炼过程,是有针对性地解决用户问题的高级阶段信息服务[5]。

综上所述,笔者认为知识服务即是在用户以问题的形式提出的知识需求的基础上,服务方通过自身的专业知识与技能,从各种信息资源中寻找、整理、分析相关的知识,必要的时候进行知识创造,进而形成有组织的知识产品提供给用户的过程。

在信息服务中,图书馆作为服务方只提供馆藏资源与搜寻入口,用户需要从文献资源中大量搜寻所需知识,而在知识服务中,用户只要以问题的形式提出知识需求,服务方将代替他完成寻找、整理、分析等相关工作。信息服务是知识服务的基础,知识服务是信息服务发展的必然结果,知识服务并不是信息服务的替代,知识服务研究的深入会带动信息服务的发展,二者互为促进[6],可以说知识服务是信息服务的高级形式。

---

[1] 张晓林.从文献传递到知识传递:面向未来的模式转变?——参加 ILDS2009 会议有感[J].图书馆杂志,2010(2):2-5.
[2] 张晓林.走向知识服务[M].成都:四川大学出版社,2001:110-112.
[3] 田红梅.试论图书馆从信息服务走向知识服务[J].情报理论与实践,2003,26(4):312-314.
[4] 李霞,樊治平,冯博.知识服务的概念、特征与模式[J].情报科学,2007,25(10):1584-1587.
[5] 王琤.从信息服务到知识服务[J].情报资料工作,2006(6):100-101.
[6] 石戎川,王伟.专业图书馆从信息服务到知识服务的探析[J].图书情报工作,2010(S2):235-237.

二、高校科研创新知识需求与分类

1. 知识需求与服务

科学研究是知识密集型的学术活动,是对知识搜集、分析、加工乃至创造的过程,科研团队创新的基础在于对知识的运作[1]。高校是开展科研活动的最重要场所之一,高校的科研创新是整个社会经济发展与技术创新的重要推动力,在技术创新体系中扮演着重要角色。随着知识体量的爆发式增长,高校科研创新模式正在从传统的封闭式向开放式模式转变,科研人员在科研创新中的知识需求呈现出多样化和个性化的特点[2]。

从科研创新的生产过程来看,预研、研究和鉴定等各个生产阶段产生的知识需求具有明显的递进式阶段性特征,从科研创新需要的知识类型来看,知识需求主要具有综合性、专业性、系统性等特征,这就要求知识服务的深度与广度相统一[3]。图书馆作为信息服务与知识服务的提供方,单纯提供文献源不再能够满足科研创新的需要,图书馆正在从"第三方化"[4]的身份向科研活动的"合作方"转变,知识服务人员正在参与科研创新活动,成为科研创新团队的一部分。

2. 知识需求类型

在信息服务中,文献资源是连接服务双方的纽带,而知识服务以用户的问题为驱动[5],问题是连接服务双方的纽带。根据科研创新活动中产生的问题的多样性,所需创新性知识成分占比,科研创新的知识需求可以分为以下三类,分三个等级:

(1) 无创新性知识:低级知识需求

即知识库中存在的原创知识,用户通过提出简单问题的形式表达需求,当其需要参考前人提出的概念知识时,他可以提出这种问题,服务方将根据问题在知识库中进行检索,将获取到的知识简单整理即形成知识服务产品,满足用户需求。

(2) 弱创新性知识:中级知识需求

弱创新性知识具有知识创新的成分,知识创新是新思想的产生、演化、交流

---

[1] 胡西厚,祁爱琴,雷国华,等.基于科研团队创新的知识运作模式研究[J].科技与管理,2008,10(3):50-51.
[2] 于永丽.面向科研的高校图书馆微信知识服务模式研究[J].图书馆学刊,2017(8).
[3] 赵静,王玉平.支撑高校科研的团队式知识服务[J].图书情报知识,2005(4).
[4] 张晓林.学术信息交流体系的重组与大学信息服务模式的再造[J].大学图书馆学报,2000,18(1):16-21.
[5] 张晓林.走向知识服务——寻找新世纪图书情报工作的生长点[J].中国图书馆学报,2000,26(5):32-37.

并应到产品(服务)中去的过程[①]。对弱创新性知识的需求要求服务方从其所具备的能力出发,结合用户科研进展,对相关知识进行搜集、整合、简单评价形成系统化的知识产品,这种知识产品以知识库中的原创知识为主,含有少量的创新成分。

(3) 创新性知识:高级知识需求

相对于弱创新性知识,创新性知识的需求不再以简单的知识整合为主,而以带有观点的评价、创新方案的提供为内容的高度系统化知识为主,它要求服务方高度参与到科研创新活动的过程中,甚至成为科研创新团队的一分子,兼具知识服务与科研团队成员双重身份。

3. 知识服务范围问题

目前,针对图书馆的知识服务是否应该提供用户含有创新成分的知识需求存在许多争议[②③④],尚无定论。从国外开展的知识服务情况来看,在哈佛商学院图书馆开展的知识服务中,研究服务馆员针对用户的知识需求,对分散在相关领域的文献、信息源和数据库进行文献检索和事实查找,进而对相关信息加工,汇集成新的具有独特价值的信息产品提供给用户,期间会对搜集到的知识信息二次开发,经分析、比较,最终提炼出用户需要的系统化知识。知识服务方参与用户解决问题的过程,并贯穿于知识捕获、分析、重组、应用、决策过程[⑤]。

张晓林先生提出,图书馆作为知识发现、组织、传播和保存的专家和专业机构,完全可以把我们的能力用于整个研究、创新、教学和学习乃至各种知识密集型的社会活动中,并通过我们的能力帮助用户组织知识基础设施、连接各类知识环境、改造数字化知识化流程、利用和创造知识[⑥]。

图书馆具备的针对创新性知识需求问题的解决能力不尽相同,负责相关知识服务的馆员具备的专业能力也不尽相同,在高校这个集体中,如果图书馆的服务能力确实足以解决用户在科研过程中的某些特定具有创新性质的问题,有助于科研创新的进展,那么提供这类服务就是有价值的。

---

① 梁瑞华.高校图书馆知识服务体系研究[M].郑州:河南大学出版社,2010.
② 王均林,岑少起.知识服务与图书馆的核心能力——与张晓林先生商榷[J].图书情报工作,2002(12):115-119.
③ 李智敏.不可轻言"知识服务"——关于知识服务能否作为图书馆核心能力的讨论[J].图书馆杂志,2005,24(10):6-9.
④ 金胜勇,刘长迪.取舍之间:图书馆知识服务内涵再探[J].国家图书馆学刊,2016(6).
⑤ 俞德凤.哈佛商学院图书馆知识服务研究[J].图书馆杂志,2011(6):72-74.
⑥ 张晓林.颠覆性变革与后图书馆时代——推动知识服务的供给侧结构性改革[J].中国图书馆学报,2018,44(1):4-16.

三、面向科研创新的知识服务机制

1. 服务双方合作关系

Miles等人通过对咨询服务组织的研究,分析了知识服务提供者与用户之间的关系,分为三种:承包(Jobbing)、商榷(Sparring)以及贩卖(Selling)[1]。在此基础上,张聪提出了一种面向科研团队的知识服务交互式创新流程,将知识服务流程划分为三个阶段:开发设计、实施生产和商业应用阶段,并指出,在每个阶段中科研团队的任务分工不同,知识服务双方的合作关系也存在强弱变化。他认为,根据双方的互动程度,知识服务方与高校科研团队的合作关系类型可以分为以下三种:购买服务、协同互助、联合生产[2]。

在高校的科研创新生产过程中,图书馆作为知识服务机构与科研团队之间的合作关系更多地倾向于协同互助与联合生产。对于科研创新生产这种特定的学术活动而言,服务双方的合作关系可以从知识服务的类型来加以确定。

根据前文所述,科研创新过程中产生的知识需求类型有三种,即无创新性知识、弱创新性知识及创新性知识。据此,知识服务可以分为三种类型:非创新性知识服务、弱创新性知识服务和创新性知识服务。在这三种类型的服务中,服务方与用户方的关系是不同的,分三个等级:

(1) 低级:无创新性知识关系

在这种关系中,用户方的需求是无创新性知识。服务以知识搜集、信息传递为主,适合于科研创新生产的初始阶段,对知识服务方的专业知识与服务能力要求不高,是目前多数图书馆知识服务中采用的关系类型。由于不包含创新性知识,一般情况下,用户方不会将科研创新成果的归属权分配给知识服务方。采用这种合作关系的知识服务形式可以多样,但是显然双方的合作程度不够深入。

(2) 中级:弱创新性知识关系

在这种关系中,用户方的需求是弱创新性知识。由于包含了少量的创新性知识,这就要求服务方具备一定的专业能力、知识分析与挖掘等能力。在科研创新生产的资料分析阶段采用较多。这种关系往往同时具备协作互助与联合生产双重特性。由于含有创新的知识成分,在该关系下科研创新成果应该属于服务

---

[1] MILES I, KASTRINOS N. Knowledge-intensive business services: users, carriers and sources of innovation [J]. Second National Knowledge Infrastructure Setp, 1998, 44(4): 100-128.
[2] 张聪,朱莲花,杨连生.面向高校科研团队的知识服务交互式创新[J].高等工程教育研究,2017(05): 164-168.

双方共同所有。

(3) 高级：创新性知识关系

在这种关系中，用户的问题以高度系统化的创新性知识为主。服务方完全参与到科研创新活动的过程中，兼具知识服务与科研团队成员双重身份。知识服务提供方的身份发生了巨大转变，这种转变是以双方前期合作中相互考察的基础上产生的信任为前提的。虽然在科研创新过程中，一般知识服务者的专业能力难以与科研团队成员的专业能力相比，但是并不能排除知识服务者受科研创新过程的启发而发展出具有一定科研能力的可能性。这种合作关系往往适合于在科研创新生产的攻坚阶段。

三种知识服务关系对应于三种知识服务类型，其主要区别在于不同的合作关系下所提供的知识产品包含的创新成分占比不同。从知识服务的内容类型上看，高级别服务内容类型包含低级别服务内容类型，从合作关系上看，高级别关系是低级别关系的升级，即在高级别关系下开展的服务包含了低级别关系所能开展的知识服务。三种服务间的关系如图 2-6 所示。

图 2-6　知识服务关系

2. 合作关系的确定与调整

(1) 明确合作关系的必要性

在双方开展科研创新与知识服务合作之前，应当确定恰当的合作关系，明确的合作关系是双方进入下一步合作的基础，这是因为：

一是明确合作关系才能明确各自的责任与义务。低级别关系下的知识服务难以满足高级别的知识需求，在双方处于低级别关系条件下，用户方提出高级别知识需求时，服务方有权不提供服务。

二是明确的合作关系有助于明确科研创新成果的归属权问题，避免纠纷。科研成果是一种知识创新，不同合作关系下的知识服务对知识创新的贡献率不同，服务方如果提供了创新性知识服务就应当享有科研创新成果的部分归属权，为避免纠纷，需要预先确定双方合作关系。

(2) 合作关系调整的必要性

从科研创新生产的过程和双方合作周期上来看，在合作初期，由于合作双方不了解，科研用户出于信任或安全等因素的顾虑，不一定愿意完全表明自身情景和服务需求信息，同时服务方对于创新生产过程的了解有限，资源积累不足，信任机制尚未确立,没有有效的知识产出①,在这个阶段,虽然可以试探性地采用最低级的无创造性知识服务关系,但是难以确定适合整个科研生产过程的知识服务关系。

随着科研创新进程的推进与知识服务工作的深入,对于用户方而言,其对知识服务方的知识组织与创造能力会有重新认识与评判,结合科研创新过程中知识需求的变化,可能会产生进一步合作或退一步合作的需要;对于服务方而言,其可能逐渐可以以全局性和前瞻性的视角应对用户需求,在不断增强知识存量的同时②,提升了自己服务能力,可以为更高等级的知识需求服务,相反,也有可能发现自己的服务力尚不足以满足科研创新的知识需求,可能就会产生退一步合作的需要。

如果在科研创新生产的整个过程中只采用一种合作关系,就有可能会出现低级别的知识服务难以满足高级别知识需求的情况,或当知识需求减少时,如果当前处于高级别关系,则会造成知识服务资源的闲置浪费,这对于合作双方及科研生产活动都是不利的。

因此,在不同的科研创新生产阶段或知识需求变化的条件下,根据合作双方的需要适时地调整合作关系是必要的。为此,笔者构建了一种知识服务机制,在这种机制下,合作双方可以根据各种条件的变化适时地改变合作关系,使得用户在不同的知识需求阶段得到恰当的知识服务,适时地明确双方职责,避免创新成果归属权纠纷,保障科研创新生产的高效实施。

3. 自适应知识服务合作机制

科研创新与知识服务的合作过程是一个随着项目的深入而不断演化的过程③,在此过程中,知识服务与需求的变化相适应。自适应知识服务机制的主要功能是对服务双方的合作关系做及时调整,无论合作将进一步还是退一步,其调整的目标皆在于及时满足变化的科研创新的知识需求。

(1) 机制流程

自适应知识服务机制流程如图 2-7 所示。首先,作为知识服务提供方的图书馆与作为用户方的高校科研创新主体经过协商后确定双方初始合作关系,签订合作协议,之后进入合作阶段。用户方在科研创新的过程中适时提出知识服务需求,服务方响应并开展相应的知识服务,当时间或其他条件成熟时触发双方进入协商状态,协商以会议形式开展。协商会议确定双方合作关系是否进行调

---

①②③ 李立睿,邓仲华.面向科研的嵌入式知识服务系统动力学研究[J].情报理论与实践,2015,38(8):43-49.

整,如果调整则需要确定是否结束合作,若不结束合作则开始调整到新合作关系,并继续下阶段合作,直到某次关系调整确定双方合作终止为止。

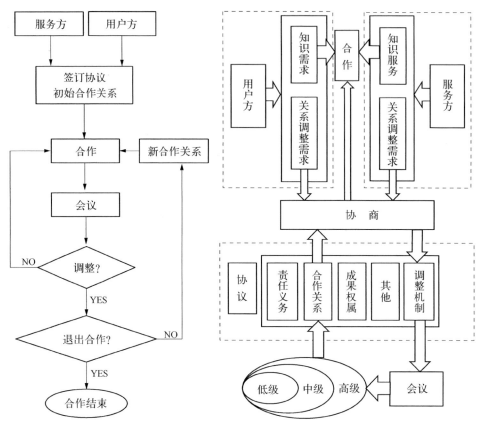

图 2-7 自适应的知识服务合作流程   图 2-8 机制结构详情

（2）合作协议与机制运转

合作协议是机制正常运转的基石,协议内容应当至少明确以下几个方面的问题:一、明确双方的关系种类;二、明确在当前关系下双方的责任与义务;三、明确几种双方关系下的科研创新成果归属权问题;四、明确双方的合作关系调整机制;五、备注当前关系;六、其他相关需要明确的问题。协议中涉及的几个关键部分在机制运行中的协作情况如图 2-8 所示。

协议涉及的几个关键问题说明:

关系种类、责任义务及成果归属问题:按照前文所述,双方合作关系分为三类:低级关系、中级关系和高级关系。协议中应当明确各种关系下合作双方的责任与义务,如当处于低级别关系时,用户方不可以要求服务方提供高级别知识服务。在相应的关系下,服务方应在自身专业能力范围内运用各种手段向用户方提供知识产品,满足知识需求。有中级与高级关系下,用户方有义务向服务方提供部分或全部科研创新相关资料、信息、已有创新成果等,以利于服务方更好地理解知识需求,为提供服务做充足准备。根据不同合作关系下知识服务方对科研创新成果的贡献率、双方意愿及其他相关因素,协议应明确相应关系下的成果归属权分配办法,保障双方权益,有利于服务方对身份的自我认定,也有利于激励服务方开展高质量的知识服务工作。

关系调整机制:虽然在不同的科研创新生产阶段,对出现的知识需求类型加以统计会呈现出阶段性特征,但这并不意味着合作双方必须选择相应的合作关系,合作关系的确定还需要考虑其他因素,如保密性需求等。另外,一成不变的合作关系难以适应科研创新过程中不断变化的知识需求,这时候就需要双方协商以确定合作关系是否进行调整,在笔者提出的合作机制中,双方的协商采用会议形式。

会议是实现关系调整的有效机制,它是合作双方协商的主要平台。从形式上看,协商会议应至少确定以下几个方面内容:

会议内容:应至少包括双方是否调整关系并协商这一项内容,双方合作关系的调整应在已有协议的基础上开展。其他内容可能包括协调合作内容、交流合作意向等。

会议成果:应至少包括双方是否调整关系这一项成果。根据会议协商成果,确定双方是否进行关系调整,并在会后及时实施会议决定。

会议召开的频度:可以按以下几个因素来确定。① 时间,可以根据时间确定会议召开的频度,如每周一次或每月一次。② 科研创新生产的阶段,根据科研创新生产的阶段划分,确定会议召开的时间。③ 综合上述两个因素,可以在科研创新生产的不同阶段按不同的时间频度确定何时召开会议。

明确当前合作关系:协议中应明确当前合作关系的确定方式,如以预留空表格的形式,在双方确定关系的时候加以记录。

四、自适应知识服务机制评价

自适应的知识服务机制是一种服务于创新生产过程的机制,解决了一成不变的合作关系难以适应不同知识需求问题,最大限度地保障了科研创新的高效推进。机制本身作为一个系统是一个整体,具有三种合作关系的调节功能,在合作开始的时候确定初始关系,有助于服务双方在了解不深的情况下开展合作、明确职责,在需要新的合作关系的时候按照协议既定的合作选项确定新合作关系,不需要每次调整合作关系重新制订协议。机制的运转实现了几个关键转变。

合作关系的转变：为更好地适应知识需求的变化，机制自适应地调整服务双方的合作关系。

身份转变：对于服务方而言，伴随着双方合作关系的转变，其身份也是变化的，中、低级关系中知识服务方更多的是协作身份，而在高级关系中，其身份更多的是科研团队成员。

服务内容转变：在不同的合作关系下，提供了不同的服务内容。

相较于一成不变的合作关系，这种自适应的服务机制的优势体现在以下几个方面：一是对于科研创新需求而言，通过合作关系的调整，可以灵活地满足相应需求，保障科研创新的高效推动；二是对于服务方而言，提供服务的过程也是学习的过程，加强自我学习可以提升服务能力；三是对于用户而言，在未知服务方服务能力的前提下开展逐步尝试，随着合作关系由低级到高级逐步过渡，最终选择定位在适合自己的层面，获得最大限度的服务，同时也可以更好地保护自己的创新成果。对于特定的高校而言，服务方身份的变化也可能为科研团队增加新的成员，壮大科研队伍。

高校是科研创新的主要场所之一，图书馆的知识服务功能对于开展科研创新活动具有重要作用，科研团队与图书馆的合作对双方而言都具有重要意义。图书馆的知识服务功能可以帮助解决科研创新中遇到的各种问题，科研创新需求的变化向知识服务能力提出了多样化的要求，对于服务提供方的图书馆而言，参与科研创新可以实现更高的自身价值，为高校科研创新能力的提升贡献力量。

第七节 小 结

本章在深入剖析了图书馆知识服务的背景、缘起、内涵与特征的基础上，探讨了影响图书馆知识服务转型的技术、需求、数据三种驱动因素；同时对国内外转型案例进行了抽样调研，并以知识构建理论框架为基础，归纳总结了图书馆在知识服务背景下的空间转型、服务转型、管理转型、资源转型四种转型趋势，提出知识构建理论框架下图书馆转型应对措施；进而运用协同学理论对图书馆开展知识服务的内在因素的协同机制与驱动机制进行分析，并运用序参量与役使原理探求图书馆转型演化趋势；最后尝试构建了一种可以根据知识需求的变化而调整合作关系的自适应知识服务机制。

（尹达：淮阳师范学院图书馆）

第三章
知识服务语境下的传统书店转型研究

第一节 绪 论

一、研究背景与意义

1. 研究背景

书店是传播人类文化知识的重要环节,是创作者、编辑出版者与读者联系的关键纽带。现今许多实体书店已成为中国各地的重要文化地标,有力支撑了全民阅读活动的蓬勃发展,担负着传承中华文明、传播先进文化的职责与历史使命。随着时代与社会不断变迁,书店也承载了更新的意义和功能。

近年来,实体书店经历了一段寒冬期。随着网络书店的蓬勃发展和读者阅读习惯的改变,实体书店的发展面临极大冲击。实体书店倒闭潮以一种令人沮丧的速度在国外蔓延,中国国内的情况也同样严峻。据全国工商联书业商会的调查显示,2002—2012 年,我国近五成实体书店倒闭,总数达 1 万多家。[1] 在国家相关政策的扶持下,在社会各界的努力下,实体书店在 2017 年这个"十三五"承前启后的关键一年迎来了回暖的迹象。据不完全统计,2017 年全国共有约 80 家书店开业,但实体书店的发展状况仍不容乐观。[2] 在政府政策、行业自觉、市场环境、消费者行为等方面,国内实体书店面临的机遇与挑战并存。

(1) 政府政策

近年来,我国政府出台了一系列相关政策指导和扶持实体书店发展。如 2013 年政府发布《关于开展实体书店扶持试点工作的通知》;2016 年发布的

---

[1] 蒲晓磊.实体书店迎来春天?——专家建议将实体书店纳入公共文化服务体系[N].法制日报,2018-04-24.
[2] 虞洋.中国图书市场的增长驱动力——开卷 2017 年图书零售市场报告分析[J].出版人,2018(2).

《关于征集2016年度文化产业发展专项资金新闻出版广播影视重大项目的通知》强调"继续扶持实体书店发展",同年还印发了《关于支持实体书店发展的指导意见》。

(2) 行业自觉

近年来实体书店行业加强了融合发展和转型升级的力度,而且成效明显,大到文化综合体,小到个性化特色小书店渐次涌现,初步构建起了线上与线下渠道融合、线下细分市场多品牌经营、网点布局不断优化、产品线与服务链进一步丰富、科技含量不断提高的阅读服务新格局。

(3) 市场环境

据《2017年中国图书零售市场报告》显示,2017年全国图书零售市场总规模首次突破800亿元,实体书店零售渠道扭转了负增长的态势,但网上书店渠道依然是市场增长的主要推动力。① 面对网络书店的低价策略以及多类型的长尾竞争,经营成本成为阻滞实体书店发展的主要原因。持续上涨的房租、高额的人力成本、资金的短缺等因素都在制约实体书店的发展,而对于中小型书店和独立书店而言,这些因素的影响尤甚。

(4) 消费者行为

总体上消费者已形成网上阅读、网上购书的习惯。据中国新闻出版研究院第14次全国国民阅读调查报告显示,2016年网上书店销售总码洋首次超过实体书店,网上书店营业额近5年一直保持高速增长,消费者只看不买成为实体书店的常见现象。②

2. 研究目的与意义

本章的研究将紧密结合产业实际,兼顾学理研究和实证分析,以期对实体书店融合发展实践发挥参考、指导作用,希望在一定程度上助推图书发行业的融合发展和转型升级。

实体书店的转型发展,与国家文化软实力提升、文化产业振兴战略、知识服务产业发展、美好公共生活的愿景实现、城市公共文化空间建构等重要主题密切相关。本课题为出版研究和传媒经济研究的深化提供了良好的契机。在知识服务语境下对实体书店转型路径和融合发展模式进行理论研究与实证分析,总结其中的规律,不仅具有重要的现实意义,而且对于出版理论、传媒经济理论研究的发展、完善具有重要的理论意义。

---

① 虞洋.中国图书市场的增长驱动力——开卷2017年图书零售市场报告分析[J].出版人,2018(2).
② 杨毅.图书电商谁能笑傲江湖——2016年中国图书网上销售格局分析[N].中国新闻出版广电报,2017-04-10.

二、国内外相关研究现状

"书店""图书发行"作为专门的研究主题,在出版学、传播学、图书馆学和信息科学等多个学科领域均有涉及。

1. 国内研究现状

目前国内已有的对于实体书店融合发展模式的研究,主要从以下路径展开:

一是从实践入手,对转型升级的实体书店进行案例分析。书业界多从实体书店运营的现状进行经验总结,探寻转型之路。其中具有代表性的研究观点包括:认为书店应通过"跨界经营、体验式销售、线上线下融合"来实现转型;书店应注重将图书发行与多元生态相统筹;"书店+"模式应成为实体书店转型的重要选择;抱团发展、开辟"蓝海"等策略应成为实体书店转型的有效之举。

二是聚焦于实体书店与网上书店的对比,进而阐释实体书店发展中的挑战及应对方向。网上书店在为实体书店运营带来冲击的同时,也为其提供了发展模式和转型升级上的驱动力。一些研究者运用"4P"营销组合理论和SWOT分析法将实体书店和网上书店的优势、劣势进行比较分析,并针对发展策略提供思路。

三是立足于实体书店本身蕴含的文化价值和功能导向,寻求文化价值回归的途径。实体书店作为文化意义的交流空间,其承担的文化功能不仅在于图书的买卖,更在于文化传播。从这一角度出发,有研究者提出"文化+美学"成为实体书店融合的新趋势,其中包括顾客的审美需求与美学思想的融合、文化产品与美学思想的融合、书店环境与美学思想的融合以及文化服务与美学思想的融合。有研究者则提出实体书店与图书馆融合的发展模式,从业务渗透、读者活动、荐购平台构建等方面进行可行性分析。

四是将书店作为城市文化建构的空间实体,将实体书店与城市公共空间的融合作为研究的新方向。有研究者从空间生产理论出发,对实体书店的空间意义赋予和空间特征进行分析,得出实体书店的转型应从重筑书店的读者认同、市场空间竞争内容转变、实体书店框架服务优化三个维度开展。也有研究者从实体书店对都市政治空间需求、经济空间需求、文化空间需求的满足层面入手,探究实体书店与城市空间依赖共生的关系。

国内有关实体书店现状分析的文献较多,但多集中于困境、背景原因的描述性研究,较少有人对实体书店陷入困境的原因进行深层、分类的细致研究。黄馨从国内独立书店出发,列举近年倒闭的书店,分析困境原因,并研究了其文化传播方式和文化价值,提出了改进经营的措施。① 杜琳琳则研究了民营书店的困境出路。② 周杨从网点数量和从业人员数量上探讨了现状,从国家救助、社会帮扶、实体书店自救三方面探讨了对策。③

在实体书店转型的研究上,莫剑琴认为线上、线下融合的"VR+实体书店"将成为实体书店转型发展的新方向。④ 三石指出当下 VR 技术在游戏、工业、医疗、旅游等领域的应用逐渐成熟,但涉及实体书店这样的文化空间很少,即使涉及,如机器人摆在店面也只是摆设,或只是没有实际意义的功能,没有考虑用户体验。⑤ 这些研究为媒体融合浪潮下研究实体书店与人工智能融合提供了新思路。于德山则重点探讨了媒体融合背景下实体书店转型的模式,包括购物中心模式、社区书店的综合服务模式、联合网购模式和城市品牌店模式等四种。⑥ 杨璐基于媒介生态学视角,从经济、政策、技术、文化等方面分析实体书店发展的内外环境,研究发现实体书店改变了单纯卖书的功能定位,正在向多元化、数字化、专业化方向转型,并逐步探索出"文化""三网融合"、专业化等不同业态转型模式。⑦ 吕秀璐探讨了移动互联网时代实体书店如何转变自身的定位,并结合案例提出了建议。⑧

还有一些学者探讨了实体书店创意传播与设计层面的转型。如李雪婵分析了文创产业与实体书店相结合的发展脉络,并概括了新型实体书店创新设计策略,其目的在于打造多功能复合式、情感体验式的创意空间,以满足人们的需求。⑨

从实体书店的功能和意义出发,廖昳以南京"先锋书店"为例,将书店视为城市文化的绿地,引入"空间生产"理论,从空间建构与满足的视角分析城市空间融合的必要性。⑩ 司新丽认为在维护阅读生态、重建阅读文化等方面民营实体书店仍然承担着强化传播的功能,其研究立足于公共性和社会治理,为实体书店研究开辟了富有意义和高度的探索路径。⑪ 谢巍认为实体书店在全民阅读中扮演着社会公共服务机构的角色,是文化渗透的跨产业融合者。⑫

---

① 黄馨.国内独立书店生存困境与发展对策研究[D].安徽大学硕士学位论文,2013.
② 杜琳琳.我国民营图书零售业的困境与出路[D].北京印刷学院硕士学位论文,2012.
③ 周杨.我国实体书店的困境与发展对策研究[D].湖南师范大学硕士学位论文,2015.
④ 莫剑琴.VR 场景在实体书店的应用研究[D].南京大学硕士学位论文,2017.
⑤ 三石.虚拟现实技术下的书店转型[J].传媒,2016(24).
⑥ 于德山.媒介融合时代实体书店发展策略与趋势分析[J].中国出版,2014(22).
⑦ 杨璐.中国实体书店业态转型研究——基于媒介生态学的视角[D].山东大学硕士学位论文,2012.
⑧ 吕秀璐.实体书店应对移动互联网浪潮的转型策略研究[D].辽宁大学硕士学位论文,2017.
⑨ 李雪婵.以文创产业为引导的新型实体书店设计研究[D].天津理工大学硕士学位论文,2017.
⑩ 廖昳.实体书店与城市空间相融合研究——以南京"先锋书店"为例[J].今传媒,2017(6).
⑪ 司新丽.公共文化传播空间的构建——以民营实体书店转型发展为例[J].国际新闻界,2018(5).
⑫ 谢巍.全民阅读中实体书店的角色[J].中国出版,2016(8).

综上所述,已有的研究从不同角度对实体书店的转型发展提出了相应的策略建议,但相关研究也存在着一些不足:

一是案例分析不够深入,多是从宏观上进行表层的论述,而并没有分析出具体案例的特色和值得借鉴之处。比如,不同实体书店线上线下的融合模式究竟有何差异和不同效果。同时,对于国外实体书店成功案例缺乏关注。

二是缺乏数据支持,目前的相关研究多停留在简单的论证,缺乏实体书店具体运营数据以及消费者心理行为调查的分析,使得研究缺乏必要的严谨性。

三是理论视角切入不足,实体书店的转型发展模式中应该将盈利模式、战略管理等理论要素纳入进来。

2. 国外研究现状

本课题组以"physical bookstore""bookstores struggle""bookstores transformation"为关键词在外文数据库中搜索,结果显示关注实体书店困境或表达对传统书店行业担忧的英文文献较多。如 Brendan Luyt 和 Adrian Heok 认为新加坡实体书店的衰微有两个明显的原因,就是在线销售出现和租赁成本的上升,而垂直整合、专业化是转型方法,但此时奏效却不知未来如何。此外,他们还认为人类对印刷出的文字有一种热爱和使命感,因而心目中的书籍不只是商品。[1] Laura J. Miller 认为要寻究图书销售业变革的原因,就要看到技术变革的力量,并了解书、文化素养和技术的"文化意义"。[2] 在实体书店现状和营销方式变化的研究上,K. D. Trager 用民族志的方法,观察常客的特征、阅读习惯的变化,认为大型书店不仅销售书籍和多媒体产品,还教授人们阅读和互动的新方法。他还阐释了阅读的意义,认为大型书店提供各种感官上的(鼻子、耳朵、味蕾)、社会性(允许使用空间作为会面交谈处)的阅读体验。[3] Albrecht Enders 和 Tawfik Jelassi 认为多渠道、多接触点的商业模式是明智的,互联网和实体零售商的融合商业模式是趋势,他们还分析了实体店的优势。[4]

国外一些研究者指出,书店作为公共空间,越来越多地成为工作场所。如 Erin Christie 通过民族志方法,对书店咖啡厅的人、活动进行了观察,他认为书店

---

[1] BRENDAN LUYT, ADRIAN HEOK. David and Goliath: Tales of Independent Bookstores in Singapore [J]. *Publishing Research Quarterly*, 2015(31): 122-131.
[2] LAURA J. MILLER. Perpetual Turmoil: Book Retailing in the Twenty-first Century United States [J]. *Journal of Economic Literature*, 2011, 42(2): 530-532.
[3] K.D. TRAGER. Reading in the Borderland: An Ethnographic Study of Serious Readers in a Mega-Bookstore Café [J]. *The Communication Review*, 2005, 8(2): 185-236.
[4] ALBRECHT ENDERS, TAWFIK JELASSI. The Converging Business Models of Internet and Bricks-and-Mortar Retailers [J]. *European Management Journal*, 2000, 18(5): 542-550.

咖啡厅的多用途性质已成为常态,这一常态允许专业和休闲活动共存。① 社会学家戈夫曼曾指出在公共空间与他人交流时会使人通过观察他人而调整自己的行为。② Erin Christie 认为书店咖啡厅正是非常适合这一描述的场所,因为在书店咖啡厅这样的空间中,移动技术和各种类型的刻板活动(包括购物、阅读和吃饭)的结合被接受。③ 越来越多的商业空间正容纳了传统意义上在私人空间完成的工作。

上述文献从传播学与社会学的角度,结合互联网时代背景,在书店场景中研究人的自我表现。其中对人的行为、心理以及传播生态环境的分析,对研究实体书店的发展具有启示意义。

从实体书店的存在意义出发进行的研究也不少。如 Michael F. Hoynes 认为,对许多人和社区来说,一家独立书店具有特殊的意义,书店是品牌的保护伞。他通过消费者焦点小组对书店个性的认识、书店失去市场份额的原因等问题进行了探究。在此基础上,他认为实体书店需要满足消费者需求,进行市场调查,提供体验和便利,而图书品牌计划为成功提供了工具。④

Jeffrey A. Trachtenberg 在《华尔街日报》撰文指出,独立书店的新模式就是用技术和策略来迎合消费者。他通过采访认为数字图书销售增长的浪潮已经开始放缓,这促使企业家们重新想象实体书店,如英国的 Foyles bookstore 就计划未来以技术促使人们买书,如可以向门店顾客的手机发送优惠券以邀请喝咖啡。他的报道认为顾客来到书店不仅是因为价格,更是想要被欢迎,也渴望一种文化氛围。⑤国外这类报道揭示了实体书店在新背景下的发展现状和转型契机的显现。

总体而言,国外对于实体书店现状和营销方法的思考较多,同时有跨学科的视角,在研究方法上运用民族志、焦点小组等,实证研究手段丰富,也从多层面提出了应对之策,揭示了社会现实问题。然而国外学界罕见专门系统的研究媒介融合对实体书店影响的著作。基于上述背景,亟需对国内外实体书店的转型路径和融合发展模式进行系统调研,深入分析实体书店转型发展的运行方式、支撑力量、文化特色及经验成果,以更好地推动实体书店行业发展。

---

① ERIN CHRISTIE. A Bookstore-café: An Exploration of the Blurring of the Public and Private Spheres [J]. *Kaleidoscope: A Graduate Journal of Qualitative Communication Research*, 2009, 8: 1-15.
② ERVING GOFFMAN. *The Presentation of Self in Everyday Life* [M]. New York: Doubleday, 1959.
③ ERIN CHRISTIE. A Bookstore-café: An Exploration of the Blurring of the Public and Private Spheres [J]. *Kaleidoscope: A Graduate Journal of Qualitative Communication Research*, 2009, 8: 1-15.
④ MICHAEL F. HOYNES. Building a Brand for Independent Survival [J]. *Publishing Research Quarterly*, 2001, 17(1): 15-20.
⑤ JEFFREY A. TRACHTENBERG. New Model for Independent Bookstores: More bookstores are opening with technology and tactics that help them cater to local book lovers [N]. *The Wall Street Journal*, 19 Apr 2016.

第二节　实体书店转型与融合发展的必要性和实质

在国家相关政策的扶持下,在社会各界的努力下,传统实体书店在最近四五年迎来了回暖的迹象,但实体书店的发展状况仍不容乐观。在政府政策、行业自觉、市场环境、消费者行为等方面,传统书店面临的机遇与挑战并存。

一、实体书店实施融合发展的必要性

1. 从国家层面的行业定位来看

国家标准是一国政府对社会活动某一领域制订的统一技术要求。中华人民共和国国家标准《国民经济行业分类》(GB/T4754)对社会经济活动进行了分类,对我国国民经济、社会生活具有重要现实影响。该标准1984年首次发布,分别于1994、2002、2011、2017年四次修订。在该标准的五个版本中,出版物发行业并未被归入"文化、体育和娱乐业"大类下的"新闻和出版业",而是在"批发和零售业"大类下,以"图书批发""报刊批发""音像制品、电子和数字出版物批发""图书、报刊零售""音像制品、电子和数字出版物零售"几个行业类别名称出现。《国民经济行业分类》吸收了各国行业分类的经验,并尽可能参照了联合国《国际标准产业分类》(ISIC)。该标准在"前言"部分对分类原则进行了强调:采用经济活动的同质性原则划分国民经济行业,即每一个行业类别按照同一种经济活动的性质划分,而不是依据编制、会计制度或部门管理等划分。① 就这一意义来讲,某一行业就其实质来说是指从事一种或主要从事一种活动的所有单位的聚合体。

从我国《国民经济行业分类》来看,尽管包括书店行业在内的出版物发行业在国家标准层面并未被归入"文化、体育和娱乐业",但是在本质上被定位于文化产品的贸易、流通、分销行业。而就现实的行政管理、行业编制与统计等实践操作层面而言,这一行业毋庸置疑地被归入大文化产业的范畴。与书店行业存在类似情况的是,广告业、会展业、旅游业在上述国家标准中被纳入"商务服务业"范畴,但在当今现实操作中没有人会否认这些行业是文化产业的重要组成部分。

既然出版物发行业在国家标准层面被定位于文化产品的贸易、流通、分销行

---

① 中华人民共和国国家标准《国民经济行业分类》[EB/OL]. http://www.stats.gov.cn/tjsj/tjbz/hyflbz/201710/P020181022345132273248.pdf.

业,这一行业在文化产业发展、知识城市建构的过程中必然是不可或缺的。所谓"知识城市"(Knowledge City)是指以知识要素为核心驱动力发展的城市。这是20世纪90年代在西方发达国家城市转型、复兴中诞生的一种城市发展新模式。2004年在巴塞罗那召开的以"知识城市"为主题的"E100圆桌论坛"发表了《知识城市宣言》,提出知识城市需具备六个条件:良好的信息知识基础;合理的经济结构;高品质的生活环境;便捷的国际国内交通;多样性的文化;适度的城市规模和和谐公平的社会。知识城市的发展体现在三个重要方面:一是教育和培训的作用更加突出,城市信息知识基础设施完善,公众知识获取与共享渠道多样化;二是以知识为基础的城市发展,使得生产和生活方式发生重大改变;三是产业结构升级,生产、传播知识的产业在城市经济中的地位更加重要,产业向知识密集化转变。[①] 就这一层面而言,书店行业至少和知识城市所需具备的六个条件中的第一、第三、第五个高度相关,在知识城市发展的三个重要方面均有深刻体现。而从文化产业的内涵来看,文化产业和文化产品、服务市场的发展,与建构知识城市的条件和内涵存在紧密耦合,与书店行业的产品、职能、业态存在高度重叠。

2. 从近阶段的政策动向来看

媒体融合和全媒体运作是近年来我国传媒业发展的重要主线。2014年8月,中央全面深化改革领导小组审议通过《关于推动传统媒体和新兴媒体融合发展的指导意见》,媒体融合发展战略被置于顶层设计层面。2019年1月25日,中共中央政治局在人民日报社就全媒体时代和媒体融合发展举行第十二次集体学习,中共中央总书记习近平主持学习并发表重要讲话。这次讲话中阐述了最高决策层对于媒体融合和全媒体建设的新思考、新理念和新部署,讲话将全媒体阐释、界定为全程媒体、全息媒体、全员媒体、全效媒体。对于书店行业来说,媒体融合和全媒体建设带来的影响是全局性的,书店行业不可能回避这场决定行业生态和社会走向的重大变革。

其实,国家层面对于书店行业与媒体融合、智能传播等新元素的联动空间已作了较为清晰的导引和部署。2016年6月,中宣部等11部门联合发布《关于支持实体书店发展的指导意见》这一重要政策文件。其中对实体书店融合发展提出了一系列专门要求和部署,"积极推进实体书店与出版等相关产业的深层互动、融合发展""建设综合性文化体验消费中心""努力建设成为集阅读学习、展示交流、聚会休闲、创意生活等功能于一体的复合式文化场所""推动实体书店与网络融合发展,强化'互联网+'思维,充分利用互联网、物联网、云计算、大数据、数

[①] 上海社会科学院信息研究所编著.智慧城市辞典[M].上海:上海辞书出版社,2011:16-17.

字印刷等新技术手段,实现实体书店由传统模式向新兴业态的转变""运用大数据建立面向社会的信息共享平台,提高实体书店经营质量和效率"①在媒体融合和全媒体建设的大潮下,书店行业的思维、技术、产品、用户、业态和体制机制都将不可避免地出现重大革新,而多方面的融合和知识服务无疑能为上述层面的重构提供重要的思维资源和现实路径。

3. 从实体书店经营现状来看

从实体书店的经营现状来看,书业电商的冲击和实体书店经营成本高等因素都给实体书店的发展造成极大压力,实体书店在这种现实环境下有必要借助融合发展战略,重塑自身的核心价值,实现转型升级。

(1) 书业电商的冲击

互联网的发展带来书业电商的繁荣,其借助广泛的网络、完善的物流体系、便捷的支付方式及价格和种类的优势,改变了读者的消费习惯,不断挤压实体书店的生存空间,并在近几年成为推动图书市场增长的主要力量,2017年书业电商的营业额达到25.82%的同比增长率,而实体书店在全国上下的大力支持下,也仅有2.33%的同比增度。② 从2005年到2013年,国有书店共减少1 944家,民营书店关停了3 801家,2011年全国工商联书业商会数据显示,过去10年有近五成民营书店倒闭。③

(2) 实体书店经营成本高

相比于电商书店,实体书店需要承担房租、水电、人工等各项经营成本,随着房地产的不断升温,店面的租金占成本的份额越来越高,难以维持生计。许多实体书店倒闭就是因为无力支付高额的房租费。

4. 从内容产品和消费形式的变化来看

在当下的互联网传播情境和媒体融合潮流之中,出版业的产品形态与产品消费形式发生重要的转变,这对于偏重图书产品导向思维的实体书店行业来说,意味着生存环境出现了关乎根本的变革。在这种形势下,实体书店有必要通过各类融合发展模式,对自身产品、功能、组织形态乃至整体的价值链进行重新定位。

(1) 数字阅读兴起

《第十五次全国国民阅读调查报告》显示,"我国成年国民数字化阅读方式接

---

① 关于支持实体书店发展的指导意见[J].中国出版,2016(13).
② 北京开卷信息技术有限公司.2017年中国图书零售市场报告[R].北京:开卷信息技术有限公司,2018.
③ 张程.资深书店经理语:融合发展能拯救实体书店吗?[N].中华读书报,2018-11-28.

触率连续9年上升,从2008年的24.5%到2017年的73.0%,数字化阅读方式(网络在线阅读、手机阅读、电子阅读器阅读、Pad阅读等)的接触率为73.0%,较2016年的68.2%上升了4.8个百分点。图书阅读率为59.1%,较2016年的58.8%上升了0.3个百分点。数字化阅读的发展,提升了国民综合阅读率和数字化阅读方式接触率,整体阅读人群持续增加,但也带来了图书阅读率增长放缓的新趋势。"①数字出版物的高存储量、便于携带等特质及日渐完善的终端服务,正受到越来越多的欢迎。

(2) 有声读物成新宠

近两年,有声市场上有一批脱胎于出版圈的音频内容平台——知识付费平台。这些平台提供的有声书主要来源于纸书原文朗读和二次解读,将内容与新媒体、新技术、新形态相融合,读者能借此享受更高效的"纸听同步"服务。有声书这类有声读物的出现,让读者用耳朵来代替双眼完成阅读,读者既能轻松获取信息,又能摆脱时间、空间、场景的诸多限制。在这种情势下,传统实体书店的功能被进一步削弱。

5. 从知识服务的意涵来看

就笼统的意义而言,出版物发行业可视作文化产业的必要组成部分,是大出版行业的重要分支。无论是从出版物发行业对自身的定位、期许而言,还是就政府行政管理层面的现实系统归属、统计标准而言,这一认知都理所当然地成立。但就我们辨析"实体书店融入知识服务"这一提法来说,仅有上述层次的认知是不够的。

从目前学界、业界对于知识服务的内涵和模式的共识来看,出版物发行业具有较好地融入知识服务领域的基础与优势。

国内外对知识服务的认识经历了一个演进的过程。在国外,知识服务最早被视作一种商业服务,认为知识服务是知识管理、知识组织、知识市场多个层面的结合。目前,知识服务在国外多被认为是知识管理的延伸拓展。国内学界较早对知识服务予以关注的图书情报学领域,图书情报学领域的学者将知识服务视为图书情报事业转型的一个重要切入点。目前,国内学者多认为知识服务是以信息知识的搜寻、组织、分析、重组的知识和能力为基础,根据用户的问题和环境,融入用户解决问题的过程之中,提供能够有效支持知识应用和知识创新的服务。② 相较于信息服务这一概念,知识服务更多地强调用户问题情境和用户目

---

① 第十五次全国国民阅读调查成果发布[EB/OL]. https://www.sohu.com/a/228649938_154345, 2018-04-18.
② 张晓林. 走向知识服务:寻找新世纪图书情报工作的生长点[J]. 中国图书馆学报,2000(5).

标驱动，强调面向知识内容和解决方案、面向增值服务和用户需求全过程。可以说，知识服务是信息服务的衍化与升级。

对于包括书店行业在内的出版物发行业来说，在新的技术环境和用户需求环境下转型升级是势所必然，一方面，书店行业坚持图书产品分销主业是顺理成章的事情；但另一方面，书店行业如果一味固守图书产品导向思维而不进行思维理念层面的升级、变革，将势必遇到转型过程中的最大掣肘。知识服务理念对于书店行业最大的意义在于，书店在重塑自身价值链时不应仅仅着眼于图书等实体产品本身，而应更多地聚焦于围绕图书等知识产品搜集、分发、流通而建构的核心服务价值。这种基于知识产品交易形成的核心服务价值包括知识关联服务、能力识别服务、综合学习服务和协作服务等。因此，从知识服务的意涵来看，书店行业在转型升级过程中不能自外于知识服务发展的潮流。

三、知识服务语境下实体书店融合发展的实质

"知识服务"（Knowledge Services 或 Knowledge-based Services）的概念和理论自 20 世纪 90 年代出现后，吸引了图书情报学、计算机科学、服务科学、管理科学与工程等领域研究者的较多关注，逐渐成为国内外学界、业界的一个热点。2016 年，中共中央、国务院发布的《国家创新驱动发展战略纲要》提出，到 2020 年中国进入创新型国家行列、知识密集型服务业增加值占国内生产总值的 20% 的战略目标。知识服务成为近年来互联网发展的新风口，音乐、视频、教育、游戏、社交等领域的众多新经济实体顺风而起，同时知识服务也为一些传统产业提供了转型升级的新契机。知识服务在书业界吸引了较多的关注和投入，对于以图书等知识产品分销为传统主业的实体书店来说，知识服务这一理念意味着什么？书店行业是否有介入知识服务领域的必要意义？书店行业与知识服务融合的可能路径何在？这一系列问题均值得思考。

1. 实体书店融合发展的实质

知识服务为书店行业提供了重塑自身价值链的重要路径。在知识服务语境下，书店行业从传统的知识产品储存、分发、流通优势出发，实施融合发展，是自身实现转型的关键方式。

丰裕经济学告诉我们，价值总是随着丰裕性的上升而下降，这让产业的价值随着不断流转，一种丰裕同时总在创造着另外一种稀缺，这就为企业的价值创造转向提供了方向指引。① 在现今的媒介生态与社会环境下，如果书店行业的理念还局

---

① 吴伯凡，彭韧.传媒业的自我救赎——丰裕经济学与价值转移[J].21世纪商业评论，2009(8).

限在传统的图书产品导向思维上,将自身定位固守在传统图书分销业务上,这个行业将面临前所未有的、全方位的竞争与挑战。这种竞争与挑战来自所有能提供知识产品的机构、平台、终端,这些竞争者将解构、冲击传统书店行业所拥有的核心价值。

基于知识服务理念的实体书店融合发展的实质在于,书店行业并非将自身传统主业带来的优势抛弃,与其他知识服务实体开展无差别竞争,而是基于传统的业务、市场层面的基础与优势,积极与新技术、新产品、新渠道、新终端、新业态开展融合,即实施"书店+"转型战略。而其最终目的是要使书店获得核心价值的重塑和延展。

2.实体书店融合发展的内在意涵

千百年来书店所经营的主打产品图书,实质无非是知识的载体。我们有必要重新界定包括书店在内的书业机构的核心价值、核心能力与市场定位,使之适应新的用户环境,获得可持续发展的潜力。

在知识服务语境下,实体书店的融合发展包括两重意涵:其一,书店不仅应继续将图书分销的主业发扬光大,确保知识产品的有效供应;其二,作为产业转型升级的一个重要路径,书店的融合发展模式旨在构建一个完整的围绕阅读、知识获取和交流形成的知识价值链,而不是简单的图书分销、售卖网络与平台。这个完整的知识价值链,应被赋予消费终端、行业信息平台、文化氛围、生活空间、社会场域、群体交流据点等多个维度的意义,它应具有向社会生活渗透的力量。让内容、技术、市场形成最佳组合,是知识服务的价值体现,也是新形势下书店行业价值链重塑、拓展的重要方向。

第三节 实体书店转型与融合发展的维度、模式及典型案例分析

目前书店行业基于自身特点在不断探索其转型升级的模式。知识服务语境下实体书店的转型升级存在于不同的融合层面,其中包括多个方面的内容和不同的模式。

一、实体书店融合发展的多个维度

实体书店融合发展包含多个维度,其中最重要的维度有以下六个,这些维度的融合在我国实体书店转型升级过程中得到较多的体现:

一是技术融合层面,实体书店与大数据和新媒体技术相结合,可融合不同的

应用场景；

二是平台融合层面，实体书店不仅应专注于线下运营，而且应聚焦"线上＋线下"的融合模式，打造传统书店的品牌平台；

三是产品融合层面，摆脱固有的产品导向思维，实体书店不仅是图书的销售空间，更是城市休闲空间、美学享受空间，通过文化产品融合可增强传统书店的体验感；

四是组织形态融合层面，实体书店的功能与定位需进行转型，服务的理念可推动组织形态上的转变，如实体书店与图书馆等形态融合，可打造文化交流的意义空间；

五是资产融合层面，实体书店与网上书店应实现利润共享、流量变现以及基于不同合作形式的资产融合；

六是规制融合层面，在市场主导的前提下，政府等主体应推进行业政策与机构规制等方面的融合，促进市场秩序的规范化。

实体书店的融合发展应以满足用户多样化需求为主导。新环境下书店行业的用户需求应包括文化产品需求、空间服务需求、城市品牌需求、休闲趣味需求、生活便捷需求等。实体书店唯有持续关注用户动向，才能成功实现传统书店融合发展和转型升级。

实体书店融合发展的多个维度中，最为重要的两个维度分别是：

1."技术＋平台"融合发展

实体书店在这个层面的融合发展的重点在于，强化"互联网＋"思维，充分利用互联网、物联网、云计算、大数据、数字印刷等新技术手段，实现实体书店由传统模式向新兴业态的转变。具体内容包括：实体书店利用互联网技术推进数字化升级和改造，增强店面场景化、立体化、智能化展示功能，打造新一代"智慧书城"；实体书店拓展网络发行业务，开发移动互联网服务平台，完善信息推送、数据分析、移动支付、在线互动、个性订制等功能，推动线上营销与线下体验相结合，实现线上线下互动协同发展；推动实体书店与电商在区域配送、平台共享、网点共建等方面优势互补、合作共赢，探索"网订店取""网订店送"等经营方式。

2."产品＋组织形态"融合发展

实体书店在这一维度的融合发展的重点内容是，融入文化旅游、创意设计、商贸物流等相关行业发展，努力建设成为集阅读学习、展示交流、聚会休闲、创意生活等功能于一体的复合式文化场所。具体又包括以下几个方面的内容：推动大型书城升级改造，建设综合性文化体验消费中心；连锁书店扩大连锁经营范围，形成品牌优势，完善统一配送；知名民营书店做优做强，突出文化创意和品牌效应,营造优质阅读空间;中小书店向专业化、特色化方向发展,做精做大细分市场;鼓励开办24小时书店,设立自动售书机,等等。

二、实体书店融合发展的不同模式及案例分析

1. 购物中心模式

实体书店的购物中心发展模式,可以分为两大类。

第一类是指实体书店入驻购物中心,利用线下场景体验和服务优势,同时借助购物中心平台的人流,实现实体书店转型升级、打造书店品牌。在这一模式中,书店是一种商业性"产品",空间设计和企划推广是书店的外在,选品、组合、陈列和技术则是其内在。值得一提的是,书店经营的是业态而不仅是具体产品,而业态又是基于图书出发的多业态拓展。

随着购物中心消费模式的流行,实体书店也与之融合,进行着转型和升级。购物中心与实体书店相结合有以下几点理由:(1)书店的文化业态和体验业态属性,满足当前购物中心体验式消费的需求;(2)高颜值书店匹配潮流时尚购物中心,增加可逛性;(3)满足目标人群(家庭和年轻人)对阅读的需求,符合购物中心一站式服务理念;(4)额外增加公共休息空间;(5)国家政策的扶持与部分操盘者天然的阅读情结,使其愿意为书店提供入驻机会。

作为文创类业态的主力,实体书店在进驻购物中心时,大多能够得到企业方和项目方减免租金以及装修补贴等优惠条件。这和2018年6月16日引发的《关于支持实体书店发展的指导意见》是有关的,其中涉及"完善规划和土地政策""加强财税和金融扶持""简化行政审批"等措施,政策导向对于行业崛起具有重要的推动作用。

以当前国内众多大型购物中心常见的实体书店西西弗书店为例,它于1993年诞生于贵州遵义,长期以来秉承"参与构成本地精神生活"的价值理念,已经在全国近60个城市拥有160余家图书零售店和意式咖啡馆,拥有超过350万活跃会员。当前旗下有西西弗书店、矢量咖啡、不二生活文创、七十二阅听课儿童阅读体验空间、《唏嘘》杂志等子品牌。经营范围涉猎图书零售、咖啡饮品、文化创意产品、图书定制出版等多个文化领域,并以阅读体验式书店为主要经营形态。西西弗细分出标准线(黑标/绿标/红标)、主题线、定制线三大店型产品线,分别匹配不同城市商业体定位。当前,西西弗已经成为中国民营书店的先行者与代表品牌之一。

第二类则是书店或出版集团自身就是购物中心的整体开发者和拥有者。从购物中心的规划、开发到整体经营都由书店方统一实施,前期与资本运作和房产开发相结合,后期则涉及营销整体规划和商户招商等问题。国内较早出现这种

经营方式的书店当属创办于 1989 年的台湾诚品书店,作为一家以文化创意为核心的复合式经营模式书店,它目前已在香港和苏州开设分店。以书店为品牌核心,营运范畴逐步扩展到画廊、出版、展演活动、艺文空间和课程、文创商品以及捷运站、医院、学校等经营,并延伸至商场开发经营和专业物流中心建置等领域。诚品倡导"城市人的集体创作",连锁而不复制的经营模式,尊重各地文化特质,通过"人、空间、活动"的互动积累,发展出不同的场所精神和经营内容。当前,内地的一些实体书店也开始发展类似的经营模式,但在资本运作上,则更加显现出大型出版集团(发行集团)的资本优势和政策优势,最终将坐实为地产优势。例如江苏凤凰传媒运用房地产开发方式,着力打造其"十二五"规划的重要发展战略——凤凰文化 MALL 项目,其堪称书业的"万达广场"模式,其经营除了内设新华书店之外,还全面经营影院、教育培训、字画展览、卡通动漫、文化娱乐、轻质餐饮、商业零售的文化消费业务。

这一模式强调文化消费和文化体验,不同于单纯地将售书行为与其他商业活动相结合,这一模式将原有较为单纯的售书行为转变为图书文化、教育文化、休闲文化为一体的综合消费文化形态。值得一提的是,区别购物中心模式和单纯结合商业活动的大型书城的标准并不在于营业面积的大小,而要看其他商业活动和售书之间的关系、以及二者融合的程度。当前国内的许多中心城市都已经出现结合商业活动的大型书城,但主要业务仍以售书为主,且与商业活动的融合不尽理想,距离购物中心模式的实现还有一定的距离。

2. 城市品牌店模式

在实体书店寻求转型的多年经营尝试之后,当前我国一些人文气息较为浓厚的一、二线城市开始出现一些品牌书店。这些书店不仅在书店装潢门面上追求风格和美感,在经营上也呈现出鲜明的特色。经过多年的文化积淀和经营管理,它们的存在超越了书店本身,已经成为所在城市的一道重要的人文风景线和文化名片。当前,中国许多中心城市都进入寻求打造独特的城市品牌和城市文化的发展阶段,而城市品牌书店作为"文化"和"美"的结合体,在塑造和提升城市文化上,恰恰可以发挥"四两拨千斤"的重大作用。

北京三联韬奋书店是著名的城市品牌书店,号称是北京文化人"必去"的书店之一。书店创立于 1996 年,在创立之初,收支基本持平,但在接下来的 10 多年都是亏损,到 2009 年,亏损达到 2 286 万元,不仅自身难以为继,对北京三联书店(出版社)的利润也有所影响。2010 年后,经过一系列的改制,2014 年三联韬奋书店开始 24 小时营业,一举引发了读者的热情,甚至得到了李克强总理的复信,评价其 24 小时不打烊书店的"深夜书房"运营模式有创意,是对"全民阅读"的生动践行。"希望你们把 24 小时不打烊书店打造成为城市的精神地标"。一时,不少人来到北京,都要专程来看看这个"城市的精神地标"。该年年底,在该模式下,书店盈利增长 130%。

值得一提的是,改变和升级经营模式是书店打造成城市品牌店的一条必经之路。而"不打烊"模式作为一个成功的典范,也得到了后来一批书店的模仿。然而,人力、水电的巨大开销,夜晚人流量稀少,种种质疑也证明了,没有哪一个模式能够保证实体书店转型城市品牌店的成功。政府的扶持、书店自身不断探索适合自己的经营模式,同时伴随时代发展不断适应读者的新需求,唯有如此才能在巨大的竞争中得以存活。"城市的精神地标"绝对不是"不打烊"就能做到的。

3. 联合网购模式

随着数字平台技术的不断发展,实体书店探索网上售书业务的联合网购模式开始涌现。这一模式依托于新的媒介形式和媒介渠道的搭建,只有足够的技术支撑,才能成为成功的数字发布平台。当前的数字发布平台可以大致分为三种类型:综合门户网站、社交化网站和大型数字化数据库。它们无时无刻不在更新着海量的信息,完全涵盖了传统媒体在知识和信息传播上的所有内容和形式,同时在用户量、盈利能力、传播影响力上又远远超越了传统媒体。在这样的时代浪潮中,读者日常生活的休闲时间被不断压缩,通过图书获取知识和信息的需求也不断下降,阅读本身的吸引力减小。而当读者需要阅读时,获取一本"书"的途径也更加多样和便捷,数字资源库下载、网站和手机 APP 的在线阅读以及网络共享资料下载等线上阅读的途径,不仅更加方便快捷,花费也更少。这不仅影响了图书阅读的方式,更改变了图书的存在和传播形态,从本质上影响着纸质图书的传播生态。而当读者终于需要纸质版图书时,网络购买由于其足不出户的便利程度捷足先登,成为众多读者的购书首选方式。在这种情况下,实体书店探索网上售书业务,是转型路上必须考虑的一条重要路径。国有的大型出版集团和发行集团,依托雄厚资金和丰富的经营经验,应根据自身发展状况开始制定新媒体发展战略。当前的联合网购模式常见的有三种形态:一是在各类网站尤其是社交化网站当中设立以阅读兴趣与作家为核心的图书小组,利用出版社与新华书店的优势,设立阅读兴趣小组,结合重大新闻事件,强调其互动性和兴趣,培育品牌和网络营销能力;二是与大型购物网站合作,发挥品种、物流、仓储等方面的优势,充当好供货方的角色;三是在充分考察和论证的基础上,适当参股、控股某些发展良好的购物网站甚至购买这些网站。我们认为,贸然创办图书类购物网站并非明智之举。

上海市陇上书店坐落于华东理工大学徐汇校区,书店正在考虑打造 O2O 新零售模式,提供"网订店取"服务,实现线上营销、线下体验、交易方式多样化服务。同时,依托 2017 年华东理工大学出版社与当纳利印刷公司合作的关于绝版、断版图书按需印刷项目的阶段性成果,未来陇上书店也将尝试在店内提供按需印刷服务等新的商业模式。

典型案例分析:当当梅溪书院

2016 年,全国首家 O+O 实体书店"当当梅溪书院"在湖南长沙开业,所谓"O+O"即 Online + Offline(线上+线下)模式,对于当当梅溪书院而言,可利用当当网身为大型线上图书销售平台的品牌、数据等优势,实现线上、线下融合的运营模式。

在当当梅溪书院中,共有图书 12 万册,书店中多个推荐栏目、榜单,书店中的书籍推荐依据湖南省阅读大数据进行精准推荐[①]。除此之外,当当梅溪书院还通过微信公众号推送活动预告、书单推送,并为个人、企业进行个性化书单定制。在书店一楼入口处看见的高达十几层的书架,为以热点文化话题为基础、与湖南地域精神文化相关的"当读"栏目[②](见图 3-1)。书架下方五层分列生活、文学、社科、商业、艺术五个类别的 Top10 榜单,顶层则陈列了数幅艺术画作。在以"有趣有料有智识"为中心的"阅享当下"栏目中,将图书分为 14 个主题分别为"妹陀/愿你的年华熠熠生辉""满哥/祝你的岁月不负沧桑""欢喜/阅,生欢喜""乐活/活,该享乐""异想/本书书名无法描述本书内容""主义/敢犯颜色,以达主义,不顾其身""发现/万物静默如谜""他乡/每一个他乡都是遥远的故土"以及"岁月""浪潮""匠心""传家""人间""大师"。可见这些主题试图融入长沙当地特色,并极力渲染文艺氛围。此外,每个主题下陈列特定的一位作者的著作,如"乐活"主题下陈列的是莫言的 13 本著

图 3-1 当当梅溪书院内"当读"栏目

---

① 当当 O+O 实体书店长沙盛大开幕[EB/OL]. http://book.dangdang.com/20160902_u4h2.,2019-01-24.
② 周蕊.当当"O+O"书店运营研究[D].湖南师范大学硕士学位论文,2018.

作,包括《红高粱家族》《我们的荆轲》等,"异想"主题下陈列着余华的数本著作,"主义"则对应王小波。除此之外,书店还设有员工荐书板块以及步步高集团董事长王填的推荐书目,后者推荐的多为经济、管理或人物传记,前者推荐书目更为多元,并伴有个人推荐语录。

一层书籍摆放处则分为了综合畅销、新书推荐、职场技能、推理、科幻等多个区域。此外,店中设有多层书架,以文学、社科等类别进行分类摆放,且在此之下有细分类别如"社科——中国史——元明至晚清"等,尽管对书籍进行了细分,由于陈列空间有限,各类目下书籍并不全面。且书架分为上、下两个部分,共约十一层,因此消费者很难触碰到上层书籍,甚至无法识别书名,但这种设计在视觉上的呈现效果较为震撼(见图3-2)。

图3-2 当当梅溪书院书籍陈列柜

在产品融合方面,与众多大型书店相似,当当梅溪书院采取了多样化的产品销售策略,除书籍外,书店中划分了大量的区域用以销售文创产品、咖啡饮品、家具以及儿童学习用品等。店内有多张宣传新年福袋活动的海报,并有多种类型的文创产品,如剪纸摆件、书签、本子、笔等等。随着年节将近,推出了与新年相关的一系列文创产品,同时通过"长沙出品"印花与城市相关联。书店三层多为儿童书籍,因此在此处摆放了一系列儿童学习用品,如儿童学习桌椅等等,显示了产品之间的关联性。在三楼艺术区域,有一部分空间布置成家的模样,各项家具都有明码标价。此外,一部分餐具等物品,与美食图书相结合,推出"购书即享九折"活动。

在组织形态融合方面,当当梅溪书院将书店、展览馆、课堂教学、活动举办四种组织形态融为一体。艺术馆媒介度举办艺术论坛及主题大展,在2019年1月24日至3月19日期间,书店展馆展出"艺术陶瓷二十四节气茶席展",在三楼摆放了大量的艺术陶瓷工艺产品,四楼则为展厅,展厅中较为空旷,展品较少,同时伴随与展览相关的文创产品的售卖(见图3-3)。书店中的课堂教学针对儿童设置,主要有艺术会馆及能力教育专注力培训工作室,前者对吉他、钢琴、架子鼓等多种乐器以及绘画方面进行兴趣培养,后者分为专注力培训班、魔方培训班以及快速阅读培训班,每次可容纳约 6 组家庭同时上课。三楼预留了较大空间,用以开展作家新书签售、读者见面会、讲座等各项活动(见图 3-4)。

图 3-3 "艺术陶瓷二十四节气茶席展"部分展厅

图 3-4 当当梅溪书院内讲座等活动举办处

在没有活动开展时,舒适的座椅、安静的环境也为读者提供了额外的阅读空间。读者可以在书店内阅读已拆封的图书,但阅读空间被分割为多个区域。在书店靠窗区域处放置了多把一人高、半环形的单人沙发,为读者提供了私密的阅读空间。开放性的阅读空间是书店在书架旁提供的多个坐垫,以及不少读者选择的在阶梯两侧席地而坐(见图3-5)。在三楼童书区域则设置了专为儿童提供的阅读空间。除了在书店阅读外,当当梅溪书院还开通了图书借阅功能,读者需办理固定棉质的梅溪书院借阅卡,但可借阅图书较少。

图3-5 当当梅溪书院内坐在阶梯上阅读的读者

4. 社区书店的综合服务模式

在新的语境中,实体书店的小型化和专业化发展早有共识。[①] 由于购书人群的大幅缩减、地理位置偏僻、距离居民区太远,提供的服务过于单一,这些因素都进一步压缩了实体书店的生存空间。当前的城市生活以社区为单位,社区也就成为了推广阅读的有力途径。

以2016年出现在北京市西城区的甲骨文·悦读空间为例,这种模式就给实体书店的发展提供了一种新的思路——书店通过立足社区、服务社区、引入社会资源,打造出一个嫁接社会优质资源与社区文化消费的平台。它通过对原街道公共图书馆整改升级而成,主打社区阅读,由于社区是距离读者最近、阅读需求

---

① 肖东发.实体书店专业化、特色化、小众化[J].出版广角,2013(14).

最强烈的地区,因此书店在最初定位时就决定要立足中老年阅读和亲子阅读,侧重生活服务和家教育儿。除此之外,书店还会定期举办各类活动,包括社区故事会、读书会、电影会、生活会、书法班、曲艺欣赏会等,这些根据社区居民实际需求定制打造的文化活动,也正是基于以"社区"为核心的运营定位,也正因为此,才能真正成为"社区人的好邻居"。

5."书店+"模式

在新的消费语境下,大量"书店+美术馆""书店+文创"等组合消费的新"书店+"不断涌现,这一模式为实体书店带来了人气,营造了实体书店的新风景。在上海,"书店+美术馆"的新华书店"光的空间"、"书店+艺术展览"的衡山·和集、"书店+文创"的百新书局尚悦湾书店、"书店+旅游"的"山脚下的书店"等新的实体书店业态应运而生。以 2017 年 12 月揭幕的"光的空间"新华书店为例,将老牌的新华书店与崭新的明珠美术馆融为一体,由日本建筑大师安藤忠雄亲自操刀设计,在商业体中营造出一个以阅读为灵魂的文化艺术空间。以"书店+美术馆"新形态出现的这家书店,力图营造立体的阅读体验,让老牌的新华书店与时俱进。

同济大学人文学院王国伟教授指出,当前大量实体书店的涌现,并不是纯粹意义上的书店复兴,单纯的书店已经在上一轮倒闭潮中走向衰退,这些新开的书店都是"新消费语境下的文化形态"。[①] 现在许多实体书店提供的是一种组合消费,走进书店的人不仅仅是在消费书,也是在消费空间、气氛、人与人交流的满足感。

本课题组对实施"书店+"融合模式的一批实体书店进行了实地调研,"书店+"融合模式具体可包括:"书店+品牌""书店+设计""书店+生活",等等。

(1)"书店+品牌":读者书店

读者书店位于上海市外滩九江路上,这是《读者》杂志在全国范围内的首家品牌集合概念店。在如今实体书店遭受冲击的大环境下,《读者》杂志却将品牌文化融入线下书店中,将《读者》的历史延展与顾客的记忆情愫连接到一起,将《读者》杂志的品牌调性与顾客的开放体验连接在一起,将《读者》的背景文化与上海的城市品位连接到一起。通过这些连接,读者书店从传统的"以书为本"的观念中解放出来,为顾客打造了一种全新的记忆空间。

1)历史延展与记忆情愫

一进读者空间的大门,映入眼帘的便是由铁艺抽象文字组成的景观墙,这些极具艺术感的文字透露出一种历史与未来的连接之感,赋予了顾客极大的想象

---

① 杨丹旭.书店不得不+[N].联合早报,2018-01-14.

图 3-6 读者书店内景(一)

空间。而头顶一片片的书页隔断带着《读者》杂志中的文字仿佛在诉说一个个古老而浪漫的故事。

进门右转从一楼转到二楼,便看到转角处摆满了具有年代感的图书杂志。二楼中间是一个具有设计感的连廊:一侧连接的是民国阅读区,一侧则是读书休闲区。脚下透明的连廊里展示的是一本本不同年代的《读者》杂志,这些风格迥异的杂志封面代表着《读者》杂志从 1981 年成立到现在经历的风雨历程。"我在这里看到一本我高中时期看过的《读者》杂志,印象很深刻。"[1]顾客走在这座杂志桥上,能够被一下子拉回到那些定格的记忆时光。

同时,书店里还散落着顾客们亲手写下的对《读者》杂志的寄语和留言,比如有留言写道:"读者于很多人而言,都是一段美好的回忆。而我也希望,美好延续,静候有缘人。"[2],一位南京的朋友评价读者空间说:"优雅的环境,读者的心声,享受带来的美好。"[3]读者空间书店将那些关于《读者》文化的元素通过一种历史感表达出来,勾连起顾客的记忆情愫,让书店成为连接历史与记忆的空间。

2) 品牌调性与开放体验

《读者》杂志自创办以来陪伴了几代人的成长,被誉为"中国人的心灵读本"、

---

[1] 来自书店顾客的反馈。
[2] 来自书店留言本。
[3] 来自书店留言本。

"中国期刊第一品牌",《读者》杂志的品牌已经深入人心,而在此基础上,实体书店的成立也作为品牌形象的一种延伸,《读者》的品牌被具象化了。在这里,《读者》更像是一个感受读者文化的体验馆,不仅可以把自己的感悟留在这里,还可以将自己的所思所念邮寄出去,书店开通了主题为"把你的故事寄给风寄给远方"①的书信邮寄服务,做一家"和你有故事"的书店,将书店的文化功能与杂志的品牌文化很好地结合起来。除此以外,在这里还会开展各种各样的文化沙龙和讲座,通过微信公众号"读者书店"进行报名,"一千个人有一千个莎士比亚,这就是读书带来的乐趣。"②在读者空间里,顾客获得的是一种基于《读者》杂志品牌调性的开放性的体验。

图3-7 读者书店内景(二)

图3-8 读者书店内景(三)

3)背景文化与城市品位

读者书店位于上海九江路230号,这里原是上海外滩申报馆的旧址,具有民国时期老上海的建筑风格。在读者书店内部也充满了老上海的复古风情,这里有"老式花园风情旋转小楼梯",还有"老上海民国风情阅读区",顾客们在这里能够体会到穿越回民国时代的感觉,充分体验到上海这座城市的文化品位。与此

---

① 书店邮筒前面的内容。
② 书店文化板上内容。

同时,《读者》杂志创办于甘肃兰州,而在读者空间书店中,便专门修建了一条长约 12 米的文化长廊,并命名为"丝绸之路上的藏经洞"。在这个长廊里挑选了一些敦煌艺术、丝路文化相关的文创产品,将其放置于仿制莫高窟而建的藏经洞里。整个长廊将佛窟文化与现代简约时尚结合在一起。通过这种场景的表达,让依托《读者》杂志而建的读者书店具有了自身独特的文化特色,一方面代表着《读者》杂志的文化起源,另一方面也让顾客能够在一家书店中体验到不同的文化风情。

因此,读者书店是依托《读者》杂志品牌而建的,在实体书店中,其品牌文化与发展背景、城市文化等紧密结合起来,将顾客的历史记忆与当下的文化体验结合在一起,创造一个具有独特文化品位的品牌记忆空间。

(2)"书店+设计":光的空间·新华书店、钟书阁

1)光的空间·新华书店

光的空间·新华书店位于上海市爱琴海购物公园,这家书店是由国际建筑大师安藤忠雄亲自操刀设计的,由上海新华发行集团与红星美凯龙共同打造,属于新华书店的转型之作。在这里,书店不仅仅承载着阅读的功能,更具有了美学的价值,光的空间·新华书店将实体书店与美学设计融合在一起,为读者开放了一个极具艺术质感的阅读空间。在 2018 时代出版·中国书店年度致敬盛典大会上,光的空间·新华书店获得了"最美书店"的称号。

图 3-9 光的空间·新华书店内景(一)

整个书店以木质书架为基础,最吸引人的是层层叠叠的书架构成了一个个镂空的方形图案。如果置身其中,读者本身也会变成整个设计的一部分,柔和的光线与暖色调的书架再加上一圈圈的方格,极具梦幻之美。"人们和书的关系日渐疏离,我们希望这个空间能增加人与人、人与书的邂逅,使人们对书产生新的认识。犹如光之于建筑,只有阅读,能让未来的希望照亮人们的心房。"①设计师安藤忠雄如此说。置身于光的空间·新华书店里,仿佛阅读成为一种对文化的享受。

图 3-10　光的空间·新华书店内景(二)

穿梭在各个书架之间,我们能感受到设计的细节之处,不同书架摆放位置的偏移、光线的交错以及整个大厅的弧度都恰到好处。整个书店分为两层,环形的书梯设计与头顶的星空带来了苍远辽阔之感,"上下两层,流线型的设计风格,配以婉转动听的音乐、一闪一闪的星空,身处其中,绝对是美的享受"。②

与此同时,书店的第二层与明珠美术馆相连。实际上,从整个建筑的结构来看,光的空间·新华书店其实作为美术馆整体的一个部分,通过一个蛋壳的建筑设计与明珠美术馆相连接,成为一个综合文化空间。在书店中,还会进行大大小小的展览,这些展览的布置也经过了独特的设计,充分配合整个书店的文化氛

---

① 光明网."光的空间"新华书店亮相上海[EB/OL]. http://baijiahao.baidu.com/s?id=1587180042152864070&wfr=spider&for=pc,2017-12-19.
② 来自书店顾客的反馈。

图 3-11 光的空间·新华书店内景(三)

围,与整个书店的风格融为一体。当然,书店里还有小小的咖啡厅,在阅读之余提供休闲享受的选择。

除此以外,书店的设计感还来自对图书的选择,不同于传统的新华书店,在光的空间·新华书店中,所选择的图书多为偏向人文艺术类的,并且在封面设计与装帧上都别具一格,为读者提供了一种审美的愉悦。而在图书的选择上,光的空间·新华书店也是极具特色,读者可以通过大数据高科技进行选书,分为涂鸦选书、心情选书、问答荐书、图书搜索等多个模块,读者可以通过人脸识别的形式,通过匹配性格、年龄、心情等被科技系统自动推荐书籍,为读者带来了交互设计的体验。

2) 钟书阁

2013 年,第一家钟书阁在上海创立,而后又在杭州、扬州、苏州等地纷纷建立了同一品牌但具有不同设计的书店。杭州星光店的钟书阁设计精巧,让读者沉浸在一个极具想象力的阅读空间中。

在有限的实体空间中,这家书店分为森林阅读区、360 度环绕的环幕阅读大厅、游乐城主题的童书区以及休闲咖啡吧。不同的区块划分具有各自不同的设计特色。在森林阅读区,白色的现代主义风格给人眼前一亮的感觉,参差不齐的白色圆柱形书架构成了迷幻的森林之感,每个书架是不同的书籍分类。读者置身其中,层层环绕,能够收获一份远离城市喧嚣的宁静之感。

而最具特色的设计便是 360 度环绕的阅读大厅,环形包围的书墙与镜面天花板结合在一起,有着天空之镜的浪漫,也充分延展了阅读的空间,为读者带来一种广阔辽远的视觉冲击感。而在阅读大厅中,也形成了一个诗意的文化空间,一方面读者们可以捧着书籍在阶梯状的台阶上席地而坐,另一方面也为书籍查阅提供了便利。同时,阅读大厅也是书店开展文化沙龙等活动的空间,环形的空间设计与阶梯状的台阶设计提供了温馨的交流氛围。

游乐城主题的童书区则充满了趣味,这个空间依旧利用了镜面的效果,设计了一些旋转木马、云霄飞车等特制的书架。而在书架的摆设上,将童书区打造成

图 3-12 钟书阁内景(一)

图 3-13 钟书阁内景(二)

了一个游乐场,图书在高低不同、造型不同的书架上展示,这些设计为孩子们的阅读营造了一种轻松活泼的氛围,也提高了孩子们的阅读兴趣。

杭州星光店钟书阁通过不同的区块分化和不同层次的设计,将复古与现代等元素结合在一起,将书店打造成一种多元文化的复合空间。

在书店融合发展的过程中,书店+设计的模式能够为读者带来全新的阅读体验,书店不仅仅作为了一个文化空间,更是作为了一个审美空间。与此同时,通过这种设计,能够吸引更多的读者走入书店,在拍照留念的同时感受书香文化。

(3)"书店+生活":上海书城

上海书城是一家拥有悠久的历史的书店,也是上海具有标志性的文化建筑

图 3-14　钟书阁内景(三)

之一,是上海有史以来第一家规模最大、覆盖面最广的零售书店①。上海书城在融合发展中充分发挥自身流量大的优势,将书店与生活紧密结合在一起,满足读者的不同需求。

整个书城总共分为 7 层,从图书品类上进行划分,第一层为实用生活、新书展示、旅游图册等;第二层为中外文学、军事类等;第三层为经管社科类等;第四层为辅导资料、科普读物、外国语言等;第五层为工业技术、中医学、计算机等;第六层为少儿读物类等;第七层为音乐美术、书法艺术等。上海书城图书品类十分丰富,在一定程度上承担了图书馆的功能,二楼还有专门的阅读区域,能够满足不同层次的读者的各类需求,让读者们徜徉在图书的海洋里。

而在图书的基础上,书城与读者的生活联系在一起,形成了一个文化生活的综合体。首先,书城开创了一系列生活馆,有晨光生活馆、创意文化馆、玛德琳绘本馆以及艺术珍藏馆等,这些文化馆提供不同的文化服务和文化产品。比如晨光文化馆就相当于文具店,经营一些文具用品,艺术珍藏馆则是充满了一些古玩,比如瓷器、雕塑、茶具等,为古玩爱好者们提供了一个读书之余的好去处。其次,书城中具有很多休闲娱乐场地,比如星巴克、密室逃脱、动感影院、虚拟现实体验等,读者们能够在一家书店中享受到多种娱乐服务。同时,上海书城中还入驻了一些教育类机构,比如华尔街英语、昂立教育等,能够满足读者在知识服务

---

① 沈勇尧.浅述上海书城文明创建与制度建设的融合发展[J].企业文化旬刊,2015(6).

上的多种需求。

除此以外,上海书城作为历史悠久、极具影响力的上海书店,举办文化活动成为展示自身品牌的绝佳方式。上海书城具有专门的报告厅和演讲厅,可以举行艺术展览、新书签售、文化沙龙等各种形式的文化活动。通过以上这些方式,上海书城全方位地将书城嵌入到读者的日常文化生活中去,实现了一家书店、多面服务的发展模式。

图 3-15 上海书城内景

三、实体书店在融合发展过程中遇到的现实问题

融合发展是实体书店转型升级的重要出路,但在目前我国实体书店融合发展潮流中出现了一系列亟需关注的现实问题。

1. 书店的知识服务功能弱化

不少实体书店在融合发展的潮流中,选择了产品融合和组织形态融合的模式,回应了用户需求日益多元化的现状。在这一过程中,主要存在两个误区:

其一,离知识服务的内涵与模式渐行渐远。实体书店介入知识服务,本应立足知识产品,围绕知识在产生内容、开发产品、提供服务、分享解决方案四方面着力。但目前一些书店为摆脱核心价值被替代品解构、用户流失的困境,一味引入、扩大非书业务(如咖啡吧、餐饮店、服装和文创商品售卖等),压缩、削弱了自身主业,模糊甚至丧失了其文化本位和书店的本来面目。

其二，没有充分考虑机构差异和自身核心优势，片面追随已有成例，未能发挥所长，导致盲目的非相关多元化经营，给自身带来经营风险。

2. 融合发展模式的同质化

近年来，诚品、西西弗、方所、言几又等实体书店成为书店转型的典范，他们的装修风格、空间布局、产品设计成为各地实体书店效仿的对象。但许多实体书店在店面转型、实施融合发展之后，缺乏自身风格与特色，陷入同质化的陷阱，导致"千店一面"的现象。

实体书店融合发展，没有千篇一律的普适模式，符合自己情况的就是最好的，适应自己书店发展的就是合适的，而且，也并非所有书店都有能力追赶融合发展的潮流。[①] 对于书店来说，知识产品的选择、组合、展示与服务才是其核心价值的来源，书店空间布局、设计风格是其次，后者服务于前者。外在风格的提升的确可在短期内吸引用户，但内在的产品和服务才是可以形成用户忠诚度的核心能力。

3. 知识服务人才储备不足

实体书店实施融合发展战略、介入知识服务的一个重要支撑要素是优秀的人力资源团队。知识服务理念和媒体融合、全媒体建设的大趋势，对书店从业者的素质提出了更多要求。

书店的从业者应该是真正爱书的人、懂书的人和优秀的选书人。"把真正的好书选出来，这一点是对我们这个行业能力的极大考验。对于书店而言，能不能培养一批优秀的开书单的人，非常重要。未来，书业从事发行的企业，哪怕不惜重金都要培养一批能开书单的人，只有把书单开出来，书业才真正实现了供给侧改革。"[②]

随着书店行业的转型升级，书店的从业者应该在知识信息的搜寻、分析、整合、评估、解答等方面具备较高的综合素养和较坚实的知识储备。但目前书店行业还存在人才储备不足、高层次人才缺乏、人才培养机制不健全等问题，这成为制约实体书店融合发展的一个短板。

4. 实体书店收益能力有待提升

一直以来，租金的上涨是实体书店经营成本上升的重要原因，对于一、二线城市的书店尤其如此。在实体书店转型的过程中，许多书店为了吸引顾客，对其空间进行重新设计和装修升级，这无可避免地导致了书店空间运营成本的增加。

---

① 张程.资深书店经理语：融合发展能拯救实体书店吗？[N].中华读书报，2018-11-28.
② 尹昌龙.书店重生：看书店如何带来生活方式的变革[N].中华读书报，2019-02-27.

此外,书店对其业态进行拓展,所需的运营人员变多,人力资本急增,而具备工作经验的高素质人才薪酬逐年上涨,也相应增加了经营成本。尽管政府出台了贷款利息补贴、专项资金奖励和扶持等优惠政策,但仍难以抵消其成本的上升。转型后的实体书店虽然客流量增加,但由于顾客的消费习惯以及书店经营方面存在的弊病,其收益能力并没有得到相应的提升,反而导致了一些实体书店转型后入不敷出。

5. 理念有待提升并达成共识

作为书店行业转型升级的重要路径之一,实体书店的融合发展模式要获得落地并产生实际效用的前提是,书店业界人士应该提升对于实体书店融合发展的认识和理念,并在最大范围内达成共识。

为了深入了解实体书店行业在转型过程中的现状和困难,本课题组于 2019 年 1 月针对浙江、湖北、四川省新华书店的从业人员进行了网络问卷调查,调研范围从书店高级管理者到初级职员,共收到有效问卷 348 份,基本情况如下:

在转型意愿上,对于"如果我们书店能有转型的条件,我们打算去实施",大多数受访者表示非常同意(50.7%),只有 2%的受访者表示非常不同意,另有 2%的受访者表示一般,45.3%的受访者表示同意。

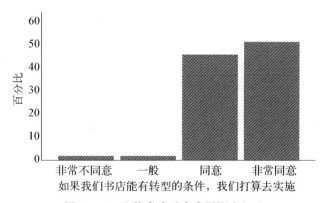

图 3‑16　实体书店融合发展调查(一)

在转型态度上,对于"转型发展对于书店来说是,无用的(1),有用的(5)",大多数受访者表示非常同意(66.4%),只有 0.7%的受访者表示非常不同意,1.4%的受访者表示不同意。此外,14%的受访者表示一般,17.5%的受访者表示同意。在对于"转型发展对于书店来说是不吸引的(1),吸引人的(5)",大多数受访者表示非常同意(62.9%),只有 0.7%的受访者表示非常不同意,1.4%的受访者表不同意。此外,14%的受访者表示一般,21%的受访者表示同意。

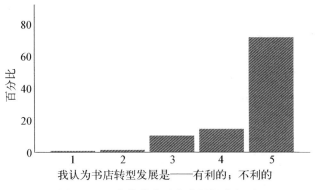

图 3‑17　实体书店融合发展调查（二）

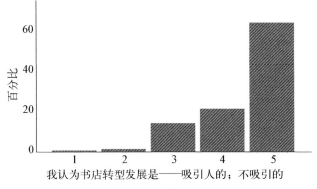

图 3‑18　实体书店融合发展调查（三）

在书店转型的容易程度感知上，对于"我认为书店实施转型是容易的"，大多数受访者表示不同意(41.2%)，只有 6.1% 的受访者表示非常同意，7.4% 的受访者表示非常不同意。此外，33.1% 的受访者表示一般，12.2% 的受访者表示同意。

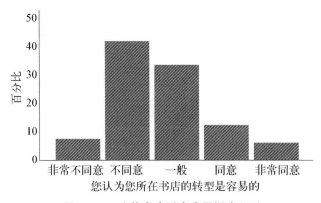

图 3‑19　实体书店融合发展调查（四）

在转型的方向上,对于"所在的书店实施转型的方向是明确的",只有2.0%的受访者表示非常不同意,2.7%的受访者表示同意,25.7%的受访者表示一般,46.6%的受访者表示同意,23.0%的受访者表示非常同意。

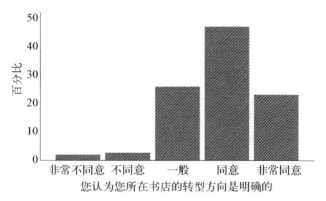

图3-20　实体书店融合发展调查(五)

在书店转型的主动性上,对于"我是主动希望书店进行转型的",只有5.4%的受访者表示同意,17.6%的受访者表示一般,48.6%的受访者表示不同意,28.4%的受访者表示非常不同意。

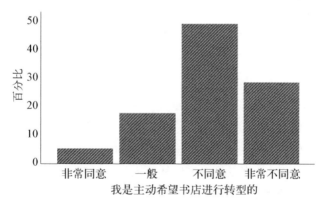

图3-21　实体书店融合发展调查(六)

在转型与工作的相关度上,对于"书店转型跟我的工作是相关的",2.8%的受访者表示非常同意,只有0.7%的受访者表示同意,10.5%的受访者表示一般,58%的受访者表示不同意,28%的受访者表示非常不同意。

在对阻碍书店转型的最主要因素的排序中,"占第一位的"是组织形态融合层面,然后依次是产品融合层面、资产融合层面、平台融合层面、技术融合层面,最后是政策融合层面。

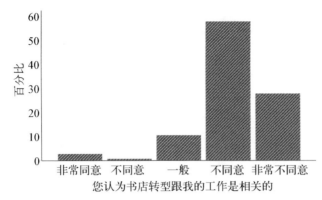

图 3‑22　实体书店融合发展调查(七)

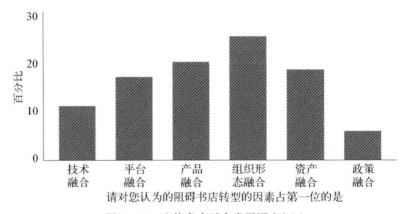

图 3‑23　实体书店融合发展调查(八)

总体而言,可以看出新华书店这一重要书店集群的从业人员的转型意愿非常强烈,态度也非常积极,但是对于转型的主动性以及与工作的相关性认识不够。此外,受访者对于书店转型的难度感知很高,占第一位的阻碍因素是组织形态融合层面。未来可以在组织形态融合以及提升书店从业人员对于转型的理念、认识上努力。

6. 公众消费习惯尚需改进和培育

在数字阅读的冲击和网络书店低价倾销的侵蚀下,实体书店的购书群体持续减少。数据显示,2014 年,尽管实体书店行业仍处于转型的阵痛期,但由于业内人士的努力以及政策的知识,实体书店的图书零售市场逐渐破冰,增长率重新回到正增长,达到了 3.26%;2015 年,市场也呈小幅增长,增长率为 0.3%;然而到了 2016 年,实体书店渠道销售额同比增长率为 −2.33%,又出现了下滑态势。[①] 随

---

① 曾锋.书店入驻购物中心商业模式如何考量?[N].中国出版营销周报,2017‑12‑22.

着移动互联网技术和电子商务行业的发展,人们的阅读习惯发生了重大的改变。一方面,在手机、平板、kindle 等移动终端阅读甚至"听书",不仅可以随时随地方便快捷地获取各种海量资源,而且价格低廉;另一方面,网络书店所负担的店面租金和人力成本相对较低,使其在与上游出版企业议价过程中更具优势,因此能够以低价销售,抢夺市场占有率。在这种情况下,实体书店往往成为人们网上购书的线下"体验店"和图书的展示平台。①

转型后的实体书店大多配置了休息阅读区域,对于位于大型购物中心内的实体书店而言,它们相当于商场内的公共休息空间,不少顾客会将其当成免费的公共休息区域,驻足休息却并不愿意点上一份简餐或一杯咖啡,甚至有一些读者将其等同于无需办手续的图书馆,可以免费阅读新上市的图书。② 还有部分人将一些具有城市特色或是装修精致的实体书店当成旅游景点,到书店只是为了拍照"打卡"。

7. 区域发展状况不平衡

实体书店的融合发展受到地区资源禀赋、经济发展程度、文化氛围等因素的影响,存在区域发展失衡的问题。其中的一个重要原因在于,我国的实体书店存在着区域分布不平衡的现象,大多数名气较大、具有特色的实体书店都开在经济发达、文化繁荣、出版资源丰富的一、二线城市。③ 一、二线城市和区域中心城市的实体书店更多、更早地感受到房租上涨等经济压力和网络书店、互联网媒体的冲击,因而也更快地开始其转型升级、融合发展的道路。这一事实也可以从本课题组对全国一线城市实体书店分布情况的分析中得到印证。

2013 年,国家财政部、新闻出版广电总局发布《关于开展实体书店扶持试点工作的通知》,首批试点的 12 个城市均为一、二线城市或省会城市。与此形成对照的是,非中心城市的许多实体书店仍处于小、弱、散的状态,其市场观念相对保守、服务意识相对滞后。从不同省域的实体书店行业扶持政策也可以看出,我国部分东部省份在 2015 年就有专门针对实体书店的补贴贷款利息、设立专项奖励资金等政策,以支持实体书店转型,而一些西部省份至今尚未发布相关产业政策。

实体书店融合发展是目前书业界面临的重要主题,这一发展模式的实施还需要经过充分的科学论证和对不同实体有针对性的考量,其中,有必要对国内外实体书店的转型路径和融合发展模式进行系统的经验研究,深入分析实体书店融合发展的运行方式、支撑力量、文化特色和社会影响。

---

① 井琪.中国实体书店经营的现实困境、国际经验借鉴与路径选择[J].图书与情报,2017(3).
② 陈含章.转型中的实体书店发展现状、问题与建议[J].出版发行研究,2016(3).
③ 王学彦.全民阅读背景下的实体书店转型隐患及发展对策[J].中国出版,2018(10).

第四节　影响实体书店转型与融合
　　　　发展的产业政策分析

2016 年 6 月,国家新闻出版广电总局等部门联合印发《关于支持实体书店发展的指导意见》,被业界认为是国内迄今对实体书店最具含金量的扶持政策。此举对于面临倒闭风潮的实体书店来说是一大转机,显示出中国政府对于实体书店促进知识传播、推进全民阅读、形成城市文化标志的功能给予了极大重视。

放眼国外,不少国家对实体书店的扶持政策已施行很长一段时间,其政策对于国外实体书店的生存、发展起着至关重要的作用。国外图书销售主体主要包括独立书店和连锁书店两种类型,尤以势单力薄、资金短缺的独立书店容易受到网络购书平台的冲击而歇业、关闭。

本章内容以部分国家为例,梳理这些国家对于实体书店的扶持政策,并与国内的实体书店扶持政策进行比较,以期对我国图书业日后的发展提供经验借鉴。

在过去 10 年,中、美图书市场都出现了网络书店冲击实体书店的浪潮,2014 年的图书销售数据令人意外,成为一个转折点。据尼尔森 BookScan 的统计数据,2015 年,在尼尔森监测的 9 个区域市场(美国、英国、爱尔兰、意大利、澳大利亚、新西兰、南非、巴西、西班牙)中,有 6 个区域市场的纸质书销量相较于上一年度有所上升。其中,美国和英国的纸质书销量同比分别增长 2.8%、3.7%;爱尔兰、新西兰同比分别增长 2.6%、7.1%;南非和巴西同比分别增长 20%、10.7%。(图 3-24)①

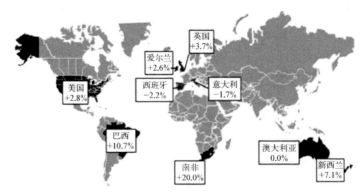

图 3-24　尼尔森 BookScan 纸质书销量统计情况

---

① 尼尔森 2015 全球图书零售市场报告[EB/OL].数字出版在线,http://sanwen8.cn/p/19bnyax.html,2016-05-26.

表3-1 全球主要国家实体书店扶持政策

信贷和投资	法国	建立特殊担保金,以低利率或者延长贷款期限等方式帮助独立书店从银行获得更优惠的贷款
	加拿大	允许更多的外商投资加拿大图书零售业
	日本	成立专门针对中小企业(包括中小书店)的政府金融机构
财政拨款和补贴	英国	建立相关基金及出版支持项目
	法国	国家出版中心财政支持,且法国图书中心以专项资金补助符合条件的书店
	德国	设立"德国书店奖",鼓励小型独立书店的发展
	加拿大	提供各种直接援助项目和控制措施支持
	俄罗斯	增加政府补贴,支持图书零售商
出版物价格制度	法国	通过《雅克·朗法》,实行图书固定价格制度
	德国	实行图书固定价格制度
	丹麦	实施新的图书定价政策,并试图取消图书定价制
税收优惠	美国	各州最高不超过10%,一般为5%或更低
	法国	长期免征书店所得税,用大型书店的税收"反哺"小书店,将图书增值税由7%降至以前的5.5%
	德国	免征书店的所得税,图书的增值税率仅为7%
	英国	对实体书店100年不征税,增值税可抵扣
	瑞士	政府不设增值税,对书刊不征营业税,对进出口书刊也不征进出口税
	俄罗斯	对图书出版业实行财政优惠政策,降低海关税率
与电商公平竞争	美国	允许各州对年收益额超过100万的网上卖家收税
	法国	对一切可联网媒介进行征税,并禁止网上书店在网购中免收图书寄送费
	德国	规定新书出版后,先行在实体书店销售三个月(或半年),在此期间,网上书店不得销售纸质版及电子版
	日本、韩国	政府制定图书最低折扣
其他	英国	出版公司支持独立书店抱团低价采购

一、影响我国实体书店转型与融合发展的相关产业政策

1. 全国性政策

从2013年国家新闻出版广电总局联合财政部发布实施《关于开展实施实体

书店扶持试点工作的通知》至今，国家先后发布了多个相关文件，推进实体书店的普及、农村实体书店建设以及品牌书店的发展。特别是在2016年6月《关于支持实体书店发展的指导意见》中，中宣部、国家新闻出版广电总局、国家发展改革委、教育部等11部门联合倡导，实体书店进一步融入文化旅游、创意设计等相关行业发展，将实体书店逐渐转型为集阅读学习、展示交流、聚会休闲、创意生活等功能于一体的复合式文化场所。

2013年，国家财政部办公厅、国家新闻出版广电总局办公厅联合下发《关于开展实体书店扶持试点工作的通知》，中央财政将对试点城市符合条件的优秀实体书店给予奖励，用于帮助其购买软硬件设备、支付房租、弥补流动资金不足等。这是中央政府发布的第一个关于实体书店扶持的政策。每个试点城市原则上可按要求向财政部遴选、推荐不超过5家实体书店。首批12个试点城市的分别是：北京、上海、南京、杭州、广州、武汉、长沙、合肥、南昌、成都、西安、昆明。全国12个城市共56家实体书店接受9 000万元资助。上述两个行政部门在2014年出台补充文件对书店应具备的基本条件、倾斜方向、审核工作进行了说明。到2014年，将12座城市扩展到12个省份。

2015年，中央文化企业国有资产监督管理领导小组办公室（财政部文化司）发布的《关于申报2015年度文化产业发展专项资金的通知》继续扶持实体书店发展，将试点范围扩大至北京、河北、天津、上海、江苏、浙江、安徽、福建、江西、山东、湖北、湖南、广东、四川、陕西、云南16省市。每个试点省市可推荐不超过6家实体书店，中央财政将通过专项资金择优给予奖励，用于帮助其购置软硬件设备、支付房租、弥补流动资金不足等。每个试点省市600万元。

2016年5月，财政部发布《关于申报2016年度文化产业发展专项资金的通知》，"实体书店扶持"仍然在列。国家新闻出版广电总局同时下发《关于征集2016年度文化产业发展专项资金新闻出版广播影视重大项目的通知》，其中包括"继续扶持实体书店发展，加大对农村出版物发行网点建设的财政支持力度，对新华书店等发行企业的农村连锁网点建设项目和相关的物流、信息等配套项目给予补助。对长期坚持立足农村、服务农村的实体书店和城市具有示范引领作用的品牌实体书店给予奖励"。

2016年6月，中宣部、国家新闻出版广电总局、国家发展改革委、教育部、财政部、住房和城乡建设部、商务部、文化部、中国人民银行、国家税务总局、国家工商总局等11部门联合发布《关于支持实体书店发展的指导意见》。意见指出：实体书店要进一步融入文化旅游、创意设计等相关行业发展，将实体书店逐渐转型为集阅读学习、展示交流、聚会休闲、创意生活等功能于一体的复合式文化场所。意见重点提出了5项政策措施鼓励实体书店改革创新：完善规划和土地政策、加强财税和金融扶持、提供创业和培训服务、简化行政审批管理、规范出版物市场秩序。

2017年3月，国务院印发《"十三五"推进基本公共服务均等化规划》，该文件强调要扶持实体书店发展，加快推进实体书店或各类图书代销代购网点覆盖全国所有乡镇；推动全民阅读，加强残疾人等特殊群体的基本阅读权益保障；完善农家书屋出版物补充更新工作；加强"三农"出版物出版发行；推动少数民族语言文字及双语出版物出版发行、数字化传播和少数民族语言文字作品创作。

2017年9月，国家新闻出版广电总局印发《新闻出版广播影视"十三五"发展规划》。提出全面实施全民阅读工程、继续实施少数民族新闻出版东风工程、大力推进阅读推广志愿服务；推动将实体书店建设纳入基层宣传思想文化工作考核评价体系，要制定并落实扶持实体书店发展的各项政策措施，积极发挥实体书店在全民阅读等公共文化服务中的作用，实施城镇实体书店精神地标示范推广项目，推动一批优秀实体书店成为城市精神地标和最美书店。该规划还提出要建设一批复合型特色实体书店，支持书店和图书馆合作开展"借阅、购买、馆藏"活动；加快实现全国所有乡镇实体书店网点、出版物"借阅、购买、馆藏"活动是指图书馆与书店开展合作，读者在书店选书，图书馆向书店支付图书费用，并办理馆藏和借阅手续，阅后归还图书馆。代销代购店全覆盖。

2018、2019年的全国"两会"召开期间，来自新闻出版界的人大代表、政协委员建议将实体书店写进法律，建议从实体书店免征增值税、完善图书价格制度、财政补贴和相关文化产业基金向民营实体书店企业倾斜、实体书店免征企业所得税、多建书店、保护并扶持旧书店、全面设立"实体书店租金补贴"专项扶持基金等方面入手，将实体书店写进法律，促进实体书店核心竞争力的强化。

2. 地方政策

在国家还没有正式发布实体书店扶持计划前，2012年，上海、杭州等文化产业较为发达的沿海城市就已经出台相关的资金管理办法，扶持实体书店进行转型升级。2014年，武汉、西安等城市发布实体书店转型升级的扶持办法。

2015年1月1日，《江苏省人民代表大会常务委员会关于促进全民阅读的决定》正式开始施行。这是中国第一部关于促进全民阅读的法规性文件，将"深夜书屋"写进法律，鼓励和支持实体书店延长营业时间，鼓励有条件的实体书店24小时营业，并扩展阅读服务场所，开展公益性阅读服务。

2015年12月，长沙市人民政府办公厅出台了《长沙市实体书店扶持办法》，主要对符合营业面积、经营时间、具有一定社会影响或品牌价值等要求的书店进行资金扶持，每年300万元。大型书店、连锁书店相对于小型社区书店、校园书店等能够获得更多的扶持，补贴金额在5万元至30万元。并且在满足基础扶持条件的基础上，对于24小时营业的实体书店，能够获得额外的便民服务补贴。可以看出，办法整体对规模较大、能够开展全面阅读活动的书店有一定倾斜，并鼓励实体书店能够参与到城市文化建设中来①。在2018年长沙市扶持实体书店的名单中，湖南省新华书店有限责任公司获得40万元资金扶持，止间书店、德思勤24小时书店等13家民营书店获得10万至30万元不等的资金扶持，当当梅溪书院获得20万元资金扶持②。

在2016国家11部委联合发布《关于支持实体书店发展的指导意见》之后，各省市共出台了近20份地方性实体书店发展的实施意见。随着这些实体书店扶持计划的逐步落实，2017年书店扩大规模、重装开业、跨省布局、业态转型的热潮持续升温。在政策支持下，各地实体书店纷纷朝着"互联网+"、跨界营销、品牌化、个性化等方向发展。

以湖南省为例，在2017年颁布的《湖南省人民政府办公厅关于进一步扩大旅游文化体育健康养老教育培训等领域消费的实施意见》中，明确指出"支持实体书店融入商贸旅游等相关行业发展，鼓励创新实体书店经营模式，引导建设24小时实体书店，支持大型书城建设综合性文化体验中心，鼓励中小书店向专业化、特色化方向发展，在社区、大型商业圈、文化公园、旅游景点等公共场所设立自动售书机"③。

二、我国实体书店产业扶持政策的特色及不足

世界各国政府在扶持中小书店时，采取了形式多样的行政和经济手段。中国相关政府部门在推动图书业发展的过程中，不仅要依靠市场那只看不见的手，更需要政府自身积极发挥宏观调控和行政服务职能，以促进图书业的持久繁荣。就扶持实体书店的政策而言，将主要关注点和政策出发点仅止于挽救众多濒临倒闭的书店还远远不够，相关政府部门和业界还应做出更多的努力。

---

① 长沙市人民政府.长沙市出台实体书店扶持办法[EB/OL]. http://www.changsha.gov.cn/xxgk/szfgbmxxgkml/szfgzbmxxgkml/swgxj/fggw_1097/bmzd_8321/201512/t20151229_864043.html, 2015-12-29.
② 星辰在线.2018年度长沙市实体书店扶持专项资金拟扶持实体书店公示[EB/OL]. https://www.csxcw.cn/html/643/20180725/2666.html, 2018-07-25.
③ 湖南省人民政府办公厅.湖南省人民政府办公厅关于进一步扩大旅游文化体育健康养老教育培训等领域消费的实施意见[EB/OL]. http://www.hunan.gov.cn/xxgk/wjk/szfbgt/201706/t20170629_4825650.html, 2017-06-28.

1. 政策特色

对近年来我国出台的《关于支持实体书店发展的指导意见》等政策文件加以考察,可发现我国有关实体书店的产业扶持政策有如下特色:

一,从中国实际国情出发,加强城乡实体书店网点建设。根据我国目前大城市实体书店发达、农村及落后地区实体书店匮乏的实际情况,提出要基本建立以大城市为中心、中小城市相配套、乡镇网点为延伸、贯通城乡的实体书店建设体系。

二,完善规划和土地政策,将实体书店建设纳入国民经济和社会发展规划等愿景方案和考核评价体系之中。政府针对我国目前商业地段租金高、实体书店生存空间被挤压的现状,强调合理规划,为实体书店预留经营场所。

三,提供创业和培训服务,对开办实体书店的创业重点群体给予支持。政府通过简化行政审批管理,简化审批程序,降低市场准入门槛,以吸引更多社会资本开办书店,带动就业和相关服务的发展。

四,重视规范出版物市场秩序。针对目前中国社会盗版猖獗、普通民众版权意识薄弱的情况,政府着眼完善实体书店诚信体系建设,规范图书市场秩序,完善图书市场价格管理机制,为实体书店发展营造公平有序的市场环境。

五,对实体书店的扶持突显资金先行。我国推出的实体书店扶持政策中,对实体书店发展的资金投入被高度重视,而且这方面的投入是切实到位的。2015年以前,各省市出台实体书店扶持政策大多以专项资金、贴息、奖励的形式实施。

六,国家政策指导大方向,地方政府重视实操细节。2016年11部委发布的指导意见提出了实体书店发展的目标和方向,各地政府依据地方特色制定实施办法。国家政策及资金更倾向于国营书店和品牌连锁书店;地方性实体书店扶持资金对中小书店更加关注,书店受惠面更广,对纾解中小书店经营困境具有很重要的作用。

2. 不足之处

西方国家用以调控出版活动的法律比较细化,调控范围很广,几乎囊括了出版活动的所有方面。必须承认,相较于国外的实体书店扶持政策,我国尚未形成足够完备的支持实体书店的制度和政策体系。具体而言,我国的相关政策还存在以下不足:

一,我国有必要针对出版物分销行业制定更高规格、更完善、更具体的法规。我国的《出版管理条例》及有关法规对发行单位的资格认定、出版社自办发行的权限、外资介入出版物分销业务、出版物的连锁经营等问题作了具体规定,但在目前内容消费市场竞争日趋激烈、出版业正经历产业重构的情况下,政府需要针对出版物分销问题制定法律层级更高、更为具体的专门法。在这方面,西方国家已有一些较为成功的做法,例如,在规范书业市场竞争方面,法国专门制订了针对书价的《雅克·朗法》,英国制定了《图书贸易法》,日本的《大规模零售店铺法》对书店营业面积进行了专门规定,德国《竞争限制法》对图书销售给予了规定。我国针对具体的产业领域制定专门法,也是有不少成例的,如《电影产业促进法》《广告法》《公共文化服务保障法》《旅游法》,等等。

二,各地区的政策力度及广度不均衡,基层地区政策推行滞后。上海、浙江、江苏、广东等地区早在 2012—2013 年就出台政策扶持实体书店发展,西藏、新疆等地区则至今还未出台相关的资金管理办法或指导意见。

三,和实体书店发展息息相关的图书定价制度还需加以完善。我国目前还未从制度上严格限制新出版图书的打折幅度,使得实体书店难以抗衡网络书店的价格竞争。另一方面,出版机构为了应对网上书店的低折扣要求,将书价抬升,形成"高定价、低折扣"现象。"高定价、低折扣"行为是一种影响公平竞争的不正当经营行为,严重破坏了中国出版业市场秩序,必须严加管制。近年对于这个问题已有较多讨论,最近几年的"两会"期间,已有多位政协委员提出相关建议,如建议无论网上书店还是实体书店,新书在出版半年内,不能低于八五折销售。

四,在财政补贴上,有关政策的落地还需要加以督促和落实。在政府向服务型政府的转变过程中,实体书店积极主动寻求出路才是最好最快的谋生手段,尽管如此,也离不开政府产业政策的支持与扶助,政府应通过多种手段和措施为实体书店注入"强心剂",提升其转型发展的信心和力量。

五,实体书店业界在政府产业扶持政策的制订、完善过程中的角色和作用还需进一步突显。我国中小书店可学习欧美发达国家的做法,充分发挥行业协会的作用,抱团取暖,降低采购价格,获得更多用于转型发展的资金和相关资助政策。部分有历史特色的书店可寻求来自相关行政部门和社会组织的、稳定的政策扶持和可持续的基金资助,让自身获得更多生存资源。这方面可借鉴美国的相关经验,美国有专门为女性从事学术工作提供场所的女性专营书店,这类书店争取到妇女组织的支持,妇女组织联合起来呼吁社区捐赠以筹集她们设想的资源。[1]

政府的产业扶持政策固然能发挥一定效用,但是依靠单一的贷款和补贴,对于数以万计的实体书店来说只是杯水车薪。若想要扶持政策发挥更好的效果,

---

[1] Kristen Hogan. Women's Studies in Feminist Bookstores:"All the Women's Studies women would come in"[J]. Signs: Journal of Women in Culture & Society, 2008(3): 595-621.

中国应向法国等国家学习,用经济、行政等多种手段多管齐下,而且,创造实体书店与网络书店公平竞争的市场环境、引导实体书店进行转型发展才是长久之计。

第五节　实体书店融合发展模式优化的路径与措施建议

实体书店行业是文化产业的重要组成部分,是提供知识服务、文化服务的重要主体。推动实体书店的融合发展,既要推动实体书店的自我转型,又要通过政策手段支持其发展,实现自主治理与合作治理相互配合的格局。

一、外部路径与措施

在实体书店行业实施融合发展、转型升级的过程中,应充分发挥政府的政策引导与市场的自发聚集功能,对城市整体与局部社区的实体书店布局进行合理规划,有针对性地通过租金减免、发展基金等措施引导实体书店贴合所在社区需求,提供更符合社群属性与公众需求的商业服务与社会服务。同时,鼓励实施多元化经营,提供多样化、专业化与灵活化的服务,着力培育一批特色化、专业化与小众化的实体书店。

1. 实体书店扶持政策应优化针对性和侧重点

政府在对实体书店加大政策扶持力度的过程中,应更加具有针对性,明确支持实体书店的重点领域,依据不同情况,有所侧重。从受众对象来看,应重点支持大众读物和人文学术类实体书店发展;从经营规模来看,重点支持中小书店;从文化价值与功能来看,重点支持实体书店的创新经营项目和特色中小书店,重点支持具有示范引领作用的品牌实体书店做大做强。在地域分布上,要向基层社区与偏远地区倾斜,重点支持基层出版物发行网点建设,更要通过专项资金等形式加大对乡镇、农村地区实体书店建设的支持力度。在环节上,要在融资、图书批发、零售等重点环节给予实体书店政策优惠与奖励。①

2. 实体书店扶持政策优化的具体路径

(1) 全面设立实体书店专项扶持基金

每年根据实体书店发展状况,在文化产业发展专项资金中安排实体书店扶持资金子项,采取政府购买服务、奖励、补助等方式,扶持具有较高社会知名度、

---

① 阳雨秋.社会化、差异化:实体书店的转型逻辑与支持策略[J].现代出版,2017(2).

品牌影响力和鲜明经营特色、较大发展潜力的实体书店发展。

(2) 为实体书店从业人员提供专业培训等帮助

书店行业需要人才资源,但现时课程或培训仍然较少,应鼓励从业人员持续进修和终身学习。政府应提供更多资助及资源,为实体书店提供整套人才培养计划,帮助有意加入书店行业的人才在入职前能获得相关的工作技能,保证其竞争力和稳定性。

(3) 支持实体书店的基础设施建设

对书店基础设施建设的贷款进行贴息,普惠中小书店;以拨地或优惠、减免租金等形式,帮助书店行业获得经营的场所及设施,打造具有特色的书城或书市,以推动城市阅读地标建设。

(4) 探索"按需印刷""前店后厂"等新模式

加强信息化标准化建设,推动实体书店利用信息技术改造传统业务流程,提高出版物流通配送能力;推动出版物批发市场和物流园等进行信息化升级改造;推动书刊发行业协会建立图书信息标准和信息共享平台。

(5) 对发挥示范作用的实体书店进行奖励

对开展群众性读书活动效果较好、引领全民阅读有一定示范引导作用的实体书店,长期坚持立足农村、服务农村的优秀实体书店,新华书店等发行企业的农村连锁网点建设项目和相关的物流、信息等配套项目,以奖励、项目补贴、贴息等方式予以扶持。

(6) 完善版权法律保护体系

政府应加大版权保护力度,加大对盗版书的打击力度,并阻止网络侵权行为进一步恶化;应参考其他国家经验,就如何界定网络侵权行为、加大对网络侵权行为的执法力度,对著作权法实施进一步的修订完善。

(7) 推进"互联网+书店"的融合发展

营造线上线下协同发展良好生态,实现优势互补、平台共用、信息互通、资源共享;支持网络书店、网络发行平台、手机阅读 APP 等落地实体书店,与实体书店加强读者互动、物流配送、书目信息、个性订制、阅读推广、展示体验等方面的合作共赢,打造新型出版物营销和阅读服务平台;引入优质的由第三方开发和维护的实体书店 POS 系统,促进实体书店经营管理数据化、精准化。

(8) 鼓励书店增加相关衍生业务,助推书店向新兴业态转变

鼓励书店增设与经营内容相关的文化产品,开发文化衍生品,拓展文化业态,增强书店的品牌价值。对实体书店创新经营项目和特色中小书店转型发展,通过奖励、贴息等方式支持。

二、内部路径与措施

1. 实体书店融合发展应准确定位、明确路径

互联网的发展带来电商的繁荣,电子书、网络购书的兴起确实对实体书店产生了外部冲击,而销售额度下降与经营成本上升之间的矛盾更加剧了实体书店的困境。然而,当我们从实体书店行业内部探究衰落的深层次原因时,我们会发现,面对传统的销售市场萎缩,许多实体书店缺乏新的增长点来维持其可持续发展。而当其图书分销机构的功能和角色逐步弱化时,又缺乏清晰明确的角色、功能定位来支撑其转型。当诚品书店这样的成功转型案例出现后,引起了各实体书店的效仿,使得书店之间缺乏差异化。

因此,实体书店在实施融合发展之前,一定要找准自身的定位,明确自身的发展路径,因为发展路径制约着经营方式的转变。贸然转向线上经营或是寻求路径复制,必然不是成功的道路。与其他实体经济和公共空间相比,实体书店满足的是读者作为社会人、文化人的需求,为读者提供静雅的环境、浓厚的文化氛围以及直接的分享、交流与互动。这是实体书店最基本的定位。有了这个基本定位,实体书店才能够在书店发展目标的基础上,在售书功能中加载文化、教育、休闲、娱乐等多种复合功能,开展复合业态和多元经营。舍本逐末,盲目跟风,很容易导致业态混杂,进而引起经营失败。在具体实施层面,选择哪种路径还需要经过对书店地理位置、周边环境、消费群体等各种因素进行全面深入的考察研究,才能找到最适合自身的发展路径。

2. "新零售"态势下实体书店融合发展策略建议

2016年,马云在云栖大会上提出了"新零售"这一概念,而后"新零售"便作为一种商业发展模式进入到公众视野中,线下资源价值被重估。对于这一模式的具体商业内涵而言,目前并没有形成统一的定论,有学者对以往不同的解读进行总结,提炼为以下五个部分的内涵:"一是'五个零售流'(顾客流、信息流、资金流、物流、商店流)的多元重构;二是'线上+线下+物流'的深度融合;三是'大数据'技术生态圈的深度嵌入;四是C端消费需求的全方位满足;五是长期处于业态变革的新常态"。[1] 国务院办公厅针对实体零售发展发布的《国务院办公厅关于推动实体零售创新转型的意见》[2],主要从"调整商业结构""创新发展方式""促进跨界融合""优化发展环境""强化政策支持"方面进行了方案部署。对于实

---

[1] 潘建林.新零售理论文献综述:兼论四构面商业模式[J].商业经济研究,2019(5).
[2] 国务院办公厅关于推动实体零售创新转型的意见(国办发[2016]78号)[EB/OL]. http://www.gov.cn/zhengce/content/2016-11/11/content_5131161.htm, 2016-11-11.

体书店的转型而言,"新零售"模式的发展思路与融合方法值得借鉴,本课题组主要从以下几个方面提出建议。

(1) 共享渠道资源,实现灵活运营

"新零售"模式打通的是线上、线下与物流体系的联动。在这种模式下,企业能够打造一种完整的运营体系,为消费者带来全面的资源享受。当前实体书店的运营中存在着一个重要的问题便是线上与线下未能实现有效的共享体系。首先,对于首先从线上发展起来的网上书店而言,发展线下实体书店并非仅仅作为品牌形象的展示和对线上书店的功能补充,而是应该充分利用线上书店积累起的数据、信息资源,并结合线下实体书店所具有的阅读体验优势,进行渠道资源的共享。本课题组成员在对济南当当线下书城进行调研时,便有顾客反应,"虽然当当线下书城又大又全,但是感觉进来之后就像是一个大型的超市,阅读座位很少,感觉还是单纯为了卖书,选购起来又很麻烦,我还不如在网上购买呢。"在这种情况下,线上和线下的书店是分裂的,只存在销售渠道上的差异,实际上造成的是资源的浪费。其次,对于本身由线下发展起来的实体书店而言,进行线上书店的打造是为了消费者购书提供更多的便利,应该通过获取更多的用户信息和反馈、发布活动消息等方式,实现从线上到线下的引流。

因此,在实体书店的转型发展中,下一步的方向应该是真正有效地实现渠道资源共享,包括物流体系的配置。比如,实体书店开设线上选购,线上线下同款同价,可设定3千米以内免费送书上门等服务,消费者既可以从其网上书店下单购书,也可以线上预约新书阅读服务,并到实体书店参加新书签售会、分享会等活动。对于那些离书店较近的顾客而言,还可以采取线上下单、实体书店自提的方式,省去他们在书店中进行搜索选购的时间。与此同时,线上销量的反馈等还可以影响到线下书店有限空间中的分配和仓储体系的建立。而对于线下实体书店的运营,则应该更加注重"体验感"的打造。总之,不论采取何种形式,实体书店的转型发展,都应该通过线上线下物流体系的合作,形成一种方便灵活的销售模式。

(2) 满足多样消费需求,打造场景化体验

阿里研究院在《C时代新零售——阿里研究院新零售研究报告》中对"新零售"做出如下定义:"'新零售'是以消费者体验为中心的数据驱动的泛零售形态",除此以外,还提出零售的本质在于"无时无刻地始终为消费者提供超出期望的'内容'"。① 这对于实体书店的启发在于,实体书店转型的思路应该聚焦于"人"消费需求的多样化满足。

---

① 阿里研究院.C时代新零售——阿里研究院新零售研究报告[R].2017年3月.

首先,在书店的选址中,就要考虑消费人群的聚集特征,同时,根据书店的不同定位,要进行不同的空间选择。如果一家书店的定位是面向小众的消费群体,并在文化身份上具有一定的准入门槛,那么选择建立在租金高昂的商业圈中便不是最佳的选择。而且在面对不同城市的选择中,也应该充分考虑当地的市场特征和人们的消费心理。

其次,实体书店应该从消费者的场景活动需求出发,进行全方位的服务。比如,在消费者"进店—选书—看书—购书"这一流程中,便形成了不同的活动场景。在针对"进店"这一场景中,实体书店应该考虑如何能够提升书店对消费者的吸引力。比如通过书店外形的设计感、室内风格的打造等凸显自身的与众不同。在"选书"这一场景中,实体书店可以在书籍的分类及摆放上进行更为方便的安排,并提供多种形式的选择,比如利用技术手段实现书籍查阅的同时,可以增加心情选书、漂流瓶换书等多项功能服务,为顾客带来有趣的体验。在"看书"的场景中,则需要营造良好的环境,比如开辟足够空间的阅读区,提供舒适的桌椅并供应咖啡、小食等。

最后,在"购书"的场景中,一方面考虑简化收款形式,增加自助下单等应用,另一方面在收银区域可开设文创产品区,方便消费者进行选购。在此过程中,实体书店一方面可以进行空间功能的分区,另一方面本身也会形成自身的典型风格,从书店嫁接到其他相关产业中,开展增值服务。比如"书店＋美学""书店＋生活""书店＋设计"等,为不同类型的消费者带去不同的选择。

除此以外,对于消费者来说,除了良好的场景体验之外,价格也是影响购买的重要因素。"新零售"的典型案例盒马鲜生采用直采直供的模式,相比传统生鲜超市而言,具有了一定的价格优势。而对于实体书店而言,则可以通过与上游供应链企业合作等形式,不定期推出热门图书的团购优惠、限时促销、发放礼品卡等活动,加强与消费者之间的互动。

(3)利用技术驱动,提供私人阅读服务

从实际案例来看,"新零售"模式的核心特征为"即时""体验""个性"。"即时"是指缩短产品供应链,缩短送达时间;"体验"便是能够对产品进行全方位的感受和评估;"个性"则是利用技术、数据等进行个性化的选择和推荐。

因此,对于实体书店而言,一要加强图书供应链体系的智慧化体系建设,通过互联网优化图书供应链管理系统,通过全方位的数字化建设推动升级,提升效率。比如进行无人书店的建设等。

二要从书店本质出发,针对性地解决消费者的阅读痛点。比如生鲜"新零售"的特点在于当场推荐和选购,并当场制作,提供给人们对于"吃"的满足感,提供新鲜健康的一站式服务。

对于实体书店而言,一方面可以建立读书会、文化沙龙等形式的阅读分享活动,另一方面可以通过与电商平台等合作,接入线上书店,人们在网络中更容易找到志趣相投的社群圈子,而实体书店可以将线上社群引入线下,设定每月针对不同主题社群的见面会活动等,通过社群分享活动来加强消费者对书店的忠诚度和黏性。

而其中最具有发展潜力的则是实体书店对于"个性"化服务的应用,这需要建立在一定的技术支持和驱动下。大数据能够帮助实体书店建立用户行为画像并进行精准的信息匹配。一方面实体书店可以设立会员制度,针对不同类型的会员开展有针对性的会员服务,比如积分兑换、私人服务等;另一方面要通过线上线下联网数据形成针对特定消费者的个性推荐,理想化的状态下可以利用人工智能等手段,实现在实体书店中通过人脸识别确定消费者偏好、将推荐书籍送到消费者面前的服务。除此以外,定制书籍也是实现"个性化"服务的重要方式,可以与其他公司进行跨界合作,由消费者自己确定封面形式、目录等,真正实现私人的阅读服务。

3. 将人工智能引入实体书店行业,实现"智能+"发展

人工智能(Artificial Intelligence,AI)是一个已被讨论了多年的热门话题,近年更是各国规划的重点发展方向,目前已进入快速发展的阶段。今天,AI已渗透在社会各个层面和众多领域,例如在安全、工业、居家等领域,它都有着难以为人工替代的作用和效率。以互联网为发展基础和重要动力,"智能+"概念成为可以给各行各业带来新的发展契机的核心概念。

(1) 实体书店智能化运营的必要性

"智能+"时代是许多传统行业以人工智能改造并且升级传统运营方式的时代。智能化运营的一个重要特征便是,利用消费者行为和反馈产生巨量的相关大数据并且有效运营这些数据,以获取新发展。以零售业为例,实体店的发展已超越纯粹的商品销售,新型实体店基于网络平台购物的普及,在拓展网上购物功能的同时更加强调消费者在实体空间的体验。另外,网上购物也需要融合实体店的特质,这也正是亚马逊网站开设线下实体书店的重要动因。因此,商家卖给消费者的不单单是一件商品,而是贯穿购物前、购买当下乃至购物后的体验和服务。企业需要提供的不仅仅是商品本身,而是该商品的购买、消费能满足消费者在特定社会场景中的参与需求和期望。

就书店而言,从消费者最直接接触的购书渠道(实体书店和网络平台),到产品供应链和组织内部运营,每一环节都可以通过智能化的精心设计而得到更精

准、高效的信息整合,从而实现更有效的选择。随着消费群体的细分化,书店有时需要实施更具针对性的营销方式。实体书店的价值观定位和体现是特定消费者群体实施购买决策的重要考虑因素,而价值观定位和体现在很大程度上源自实体书店通过线上线下融合等方式为消费者打造的环境体验,以及书店与消费者的有效互动。目前,购物平台的人工智能计算已较为普遍,通过消费者的网络足迹可预测并推荐相应产品,许多企业也通过会员制等方式收集消费者的消费情况和喜好。① 接下来的趋势是以消费者的真身识别和手机数据去收集相关消费者的全部消费习惯。例如亚马逊 GO(Amazon Go)无人商店的购买体验是不需要排队结账的,顾客在进入商店时刷一下二维码,选择好需要的商品后可以直接走出商店。消费者在商店里的所有行为通过计算机视觉(computer vision)、深度学习算法(deep learning algorithms)和传感器融合(sensor fusion)等智能技术去完成购买行为,消费者无需有意识地去完成传统的购买行为。② 实体书店可通过此类科技让消费者沉浸并关注书店里的体验,而不必思考最后的结账环节,给整个书店体验带来更加完整的句点。如 BLE(蓝牙)Beacon 的智能产品放在实体店中可以通过连接消费者的手机蓝牙去跟踪顾客在店里的移动踪迹,并且相应地为顾客推送产品。③ 当下国内的众多科技企业都在完善这其中的技术,因"智能+"时代的重点在于让物和物、物和人可以相互对话,实现线上、线下信息融合,并且其中每个环节都可以顺畅沟通。

(2) 实体书店智能化运营的前景

为了支撑智能书店,出版业生产环节的智能化是其中的重要环节。书店的智能产业链可以以物联网为基础,通过人工智能+物联网(AI+IoT)的结合,在出版物生产过程中安装传感器,从而获取准确的产品在生产过程中的数据,数据可以细化到每个层面。这种透明性和可追溯性还允许更好地控制、节省资源,可以通过人工智能学习技术及集成大数据,在整个出版产业链的每个阶段都能做出更好的预测和相关抉择。实体书店在供应链中运用人工智能技术,可以依据大数据实现高精准度的商品需求预测,从而降低成本。

"智能+"时代的企业需要拥有强大的智能计算机硬件等设备去消化并且配合零售店里的大量数据,通过先进的算法从巨量信息中提取任何可能有帮助的决策信息。书店行业应从硬件设备和系统软件层面跟上正在到来的大数据收集

---

① Exploring "Smart Bookstores" and Libraries of the Future [EB/OL]. https://publishingperspectives.com/2015/04/exploring-smart-bookstores-and-libraries-of-the-future/.
② Amazon [EB/OL]. https://www.amazon.com/b?ie=UTF8&node=16008589011.
③ Google Beacon Platform [EB/OL]. https://developers.google.com/beacons/.

和有效运用阶段。如果一家书店无法实现有效计算，智能化带来的便利反而会变成漏洞，导致风险和亏损。成立相关数据部门，或和人工智能算法公司开展合作，都是实体书店可考虑的选择项。虽然对于相关技术基础建设的质量要求和投入较高，但相对的收益将是非常可观的。智能零售科技可以让实体书店具备协同效应，让出版机构和消费者建立更全面的联系和更有效的信息沟通与分享机制，也将加快依据需求开发的新产品进入市场的速度。

目前许多书店都位于购物中心，随着购物中心智能化运营的推广，位于购物中心这类空间的书店很可能会与智能化运营趋势相融合。智能化的书店置身于这样的环境中，需与整体环境实现信息和数据的沟通合作，以便双方借助大数据、人工智能达成有益的合作结果。杭州的黄龙万科商城的智能化、大数据运营经验值得实体书店行业借鉴参考。

4. 加大社群营销平台和应用的引入力度

(1) 实体书店为何需要引入社群营销

如今的消费者，已经不是简单的信息接受者，单一的广告信息传递难以在消费者的脑海中留下印记，或刺激消费者的购买欲望，更难增强消费者的购买黏性与忠诚度。与之相对的是，随着社交媒体的发展，人们越来越习惯于在网上发布评论、参与互动，如在豆瓣分享书评、在贴吧参与对影视剧剧情的讨论、在微博、哔哩哔哩发布 Vlog(Video Blog，视频博客)分享剧情片段、在抖音等短视频 APP 发布短视频参与互动等等。而这些互动行为最终会形成一个个社群。[①] 事实上，消费者们已经习惯于在网络社会寻找一个个兴趣社群，加入社群已经慢慢成为人们的一种生活方式。

回归到有关实体书店的社群，我们更多地是在说一种"品牌社群"，即由对品牌具有共同兴趣和爱好的消费者聚集而成的关系网络。[②] 之所以说"品牌社群"，是因为在消费升级的大环境下，消费者已经超越了物质层面的需求，对于产品的选择在一定程度上更看重产品自身的附加价值，即精神层面的、代表一种生活方式或态度的品牌文化，如方所书店所倡导的新派生活方式。有研究者曾对一个线上汽车品牌社群进行了研究，研究表明人们感受到的互动作用程度越高，对社群的认同感就会越高，同时他们对品牌的认同感越高，而在对品牌认同感更高的情况下，人们对品牌的忠诚度及行为忠诚度也会越高。[③] 所谓行为忠诚度，

---

① [美]查克·布莱默.互联网营销的本质·点亮社群[M].北京：东方出版社，2010：2.
② 王新新，薛海波.品牌社群社会资本、价值感知与品牌忠诚[J].管理科学，2010(6).
③ 李智娜.在线品牌社群中互动性对品牌忠诚度的影响研究——以在线汽车品牌社群为例[D].复旦大学博士学位论文，2011.

意味着在选择同等产品时,将会优先选择该品牌的产品,以此实现了线上流量的变现。因此,社群营销带来的不是一次性的冲动购买,而是有可能实现长期的持续消费,进而产生口碑裂变。

社群营销实际上是一种互联网思维和用户思维的体现,作为销售者,"卖货思维"在这个互联网时代显然已经不适用了。同样,作为营销方,需要做的也不只是广告投放此类单向传播的宣传模式,而是需要与消费者进行互动,或引导消费者之间自发地产生互动行为,进而提高对品牌的忠诚度,增强消费者黏性,同时要注意社群营销的场景,强化消费者的体验。"社群的作用是通过线上的高频互动把那些本来跟企业没有任何关系的用户转为弱关系用户,把本来是弱关系的用户转化为强关系、强链接的超级用户"。① 而目前实体书店需要解决的,是如何与消费者建立一体化的社群关系,实现这种从无关系到弱关系,再到强关系的转变。

(2) 实体书店如何实施社群营销

美国品牌和营销专家查克·布莱默(Chuck Brymer)认为,社群营销应当具备信服力、协作力与创造力三种核心能力,其中,协作力指的是营销者需要成为社群的一部分并连接不同的社群,创造力指的是与社群沟通,找到消费者的痛点。② 社群营销已经应用到各个行业中,其中有不少成功的案例。本章将从实体书店的文化特性出发,结合具体案例,提出针对实体书店的可操作的社群营销建议。

第一,以会员权益吸引消费者,组建社群。

有部分学者曾提出,实体书店应当注重社群运营,充分发挥自身拥有的读者群体优势。通过会员建立社群是许多品牌在初步建立社群时屡试不爽的方法,如湛庐文化的社群品牌"庐客汇",以其会员用户为基础,推出不少针对会员用户的收费产品,并做到线上线下相联动。③ "罗辑思维"在 2013 年至 2014 年期间,发起了三次付费会员招募,以会员身份所带来的优先权及高福利吸引共 6.6 万人加入,依据不同的入会费,会员等级也有所不同,最早等级的会员所享有的权益包括优先参与"罗辑思维"线下活动并享有专属席位,等等。④ 以会员权益吸引与品牌已有一定联系的消费者,组成初始的社群,较容易调动社群成员对品牌的归属感,也较易引导社群成员参与线上线下各类活动,并依靠口碑传播、熟人

---

① 卢彦.社群营销方法论:IP+社群+场景[EB/OL]. https://mp.weixin.qq.com/s/nKi0yWU1QhlhdPqHBDIM5Q, 2018-04-30.
② [美] 查克·布莱默.互联网营销的本质·点亮社群[M].北京:东方出版社,2010:10.
③ 丁海猛,文宏伟.角色变迁、顾客价值体系构建与商业模式再造——实体书店的发展探讨[J].科技与出版,2018(4).
④ 李雪娟.社群经济发展策略研究——以"罗辑思维"为例[D].云南大学硕士学位论文,2015.

传播的力量拉动更多潜在消费者。

目前不少实体书店已经利用书本的无限链接能力,实现了多业态的融合发展,相应的可提供的会员权益也愈加丰富多样。如可以提供部分文创产品及书籍的专享折扣、线下活动及展览的免费参与权、限定图书借阅、咖啡饮品限量免费,甚至参与作家或店家的小型图书座谈会的专属权等多种多样的会员权益,以吸引消费者加入书店社群。同时,还可采用会员集点的方式鼓励并吸引消费者购物,如台湾诚品书店的"诚品人"会员卡就是采用集点兑换台币或纪念品的方式,而这种会员身份也是品位的象征。[1]

第二,利用社交平台群组功能,进行细分社群管理。

社群的组建也不能仅仅是办理会员,毕竟这并不能引发消费者的互动行为。因此在吸引会员的同时,应当利用微信、微博、豆瓣等平台的群组功能,以此建立起一个个线上社交平台的会员群组,或通过微信公众号链接会员个体,这样才能更加充分地发挥社群营销的作用。

实体书店空间中的不同业态,甚至不同内容、方向的书本,所代表的便是一个个可以细分的社群。因此在建立线上社群以及实际运营时,可根据消费者兴趣进行细分的社群组建运营,如聚焦餐饮时尚的社群、聚焦明清文学的社群、聚焦悬疑推理的社群、聚焦儿童教育的社群,等等。而作为一个整体,他们都属于这家实体书店的社群网络。这样细分的社群更有利于社群管理人员有针对性地进行话题引导、活动策划与组织,同时社群内的成员兴趣关联度更强,相互之间更有可能产生互动。

第三,通过线上、线下活动,链接消费者与书店。

社群的建立不只限于单个的线上或线下空间,通过策划各式各样的活动,不仅可以提升社群活跃度,建立消费者与书店之间的强联系,也可以将线上虚拟社群引入线下实体空间,进而实现流量变现。能够实现切实参与书店运作的活动往往会调动消费者参与的积极性,如诚品书店在 2009 年举办的"2020,如果诚品……"创意征集活动,以及 2016 年在诚品成立 1 万天举办的"许愿未来 next 10000"活动,都是邀请消费者表达自己对于书店愿景的活动。[2] 而这样的活动可使消费者意识到,他们在书店发展的进程中有所贡献,在活动形式上,也可以采用线上+线下的方式同步开展。

湖南长沙的当当梅溪书院曾在 2019 年元旦前联合湖南日报"新湖南"客户

---

[1] 方菱.一座书店一座城:诚品书店的发展逻辑[M].北京:新世界出版社,2017:175.
[2] 方菱.一座书店一座城:诚品书店的发展逻辑[M].北京:新世界出版社,2017:172.

端,共同举办"写给长沙的三行诗"线上活动,将书店与城市文化、城市情感连接在一起,并且以线下举办"长沙,为你写诗"新年诗友见面会暨三行诗颁奖仪式作为活动的收尾,成功将线上的活动参与者吸引至线下,且提升了书店品牌形象。

除却针对书店整体社群的活动以外,还可针对各个细分兴趣社群进行活动策划。如对于儿童教育兴趣社群,在线上微信群内,可邀请知名儿童教育、心理方面的作家入群,通过管理人员搜集群内问题,再由作家进行解答,与此同时,还可结合新书的销售,将书籍宣传融入问答过程中,以带动书籍销量。这种微信直播还可以通过微信直播机器人,实现实时转播到多个群组内。① 而在线下,可在实体书店内的儿童图书空间举办一系列亲子互动活动,如亲子合作绘画等。

线上或线下的活动需要根据不同的活动目的来进行具体策划,如本次活动需要推动已有社群成员分享社群信息进而吸纳新成员,就可通过类似分享集赞、图标的活动来达成活动目标。如要提高社群成员的活跃度,针对细分社群策划兴趣活动或举办易产生参与感的活动都是较为可行的选择。这些活动的举办不仅能建立消费者与书店之间的联系,也能够强化社群成员之间的联系,进而加强社群凝聚力,达到提升品牌忠诚度的目的。

5. 激活场景、实现多维度传播关系的融合

(1) 激活场景、多维度融合的总体思路

实体书店的融合发展可以与其他场景(公共图书馆、广播电视读书节目、网络综艺节目、APP 客户端、文化旅游、全民阅读推广活动等)相结合,抓住消费者的知识消费需求,通过阅读与情境融合,相互借力,达到 1+1>2 的效果。比如书店可以与广播电台、电视台、网络平台合作,打造读书节目,甚至开发专门的阅读购书 APP,借助"声音"这一传媒要素,将优质的书籍介绍给听众。这方面可以借鉴韩国的红书房经营模式,红书房是一档高人气的文化类博客节目"李东振的红色书屋"的线下书店。这档节目曾经创造过"红色书效应",即只要节目推荐过的书,销量都会暴增。② 在此基础上,红书房在一二楼售卖博客中推荐过的书,在三楼做了一个录音房让读者可以近距离观看或参与博客节目的制作,与主持人交流,将"博客+书店"的融合做到了极致。③

实体书店还可以更多地发挥其知识服务者的身份,与图书馆、学校、艺术馆等公共场所结合,在提升公众文化素养,推广全民阅读的大环境大趋势下借势发

---

① 郑满宁.泛社群营销:微信多群直播图书营销模式研究[J].中国出版,2016(12).
② 相遇图书的崭新模式,图书播客(BOOKS CAST)效应[EB/OL]. http://www.kbookchina.com/k/?p=2380,2015-09-29.
③ 侯惠宝,宫丽颖.韩国出版业的体验式营销[J].出版参考,2016(2).

展。比如上海的"光的空间",上海新华发行集团特意请著名建筑师安藤忠雄打造"书店＋美术馆"新型文化艺术空间,将艺术展品与艺术书籍相结合,打造立体阅读空间;①又比如大隐书局(大隐精舍)设计了剧场功能,思南书局则有"思南音乐季"的活动设计,通过文学与表演艺术的融通为读者提供全方位的精神享受;②此外,通过与图书馆合作,成都、合肥等地在政府的支持下打造了"城市阅读空间",由图书馆负责书籍提供配送,由实体书店负责书籍经营借阅,一方面解决了图书馆数量较少,阅读场景过于正式,一方面也解决了书店缺乏公共性,追求利益的问题,在合作中服务大众,推广了全民阅读,在商业经营上也取得了共赢。③

实体书店的跨界发展不一定要局限于文化创意产业,它可以成为一个城市的名片,变成旅游的标志性景点,比如杭州的晓风书屋,南京的先锋书店,台湾的诚品书店,在经年累月的发展中塑造了自己的品牌,延伸了书店的价值内涵,成为文人墨客的向往之地。又或者它可以与车站、医院、银行等一系列涉及"等待"这一时间要素的场景结合,帮助焦急等待的人们消磨时光,提供精神上的舒缓,浙江省人民医院引入晓风书屋,为患者及其家属打造了一个阅读休息区,书店里没有医学专业书,没有粗浅的娱乐八卦,全是人文社科和儿童图书,还有儿童绘本阅读专区,为来医院后哭闹不止的孩子带来一些欢乐。"医院＋书店"结合后带来的经济效益与社会效益都很好,书店在赚钱的同时缓解了患者、家属以及医院的精神压力,帮助医院提供人性化的服务。④

(2) 激活场景、多维度融合的具体层面

移动传播的本质是基于场景的服务,即对场景的感知及信息(服务)适配。⑤新媒介环境中实体书店融合发展的核心在于激活"场景",即以书店核心价值为基础,实现多维度传播关系的融合和连接。

1) 渠道融合

渠道融合首先是线上线下销售渠道的融合。一方面,实体书店可以借助天猫、京东等第三方电子商务平台拓展书店的网络销售渠道,建立自己的新媒体传播平台,拓宽实体书店的销售渠道。另一方面,实体书店还可以将体验的线下体验的优势和线上服务的快捷进行融合,读者线下查阅与挑选图书,然后通过实体

---

① 罗昕,鞠文韬.安藤忠雄新作新华书店"光的空间"亮相上海,昵称"安藤蛋"[EB/OL]. https://www.thepaper.cn/newsDetail_forward_1907111, 2017-12-15.
② 周伯军,范蔚文,曾敏.上海实体书店的创新与转型[J].党政论坛,2018(8).
③ 张白.图书馆与书店合作服务新模式——成都图书馆"城市阅读空间"实践研究[J].四川图书馆学报,2019(1).
④ 肖文轩.浙江省人民医院:书店进医院让医疗优雅[J].中国医院院长,2016(8).
⑤ 彭兰.场景:移动时代媒体的新要素[J].新闻记者,2015(3).

书店的电子终端,获得线上下单、付款,线下物流配送的购书体验。这也就是所谓的"新零售"。销售渠道的融合还能通过统计消费者的年龄职业、消费习惯、爱好兴趣等和线上平台共享数据,对这些数据进行管理和分析,做出精确地消费和画布,实体书店再基于精确的消费者画布为书店战略、营销策略的制定,以及书店选品、业态组合等提供参考。

渠道融合更重要的是实现打通线上线下的壁垒,融合实体书店与互联网的不同文化属性,实现线上、线下信息沟通渠道的融合,是实体书店融合发展的突围之道。如书店可以在网上新媒体发布新书签售会信息、招募读者沙龙成员,然后将线上读者吸引到线下参加活动。书店也可以运营网上读者社群,利用新媒体平台开展视频直播主题讲座、读书交流会等,将线下的读书活动搬到线上,引导读者积极参与书店互动,从而拓宽线上线下的沟通渠道。

2) 空间融合

移动互联时代"万物皆媒"。从媒介学视野看,实体书店不仅是承载书的空间容器,其中的空间营造、物件陈设、结构布局等都是传达意义的媒介。1992年美国服务营销学专家Bitner提出服务场景的概念,将其定义为"依靠人而建立起来的有形环境",其中氛围条件、空间陈列功能性、符号象征和人工制品是构成服务场景的三个维度。[1]

实体书店中书籍、空间与陈列的不同搭配组合能以不同的视觉风格营造差异化场景体验。如成都的"侘集·本屋书店"以建筑类图书经营为主,为凸显"建筑与生活"主题,书店空间用圆柱形书架搭建"书塔"象征城市楼群,书架间空间象征"街道""广场"等。[2] 物件、收藏、文创产品等都是实体书店空间融合句法的构成要素,彼此交融互嵌,形塑出具有辨识度的空间场景。此外,在空间设计、内部陈设及文化衍生中融入本地化元素,以当地文化媒介形塑为媒介化的文化空间。被誉为"中国最美书店"的"钟书阁"成都店将宽窄巷子、川剧脸谱、熊猫等元素融入空间幕墙,用成都特色"竹子"作为书架填充空间,地砖仿制"竹笋"形状,空间布局彰显蜀文化元素。[3] 通过这样的方法,众多书店可以做到"连锁但不复制",通过挖掘实体书店作为城市形象、文化艺术馆、公共图书馆等公共服务功能,让书店成为一座城市的文化地标,成为一座城市的新名片,成为城市形象与精神的象征。

---

[1] Bitner M.J. Servicescapes: The Impact of Physical Surroundings on Customers and Employees [J]. *Journal of Marketing*,1992,56(2):57-71.
[2] 承德市新华书店.4.0版本书店什么样? 进来看看[EB/OL]. http://www.sohu.com/a/208088890_99961431.
[3] 李淼."去"书店:基于场景的实体书店转型策略与实践[J].编辑之友,2018(11).

3) 业态融合

目前大多数新成立或转型后的实体书店都采取复合经营模式,把非图书的业态有机融合到图书的经营和销售体系中。如广州方所书店采用图书和服饰联合共存的零售模式,西西弗书店经营范围包括图书零售、定制、咖啡饮品、文化创意产品等多个文化领域,在全国拥有近 120 家实体连锁书店。西安曲江书城设置重磅阅读区、生活美学区和乐活体验区,涵盖了文化活动、亲子乐园和时尚餐饮等日常文化生活的各个业态,成为目前西北地区首家大型复合型阅读体验中心。COOKING STUDIO 以"书店里有厨房"为导向定期邀请世界各地料理专家进行现场实景演示教学,并提供烹饪书籍给消费者阅读。

互联网和新科技使众多传统产业的边界变得越来越模糊,采用"实体书店＋"进行经营选择,形成"实体书店＋传统产业"的业态融合模式,仍然是实体书店寻求经济与社会效益最大化的重要举措。

4) 技术融合

移动智能技术逐步与城市空间、日常生活互嵌,实体书店的融合发展也无法离开与新技术、新媒介的融合。借助新技术将互联网基因融入线下,利用移动互联技术共享性、平台化以及连接性等特点,实现实体书店的转型升级。例如,2017 年 11 月,阿里云宣布与新华互联签署战略合作协议,联手整合新华书店旗下数千家门店、图书馆外加 500 余家出版机构在内的全产业链资源,全力打造新华书店网上商城并积极筹建智慧书店。2018 年 2 月,全国首家 24 小时无人智慧书店在北京通州区国际图书城正式开业,正式开启了人工智能＋优质服务的多触角实体书店模式。刷脸、扫码、进门、扫货、结算、离开,智能体验交易一一上线,机器人为人类服务的场景已经到来①。

未来实体书店的智能化程度将不断增强,自助购书、机器人导购、AI 创新技术、电子阅读设备展示等,将进一步增强实体书店的新媒介化,营造更为个性化的技术场景。

5) 策略融合

书籍承载文化,文化承载精神。消费者的精神需求才是书店的出发点和落脚点,也是书店经营的最核心内容。

A. 实体书店＋文化活动

其实,书店的核心价值并不是书,而是"知识""阅读"等核心价值。书店可以围绕生活、人文等主题举办读书会、沙龙、讲座,以"流动之书"带动大众参与、分

---

① 张萍.互联网＋背景下中国实体书店业态转型研究[D].首都经济贸易大学硕士学位论文,2018.

享与讨论,既活化利用书店空间,也能够推动全民阅读氛围的形成。台湾诚品书店设立"诚品讲堂",以"知识的载体,人文的发声"为宗旨,邀请当地学者组织讲座,鼓励受众深化思考以延伸阅读。在央视《朗读者》文化情感类电视节目掀起朗读热之前,2014 年,哈尔滨"果戈里书店"率先发起"朗读者计划"活动。在书店内用书架围绕的小型舞台,配置灯光、音响、单人沙发等作为朗读场景,任何读者都可报名上台朗读。① 西西弗书店在《哈利·波特与被诅咒的孩子》文学作品热销期,举办系列"哈利波特"特色魔法故事活动:在书店内搭建"九又四分之三展台"供读者合影、颁发"魔法学院"入学通知书、举行开学典礼等体验活动,在提升销量、制造话题的同时,读者的空间体验、阅读体验及参与体验感同时得到满足。

B. 实体书店+生活栖居

为满足不同群体的阅读需求和精神生活,实体书店应该逐步向主题化、定制化方向发展,满足生活在城市里人们心灵栖息的需求。继台湾诚品书店将"半夜逛书店"打造为其品牌标识后,在广州、厦门、成都等地涌现出数家"24 小时不打烊"书店,读者可在此通宵读书、以书会友,甚至有书店发起共享空间的"短租"活动。日本茑屋书店很明确地针对生活富裕稳定、有闲暇时间和阅读需求的中年以上消费者,提供符合针对人群的书籍和阅读服务,"向他们做生活方式提案"。

国内首家女性书店"雨枫书馆"即提供给女性会员专属的阅读空间,以柔和的紫色、白色为主基调进行空间设计,店内书目按照"写给女人的书""女性文学""情趣生活"等主题陈列,并定期组织读书分享会、社群活动,为女性读者拓展社交圈、建立社群关系提供了空间与交往场景。近年来,还有相当数量的独立儿童书店、绘本馆、电影书店等涌现,它们其基于特定的亚文化社群,激活了交往场景。

总的来说,实体书店发展的突围要牢记"融合"二字,勇于进行模式创新。从思路上看,第一,书店是提供知识的平台,可以从内容生产和分享的角度进行产业突破,采用广播、电视、手机 APP 等多种媒体介质做优质书籍推荐、阅读活动推广、读书心得分享等节目,降低听众对好书的理解门槛,扩大书本的知名度,从而提高销量,实现书店营收的增长。第二,书店是一个公共空间,可以从空间设计和产品运营的角度实现产业融合,无论是举办艺术展、音乐会、小剧场,还是提供文创周边、咖啡茶饮、手工市集,都是对书店空间的一种概念延伸,让文化艺术在这个场景中进行对话交流,通过思维碰撞产生新的火花,为读者带来多重视听体验和精神享受,这种融合模式打破了书店卖书的传统经营形态,拓展了营收渠道,形成了"主业引流,副业创收"的新式发展业态。第三,书店也是人们精神栖

---

① 三石."朗读者计划"让书店春天永驻[N].中国新闻出版广电报,2017-03-20.

息的港湾,书店的运营同样要注意品牌的打造升级,兼顾社会效益。一个城市不仅需要高楼大厦,更需要精神地标,实体书店的发展可以结合政策和社会导向,举办公益活动,推广全民阅读,体现书店的社会价值,或者融入医院、学校、车站等特殊场景里,为焦虑心烦的人们提供心灵的避风港,增强社会和谐。这个过程不仅有利于书店品牌口碑的迅速提升,也有利于城市建设和文化旅游的发展。

三、实体书店转型与融合发展的效果评估

在实体书店融合发展模式的探究之中,有必要对融合发展模式所产生的效果进行一系列的评价,而评价指标体系也影响着进一步的发展战略。因此,重视、完善实体书店融合发展效果的评价指标体系势在必行,科学评价指标体系的建构与实施将有助于实体书店的转型发展。

由于实体书店兼顾盈利与提供知识服务的双重角色,关于经济性和知识性的考量都应该纳入评价指标体系之中。实体书店要发挥其功能,是基于提供良好服务的基础之上,因此,对于服务的评价指标应该进行细分。在技术层面,互联网的发展赋予了实体书店更多的可能性;在人工智能时代,实体书店的融合发展需要充分借助技术之力,依托人工智能技术实现更好的融合发展。除了业内人士通常较多关注的专业因素和机构发展目标之外,实体书店融合发展的效果评价指标体系也应当包含来自社会评价层面的若干重要因素。实体书店在融合发展的过程中,要实现较好的传播效果,书店必须擅于与读者进行双向互动,要重视读者流量和读者意见等信息反馈。基于上述考虑,本课题组建构了如下的实体书店融合发展效果评价指标体系(见图3-25)。

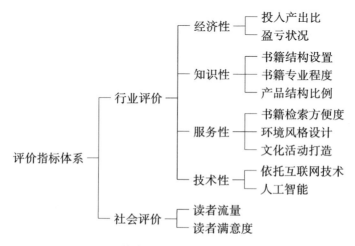

图3-25 实体书店融合发展效果评价指标体系

1. 行业评价

（1）经济性

实现经济利润产出以维护书店运行是实体书店经营的目标之一，同时良好的经济收益可以进一步为书店提供社会性的知识服务奠定基础，书店的盈利状况是一个书店在经济性发展层面的重要衡量指标。在对实体书店融合发展的效果进行评估时，要将经济投入、经济产出以及相应的投入产出比纳入评价体系之中，以此为重要依据，在实体书店融合发展方案调整时进行精准的规划布局。

（2）知识性

1）合理书籍结构设置

书籍作为书店的核心商品，其结构设置的合理性深刻影响到其提供的知识服务的质量。书籍的设置应当满足不同读者需求，在选购书籍时，应当考虑读者偏好、书籍的严肃性与娱乐性等，进行合理布局。英国大型连锁书店水石书店采取书店经理（相当于职业经纪人）负责制的采购方式，而非与出版商直接合作，就是为了书籍结构布局的合理化。

2）书籍的专业性

一些专业型的书店需要满足某一领域读者群体的特定需求，就必须具有一定的专业针对性，保证书籍储备结构的专业化，保持其在专业领域内的更新速度。如中国建筑书店等特色书店，在专业领域内关注前沿，能为读者从事专业工作提供较为完善的知识服务。

3）平衡产品结构比例

多数实体书店都处于图书专营店向生活方式集合体的转型之中，适当的产业结构拓展有利于增加书店的收入来源，实现更好的经济收益，很多书店在售卖书籍的同时也会出售很多文创产品，以及设有可购买咖啡等饮品的阅读区域，推出自有品牌的周边产品。但需要注意的是，非书产品要控制在合理的范围内，书籍等知识产品及相应的知识服务应当始终是实体书店的核心产品，否则将使书店丧失其核心功能，无法完成其功能的发挥。因此，在实体书店融合发展的过程中，书店的产品结构比例应当作为重要的效果评价指标。

（3）服务性

1）书籍检索方便程度

打造高效、快捷的书籍检索系统，帮助读者获取更多、更高质量的相关信息，对于提升读者服务体验具有重要意义。服务人员应当尽可能多地储备专业知识以为读者选书提供指导，服务人员的服务水准应当纳入评价指标体系之中。同时除了人工指导之外,机器索引系统的发展完善也需要加以重视。信息组织的目的是为实现无序信息向有序信息的转换,促进用户对信息的有效获取和利用。这里的信息包括各种图书信息包括书名、作者、出版社、出版年月、版次、原书定价、优惠价、有否现货、图书递送所需时间等,和包括图书封面、促销广告等在内的图像信息。信息组织的分类、分层是否科学合理,也直接影响用户体验。① 完善机器索引系统,有助于更好地进行信息组织,以改善书店的服务。

2) 环境风格设计

书店的环境风格设计可以传达出书店独有的文化理念,在实体书店的融合发展过程中,书店逐渐转向一种文艺生活方式的提供之地,书店的视觉体验成为读者的一大追求,书店的橱窗、物件摆放、区域规划都应加以用心设计,同时为了给予读者更好的阅读体验,要充分考虑环境舒适度。

3) 文化活动打造

如今书店作为城市的精神文化符号,其定位应当从传统的图书分销商向文化服务、知识服务的提供者转型,因此要尽可能打造一批精品文化活动。例如单向空间书店会定期举办展览活动,以此成为城市居民文化活动的聚集地。在实体书店的融合发展与转型升级过程中,该项指标不容忽视。

(4) 技术性

1) 依托互联网的发展

互联网的发展为实体书店融合发展带来了诸多可能性:一是为实体书店提供了更多的线上营销渠道,书店可以利用网络进行视觉营销,在网络平台上展示书店环境、书店特色,利用互联网宣传书店文化理念,等等;二是为实体书店开辟了更多的销售渠道,书店可以利用网络技术销售,同时完善销售过程中的咨询、信息服务。

2) 人工智能的运用

人工智能时代借助算法更好地了解、满足读者需求,将成为未来书店发展的重要趋势。

2. 社会评价

在对实体书店融合发展效果进行评估时,除了对于行业领域内一些书店的专业指标的注重之外,也应该更多关注读者的反馈,形成用户导向思维。读者流量是评价的一个重要指标。场景化的时代,用户导向思维逐渐成为各类文化服

---

① 谭颖骞.基于大学生满意度的网上书店评价指标体系研究[J].中山大学研究生学刊(社会科学版), 2011(4).

务、知识服务提供者的立足点,要善于为用户定制特定的场景,及时了解其偏好,这就需要全方位地搜集用户评价。

上述实体书店融合发展效果评价指标体系中的各部分指标还应当有所权重,对于各部分指标的权重,应当依据书店的实践、读者的反馈,不断进行调整与创新。

附录：全国一线城市实体书店分布情况

根据《中国城市新分级名单》,选取一线城市(4 个)、新一线城市(15 个)进行研究。借助百度地图 APP,搜索每个城市的实体书店数量,归纳实体书店分布情况(2018 年 12 月)。结果以图表形式呈现如下。

在 4 座一线城市之中,在实体书店的数量上北京居首,为 975 家,广州最少,为 332 家。万人拥有书店数量上北京同样居首,为每万人 0.45 家,广州同样最少,为每万人 0.23 家(如图1)。

表 1　一线城市实体书店分布情况

一 线 城 市	北 京	上 海	广 州	深 圳
实体书店数量(家)	975	626	332	457
人口数量(万人)	2 171	2 418	1 450	1 253
GDP(万亿元)	2.80	3.06	2.15	2.24
万人拥有书店数量(家/万人)	0.45	0.26	0.23	0.36

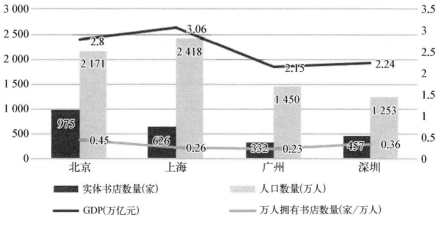

图 1　一线城市实体书店分布对比

在 15 座新一线城市中,在实体书店的数量上前三名为武汉 763 家,成都 463 家,西安 445 家)(如表 2)。

表 2　15 座新一线城市实体书店数量

	成都	杭州	重庆	武汉	苏州	西安	天津	南京
实体书店数量(家)	463	278	275	763	248	445	233	265
	郑州	长沙	沈阳	青岛	宁波	东莞	无锡	
实体书店数量(家)	334	267	310	159	225	253	158	

1. 北京实体书店分布情况(如表 3)

表 3　北京实体书店之分布

区　域	书店数量(家)	常住人口数量(万人)	万人拥有书店数量(家/万人)
朝阳区	187	395.5	0.47
海淀区	152	369.4	0.41
丰台区	67	232.4	0.29
西城区	98	129.8	0.76
东城区	188	90.5	2.08
石景山区	25	65.2	0.38
昌平区	57	196.3	0.29
通州区	40	137.8	0.29
顺义区	40	102	0.39
房山区	37	104.6	0.35
门头沟区	7	30.8	0.23
大兴区	31	156.2	0.20
怀柔区	11	38.4	0.29
延庆区	12	31.4	0.38
平谷区	9	42.3	0.21
密云区	14	47.9	0.29

北京各区在万人拥有书店数量上的前三名为东城区、西城区和朝阳区。其中,东城区远远超过其他各区,达到了每万人 2.08 家,书店数量也以 188 家居

首。究其原因,东城区是首都功能核心区,是北京文物古迹最为集中的区域,拥有国家级文物保护单位 16 处,市级文物保护单位 60 处,北京市历史文化保护区 18.5 片。因而,本身的历史文化积淀和政府对其区域定位使得东城区的实体书店发展很好。

2. 上海实体书店分布情况(如表 4)

表 4 上海实体书店之分布

区 域	书店数量(家)	常住人口数量(万人)	万人拥有书店数量(家/万人)
浦东新区	122	504.4	0.24
徐汇区	55	108.5	0.51
普陀区	23	128.8	0.18
闵行区	54	242.9	0.22
宝山区	40	190.5	0.21
杨浦区	40	131.3	0.30
静安区	29	24.7	1.17
长宁区	26	69.1	0.38
松江区	21	158.2	0.13
黄浦区	76	65.8	1.16
虹口区	31	80.9	0.38
嘉定区	23	147.1	0.16
金山区	13	73.2	0.18
奉贤区	22	108.3	0.20
青浦区	19	108.1	0.18
崇明区	32	70.4	0.45

上海各区在万人拥有书店数量上的前三名为静安区、黄浦区和徐汇区。其中,静安区达到了每万人 1.17 家,黄浦区达到了每万人 1.16 家。究其原因,静安区地处上海市中心,周边与 6 个区相邻,历史文脉悠久、城市环境优美、商业商务发达、创新活力迸发、信息交通便捷,是上海对外交流的重要窗口。同时,静安区正努力打造学前教育精品化发展、义务教育优质均衡化发展、高中教育特色化发展和市民教育多元化发展的大教育格局,教育发展极好。而黄浦区为上海市中心城区,外滩、老城隍庙等旅游景点云集,是宣传城市文化的重要窗口。

3. 广州实体书店分布情况(如表5)

表5 广州实体书店之分布

区 域	书店数量(家)	常往人口数量(万人)	万人拥有书店数量(家/万人)
越秀区	56	116.4	0.48
天河区	69	169.8	0.41
海珠区	55	166.3	0.33
荔湾区	16	95.0	0.17
白云区	56	257.2	0.22
番禺区	80	171.9	0.47

广州各区在万人拥有书店数量上的前三名为越秀区、番禺区和天河区。其中,越秀区达到了每万人0.48家,番禺达到了每万人0.47家,并且番禺区的书店数量总数为最多,达到了80家。究其原因,番禺区文教鼎盛,素有"文化之乡"的美誉,旅游景点丰富,还有广州大学城坐落其中。

4. 深圳实体书店分布情况(如表6)

表6 深圳实体书店之分布

区 域	书店数量(家)	常住人口数量(万人)	万人拥有书店数量(家/万人)
福田区	118	151.7	0.78
罗湖区	79	100.5	0.79
南山区	74	136.6	0.54
宝安区	101	302.7	0.33
龙岗区	85	215.4	0.39

深圳各区在万人拥有书店数量上的前三名为罗湖区、福田区和南山区。其中,罗湖区达到了每万人0.79家,福田达到了每万人0.78家,并且福田区的书店数量总数为最多,达到了118家。究其原因,福田区隶属于广东省深圳市,是深圳市中心城区,市委市政府所在地。教育发展好,在2011年被教育部基础教育课程教材发展中心授予"教育国际化实验区"。经济发展好,是全国百强区第三名。

(吴赟:浙江大学传媒与国际文化学院)

第四章
"互联网+"时代的纸质图书版权保护机制研究

第一节 研究的目的与意义

随着智能手机、平板电脑等产品的普及,我国国民数字阅读接触率逐步上升,相比于实体图书,数字阅读产品廉价、便捷,对纸质图书的销售形成冲击。因纸质图书多为经典文学、专业知识等内容的"深阅读"且兼具收藏属性,尽管数字阅读接触率不断提升,但纸质图书仍是读者首选的主要阅读形式。2010年—2017年,我国图书出版规模持续增加。2017年,全国共出版新版图书25.5万种,图书出版实现营业收入879.6亿元,增长5.7%;利润总额137.5亿元,增长2.4%。在这巨大的市场背后,版权侵权案件频发。互联网的发展使纸质图书的侵权盗版呈现出如下特点:① 内容的掺杂性。由于网络的开放性特点,存储着大量的信息。侵权图书以复制+粘贴的"拷贝术"进行内容组织;② 传播的广泛性。信息传播除了通过网店和实体书店,又增加了手机、电子书终端等;③ 侵权的跨国性;侵权图书很可能涉及第三国的侵权行为;④ 侵权平台多样化、侵权方式手段多样化;⑤ 销售渠道呈现出线下实体到线下、线上相结合的发展趋势。网络时代下的侵权盗版能够导致部分图书收益损害多达亿元,严重削弱了图书产业获取市场回报的能力,从根本上制约了图书产业生产力的发展;同时这将扼杀作品的原始创新,损害消费者不断增长的文化需求的长远利益;扰乱破坏了社会主义市场经济秩序,极大地损害了国家的形象和声誉。如何有效破解网络时代下的纸质图书侵权盗版已成为人类全社会共同面临的问题。

第二节 国内外研究现状

一、关于图书版权保护的内涵研究

2014 年,Nkiko,C[①] 以尼日利亚出版业图书盗版为研究对象总结出图书盗版的一些原因是贫困、图书稀缺、公众对著作权法的无知以及一些国家对知识产权国际条约的不合作态度。심유조[②]建立一个更可预测的盗版行为模型,探讨消费者(大学生)数字盗版(音乐、电视、电影、书籍)的态度—行为关系以及影响盗版态度和行为的因素。2016 年,Burmester,AB[③] 使用贝克尔(1968)分析社会问题的经济学理论与随机效用理论相结合的方法,建立了图书、电影媒体产品的选择模型,实践表明从管理的角度来看,单纯通过提供正版图书有针对性的报价来减少盗版是非常困难的。

孙兴春在 2006 年从经济学、社会学、政治的角度对传统图书盗版存在和蔓延的问题进行探讨和分析,对于互联网新形势下的图书侵权盗版新问题并未涉及讨论[④]。2017 年,李晶晶、王志刚对网络市场盗版童书的生存模式进行分阶段的细致考察,着重分析了网络销售盗版童书的种种现状,为网络盗版治理提供新的思路,但只限于童书不具普适性[⑤]。王欣欣、王宏等在 2011 年阐述当前网络图书盗版行为的表现形式,从价格、内容、读者等方面探讨了网络图书盗版行为存在的根源[⑥]。栾韬在 2017 年则运用公共管理理论和产权理论来剖析我国图书网络版权保护这一特定领域问题,研究视角较为细化,但研究范围不能涵盖图书侵权盗版的多种形式同时缺乏模型支撑分析不够理性[⑦]。何源、金明在 2007 年则通过对政府和出版商之间的双方博弈模型分析,可以得出一些有用的结论:

[①] NKIKO, CHRISTOPHER. Book Piracy in Nigeria: Issues and Strategies [J]. Journal of Academic Librarianship. 2014(40): 394-398.
[②] 심유조. Consumers' Digital Piracy: The Attitude-Behavior Relationship and Determinants [J]. Consumer Policy and Education Review. 2014, 10(3): 1-32.
[③] BURMESTER, ALEXA B. Accepting or fighting unlicensed usage: Can firms reduce unlicensed usage by optimizing their timing and pricing strategies? [J]. International Journal of Research in Marketing. 2016, 33(2): 343-356.
[④] 孙兴春.图书盗版现象的理性分析——多学科的理论阐述[J].编辑学刊,2006(05): 37-40.
[⑤] 李晶晶,王志刚.我国盗版童书的网络市场生存模式探析——基于群落建构过程的生态视角[J].出版科学,2017,25(05): 73-77.
[⑥] 王欣欣,王宏.浅析网络图书盗版现象与治理[J].河北科技图苑,2011,24(02): 46-48.
[⑦] 栾韬.我国图书网络版权保护对策研究[D].大连海事大学,2017.

"暴利并不是出版商出版盗版图书的根源"①。郑小强在2011年建立包含盗版者、出版社和作者的三方博弈关系模型并以此深度解析我国图书盗版的深层次原因,该研究中博弈各方的支付都是基于假设的具体数值,导致其分析缺乏一般性②;为此苑春在2013年将用函数表达式来表示各方的支付,从而可以更为一般地讨论图书盗版博弈问题,对于解决长期困扰我国出版业发展的盗版难题具有一定的实践意义③。

二、关于纸质图书侵权盗版治理的相关讨论

2015年,Law Review认为为了打击网络盗版战争,各国政府通过立法和私人合同法决定逐步建立应对体系④。这种体系的趋势是重教育,轻处罚,轻个人,重商业网络盗版。2018年,Thi Thu Hoai Phan调查分析不同学生群体在购买行为上的差异,建议降低正版图书的价格吸引学生购买原始教科书⑤。

2017年,彭晔分析由于出版社自身对于侵权行为的防范能力有限,在进行版权维护的过程中,主要还需要依靠政府部门的监督和管理,并辅助自主救济和第三方介入⑥。2016年,张莉惠认为在经济法视角下进行图书盗版法律规制,即从市场监管法和宏观调控法这两个大方面切入,其中市场监管法角度从反不正当竞争法和消费者权益保护法两个方面对图书盗版进行规制;宏观调控法则从产业法、财收法和价格法等三个方面对图书盗版进行规制⑦。2013年,汪曙华提出完善版权行政保护的关键应理顺现行管理体制,提高行政保护效能⑧。2014年,夏雨提出在版权保护中应该解决行、刑衔接问题,这必须从厘清移送种类为起点,构建具有交互性的移送制度⑨。2017年,张书勤、姚亚辉等分析了网络环境下出版社打击盗版工作的困境,强调当前盗版技术日益更新导致打击盗版工作困难重重,并以出版社为视角,提出应重视反盗版技术与网络监管等新技术手段⑩。

---

① 何源,金明.图书市场盗版行为的博弈分析[J].天府新论,2007(S1):167-168.
② 郑小强.基于三方博弈的图书盗版问题分析[J].出版科学,2011,19(06):49-52.
③ 苑春,郑小强.图书盗版的博弈分析——基于多人及多种群演化博弈理论[J].出版科学,2013,21(03):57-60.
④ Law Review. Icelandic. Decision of the Supreme Court on the protection of privacy with regard to the processing of Health Sector Databases. Attorney at Law vs The State of Iceland [J]. 2015, 127-138.
⑤ Thi Thu Hoai Phan. Promoting the Purchase of Textbooks in the Vietnamese Higher Education Sector [J]. Publishing Research Quarterl. 2018, 34(1): 89-95.
⑥ 彭晔.数字化时代出版社图书版权维护的路径与评析[J].现代出版,2017(06):51-53.
⑦ 张莉惠.基于经济法视阈下图书盗版的法律规制研究[J].传播与版权,2016(02):176-177+180.
⑧ 汪曙华.论我国版权行政保护的制约因素与完善途径[J].东南传播,2013(07):55-57.
⑨ 夏雨.论版权保护中行政处罚与刑罚衔接[J].中国出版,2014(10):58-60.
⑩ 张书勤,姚亚辉,李立雄,张思琦.网络环境下出版社打击盗版的思考[J].管理观察,2017(10):81-83.

三、图书反侵权盗版技术手段的相关研究

1. "互联网+"时代纸质图书网络侵权盗版认证技术研究现状

2016年,Reimers Imke认为公众(立法)和正式(法律)的努力,以防止侵犯版权一直是有争议的或低效的,而商业公司使用相对便宜的网络监视来保护个人图书的侵权盗版是高效的[①]。2012年,Agreste,S提出多通道小波函数实现的水印算法,称为MCWM 1.0用于数字图书的版权认证鲁棒性较高版权认证效果好,但尚未应用于纸质图书的版权保护[②]。2009年崔得龙,黄文培提出的基于DT-CWT的数字水印算法[③],该算法基于DT-CWT相对于实数DWT的优点,设计了一种对抗几何攻击的数字水印算法,可用于数字图书图像的版权认证。2011年,刘金华、佘堃发表的基于关键熵的双树复小波域盲图像水印算法[④]。他们使用尺度不变特征变换(SIFT)的技术在图像特征点局部使用归一化技术构造不变的特征区域,用双树复小波技术结合量化调制策略在大于图像平均熵的关键熵图像区域嵌入水印。实验分析表明,该算法对常用的图像处理攻击如噪声叠加、中值滤波、高斯滤波、PEG压缩等和缩放、旋转等几何攻击具有较好的鲁棒性。在2018年刘万军、孙思宇等人发表的双树复小波域的稳健性数字水印算法为解决传统水印技术鲁棒性与隐蔽性提供了新的方法[⑤],他们使用Fibonacci变换和logistic混沌映射变换用于水印图像得到加密后的水印图像。对载体图像使用双树复小波变换进行3级分解提取原始图像低频子块部分子带信息,然后将双对角线奇异值分解(BSVD)作用于所提取的该子带信息,得到双对角奇异值矩阵S;最后将加密后的水印图像嵌入到矩阵S当中,完成水印的嵌入。实验结果表明该方法对JPEG压缩攻击具有非常好的鲁棒性,对其他攻击也具有很好的稳定性,但在水印的鲁棒性与不可见性方面仍有较大的改进空间。

2. 纸质图书的盗版的认证技术研究现状

李亚波在2012年[⑥]、肖和在2017年[⑦]本别从视觉感官如看封面、作者、用

---

① REIMERS IMKE. Can Private Copyright Protection Be Effective? Evidence from Book Publishing [J]. Journal of Law & Economics. 2016, 59(2): 411-440.
② AGRESTE, S. A New Approach of Watermarking Technique by Means Multichannel Wavelet Functions [C]. 7th International Conference on Computational Methods in Science and Engineering (ICCMSE). 2012, 1279-1282.
③ 崔得龙,黄文培.基于DT-CWT的数字水印算法[J].计算机工程与设计,2009,30(13): 3240-3243.
④ 刘金华,佘堃.基于关键熵的双树复小波域盲图像水印算法[J].光电子.激光,2011,22(05): 757-762.
⑤ 刘万军,孙思宇,冯琳,姜文涛.双树复小波域的稳健性数字水印算法[J].辽宁工程技术大学学报(自然科学版),2018,37(03): 660-668.
⑥ 李亚波.高校图书馆应对盗版图书的路径分析[J].才智,2012(32): 284-285.
⑦ 肖和.如何鉴别盗版书[J].中国防伪报道,2017(03): 113-114.

纸、装订、售价来鉴别图书的真伪,但对于高仿图书的真伪鉴别上却无能为力。2014年,张慧分析了新时期下市场盗版图书的变化:盗用作者名字、网络拷贝、概念化教辅,建议出版社采用图书防伪策略[1]。爱立在2008年认为因为找到盗版商并举证,需要耗费大量的人力、物力、财力,最后即使有法律判定,但经济赔偿也往往无法兑付,出版社应该加强自己的防伪措施防止图书盗版[2]。现在还有很多出版社用数码防伪技术,读者购买到贴有编码防伪标识物的图书后,只需拨打电话或上网,输入图书上的编码,即可知道图书的真伪。但图书编码无加密处理容易破解仿制,并不能从根本上起到防伪的作用。数字水印技术保密性高、难以复制、技术升级快、检查便当(专有的检查仪器或普通扫描仪加上配套软件就能够检查出水印象征),已在印刷防伪上得到应用。

Lin等人[3][4][5]提出了Fourier-Melin(FM)变换域的抗打印扫描水印算法,利用FM变换的几何不变特性,在DFT系数特征较为稳定区域进行信息嵌入。Q Ruanaidh[6]同样利用了FM变换的几何不变特性,将水印嵌入在变换后的幅值系数上。Gueluy等[7]除利用了Fourier变换的不变特性外,还设计了在空域中的周期性嵌入方式以提高算法的抗剪切、压缩、滤波攻击能力,取得了较好的抗打印扫描效果。但由于算法设计的复杂性,只能用于伪随机序列而非可见标识的嵌入。

英国Signum公司、瑞士AlpVision公司、美国Digimar公司也有相应的产品软件问世,用于印刷产品的防伪,但价格较高,应用场景不多。

Ghafoor A、Imran M[8]在2012年提出的"基于PCA、DWT和SVD变换的非盲水印技术",利用PCA对彩色分解量的相关性,将水印嵌入图像经DWT变换后的二级子带中。然而,该技术只能提供有限的鲁棒性,应付少量的处理攻击(噪声、均衡和对比度增强等)。

---

[1] 张慧.新时期下市场盗版图书的变化及出版社预防应对策略[J].传播与版权,2014(10):61+63.
[2] 爱立.遭遇盗版,专业图书如何维权?[J].出版参考,2008(13):7.
[3] LIN C Y, CHANG S F. Distortion Modeling and Invariant Extraction for Digital ImagePrint-and-Scan Process [J]. Journal of Mechanical Working Technology, 1970, 10(3):376-381.
[4] LIN C Y. Public watermarking surviving general scaling and cropping: an application for print-and-scan process [C]. Multimedia and Security Workshop at ACM Multimedia. 1999, 99:1999-10.
[5] LIN C Y, WU M, BLOOM J A, et al. Rotation, Scale, and Translation Resilient Public Watermarking for Images [J]. Proc Spie, 2000, 10(5):767-782.
[6] RUANAIDH J. J. K. O, PUN T. Rotation, scale and translation invariant spread spectrum digital image watermarking [J]. Signal processing, 1998, 66(3):303-317.
[7] LEFEBVRE F, GUELUY D, DELANNAY D, et al. A print and scan optimized watermarking scheme [C]. Multimedia Signal Processing, 2001 IEEE Fourth Workshop on. IEEE, 2001:511-516.
[8] IMRAN MUHAMMAD. A PCA-DWT-SVD based color image watermarking [C]. Conference Proceedings — IEEE International Conference on Systems, Man and Cybernetics, pp.1147-1152.

Thanh Ta Minh、Tanaka Keisuke[1]两人在2015年提出的使用QIM和"基于q对数函数的量化SVD域的盲水印技术",只能适用于较少的水印信息嵌入,而不能提供高嵌入率。

Mohammed El Bireki、Majdi Farag[2]等人于2016年提出的"基于联合(DCT-DWT)和Arnold变换的数字图像水印技术",经提取出后,获得的水印图像的质量较差。

The TH、Banos O[3]等人于2016年提出"利用最佳信道选择改善数字图像水印",通过DWT最优地将信息嵌入到子块中来最小化视觉差异,然而其算法对于基本的攻击(裁剪,均衡等)是十分脆弱的。

Summuyya Munib、Asifullah Khan[4]两人在2017年提出的"基于鲁棒图像三角区域和Zernike矩阵的水印算法",根据图像特征点和局部Zernike矩阵来嵌入水印信息。计算每个选定三角形段的Zernike矩阵,然后使用抖动调制将水印嵌入Zernike矩阵中。然而该技术对攻击的抵抗力很低,提取过程复杂,计算量大。

Dong Jiwen、Zhao Ziru[5]等人在2017年发表的"基于压缩感知和双树复小波变换的图像加密算法技术",利用压缩感知技术在DT-CWT变换后的小波系数中嵌入水印,虽然提高了水印的不可见性,但鲁棒性很差。

我国科技人员也在进行数字水印印刷防伪技术的研究工作。上海理工大学王文举、孙刘杰等课题团队研究了光全息数字水印技术的印刷防伪技术并应用于印铁防伪,可以实现在印刷图像中加入数字水印,并可以通过低档扫描仪和专门软件完成印刷图像中数字水印的自动提取与认证;成都宇飞信息工程有限公司的印刷打印数字水印技术已得到商业化应用,但水印识别率低、难以

---

[1] THANH TA MINH. Blind watermarking using QIM and the quantized SVD domain based on the q-logarithm function [C]. VISAPP 2015 — 10th International Conference on Computer Vision Theory and Applications; VISIGRAPP, Proceedings, v3, pp.14-25, 2015.

[2] MOHAMMED EL BIREKI, MAJDI FARAG. Digital image watermarking based on joint (DCT-DWT) and Arnold transform [J]. International Journal of Security and its Applications, v10, n5, pp.107-118, 2016.

[3] HUYNH-THE, THIEN. Improving digital image watermarking by means of optimal channel selection [J]. Expert Systems with Applications, v62, pp.177-189, November 15, 2016.

[4] MOHAMMED EL BIREKI, MAJDI FARAG. Digital image watermarking based on joint (DCT-DWT) and Arnold transform [J]. International Journal of Security and its Applications, v10, n5, pp.107-118, 2016.

[5] DONG JIWEN. An image encryption algorithm based on compressed sensing and dual-tree complex wavelet transform [J]. ACM International Conference Proceeding Series, pp. 30-33, January 6, 2017, Proceedings of the 5th International Conference on Bioinformatics and Computational Biology, ICBCB 2017.

推广。

周亮、李炳法等人[1]提出一种基于空间域变换的图像数字水印算法的防伪印刷技术。该算法首先对二值图像进行置乱变换,再对数字图像信号进行分段处理,最后依据人眼视觉系统进行量化完成对水印信息的嵌入。该算法简单易用,但是由于算法是在空间域中嵌入水印,所以安全性和鲁棒性不高。

牛少彰等人[2]提出了一种基于半色调图像数据隐藏算法的印刷水印技术。该算法针对印刷打印中的半色调攻击,采用在 DCT 域中多次重复嵌入水印的方法,提取时候用隶属度来降低误检率,得到了较好的鲁棒性,并且能够抵抗打印扫描攻击。但是水印的容量太小,一般 256×256 的载体图像只能嵌入几十比特的水印。

梁华庆等人[3]提出一种基于数字水印的证件防伪技术。该算法以证件号码为种子,产生具有良好自相关特性的随即序列作为水印信号,为提高水印的鲁棒性,采用强度自适应的 DCT 系数局部调整法,将水印重复多次嵌入到图像的分块 DCT 中频系数中。该算法同样面临着水印嵌入量不大的问题,而且该算法不能抵抗裁切的攻击。

杨晓辉等人[4]提出了一种基于 Curvelet 变换的印刷防伪非盲数字水印算法,将数字水印图像嵌入到经 Curvelet 变换后的载体图像的中频,但抗旋转、剪切、噪声等鲁棒性较差。

冯起芹等人[5]结合印刷图像网点再现的工艺特点,将数字全息水印和数字图像半色调化技术紧密结合起来,将数字全息图作为数字水印,嵌入待印刷图像中,但无明确的提取算法和水印识别效果。

袁雅倩[6]等人与 2014 年发表的"基于抗攻击的数字水印印刷防伪技术的研究",该文系统地研究介绍了水印的嵌入和提取过程,并在文中提出了一种基于小波变换的数字水印印刷防伪算法。选择在小波域的低频分量中嵌入水印,算法的鲁棒性能较强,但在加大噪声攻击后,提出的水印效果并不是很好,

---

[1] 周亮,李炳法,单云凡,邓科,蔡毅.一种新的基于数字水印的防伪印刷技术[J].信息技术,2005,(09):31-34.
[2] 牛少彰,伍宏涛,谢正程,刘歆,杨义先.抗打印扫描数字水印算法的鲁棒性[J].中山大学学报(自然科学版),2004,(S2):1-4.
[3] 陈秀新,梁华庆.一种新的证件防伪技术研究[J].北京工商大学学报(自然科学版),2007,(01):46-48.
[4] 杨晓辉,崔新春,曹振亮,胡自强.基于 Curvelet 变换的印刷防伪数字水印算法[J].中国印刷与包装研究,2014,(04):106-111.
[5] 冯起芹,单武扬,薛继武,李娟,谢勇.基于全息水印印刷防伪的半色调算法[J].包装学报,2013,(01):26-30.
[6] 袁雅倩.基于抗攻击的数字水印印刷防伪技术的研究[D].华南理工大学,2014.

有待改进。

谢勇[①]等人于2016年提出的"抗印刷/扫描彩色图像零水印方案",将图像从RGB空间转换到CIELab空间,对图像的亮度分量做小波变换,再对高频的系数做奇异值分解,用最大奇异值构造零水印,大大提高了水印的不可见性,但其鲁棒性不强。

刘瑞远、王春鹏[②]二人在2017年提出的"基于几何校正的双树复小波域彩色图像水印算法",使用方向选择性好的双树复小波和基于四元数PHT的最小二乘矫正方法。此算法虽然提高了图像的鲁棒性和不可见性,但其训练模型与计算十分复杂,耗时比较长。

刘万军、孙思宇[③]等人在2018年提出的"双树复小波域的稳健性数字水印算法",大大增强了图像信息的鲁棒性,但水印的嵌入力度不能太大,否则会严重影响原图的质量。谢勇在2018年结合四元数傅里叶变换及离散小波变换的优点,提出了一种双变换域全息水印算法适用于彩色打印扫描图像版权认证[④]。王晓红在2018年提出一种抗打印扫描的双彩色QR码水印算法,用于提高QR码的抗打印扫描能力[⑤]。刘文涛在2018年印刷的半色调数字图像中嵌入水印,实现智能包装适用的防伪水印,但鲁棒性较差实用性不高[⑥]。

3. 版权方面的存证研究

Savelyev Alexander(2018)认为区块链技术具有去中心化的分布式记录、无法追踪的匿名性、不可篡改的安全性三大特点,可在线取证(一键固定),不用担心证据消失,简单方便易操作,可用于数字领域版权的存证[⑦]。

综上所述,目前国内外对网络+时代下纸质图书版权保护的研究主要存在以下问题:学界对当前我国纸质图书侵权盗版治理研究较为分散,尚不能深入、系统化;目前图书反侵权盗版技术手段简单单一不能适应侵权盗版的复杂形势,应采用多种前沿计算机技术手段能够快速及时、最大限度地对侵权盗版行为进

---

① 刘瑞远,王春鹏.基于几何校正的双树复小波域彩色图像水印算法[J].微型机与应用,2015,34(09):46-50.
② 谢勇,谭海湖,王凯丽.抗印刷/扫描彩色图像零水印方案[J].包装学报,2016,8(01):1-7.
③ 刘万军,孙思宇,冯琳,姜文涛.双树复小波域的稳健性数字水印算法[J].辽宁工程技术大学学报(自然科学版),2018,37(03):660-668.
④ 谢勇,谭海湖,王凯丽,刘林.抗打印扫描彩色图像水印算法[J].包装工程,2016,37(13):151-156.
⑤ 王晓红,黄中秋,孙业强,肖颖.一种抗打印扫描的双彩色QR码水印算法[J].包装工程,2018,39(03):211-216.
⑥ 刘文涛,颜加强,宋志勇,徐兴,陈业红,邹彬.基于半色调数字图像的抗打印的水印算法研究[J].齐鲁工业大学学报,2017,31(06):69-73.
⑦ SAVELYEV ALEXANDER. Copyright in the blockchain era: Promises and challenges [J]. Computer Law & Scuerity Review. 2018, 34(3):550-561.

行认证、确权、存证。

为此本章节主要从以下两方面进行研究：

(1) 反侵权盗版策略版权保护对策研究

分别以图书出版环节所牵涉的每一个实体群体(如著作权人、版权企业、编辑、政府法律行政管理部门、图书承印商、图书消费者等)为研究对象主体，进行图书版权保护具体对策研究，使研究的对策建议针对性强(指向明确)、具有较高的可操作性。

(2) 面向纸质图书版权保护技术研究

1) 互联网＋时代下纸质图书网络侵权盗版认证技术研究

互联网＋时代下，图书内容的侵权盗版多以网络进行发布传播，研究数字水印技术进行版权认证。

2) 互联网＋时代下纸质图书侵权盗版的确权技术研究

研究彩色纸质图书印刷品数字水印检测方法，主要用于防伪认证，供出版企业、政府管理部门识别侵权盗版图书。

3) 互联网＋时代下纸质图书侵权盗版的存证技术研究

运用区块链数据不可删除和篡改、多方维护及账本共享等特性，研究构建区块链存证系统模型实现人、物、行为等数据的确权和置信可靠，解决图书出版传统业务中各参与方不能真正构建信任协同机制的问题，克服数据状态不同步等问题。

第三节　反侵权盗版策略、模式及版权保护技术

一、"互联网＋"时代纸质图书反侵权盗版策略

1. 针对不同具体利益群体的反侵权盗版策略的制定

图书侵权盗版将危害多个群体的利益如著作权人、版权企业、图书承印商、图书购买者等。本章节分别以政府法律行政管理部门、著作权人、版权企业、编辑、图书承印商、图书消费者等为研究主体设计版权保护具体策略。

(1) 著作权人的反侵权盗版策略

首先，在作品发表时，注意署名，未来若发生著作权争议，将成为证明著作权人的一种方式。其次，若著作权人对外授权，应当注意签署授权合同，授权时明

确限制权利内容、授权期限、授权范围等基本要素,避免约定不明,被授权人超越权限行使权利或转授权。若发生侵权行为,应当首先明确自身的诉求——希望对方停止侵权行为、赔偿或是道歉?理清楚自身需求后,可以通过协商和解的方式主张权利或是诉讼解决,但无论采取哪种方式,都应当注意收集主张权利的证据,同时也要固定侵权人的侵权证据。

图书著作权人对出版企业进行授权出版时,应当签署出版合同,在合同中要明确限制双方的权利、授权期限、授权范围等基本要素,以免因为约定不明确,被出版方超越权限行使权利或转授权。

积极学习接触新媒体新媒介,了解其特性,要有版权保护意识——自己的作品内容不要轻易通过新媒体新媒介进行发布,在确定能够保护自己的权益前提条件下方可考虑通过新媒体、新媒介上传发布到网络。

如果发现何种形式的侵权盗版,请立即搜集和整理对方盗版的证据并采用相应的技术手段如区块链技术进行固化,并委托专业律师诉诸法院,并在起诉前申请诉前禁令、证据保全等措施手段防止盗版侵权的范围扩大和胜诉后能够得到有效赔偿。

(2) 版权企业的反侵权盗版策略

版权企业要与著作权人签署纸质图书出版+数字出版二者合一的全权授权的出版合同,以免出现侵权问题进行追诉时这才发现版权不清。

版权企业要有规范的出版合同、出版流程、并使用数字水印、区块链技术加强出版过程中对图书内容的版权跟踪,严防在出版过程中的图书内容盗版。

版权企业应有强烈地反侵权盗版意识和责任心,不能对任何形式的侵权盗版形式放任自流,成立专门部门处理相关事务,并依托企业联盟委托专业律师来处理,用专业的人来处理专业问题。

(3) 图书承印商的反侵权盗版策略

印刷企业应定期自查自纠,建立完备的印刷经营活动记录,具体包括:承印信息登记、印刷生产记录清单、出入库记录、残次品销毁记录等,以备行政工商管理部门随时进行核查。

在生产过程中,如果发现委托人有侵权盗版嫌疑,有责任及时终止生产经营行为,并进行取证、存证向政府行政管理部门进行举报。

(4) 图书消费者的反侵权盗版策略

应有强烈的版权保护意识,在购买图书时要按照图书的反侵权盗版指示,利用手机等移动终端设备对图书进行真伪鉴别,同时索取购买发票,如果发现有侵权盗版(包括网络)应及时拍照留存证据,并向政府行政管理部门进行投诉。

明确购买图书内容未经版权所有人同意就进行网上发布传播这种行为属于侵权盗版行为。

（5）编辑的反侵权盗版策略

加强编辑的职业道德素养教育，对版权人提交的书稿要严格审稿、编辑、校对，如发现版权人有侵权、盗版嫌疑，要根据不同程度尽到劝说、修改、终止服务的责任。

（6）政府的反侵权盗版策略

修改法律法规，加强对图书侵权盗版者的判罚力度，使其对法律法规有敬畏之心，不敢从事图书的侵权盗版。

从版权保护的申请、检测、投诉、处理都有行政管理部门相对应提供便捷服务，并在各个部门之间建立高效的图书版权保护联动机制，做到有法可依、违法必究。

对图书承印企业加强监管，如果发现有图书盗版印刷问题将处以高额罚款，同时吊销印刷资质，不得从事图书印刷的商业经营并记录到企业负责人的诚信系统记录去。

加强图书营销场所、网上书城、书店的巡查、抽查监管，发现侵权盗版要一查到底，深挖其违法产业链，将其彻底铲除。

加强图书侵权盗版的社会法律宣传，尤其注重从幼儿园、学生的法律科普教育抓起。

2. 注重技术创新反侵权盗版

图书的反侵权盗版还需依靠技术研发创新。在图书版权保护创新技术方案中，主要从图书内容网络侵权盗版认证技术、纸质图书盗版的认证技术、侵权盗版的存证取证三方面入手，结合最新的计算机技术如数字水印技术、区块链技术、网络爬虫、基于人工智能的大数据分析等技术构建全方位反侵权盗版系统。

二、"互联网＋"时代纸质图书版权保护技术研究

"互联网＋"时代纸质图书网络侵权盗版形式层出不穷：部分电商平台、网站通过贴吧、论坛、文档分享平台、P2P下载工具、网盘、微信公众号等网络平台售卖未经授权的图书电子版；或通过移动端设备应用软件、在线词典等方式，使用版权所有人享有著作权或信息网络传播权的图书内容的侵权盗版情况。

打击侵权盗版，关键环节在于如何认证内容侵权盗版。

数字水印技术是目前常用的版权认证方法之一，它可以应用在图像、音频、

视频等数字媒体中,而不会影响其完整性。基本上不影响原始文件的视觉与听觉效果,不易引起攻击者的注意,从而达到保密通信的目的[1]。裸眼的不可见性或者是人眼识别的无效内容也增强了数字水印技术的隐蔽性。由于水印信息被嵌入后与载体信息成为一个整体,使其具有了不可擦除性,强行擦除会使载体信息受到破坏,所以是一种非常好的版权标识的技术手段。

好的水印技术要解决的问题是不可感知性、鲁棒性及嵌入容量之间的问题。嵌入水印信息得到的混合载体信息应该与原始的载体信息非常接近,就要求嵌入水印信息的能量相对于载体信息的能量是非常小的,就必然使鲁棒性变差。如果增加嵌入信息的能量,增强了嵌入信息的鲁棒性,就会引起载体信号感知质量的下降,如果要加强鲁棒性,又要保持比较好的不可感知性,就需要牺牲嵌入容量。因此同时要求不可感知性、鲁棒性及嵌入容量达到最优是不可能的,好的水印算法需要在嵌入容量、透明性、鲁棒性之间找最佳折中平衡点[2]。

本章节是将水印信息的嵌入与彩色数字图片的纹理方向结合起来提出一种隐蔽性更好的数字水印技术[3]。此技术先分析图像纹理方向结合小波的分解方向,对载体图像进行分解,然后对彩色的水印图像进行分通道的处理,同时使用加密技术,之后利用水印嵌入算法实现对水印图像的嵌入与提取。并利用深度学习技术对提取的水印图片进行去噪处理,得到更清晰的水印图像。

1. 已有的知识基础

(1) 双树复小波变换原理

双树复小波分两路二叉树结构进行变换生成变换的实部和虚部,两个DWT分别使用不同的滤波器组,具备完全重构的条件,在处理图像时对图像的行和列分别进行DTCWT变换,对列滤波器的输出内容再进行行滤波器的共轭滤波进行输出。把一维的DTCWT的变换扩展为二维DTCWT的变换,在每级分解下生成两个低频子图和6个复系数高频子图($\pm 15°, \pm 45°, \pm 75°$)。Kingsbury提出的Q-Shift变换以更精妙的方式做到了延迟两树滤波器之间的半采样周期[4]。它使用的解析的复小波函数基设计一对小波函数 $\psi_h(t)$,$\psi_g(t)$ 使其满足Hilbert变换对要求,则这个复小波 $\psi(t) = \psi_h(t) + j\psi_g(t)$ 的两个函数分别作为

---

[1] 刘瑞祯,谭铁牛.数字图像水印研究综述[J].通信学报,2000(08):39-48.
[2] 王俊杰.数字水印与信息安全技术研究[M].知识产权出版社,2014.7.
[3] CUI RUIBO, WANG WENJU, SHEN LIJUN, LI JINMING, TANG LIJING, LIU JIAYIN. Research on Chaotic Scrambling Colourful Digital Watermarking Technology Based on DT-CWT [C]. Proceedings of 2018 the 8th International Workshop on Computer Science and Engineering (WCSE 2018) Bangkok, 2018: 623-627.
[4] NICK KINGSBURY. Complex Wavelets for Shift Invariant Analysis and Filtering of Signals [J]. Applied and Computational Harmonic Analysis, 2000, 10(3): 234-253.

实部和虚部是近似解析的。

由一维双树复小波推广：

$$\psi(x, y) = \psi(x)\psi(y)$$
$$= [\psi_h(x) + j\psi_g(y)][\psi_h(y) + j\psi_g(y)]$$
$$= \psi_h(x)\psi_h(y) - \psi_g(x)\psi_g(y) + j[\psi_g(x)\psi_h(y) + \psi_h(x)\psi_g(y)]$$

双树实小波为：

$$\psi_h(x)\psi_h(y) - \psi_g(x)\psi_g(y) \tag{1}$$

双树复小波为：

$$\psi_g(x)\psi_h(y) + \psi_h(x)\psi_g(y) \tag{2}$$

双树复小波分解过程为：先对图像用 $\{h_0(n), h_1(n)\}$ 做行变换，再使用滤波器 $\{g_0(n), g_1(n)\}$ 做列变换得到 1 个低频子带和 3 个高频子带；另一个用 $\{g_0(n), g_1(n)\}$ 做行变换，再使用滤波器 $\{h_0(n), h_1(n)\}$ 做列变换得到 1 个低频子带和 3 个高频子带；每对子带的和或差构成 2 个低频系数和 6 个高频系数，见图 4-1。

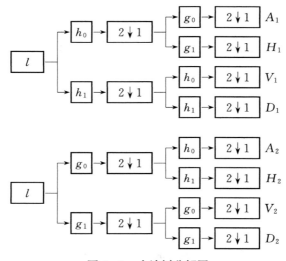

图 4-1 小波树分解图

低通 L：$A_1 + A_2 A_1 - A_2$

高通 B($\pm 75°$)：$H_1 + H_2 H_1 - H_2$

高通 B($\pm 15°$)：$V_1 + V_2 V_1 - V_2$

高通 B($\pm 45°$)：$D_1 + D_2 D_1 - D_2$

(2) 混沌置乱

本文采用的混沌置乱首先根据原始水印图像尺寸生成 $m \times n$ 大小混沌序列[①]，令 $x_1 = key$，由线性迭代方程得：

$$x_{n+1} = L \cdot x_n(1-x_n) \tag{3}$$

生成 $m \times n$ 大小的混沌数组 W，然后对生成数组 x_1, x_2, x_3 … x_k 进行大小比较，得到从小到大的排序的位置序列 H_k，$k\{1, 2, 3, …, k\}$，根据 H 序列对水印图像 $T(i, j)$ 进行排序后恢复到二维矩阵，得置乱后的水印图像 $T'(i', j')$，由于置乱序列对初值极其敏感，再由原始参数 L 的设定，更增加了解密的难度，增强了水印的保密性。

解密过程即为此上述过程的逆：

对置乱水印图像 $T'(i', j')$，根据由迭代方程排序得到的位置序列 H_k，$k\{1, 2, 3, …, k\}$，由 H_k 所对应的 x_k，根据 x_k 下标大小顺序重新进行排序即可得到还原后的水印图像。

(3) 傅里叶变换

傅里叶变换是图像处理常用的方式，将图像置于频域，将图像能量分布在图像的每一个像素点上，然后进行一系列操作，使水印图像具有抗裁切，抵抗噪声，等特性。

傅里叶变换是离散傅氏变换的快速算法，它具有共轭对称性。

$$F(\mu, \nu) = \sum_{x=0}^{M-1} \sum_{y=0}^{N-1} f(x, y) e^{-j2\pi(\mu x/M + \nu y/N)} \tag{4}$$

逆变换：

$$f(x, y) = \frac{1}{MN} \sum_{x=0}^{M-1} \sum_{y=0}^{N-1} F(\mu, \nu) e^{j2\pi(\mu x/M + \nu y/N)} \tag{5}$$

2. 基于图像纹理特征的彩色图像数字水印算法

(1) 水印的嵌入算法

水印嵌入方法如下具体过程，见图 4-2。

一，根据二值水印图像的大小生成长度为 $m \times n$ 的、由 $x_1 = key$ 迭代方程式(3) $x_{n+1} = L \cdot x_n(1-x_n)$ 得到的混沌序列。

二，将原始水印图像 $f(x, y)$ 由混沌序列进行置乱得置乱后图像 $f'(x, y)$。

[①] AHMAD MUSHEER, ALSHARARI HAMED D. On the security of chaos-based watermarking scheme for secure communication [C]. Advances in Intelligent Systems and Computing, 2017, 515: 313-321.

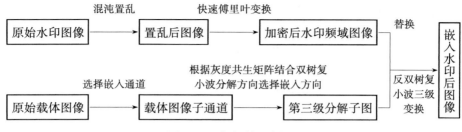

图 4-2 水印嵌入流程图

三，对置乱后图像进行公式 4 变换得到水印频域图像 $F(\mu,\nu)$。

四，本方法应用的数字图像是 RGB 三通道的彩色图像，要对载体图像进行单通道的选取。为使嵌入的水印结果图像具有更好的隐蔽特性，采用以下方法进行嵌入通道和嵌入分解方向的选取：

1）对载体图像嵌入通道的选取

对载体图像的每个通道，根据式 6 计算 std

$$std = \sqrt{\frac{1}{MN} \sum_{i=1}^{M} \sum_{j=1}^{N} [a_{ij} - \hat{a}]^2} \tag{6}$$

式（6）中，M，N 为载体图像矩阵的大小，a_{ij} 为原始载体图像每个像素的灰度级的原始值，$\hat{a}$ 为原始载体图像灰度级的均值。通道的 std 值越小，像素值分布越集中，经双树复小波变换后高频分量越少，对视觉影响越小，在进行水印嵌入后对载体图像影响越小。对载体图像每个通道所计算的 std 值进行比较，选择 std 值最小的通道作为要嵌入水印图像的通道。

2）嵌入方向的选取

由于 DTCWT 变换具有 6 个分解方向（$\pm 15°$，$\pm 45°$，$\pm 75°$），为了获取更好的视觉特性，采用以下方法进行嵌入方向的选取。灰度共生矩阵法对图像所有像素进行统计调查[1]，描述其灰度分布。

设 $f(x,y)$ 为一张二维的数字图像，他的灰度等级为 N_g，$M \times N$ 是他的大小，则对于它来说，对于它的 $N_g \times N_g$ 阶灰度共生矩阵为：

$$p(i,j) = \#\{(x_1,y_1),(x_2,y_2) \in M \times N \mid f(x_1,y_1)=i, f(x_2,y_2)=j\} \tag{7}$$

---

[1] PRASHANT SRIVASTAVA, MANISH KHARE, ASHISH KHARE. Content-based image retrieval using scale invariant feature transform and gray level co-occurrence matrix [C]. International Workshop on Pattern Recognition, 2017, 10443.

表示从灰度为 i 的点到满足固定位置关系 (d, θ) 达到灰度级为 j 的像素对出现的次数。其中 ♯ 表示集合中满足公式条件的元素个数，(x_1, y_1) 与 (x_2, y_2) 表示像素的位置，$d = \sqrt{(x_2 - x_1)^2 + (y_2 - y_1)^2}$ 表示像素间距离，$\tan \theta = \dfrac{y_2 - y_1}{x_2 - x_1}$ 表示像素间夹角。d 一般取 $\{1, 2, 3, 4\}$ 中的数值，对纹理较细的图像选择较小的 d，$d \in \{1, 2\}$，纹理较粗的图像选择较大的 d，$d \in \{3, 4\}$。根据双树复小波的每一级分解中都有 6 个复系数高频子图对应于 6 个角度（$\pm 15°$，$\pm 45°$，$\pm 75°$），所以 $\theta \in \{\pm 15°, \pm 45°, \pm 75°\}$。对载体对象的纹理粗细进行人为评估 d 值选定一整数值后，θ 可有 6 种选择值。在 d 值一定，对每一 d 值，根据式(7)分别对载体图像进行分析得到载体图像的 6 个灰度共生矩阵 $p(i, j)$。对载体图像的 6 个灰度共生矩阵 $p(i, j)$，使用式 8 分别计算灰度矩阵能量 ASM。

$$ASM = \sum_{i=1}^{M} \sum_{j=1}^{N} (p(i, j))^2 \tag{8}$$

在 6 个灰度矩阵能量 ASM 中选取最大的一个，因为 ASM 越大该方向像素对出现的频率越大，认为此方向对应的 θ 角为图像纹理方向。即由此确定水印图像的嵌入方向 θ。

五，根据嵌入的方向适当地选取双树复小波三级分解子图 B_{3i}（见图 4-3）。其中 3 代表双树复小波的分解等级，本算法采用三级分解，i 代表分解方向，$i = 1, 2, 3, 4, 5, 6$ 分别与 $-15°$，$-75°$，$-45°$，$15°$，$75°$，$45°$ 对应。根据步骤(4)得到的 θ 值（$-15°$，$-75°$，$-45°$，$15°$，$75°$，$45°$）来确定 i 的取值（1, 2, 3, 4, 5, 6）。

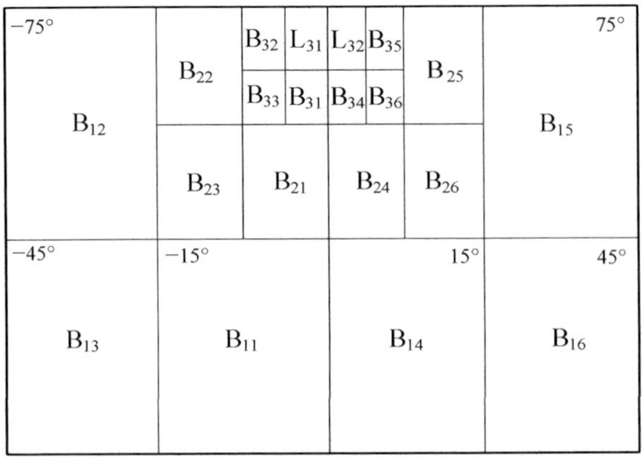

图 4-3 双树小波三级分解图

六,对载体图像进行双数复小波分解,根据步骤(4)选取的通道和方向来确定 $B_{3i}(i=1,2,3,4,5,6)$,用变换后的水印频域图像替换选定的高频子图 B_{3i}。

七,再对步骤(6)中得到的图像进行逆双数复小波变换得到嵌入水印后的图像。

(2) 水印的提取算法

过程见图 4-4。

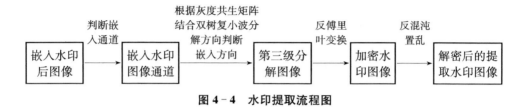

图 4-4 水印提取流程图

一、取嵌入水印后图像。

二、根据前述嵌入通道选取方法和嵌入方向选取方法再次判断水印嵌入通道及水印嵌入方向,对图像进行双树复小波的 3 级分解。在此基础上选取嵌入水印信息方向子图 B_{3i},得嵌入水印信息的频域图。

三、对嵌入频域图进行反傅里叶变换,得置乱后图像,再对置乱后的提取图像进行混沌解密,得水印图像。

四、对得到的水印图像进行中值滤波去噪等操作,得到质量更好的水印图像。

(3) 实验结果与分析

1) 评价标准

峰值信噪比 PSNR 是评价图像质量的重要指标[①]。

$$PSNR = 10\lg\frac{255^2}{[MSE(R)+MSE(G)+MSE(B)]/3} \tag{9}$$

$$MSE = \frac{1}{MN}\sum_{i=1}^{M}\sum_{j=1}^{N}[a_{ij}-a'_{ij}]^2 \tag{10}$$

其中 i,j 为载体图像像素在图像中的位置,a_{ij} 为载体图像像素灰度级的原始值,a'_{ij} 为嵌入水印图像后的像素灰度值,M,N 为载体图像矩阵的大小。

---

① YADAV BANDANA, KUMAR ASHISH, KUMAR YOGENDERA. A Robust Digital Image Watermarking Algorithm Using DWT and SVD [C]. Advances in Intelligent Systems and Computing,2018,583:25-36.

NC(归一化互相关系数)衡量提取水印与原始水印的相似程度[①],NC 值越大,图片相似度越高。

$$NC(m,n) = \frac{\sum_{i=1}^{M}\sum_{j=1}^{N} f_1(m,n) f_2(m,n)}{\sqrt{\sum_{i=1}^{M}\sum_{j=1}^{N} f_1(m,n)^2 \sum_{i=1}^{M}\sum_{j=1}^{N} f_2(m,n)^2}} \quad (11)$$

$f_1(m,n)$ 代表原始水印图像,$f_2(m,n)$ 代表提取水印图像。

2) 实验结果

图 4-5 为 512×512(像素)的 RGB 模式的 lena 原始载体图像,图 4-6 为 32×32(像素)大小的带有 USST 字母的二值图像。

图 4-5　原始图像　　　　图 4-6　原始水印图像

A. 不可见性检验

对原始载体图像进行分析得 RGB 三个通道的 std 值分别为：std(R)=49.048 9,std(G)=52.877 6,std(B)=34.058 0。由通道选择方法选取 std 值最小的 B 通道进行水印嵌入。由灰度共生矩阵法,得到 6 个灰度共生矩阵 $p(i,j)$,$d=2$,$\theta \in \{\pm15°,\pm45°,\pm75°\}$,由公式得到矩阵能量最大的匹配角度为 $-45°$。所以根据嵌入方法步骤 4,采用彩色 lena 图像 B 通道的三级分解的 $-45°$ 方向,据步骤 5 选择双树复小波系数 B_{33} 对图像进行水印嵌入。为表明本文算法的卓越性能,采用 DWT 小波变换与混沌置乱进行算法对比验证。

[①] MOHAMMAD MOOSAZADEH, GHOLAMHOSSEIN EKBATANIFARD. An improved robust image watermarking method using DCT and YCoCg-R color space [J]. Optik — International Journal for Light and Electron Optics,2017,140:975-988.

图 4-7 为嵌入强度 $K=20$ 时嵌入水印后的图像。因本算法采用灰度共生矩阵方法选择水印嵌入方向与图像细致纹理方向一致,虽然峰值信噪比为 27.161 3,但对人眼视觉影响不大。图 4-8 为没有进行混沌置乱直接进行嵌入和提取的水印图像。图 4-9 为采用混沌置乱提取水印图像 $NC=0.832\ 3$,与图 4-8 相比可见,采用混沌置乱后消除了共轭的虚像,更准确地还原了原始水印信息。

图 4-7 嵌入水印图像

图 4-8 未置乱提取图像

图 4-9 置乱变换后去噪的提取像

图 4-10 为采用 DWT 算法嵌入相同强度($K=20$)的水印信息后的图片,与图 4-7 相比较来看,可见采用 DWT 变换使载体图像与原始图像相比产生明显色偏,对视觉影响较大,而采用双树复小波变换载体图像基本无色偏。这是由于采用双数复小波三级分解,使水印信息隐蔽性更好。图 4-11 为 DWT 算法提取的水印与图 4-9 相较来看,本算法提取出的水印与原始水印信息相似度更高。

图 4-10 DWT 小波水印嵌入图像

图 4-11 提取水印图像

B. 算法鲁棒性检验

嵌入水印后的图像加入强椒盐(salt & pepper＝0.3 见图 4－12)、高斯噪声(gaussian＝0.8,0.2 见图 4－14)后，经过中值滤波，重建的水印 NC 值还可达到 0.8 以上(分别为 nc＝0.864 6,nc＝0.866 7 见图 4－13、图 4－15)，表明提取水印有良好的重构能力，说明该算法有较强的抗噪声和滤波的能力；对图像进行旋转(见图 4－16)后，根据特征点匹配①算法进行校正后，仍可以很好地提取出水印(nc＝0.832 6,见图 4－17)。对嵌入水印的图像进行较大面积(75%)裁剪(图 4－18)

图 4－12　经椒盐噪声处理的嵌入水印图像

图 4－13　经椒盐噪声后提取水印图像

图 4－14　经高斯噪声处理的嵌入水印图像

图 4－15　经高斯噪声后提取水印图像

---

① 刘金华,佘堃.基于关键熵的双树复小波域盲图像水印算法[J].光电子.激光,2011,22(05)：757－762.

图 4-16 旋转 45°的嵌入水印图像

图 4-17 旋转 45°提取的水印图像

图 4-18 裁切 75%的嵌入水印图像

图 4-19 裁切 75%提取的水印图像

时,仍然较为清晰地重建水印图像(nc=0.799 0,见图 4-19),这是由于双树复小波变换是一种冗余变换,拥有良好平移不变性。这表明了本水印算法的抗裁剪能力。

表 4-1 攻击测试 NC 值表

攻 击	椒盐(0.3)	高斯(0.8,0.2)	旋转 45°	裁切 75%
NC(本文)	0.864 6	0.866 7	0.832 6	0.799 0
攻 击	椒盐(0.05)	高斯(0.01)	无	裁剪 25%
NC(对比[20])	0.765 6	0.806 8	无	0.842 0

(4) 基于卷积神经网络残差学习的水印图像去噪算法

针对水印算法提取出的水印图像是带有噪声污染的问题,虽然可以辨别出水印图像,但对人眼视觉效果还是有一定程度的影响,不利于人眼的识别。近年来卷积神经网络在图像处理去噪方面取得了很好的应用效果。在本章我们使用基于深度学习的残差学习的卷积神经网络的方法,对水印图像进行去噪,得到更加清晰的水印图像。

1) 传统的去噪技术

在图像的传播过程中难免会对图像造成一定程度的信息破坏,在几十年的图像技术进步发展的过程中,图像的去噪技术也在不断地发展。可将传统的图像去噪技术分为两大类:一类是在空间域进行图像滤波去噪,这类方法利用图像像素之间的关联性,使用高斯滤波、均值滤波等为基础[1][2],将要构建的像素点周围像素点的特征构建此点像素值,但会对图像的细节部分进行平滑或是造成其他损失;另一类是在图像变换域(频率域)进行去噪[3],在频域上常用带通或是带阻滤波器来消除噪声。

噪声的类型有很多种,比如常见的高斯噪声、椒盐噪声、泊松噪声等[4]。而噪声又可根据模型分为两大类:加性噪声和乘性噪声。在大多数情况下在数字图像量化时产生的噪声,比如随机噪声,都可以视为加性噪声[5]。加性噪声的模型如下式(12):

$$y = x + v \tag{12}$$

其中 x 代表原始的没有遭受污染的干净的图像,v 是添加的噪声污染,y 是遭受污染后的图像。各种去噪算法都是求解尽量逼近 x,以得到清楚的图像。

2) 卷积神经网络基础理论

卷积神经网络(Convolutional Neural Networks,CNN)因为其在图像处理方面特别的优势,近几年来成为研究的热点。它来源于生物学家诺贝尔奖获得者 Hubel 和 Wiese 对于视觉系统的研究[6]。视觉系统是一个分层级的系统,具有不同功能的层级相互连接,一个层级的神经细胞受到刺激达到兴奋的状态,它会向下一级的神经细胞发送某一神经物质对其进行刺激,当刺激到达某一"阈值"时,这个神经细胞也兴奋起来向下一级的神经细胞进行刺激,像这样一层一层地向下传递。高层级的神经对由低层级传导来的信息进行总结理解就形成了结果。人们将此视觉系统看作一种神经结构总结出了卷积神经网络的概念。

---

[1] ESTRADA FRANCISCO, FLEET, DAVID, JEPSON, Allan. Stochastic image denoising [C]. British Machine Vision Conference, BMVC 2009 — Proceedings, 2009.
[2] 孙玄,宋述刚.点检测下的中值滤波器图像去噪算法[J].信息与电脑(理论版),2019(02):52-54.
[3] 王英,曾光宇.图像去噪算法研究[J].电脑与信息技术,2011,19(04):8-12.
[4] 方莉,张萍.经典图像去噪算法研究综述[J].工业控制计算机,2010,23(11):73-74.
[5] 王佳宁.含噪图像模型及图像质量评价[J].科技信息,2011(23):151.
[6] D.H. HUBEL, T.N. WIESEL. Receptive fields of single neurons in the cat's striate cortex [J]. Journal of Physiology, 1959, 148(3):574-591.

A. 神经元

神经元是组成神经网络的基本单位,如图 4-20 所示是"M-P 神经元模型"[①]。

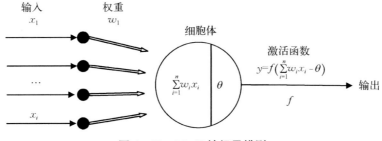

图 4-20　M-P 神经元模型

在如图的模型中,来自某一个信号刺激 x_i 与它的权重 w_i 的对下一个神经元的刺激作用于这个神经神经元,这个神经元受到的总刺激为 $\sum_{i=1}^{n} w_i x_i$,通过激活函数与设定的阈值进行计算,计算的结果作为这个神经元的输出。为了使神经源的输出达到作为模型的要求,此时需要在激活函数中加入非线性因素,理想中的阶跃函数如函数式(式 13):它的结果要么是 1,要么是 0;由于阶跃函数是不连续的性质,在实际操作中人们常用叫 Sigmoid 的函数(式 14)作为激活函数,下面是一种典型的 Sigmoid 函数。

$$\operatorname{sng}(x)=\begin{cases}1, & x \geqslant 0 \\ 0, & x < 0\end{cases} \tag{13}$$

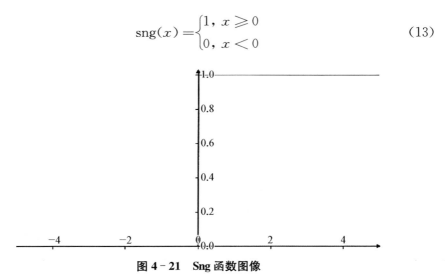

图 4-21　Sng 函数图像

---

① W.S. MCCULLOCH, W. PTTS. 70th anniversary of publication: Warren McCulloch & walter pitts — a logical calculus of the ideas immanent in nervous activity [J]. Advances in Intelligent Systems and Computing, 2015, 316: 1-10.

$$\text{sigmoid}(x) = \frac{1}{1+e^{-x}} \tag{14}$$

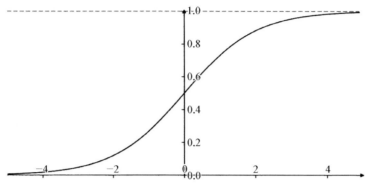

图 4-22 Sigmoid 函数图像

Sigmoid 函数是一个光滑连续的函数。将很多的神经元按照不同的层次连接起来就成为一个神经网络。下面是一个典型的神经网络模型。

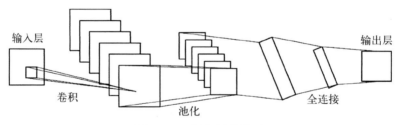

图 4-23 神经网络模型

在图 4-23 中可以看到一个神经网络主要由输入层、卷积层、池化层、全连接层等部分构成。对一个输入的图片进行卷积、池化、全连接等操作,再进行输出。

B. 卷积

卷积的过程如图 4-24,卷积神经网络利用多组卷积核在层与层之间将卷积出的二维矩阵作为权重传递给下一层。在卷积操作过程中,卷积核按照设定的步长在输入图上进行滑动。卷积核在滑动时对每一个区域进行操作得到一个值,这样可以有效地利用图像得到每一层的每一个点的精确的值。在第 n 个卷积层上,对这层的卷积输入特征图为 x_i^{l-1},输出特征图为 x_j^l,激活函数为 F,可以将每一层的卷积写成如下形式:

$$x_j^l = F\left(\sum_{i \in M_j} x_i^{l-1} w_{ij}^l + b_j^l\right) \tag{15}$$

公式中 M_i 表示输入,w 表示卷积核,b 表示偏置。

使用不同的卷积核能输出不同的特征图,不同的特征图中可以使网络具有更好的表达能力,使深度卷积神经网络具有更强的学习能力。

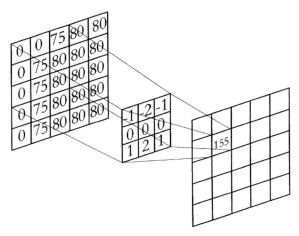

图 4-24 卷积操作示意

C. 池化

池化(pooling)操作也被叫作下采样操作,利用卷积操作得到图像的卷积特征之后,可以使用这些特征对图像进行分类,但与之而来的问题是会导致计算量特别大。所以对图形进行卷积之后进一步进行池化操作对卷积的特征进行降维。例如,使用最大池化操作,在一定的区域内,取这个区域内最大值作为这个区域的特征。池化操作主要由两个明显的价值:其一是减少了计算的复杂程度,其二是因为池化的单元具有平移不变性,在图像发生微小的位置变化后,所提取出来的特征与原位置保持一致,所以具有较好的平移鲁棒性。所以人们经常使用池化操作来达到使数据维度降低的目的。

D. 全连接

全连接层一般作为最后一层放在卷积神经网络的最后,它将卷积后输出的二维特征变化成一个一维的向量,图像被集中提取出来的特征映射就作为一维向量中的单元,它代表着图像被分类提取出来的高度特征。全连接层集中了卷积出来的全部特征,将这些特征传递给分类器或者是回归后,匹配到相应的特征模块,神经元就被刺激激活。

E. 激活函数的选择

激活函数的选择,在开始的介绍中已经说明,激活函数的引入是为了改变线性函数的限制,在前面引用的 Sigmoid 函数我们将其写成如下的形式,

$$F(x)=f(\mathbf{W}x+b) \tag{16}$$

人们在发现在近几年的使用中人们发现,如图所示,在输入的过程中随着 $|x|$ 值的增大,$F'(x)$ 的值越来越趋向于 0,随之而产生的问题是,流向下一层的 x 的梯度会逐渐地消失,这样就使训练的速度减到很慢的状态。所以我们使用一种叫 ReLU(Rectified Linear Units)的激活函数来解决梯度下降的问题[1]。它的公式如下:

$$f(x)=\max(0,x) \tag{17}$$

函数图像如图所示,

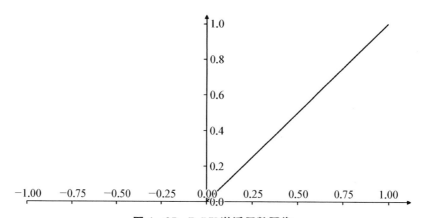

图 4-25 ReLU 激活函数图像

根据公式条件,在输入小于等于 0 的时候,所输出的值为 0;以此相当于构造出一个稀疏矩阵,这样的稀疏矩阵在最大程度上保留了特征值的同时,也除去了数据中的冗余。神经网络的不断计算不断传递的过程,大多数情况就变成了用稀疏矩阵来表达传递的数据特征的过程,因为稀疏矩阵的计算简单易行,就大大减少了总体的计算量,同时也很好地传递了数据的特征。

F. 批量归一化

深度网络训练的过程相当于一个数据参数的放大器,前面的网络层发生的微小改变到了后面就会在传递的过程被不断地累积放大下去。某一层的输入数据产生变化后,这一层的网络就要重新学习以适应新的数据分布,这一过程会耗费大量的时间,而使训练的速度大大减慢。神经网络所学习到的本质问题就是学习数据的分布规律,而测试集和训练集的分布不同的话,网络对于训练集之外

---

[1] NAIR V, HINTON G E. Rectified Linear Units Improve Restricted Boltzmann machines [J]. 27th International Conference on Machine Learning, 2010: 807-814.

的数据的外推能力,也就是我们说的泛化能力就会下降。从另外一方面来说,如果我们设置的训练数据的分布是不同的话,那么在网络每次迭代的过程中都要改变去适应不同的分布,与此同时产生的后果是网络的训练速度被降低。在此之前,批量标准化方法:小批量随机梯度降低法(SGD)在训练 CNN 模型时已经被广泛应用,尽管小批量随机梯度降低法(SGD)具有简单性和有效性,但其内部协变量偏移[1]会降低神经网络训练时的效率,即训练时内部非线性输入分布的变化会拖慢训练的速度。为解决这一问题人们提出了通过在每层中的非线性之前使用缩放和移位的归一化步骤和操作,以减轻内部协变量偏移,这就是批量归一化的方法[2]。在反向传播过程中更新在激活操作添加的两个参数。使用归一化的方法使得每一层的网络在训练时输入的参数不再变化,从而提高训练的速度。在训练时把批规范化置于卷积操作和激活操作之间。批量标准化具有几个优点,在加快训练的速度同时,降低对初始化的低灵敏度并且具有更好的性能。

G. 残差学习

在图像去噪领域,要完成的目标是在被噪声污染后的图像(我们用 y 来表示)中提取出清楚的完整图像(我们用 x 来表示)。我们用 v 来表示对图像施加影响的噪声,可以得到下面的图像退化的模型:$y=x+v$ 式(3.1)对于这个关系,在神经网络学习的过程中可以有两种不同的方式,其中一种是由有噪声图像直接映射到潜在的无噪声图像 $x=F(y)$,这种直接映射模型因为映射关系相对来说比较复杂;而另一种学习方式是先学习图像中的噪声 $v=R(y)$,间接以 $x=y-v$ 来求得潜在的清晰图像,这种方式由 He Kaiming 等人首先提出[3],他们发现如果一个映射的过程接近于恒等的映射(Identity Mapping),利用残差网络的方法来学习,将使学习的过程变得简单。而在图像去噪方面来说,映射到噪声的模型相比清晰图像的模型更接近恒等的映射,所以本文中的去噪模型也采用残差学习。使用残差学习加上批规范化,进一步提高了加速和训练过程的稳定性。

3) 改进的训练网络模型

在人们以往的实践中证明,越深的神经网络结构对图像特征提取的效果越好[4]。

---

[1][2] S. IOFFE, C. SZEGEDY. Batch normalization: Accelerating deep network training by reducing internal covariate shift [C]. International Conference on Machine Learning, 2015: 448 - 456.
[3] K. HE, X. ZHANG, S. REN, J. SUN. Deep residual learning for image recognition [C]. Processing of the IEEE Conference on Computer Vision and Pattern Recognition, 2016: 770 - 778.
[4] RUANAIDH J. J. K. O, PUN T. Rotation, scale and translation invariant spread spectrum digital image watermarking [J]. Signal processing, 1998, 66(3): 303 - 317.

对图像特征提取的容量和灵活性也越好。加上利用现在强大的 CPU 的计算能力,可以使训练的效率进一步的提高。再利用人们提出的加速训练的 ReLU 的激活函数、批归一化、残差学习这些方法,更进一步地提高了训练的效率。正是基于以上方面,希望有更好的性能的同时具备更好的去噪效果,在 Kai Zhang 等人提出的针对高斯噪声去除的神经网络算法的基础上我们对其算法进行改进以适用于去除我们提取水印图片中噪声的任务[1]。改进的算法流程对比见图 4-26。

在图 4-26 的高斯去噪算法神经网络算法训练的流程中第一层是输入层,在输入层中输入退化的图像;在未改进的算法中将卷积滤波器的大小设置为 3×3,并切除了所有的池化层。神经网络架构设计中的一个非常重要问题是将 DnCNN 深度设为多少才能在输出效果和效率之间都具有不错的选择。

已经指出去噪神经网络的感受野大小与去噪方法的有效补丁的大小相关[2]。对于在原文算法的高斯去噪中,Kai 等人将算法的 CNN 感受野大小设置为 35×35,即根据公式 $(2d+1)\times(2d+1)$,相应的深度为 17,对于我们使用的对于提取的水印图像去噪任务,我们采用更大的感受野并将深度设置为 20。

在原始算法中有三种不同类型的网络层,第一层:卷积与 ReLU 激活函数,使用卷积核为 $3\times3\times1$ 的 64 个滤波器得到 64 组不同的特征映射,然后使用 ReLU 激活函数进行非线性处理;第二类 Conv+BN+ReLU:对于第二到倒数第二层,使用 64 个尺寸为 $3\times3\times64$ 的滤波器进行卷积,并在卷积和 ReLU 之间添加批量归一化[3]。第三类:Conv:最后一层,使用大小为 $3\times3\times64$ 的滤波器来重建输出。

在 Zhang Kai 等人的算法流程上进行改进(见图 4-26):

其一在训练过程中我们首先创建用于水印嵌入的图像数据集,使用此数据集对网络模型进行数据集的学习。

其二针对使用的数据集为二值图像,对于二值图像上灰度值不连续性的特点,使用最近邻域插值算法,将距插入像素点最近的像素点的灰度值作为要插入

---

[1] K. ZHANG, W. ZUO, Y. CHEN, D. MENG, L. ZHANG. Beyond a Gaussian Denoiser: Residual Learning of Deep CNN for Image Denoising [J]. IEEE Transactions on Image Processing, 2017, 26(7): 3142-3155.
[2] K. SIMONYAN, A. ZISSERMAN. Very deep convolutional networks for large-scale image recognition [C]. International Conference for Learning Representations, 2015.
[3] S. IOFFE, C. SZEGEDY. Batch normalization: Accelerating deep network training by reducing internal covariate shift [C]. International Conference on Machine Learning, 2015: 448-456.

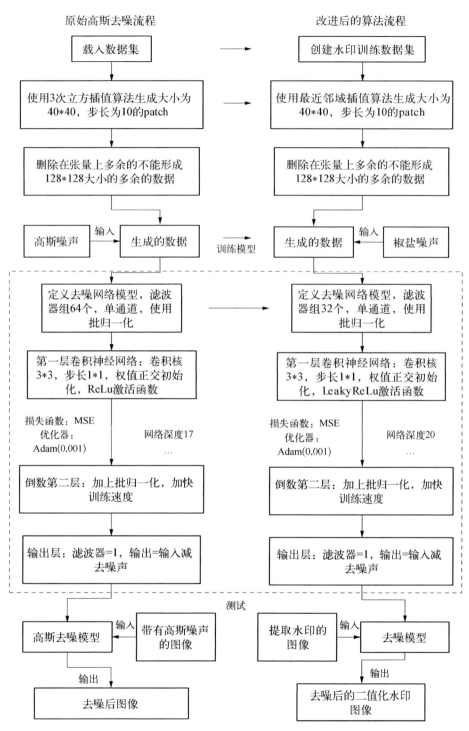

图 4-26 改进的算法流程对比图

的灰度值进行贴片的生成。

其三在对于 ReLU 的激活函数的输入为负的时候,它的输出始终为 0,导致它的神经元对于参数的更新不及时,使其不再学习的问题上,我们使用 LeakyReLU 激活函数:

$$f(x) = \max(0, x) + leak * \min(0, x) \tag{18}$$

使其在输入为负数的时候仍然能保留一部分的负数的值。

在训练过程中我们发现,即使将神经网络中的滤波器组降为 32 组,在去噪学习过程中依然具有较好的输出。

4) 深度学习模型去噪过程

在本研究中我们使用残差学习公式去训练残差映射,$R(y) \approx v$,然后由相应的间接映射关系 $x = y - R(y)$ 得到去噪后的图像。在形式上,将目标残差图像与从输入的带噪声的图像中估计得出的残差图像的均方差作为损失函数在神经网络中训练参数 Θ。损失函数如下:

$$l\Theta = \frac{1}{2N} \sum_{i=1}^{N} \parallel f(y_i; \Theta) - (y_i - x_i) \parallel_F^2 \tag{19}$$

其中,x_i 代表输入的原始的清晰图像,y_i 是与清楚图像相对应的加入噪声的图像。$\{(x_i, y_i)\}_{i=1}^{N}$ 代表的是相对应的清晰图像和含有噪声图像的 N 对。$y_i - x_i$ 代表的是图像中真实的噪声。函数 $f(y_i; \Theta)$ 输出的内容是神经网络模型的输出内容,它就是我们所预测的噪声。$f(y_i; \Theta) - (y_i - x_i)$ 是我们预测的噪声值和真实值之间的差异,我们取它们之差的欧几里得范数,作为模拟输出值和真实值之间的差异。

在很多视觉应用中,我们在很多情况下都要求我们输出的图片的尺寸和我们输入的图片的大小是一致的,然而输出后这可能就导致了边界的伪影问题,为了解决这一问题,我们在卷积之前在边界处添加零,以保证中间层的每个特征图都有与输入图像相同的大小,在实验的过程中,我们发现这种策略并不会导致任何的边界伪影。

在我们网络的训练中,我们根据嵌入的水印图像是二值图像,并且是英文字母的组合,由于最小的水印信息的笔画为一个像素点,我们没有找到与之相匹配的数据集,因此采用自己设计的数据集。数据集由英文字母,数字组合而成,字体大小最小为 24 磅,另外还有 30 磅,训练的图片尺寸大小为 180 * 180(像素)。部分如下图 4-27 所示。

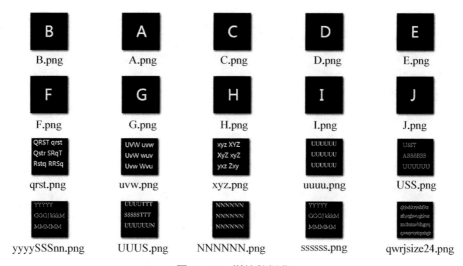

图 4-27 训练数据集

5) 实验结果与分析

本文所使用的计算机的硬件环境为：戴尔 7920 工作站配置：银牌志强 CPU 4116；内存 64G；DDR4 ECC；硬盘 SSD256+2T；显卡 TITIANXP * 2。软件环境：Python3.6 TensorFlow keras opcv。

在环境配置过程中我们使用 Python 语言进行编程，搭配使用现在主流的编译器 Pycharm，可以方便地可视化地进行编程并进行代码修改。使用 TensorFlow 作为后端支持，它强大的性能，将神经网络中的数据的传递变得非常灵活。使用 keras 作为前端支持，它作为高级神经的 API，它高度的模块化性支持 CNN 和 RNN 让编程简易化。

实验中，我们在受到攻击的载体图片中提取出含有大量噪声信息的灰度化的水印图片，首先对图片进行二值化，把二值化的水印信息载入训练好的模型，对水印图片进行去噪。

实验结果对比如下（图 4-28～图 4-33）。

图 4-28 嵌入的原始水印图像

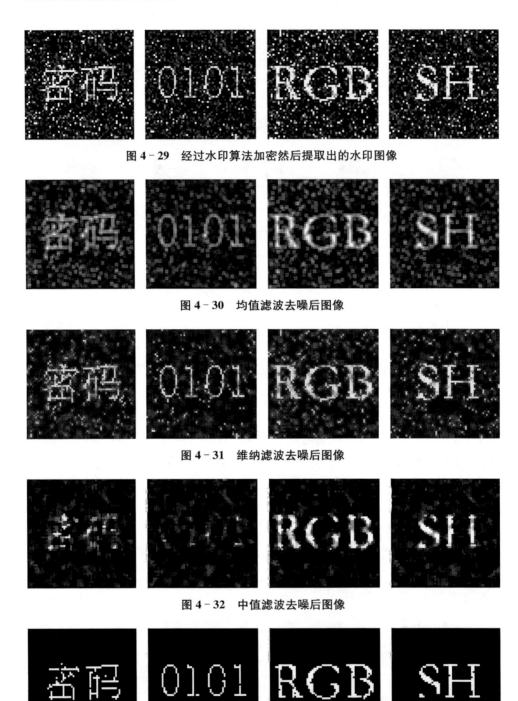

图 4-29 经过水印算法加密然后提取出的水印图像

图 4-30 均值滤波去噪后图像

图 4-31 维纳滤波去噪后图像

图 4-32 中值滤波去噪后图像

图 4-33 本文算法提取水印图像

根据实验所用的,计算图像相似度的归一化系数 NC 值表来进行对比:

表 4-2　实验结果 NC 值表

图　标	均　值	维　纳	中　值	本　文
0101	0.478 1	0.697 3	0.351 3	0.958 6
RGB	0.689 6	0.791 4	0.840 2	0.902 9
SH	0.651 5	0.744 2	0.792 0	0.927 8
密码	0.538 4	0.720 1	0.480 9	0.834 1

由实验结果图对比可知,在对提取的水印图像进行去噪处理后,与均值滤波、中值滤波、维纳滤波去噪之后相比具有更好的清晰度,且经过计算后具有较好的平均 NC 值,表明本文使用的算法可以有效地去除提取水印中的噪声。

为了测试本文去噪算法的最大的效果,我们在实验算法的提取的较模糊的水印(如图 4-34 所示)进行实验。在这样的情况下,依然取得了较好的去噪效果。

图 4-34　去噪对比图

三、"互联网＋"时代纸质图书盗版的认证技术研究

"互联网＋"时代基于数字水印的印刷防伪技术主要用于纸质图书等印刷品的防伪认证,供出版企业、政府管理部门识别侵权盗版图书。相比于传统的印刷防伪技术,大大提高了防伪的安全性,降低了整个防伪过程的成本,并具有以下特有的性质:① 防伪印记的隐蔽性极强。用作防伪标志的水印通过算法嵌入原稿,在通常条件下通过人的肉眼分辨不出嵌入水印前后原稿的差别,只能借助扫描仪和计算机等设备以及特定的提取算法才可以识别。② 数字水印的内容和嵌入的位置具有不确定性。在同一批印刷品中,每个印刷品所含的水印内容可以不同,嵌入位置也可以随机变化,即便是技术掌握人员也不能确切知道水印的嵌入位置,这种性质加强了其防伪的性能,盗版者难以伪造。③ 防伪技术升级迅速。对于某种特定的防伪技术只能在某段时期内效果明显,若不加以改进必然会被仿制成功,而对数字水印印刷防伪技术来说,只要数字水印算法不断优化,它将一直保持它的高防伪能力。④ 成本低、资源消耗少。数字水印印刷防伪技术提前在原稿中加入防伪信息,不需要改变印刷的材料和设

备与工艺,与普通印刷过程无异,资源的消耗和印刷成本要比普通的印刷防伪技术少很多。

本小节利用 Arnold 置乱、DCT2 与 DT‐CWT 的特点,结合图像的特征信息与应用,提出了一种适用于图像印刷防伪的水印算法 DT‐CWT 算法[1],算法效率高,并且可以很好地解决 DWT 算法水印嵌入容量低,鲁棒性与不可见性之间的关系难以达到较好的平衡这一问题,可以抵抗裁剪、旋转、滤波、加噪、有损压缩等多种攻击。利用机器学习中的稀疏字典学习的方法,对 DT‐CWT 算法提取的水印图像进行去噪处理,提升重建的水印图像的质量,增强 DT‐CWT 算法的性能。稀疏字典学习去噪方法的使用,在不改变算法本身优良性能的同时,还增强了其重建完美水印的能力。

1. 基本知识

(1) Arnold 置乱

Arnold 置乱是俄国数学家 Vladimir Arnold[2] 在遍历理论研究的过程中提出的一种图像置乱方法,俗称猫脸变换(Cat Mapping)见式(20)。通过实验可以得知,Arnold 变换具有周期性,即当迭代循环到某一次的时候,被置乱的图像将会重新变成原始图像。

$$\begin{Bmatrix} x' \\ y' \end{Bmatrix} = \begin{pmatrix} 1 & 1 \\ 1 & 2 \end{pmatrix} \begin{Bmatrix} x \\ y \end{Bmatrix} \mod 1 \qquad (20)$$

如图 4‐35 所示,一幅图像经过 48 次(最小周期数)Arnold 置乱最终变换到原始图像的过程,原始图像是 64 * 64 大小的灰度图像。

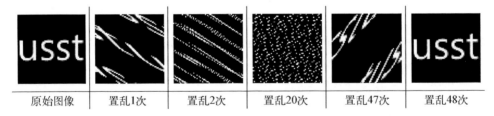

图 4‐35 Arnold 置乱演示

---

[1] SHEN LIJUN, WANG WENJU, CUI RUIBO, JIANG ZHONGMIN, LI JINMING, TANG LIJING, SUN LIUJIE. Research on Watermarking Technology of printing image in CMYK space based on Dual-Tree Complex Wavelet [C]. Proceedings of 2018 the 8th international Workshop on Computer Science and Engineering (WCSE 2018) Bangkok,2018:628 - 633.

[2] A. KANSO, M. GHEBLEH. An efficient and robust image encryption scheme for medical applications [A]. Commun. Nonlinear Sci. Numer. Simulat,2015,24(01):98 - 116.

(2) DCT2 变换

离散余弦变换（Discrete Cosine Transform，DCT），该变换的核心函数是余弦函数，它有传统变换的正交性，并且其变换矩阵包含的元向量也可以精确地表述图像的特征，所以在对图像进行变换操作时，DCT 被认为一种准最佳变换。

一维的 DCT 公式如（21）所示。

$$\begin{cases} F(u) = c(u) \sum_{i=0}^{N-1} \cos\left[\dfrac{\left(i+\dfrac{1}{2}\right)\pi}{N} u\right] \\ c(u) = \begin{cases} \sqrt{\dfrac{1}{N}} & u=0 \\ \sqrt{\dfrac{2}{N}} & u \neq 0 \end{cases} \end{cases} \quad (21)$$

DCT2 是二维的离散余弦变换，其基础是 DCT，通过在一维 DCT 的基础上再进行一次 DCT 得到。DCT2 的变换公式见式（22）。

$$\begin{cases} F(u,v) = c(u)c(v) \sum_{i=0}^{N-1} \sum_{j=0}^{N-1} f(i,j) \cos\left[\dfrac{\left(i+\dfrac{1}{2}\right)\pi}{N} u\right] \cos\left[\dfrac{\left(j+\dfrac{1}{2}\right)\pi}{N} v\right] \\ c(u) = \begin{cases} \sqrt{\dfrac{1}{N}} & u=0 \\ \sqrt{\dfrac{2}{N}} & u \neq 0 \end{cases} \quad c(v) = \begin{cases} \sqrt{\dfrac{1}{N}} & v=0 \\ \sqrt{\dfrac{2}{N}} & v \neq 0 \end{cases} \end{cases}$$

(22)

一般来说，该变换的对象通常高和宽是相等的，即图像的数字矩阵表示是方阵的形式，所以，若将被处理的数据不是方阵，我们需要将其补充完整。补齐的方法如公式（23）所示。

$$\begin{cases} F = AfA^T \\ A(i,j) = c(i) \cos\left[\dfrac{\left(j+\dfrac{1}{2}\right)\pi}{N} i\right] \end{cases} \quad (23)$$

(3) 双树复小波研究

1) 离散小波变换

自小波分析产生以来,其理论依据与实际应用都在不断地丰富。在数字图像处理领域,DWT 具有非常广泛的用途,对其而言,DWT 首先通过高通\\低通滤波器将信号分解成高频\\低频信号,然后再通过二抽取对信号进行系数分解。在信号重构的过程中,通过特别设计的重构滤波器组,可以保证信号完美重构。但是其在二抽取阶段产生的缺陷,造成了 DWT 具有方向选择性弱、平移敏感性差等缺点[1]。

一是 DWT 的方向选择性。在对图像进行 DWT 的时候,其处理过程是分步进行的,即在行和列的方向各自先后对图像进行滤波和二抽取,由此所产生一个低频子图和三个高频子图,但是这三个高频子图突出了某些方向上的信息而弱化了其余方向,不利于提取图像完整的信息特征。图 4-36 是对一幅完整的圆的图像进行了一级 DWT 获得四个子图,可直观地看出仅产生了 0°、45°、90°三个方向的高频子带,且在高频子带的 0°和 90°的方向均有信息损失,这样重建的图像也会产生失真。

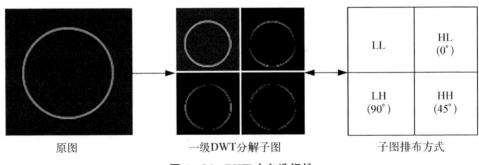

图 4-36 DWT 方向选择性

二是 DWT 的平移敏感性。平移敏感性是指当分解的子带的系数稍有平移(改变),重构的图像信息就会产生较大的失真,不利于图像的重建。图 4-37 是对一幅完整的圆的图像先进行一级 DWT 再进行重构获得的,该图中重建图像 A 是系数未平移时的重建图像,重建图像 B 是低频子带的系数平移一个像素后的重建图像,明显看出相比于重建图像 A,重建图像 B 产生了严重的重影现象,失真现象严重。

---

[1] 杨福生.小波变换的工程分析与应用[M].北京:科学出版社,2000.

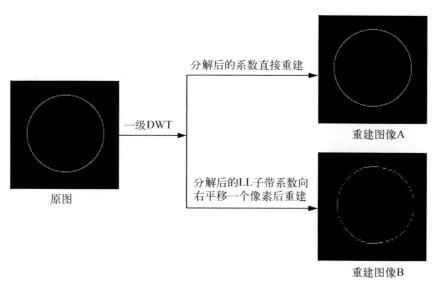

图 4-37　DWT 平移敏感性

2）双树复小波变换

DT-CWT 是由 Nick Kingsbury[①] 等人为了改善 DWT 平移敏感性差、方向选择性弱等缺点而提出的一种新的小波变换形式。DT-CWT 采用了二叉树结构的两次 DWT，一树生成变换后的实部，一树生成变换后的虚部。DT-CWT 的过程是：在进行一级分解的时候，若两树滤波器之间有一个采样间隔的延迟，这样就可以保证一棵树中的一级抽取正好采样到另一棵树中采样丢失掉的信息。对于之后的各级分解来说，两树对应的滤波器的幅频响应需相等，且相频响应间需设置半个采样周期延迟，以确保两树在该级分解与前面所有级上的总延迟差是原始采样输入的一个采样周期。其过程框架见图 4-38。

一维的双树复小波变换的数学表示如式（24）所示：

$$\psi(t) = \psi_h(t) + i\psi_g(t) \tag{24}$$

其中 $\psi(t)$ 为双树复小波，$\psi_h(t)$ 为树 a 的实小波，$\psi_g(t)$ 为树 b 的复小波。$h_0(n)$、$h_1(n)$ 与 $g_0(n)$、$g_1(n)$ 分别代表了两个共轭正交滤波器对，分别为树 a 和树 b 的低通/高通滤波器。

设 $H_0(e^{j\omega})$、$H_1(e^{j\omega})$ 分别为 $h(n)$、$g(n)$ 的离散傅里叶变换，那么 $H_0(e^{j\omega})$ 和 $H_1(e^{j\omega})$ 需要满足以下条件：

---

① KINGSBURY N G. The dual-tree complex wavelet transform：A new efficient tool for image restoration and enhancement [A]. Rhodes，1998，319-322.

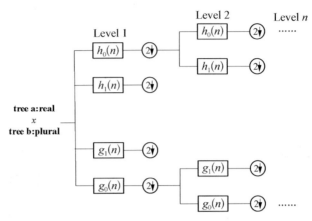

图 4-38 一维双树复小波变换

① 完全重构条件

$$H_0(e^{j\omega})\widetilde{H}_0(e^{j\omega}) + H_1(e^{j\omega})\widetilde{H}_1(e^{j\omega}) = 2 \tag{25}$$

② $\psi_g(t)$ 是 $\psi_h(t)$ 的近似希尔伯特变换，$h_0(n)$ 和 $h_1(n)$ 要满足

$$g_0(n) \approx h_0(n - 0.5) \tag{26}$$

公式(25)(26)保证了 DT-CWT 不仅能够对信号进行完全重构，而且又具有近似平移不变性。

DT-CWT 的方向选择性与平移敏感性。对于二维的 DT-CWT，即对图像的行和列分别进行 DT-CWT。DT-CWT 显著改善了 DWT 的方向选择和平移敏感问题。图 4-39 显示了对一幅完整的圆图像进行一级 DT-CWT 后获得的 6 个高频子带(分为实部与虚部)，这 6 个高频子带的方向多样，分别为 ±75°、±45°、±15°，虽然每个子带在对应方向上信息均有损失，但是其他子图刚好可以弥补这一损失，可以较好地重构出原图。

图 4-40 是对一幅完整的圆的图像先进行一级 DT-CWT 再进行重构获得的，该图中重建图像 A 是系数未平移时的重建图像，重建图像 B 是低频子带的系数平移一个像素后的重建图像，明显看出重建图像 B 与重建图像 A 基本无差别，且重建的质量均很好，优化了 DWT 平移敏感性弱的问题。

(4) 图像特征研究

图像特征主要是包括了颜色特征、纹理特征、形状特征和空间关系的特征。笔者主要研究了图像的纹理特征和图像空间特征关系，使其服务于所提出的数字水印印刷防伪算法。

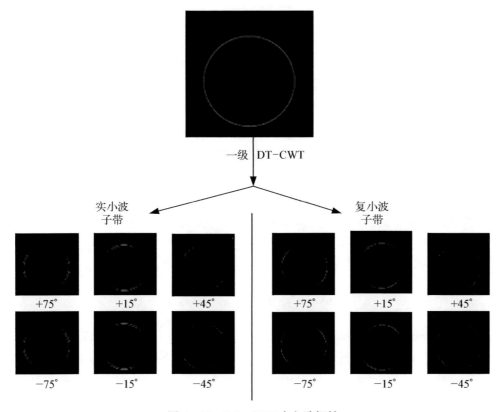

图 4-39　DT-CWT 方向选择性

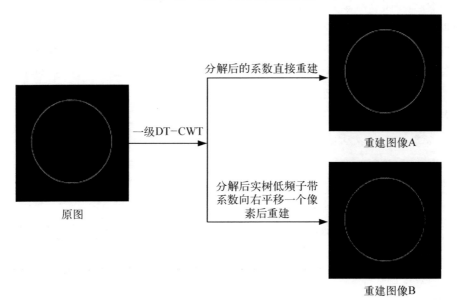

图 4-40　DT-CWT 平移敏感性

1) 图像纹理特征

目前来说,学术界对于图像的纹理特征没有一个明确的概念,大都认为其反应的是图像本身的内部特征,通过对图像的像素点进行统计计算,以统计发现的像素值的变化来描述图像的纹理特性。

笔者所采用的是基于灰度共生矩阵的纹理分析[①],该方法属于统计方法,纹理分析是对图像灰度空间分布模式的提取和分析,图像的纹理可以用来描述图像像素点的排列情况,是一种区域特性。共生矩阵的特征纹理分析可以把图像的灰度共生矩阵的各特征向量中的相关性系数作为纹理的特征表示。这些特征向量包括有:能量、对比度、相关、熵、逆差距等,在这些特征向量中,对比度(CON)直接反映了某个像素值及其领域像素值的亮度的对比情况,表明了该区域的清晰程度与条纹纹理的复杂程度。纹理的复杂度越高则对比度越大,视觉上质量则越好;对比度小则纹理简单,图像模糊。CON 的计算公式如式(27)所示。

$$CON = \sum_i \sum_j (i-j)^2 P(i,j) \tag{27}$$

2) 图像的空间特征

空间关系特征可分为连接与邻接关系、交叠与重叠关系等,是通过图像中分割出来的多个目标之间的相互的空间位置或相对方向来确定的。它的使用可加强对图像内容的描述区分能力,但空间关系特征常对图像或目标的旋转、反转、尺度变化等比较敏感。所以仅依赖空间特征的水印提取算法的鲁棒性都极差,在此笔者使用 SIFT 算法[②]来增强水印算法的性能。尺度不变特征变换(Scale Invariant Feature Transform,SIFT),包括特征点的提取与匹配,由该算法提取的特征向量集具有对图像的缩放,空间移动与旋转保持不变的特性,且对于亮度变换、仿射投影变换仍然具有一定的不变特性,是一种可以精确描述图像局部区域特征的算法。

2. 基于双树复小波和图像特征的印刷防伪数字水印研究

(1) 水印嵌入

水印嵌入算法流程见图 4-41。下面详细介绍该算法步骤。

1) 加密数字水印的生成

首先对二值水印图像进行 20 次 Arnold 置乱生成加密的图像,然后对加密

---

① 黄媛媛,张尤赛.双树复小波域共生矩阵的纹理特征提取方法[J].计算机应用与软件,2012,29(07):216-219+230.
② 傅卫平,秦川,刘佳,杨世强,王雯.基于 SIFT 算法的图像目标匹配与定位[J].仪器仪表学报,2011,32(01):163-169.

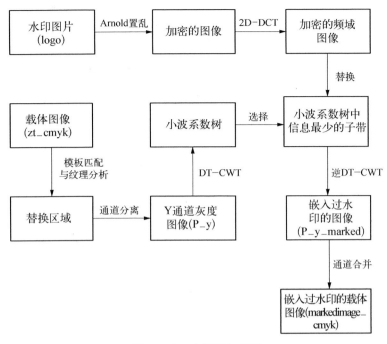

图 4-41 水印嵌入流程

的图像进行 DCT2，生成光滑的频域图像，生成频域图像的方式见式(24)。

2) 载体图像和水印嵌入位置的选取

一是载体图像的选取。通常计算机屏幕上的彩色数字图像成像采用的是色光加色法的原理，即在 RGB 色彩空间下实现。而在印刷行业使用印刷机对彩色图像进行印刷是基于色料减色法的原理，是在 CMYK 色彩空间下实现的。因为 RGB 色彩空间的色域大于 CMYK 色彩空间，为了避免色彩空间转换而丢失水印的信息，文中的载体图像选用 CMYK 模式下的图像。

二是水印嵌入位置的选取。在载体 CMYK 图像上选取出一块准备嵌入水印的区域。该选区的大小根据水印图像的大小来决定，宽和高均取水印图像宽和高像素数的 4 倍。选区的位置通过对载体 Cmyk 图像进行模板匹配和共生矩阵的特征纹理分析，选取载体 Cmyk 图像中最合适的区域嵌入水印信息。

通过模板匹配选取嵌入位置的过程是这样的：待嵌入水印区域的空模板 $T(m,n)$ 叠放在不含水印信息的载体图像 $S(W,H)$ 上平移，m 和 n 是待嵌入水印区域高和宽的像素数，W 和 H 是载体图像的宽和高的像素数，模板覆盖的那块区域叫子图，i、j 为子图左上角在载体 S 上的坐标，搜索范围是：$1 \leqslant i \leqslant W-m+1, 1 \leqslant j \leqslant H-n+1$。每一块子图都可以计算一次 CON 值，每次都与前一块的子图的 CON 值进行比较,选择 CON 值与嵌入的水印图像最接近的那块子图的位置进行水印的嵌入。模板匹配的过程如下图 4-42 所示。

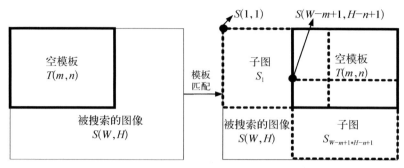

图 4-42 模板匹配

3) 小波分解级数的确定

提取该选区图像的 Y 通道图像,对该 Y 通道图像进行 J 级双树复小波变换;小波分解后得 6J 个细节子带和 2 个近似子带。其中 J 是正整数,J 值的取值范围由公式(28)决定:

$$J \leqslant \min(\lfloor \log_2 M \rfloor, \lfloor \log_2 N \rfloor) \tag{28}$$

公式(28)中 M、N 的值分别是选取区域的宽和高的像素数。理论上 J 越大,最后一级子带中所含的信息就越少,嵌入效果就越好。但当嵌入的水印信息极少时,会对提取水印信息的过程造成较大影响,提出来的水印图片效果很差,通过多次实验得到,当 J=2 时效果最佳。

4) 替换强度 K 的选取与水印信息嵌入

一是替换强度 K 的选取。选择合适的替换强度 K,K 值的大小可以用来衡量算法的允许嵌入的水印信息的容量大小,在不影响水印嵌入和提取的情况下,K 所允许的最大值越大表明算法的嵌入容量也就越大。

二是水印信息嵌入。用频域水印信息替换掉小波系数树中的所含信息最少的子带,再对所有子带进行两次逆小波变换,得到含有水印信息的 Y 通道图像,将含有水印信息的 Y 通道与载体 Cmyk 图像的 C、M、K 通道图像合并得到嵌入了水印的 Cmyk 图像。

(2) 水印提取

水印提取算法流程见图 4-43。下面详细介绍其实现的步骤。

1) 获取含水印信息的图像

在 CMYK 模式下扫描待检测的图像,用水印嵌入区域的原始图像上的信息,通过 SIFT 算法来提取出扫描图像中含有水印信息的部分。

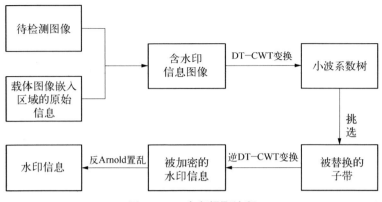

图4-43　水印提取流程

2) DT-CWT 分解

对提出的含有水印信息的子块进行 DT-CWT 变换,得到变换后的小波系数树。

3) 获得加密的数字水印信息

对嵌入过程中被替换掉的子带进行逆 DCT2 变换,将得到被加密过的水印信息。

4) 进行数字水印解密

把加密过的水印信息进行逆 Arnold 置乱即可得到提出的水印信息。

(3) 实验与分析

1) 算法性能评价标准

对图像水印算法进行评价,其中最主要的评价标准是算法的嵌入容量、不可见性、鲁棒性。

嵌入容量又称隐藏容量,是指在载体图像质量较好的情况下能隐藏的信息量的上限。在文中可利用替换强度 K 的大小来判断算法的嵌入容量,同样的图像质量下,替换强度 K 越大则说明算法的嵌入容量越大。

不可见性又称透明性,指的是已嵌入水印信息的载体与原始载体在同一观察者视觉感知上的不可察觉的性能。目前普遍已知的有主观评价标准与客观评价标准。主观评价法,由观察者主观的评价已嵌入水印信息的载体的质量好坏;客观评价法,由峰值信噪比来判断。

鲁棒性又可称为安全性,其意是指已嵌入水印信息的载体图像在经过常见的信号处理与攻击后,还可以提取出水印信息的能力。由受到攻击后提取出的水印信息的归一化互相相关系数或者位正确率来衡量算法的鲁棒性强弱。

峰值信噪比(Peak Signal-to-Noise Ratio,PSNR)是评价图像质量的重要指标,利用 PSNR 评价图像的质量(水印的不可见性),图像的 PSNR 值越大,则其与它对应的图像越相似。PSNR 普遍的基准为 30 dB,30 dB 以下的图像劣化较

为明显,PSNR 的计算公式见式(29),

$$\begin{cases} PSNR = 10\lg \dfrac{C * MAX^2}{\sum_1^C MSE} \\ MES = \dfrac{1}{mn} \sum_{i=1}^m \sum_{j=1}^n \parallel K(i,j) - I(i,j) \parallel^2 \end{cases} \tag{29}$$

公式(29)中,MAX 表示图像颜色的最大数值,例如:8 bit 图像 MAX 取值为 255。C 表示图像的通道数,例如 RGB 图像的 C 取值 3。MSE(均方差):$m \times n$ 大小的灰度图像 I 和 K(原载体图像与嵌入水印后的载体图像)之间均方误差。

主观评价与客观评价法之间的关系如表 4-3 所示。

表 4-3　图像质量主观评价与客观评价标准

等级	嵌入水印后图像视觉效果	图像质量	PSNR(dB)
1	非常严重的妨碍查看	非常差	20 以下
2	图像明显改变,并妨碍查看	差	20—30
3	图像改变不明显,不妨碍查看	好	30—40
4	几乎看不出图像质量的改变	非常好	40 以上

归一化互相关系数(Normalized Correlation,NC),可衡量提取水印与原始水印的相似程度即重建水印的质量,NC 的取值范围是[0,1],NC 越接近 1 表明提取出的水印质量越好。NC 的计算公式见式(30)。

$$NC = \dfrac{\sum \sum f_a(i,j) f_b(i,j)}{\sqrt{\sum \sum f_a(i,j)^2 \sum \sum f_b(i,j)^2}} \tag{30}$$

其中 $f_a(i,j)$ 代表原始水印图像的像素值,$f_b(i,j)$ 代表提取出的水印图像的像素值。

位正确率(Bit Right Rate,BRR)与位错误率(Bit Right Rate,BRR)相反,可用来衡量与原始水印相比提取出的水印的重建率,也可认为是一种衡量重建水印质量的方法,取值范围[0,1],越大表明重建度越高。计算原理是拿重建的水印与原始水印的像素点一一对应比较,像素值相同加一,像素值不同加零。拿最后得到的和除以原始水印的总像素数,其公式表达见式(31)。

$$BER = \dfrac{1}{mn} \sum_{i=1}^m \sum_{j=1}^n \begin{cases} 1 & f_a(i,j) = f_b(i,j) \\ 0 & f_a(i,j) \neq f_b(i,j) \end{cases} \tag{31}$$

其中 $f_a(i,j)$ 代表原始水印图像的像素值，$f_b(i,j)$ 代表提取出的水印图像的像素值，m、n 是水印图像的高和宽的像素点值。

2) 基于印刷图像的实验

在此次实验中，对文中所提算法应用于印刷防伪时的效果进行测试，主要是从不可见性与鲁棒性两方面进行测试。

A. 不可见性实验

实验方法：使用文中算法以不同的替换强度把水印图像嵌入载体图像中，生成一系列嵌入过水印信息的载体图像。利用印刷设备将这些嵌入过水印信息的载体图像打印出来。通过观察者主观的观察打印出来的以不同替换强度生成的载体图像，评价其质量，通过观察者的评价来判断算法性能。

实验准备：激光打印机；激光打印纸；300 DPI 原稿分辨率；1 200 DPI 打印分辨率。

实验结果分析与结论：有 6 名观察者参与了本次实验，其中 2 人无色彩学知识，但是经过仔细观察后，均认为在低强度的嵌入下，印刷出来的载体图像与原图几乎无差别，质量很好，当替换强度增大到 500 时，才开始对图像产生了影响，影响效果不大，故本文所提算法在印刷防伪方面不可见性很强。

B. 鲁棒性实验

实验方法：先对印刷图像进行裁剪、涂抹攻击，然后对通过扫描仪扫描获得的图像进行水印重建，以重建的水印的效果来反映算法的鲁棒性。

实验准备：激光打印机；普通扫描仪；激光打印纸；300 DPI 原稿分辨率；1 200 DPI 打印分辨率；300 PPI 扫描分辨率；Photoshop 软件。原稿及从原稿中获得的水印、印刷/扫描后的图像及从中获得的水印如图 4-44。

PSNR=23.117 7 dB　　　　NC=0.785 9　　　　　　　　　　NC=0.775 5
　　　数字原稿与提取的水印图像　　　　　　打印/扫描图像与提取的水印图像

图 4-44　鲁棒性实验所用图像

一是对印刷图像裁剪攻击。模拟纸张被撕裂，用剩余部分进行水印提取。实验结果如图 4-45。

裁剪去图像的1/4　NC=0.599 0　　　　　裁剪去图像的2/5　NC=0.653 3

图 4-45　印刷图像抗裁剪实验结果

对结果讨论发现,提取出的水印的 NC 值均较高,说明该算法对于裁剪攻击抵抗性很强。但是当裁剪面积变大时,提取效果反而增强,这一现象与理论不符合,观察发现两者裁剪边缘的光滑程度不同,故对该实验做了补充实验。实验结果如图 4-46。

裁剪去图像的1/4　NC=0.737 7　　　　　裁剪去图像的2/5　无法提出水印图像

图 4-46　印刷图像抗裁剪补充实验结果

比较之下发现,当裁剪掉的图像面积相同时,裁剪的边缘越光滑则提出水印图像质量越好。此时理论与结果相符合。

综上可以看出,本算法对裁剪攻击的抵抗力很强。

二是对印刷图像涂鸦攻击。模拟铅笔对图像进行涂抹,从涂抹后的图像中重建水印,结果如图 4-47。

根据图 4-47 可知,被涂抹面积相等的情况下,均匀的涂抹对水印重建的影响不大,而混乱的涂抹方式会影响到水印的提取。但无论何种方式,均可以从印刷图像中提取出水印图像。且在较大面积被涂抹的情况下,仍能重建出可识别的水印图像,表明本文算法的鲁棒性很强。

 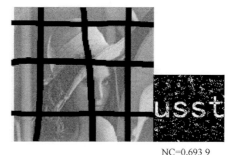

NC=0.766 7　　　　　　　　　　　　NC=0.693 9

被涂抹的面积占整幅图像3/22　　　被涂抹的面积占整幅图像3/11

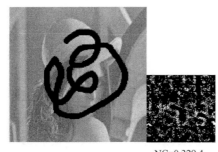 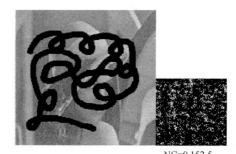

NC=0.329 4　　　　　　　　　　　　NC=0.152 5

被涂抹的面积占整幅图像3/22　　　被涂抹的面积占整幅图像3/11

图4-47　印刷图像抗涂鸦实验结果

(4) 印刷防伪数字水印去噪算法

上述实验结果表明所提印刷防伪水印算法的水印信息嵌入容量大,鲁棒性与不可见性之间的关系达到了较完美平衡,但提取出的水印图像存在噪声。针对此噪声问题,本文改进了一种稀疏字典学习去除噪声的方法。

1) 传统去噪方法

众所周知,传统的图像去噪方法分为两种[①]:基于图像空间域去噪和基于图像变换域去噪。

A. 基于空间域去噪

一是均值滤波。这是一种经典的线性滤波方法,采用邻域平均法,通过给图像中像素点 $f(x,y)$ 一个 $n*n$ 的模板,模板内容就是像素 $f(x,y)$ 周围一周的像素值,以这些像素值的平均值来代替这一点的像素值。

$3*3$ 的均值滤波的过程如图4-48所示:

---

① 刘祝华.图像去噪方法的研究[D].江西师范大学,2005.

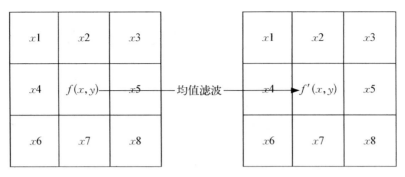

图 4-48 均值滤波原理

$f(x,y)$ 变为 $f'(x,y)$ 的计算公式如式(32)所示：

$$f'(x,y)=\frac{x1+x2+x3+x4+f(x,y)+x5+x6+x7+x8}{9} \quad (32)$$

二是中值滤波。这是一种经典的非线性平滑方法，与均值滤波的过程类似，通过给图像中像素点 $f(x,y)$ 一个 $n*n$ 大小的模板，模板内容就是像素 $f(x,y)$ 周围邻域的像素值，以这些像素值的中值来代替这一点的像素值。这种去噪方法适用于去除图像中的椒盐噪声。

$3*3$ 的中值滤波过程如图 4-49 所示：

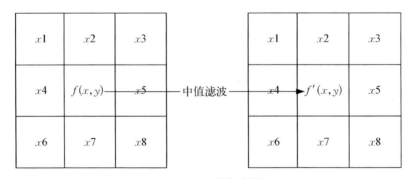

图 4-49 中值滤波原理

$f'(x,y)$ 为 $x1、x2、x3、x4、f(x,y)、x5、x6、x7、x8$ 中的中值。

三是维纳滤波。维纳滤波属于线性滤波，通过统计方法来实现。它是一种基于最小均方误差准则、对平稳过程的最优估计器。这种滤波器的输出与期望输出之间的均方误差为最小，因此，它可用于提取被平稳噪声污染的信号。

B. 基于变换域去噪

一是小波阈值法。小波阈值法通过把图像从空间域转到变换域，将图片分解为不同尺度上的高频系数和低频系数,一般图像噪声都集中在高频系数上,所以可以通过设立阈值的方法来达到降低图像噪声的目的。这种去噪方法适用于突变或者波动较大的噪声信号。通过该方法去噪,关键之处在于选择合适的小波函数对图像进行分解和设置恰当的阈值去噪,两者兼顾才能重构出清晰的图像。

小波阈值法的基本过程如图 4-50 所示:

图 4-50 小波阈值去噪基本框架

2)稀疏表示去噪框架

稀疏表示[1]这一理论概念起因于视觉神经元的"有效编码假说",这个假说表明生物的视觉皮层系统在感受到外界刺激时,会进行一种具有极少能量的新陈代谢方法,这就是稀疏编码。经过科学家们的不断研究,runo Olshausen 和 David Field 于 1995 年前后正式提出稀疏表示这一理论。

假设有一个样本集 y,这个样本集 y 可以由 $m*n$ 大小的二维矩阵 Y 来表示,矩阵的每一行代表样本集中的一个样本,矩阵中的每一列代表样本的一种属性,通常来说,这个矩阵 Y 中大多数的元素不等于 0,即这是一个稠密的矩阵。对于稀疏表示来说,其目的就是寻找到一个字典矩阵 D(D 的大小为 $k*m$,D 的每一行代表一个原子,k 表示该字典是由 k 个原子组成)和一个系数矩阵 X(X 的大小为 $n*k$),通过矩阵运算使 Y 尽可能的等于 $X*D$,并且 X 尽可能得稀疏,这样 X 便是 Y 的稀疏表示。

A. 图像稀疏表示理论

对于图像的稀疏表示,我们可以这样理解:对于一副图像,通过利用一组恰当的基图像(可以类别与向量空间中的基向量)和一个稀疏的线性组合(稀疏的系数矩阵),两者相乘近似的生成该图像,显然,大部分的基图像的系数值接近零,利用这些系数向量和对应的基图像就可以很好地还原原始图像的本质特征,也就是说,利用一个合适的字典矩阵,任何一副给定的图像都可以由该字典中的若干原子通过不同的系数组合的方法来重建[2]。下图便于读者直观地理解图像的稀疏表示:通过样本获得字典,然后通过字典与稀疏的特征系数来表示样本。

---

[1] 姜鹏飞.基于稀疏表示与字典学习的图像去噪算法研究[D].西安电子科技大学,2011.
[2] 孙黎明.图像稀疏去噪算法的并行改进研究[D].重庆大学,2011.

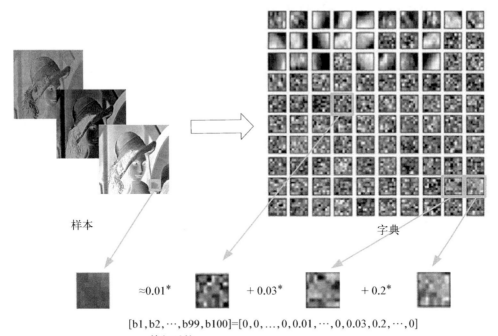

图 4‑51　图像稀疏表示

B. 稀疏去噪模型

由稀疏表示理论可知，对于一个字典矩阵来讲，该字典矩阵中的一个原子代表的是样本中的一个结构的原型，由于噪声在图像中具有随机分布的特点，没有十分明显的结构性，不能够用字典中的原子进行表示，一幅图像在过完备字典上实现系数分解，它的重构过程实际上就是通过在字典矩阵中寻找到最可以表示样本的一组原子的线性组合来逼近样本的过程，所以来说，通过设定逼近的误差σ就可以达到较好的去噪目的。稀疏去噪的模型如式(33)所示。

$$\begin{cases} \hat{\alpha} = \arg \min \| \alpha \|_0 & \text{s.t.} \quad \| D\alpha - s \|_2^2 \leqslant k\sigma^2 \\ \hat{s} = D\hat{\alpha} \end{cases} \tag{33}$$

公式(33)中$\hat{\alpha}$最终获得的稀疏矩阵，α初始的稀疏矩阵，s含噪声图像的矩阵表示形式，$\hat{s}$是去除噪声后的图像的矩阵表示，D是完备的字典矩阵，σ是逼近误差。

通过上述研究表明，如果我们想要最优地对一幅图像进行去噪处理，那么就需要克服两个难题：第一，字典的构造问题，即使用哪种字典才能够使得信号可以被最大稀疏化的表示；第二，稀疏表示(即稀疏分解)问题，即使用哪种方法可以得到图像在字典约束条件下的最稀疏的表示问题。

C. 字典的构造

一般来说,构造字典的方法有两种[①]:第一种是基于解析方式的字典—固有字典;第二种是基于样本学习的字典—学习字典。其中,固有字典的构建主要利用的是求解数学模型的思想,运用数学的分析方法构建若干个可以变化的矩阵,比如说:FT、PCA、DCT、CWT等。利用这种方式构造的字典具有构造速度快、结构稳定等优点,但是对复杂的信号求解的过程较弱。学习字典的构建利用了样本学习的思想,从样本库中训练出所需要的字典。比如说 Engan 等人建立的最优化方向(Method of optimal direction,简称 MOD)算法、Elad 和 Aharon 等人建立的 K 均值聚类奇异值分解(K-singular value decomposition,简称 K-SVD)算法等。利用这种方式构造的字典计算量比较大,但这样取得的原子与原始信号的关联性较强,可以最大限度地提取给定信号的特征信息,对信号进行更优的稀疏表示。

D. 稀疏分解

目前为止,我们认为一共有四类稀疏分解的算法[②]:第一类是松弛优化算法,第二类是组合优化算法,第三类是贪婪迭代算法,第四类是统计优化方法。

松弛优化算法,通过使用凸函数来替换非凸函数,然后对凸规划问题进行求解,来计算原组合优化解的问题。比如说基追踪算法(Basis Pursuit,BP)、迭代阈值法(IT)等。组合优化算法,对所有解进行搜索以求最优,但是其计算难度太大,只适合小规模的求解。比如说 Fourier Sampling、人工智能计算等。贪婪迭代算法,这是普遍使用的一种算法,在迭代的时候,从字典矩阵中提取与当前信号或者残差向量最为近似的原子,也可以利用对比的方法计算出一个局部的最优解。比如说匹配追踪(Matching Pursuit,MP)法、正交匹配追踪(Orthogonal Matching Pursuit,OMP)法等。统计优化类方法,通过数学统计方法进行求解,有贝叶斯统计框架下的稀疏重建方法等。

3) 改进的基于 Mini Batch Dictionary Learning 的去噪方法[③]

Mini Batch Dictionary Learning 是一个计算快速但重构精确度不高的在线字典学习算法,它更适用于对大型的数据集进行稀疏压缩处理。在默认的情况下,Mini Batch Dictionary Learning 将数据集划分为小块的数据,并通过在小批循环中利用迭代的方式进行在线优化,但是在字典学习的过程中需要人工设定

---

① 孙黎明.图像稀疏去噪算法的并行改进研究[D].重庆大学,2011.
② 姜鹏飞.基于稀疏表示与字典学习的图像去噪算法研究[D].西安电子科技大学,2011.
③ PEDREGOSA et al. Scikit-learn: Machine Learning in Python [DB/OL]. https://scikit-learn.org/stable/auto_examples/decomposition/plot_image_denoising.html # sphx-glr-download-auto-examples-decomposition-plot-image-denoising-py. JMLR 12,2011,2825 – 2830.

字典中包含的原子的个数,主观性太强。本章通过混合高斯模型①,利用 AIC 信息准则②客观地找到最合适的字典中的原子个数,来增强该方法的去噪能力。

混合高斯模型(Gaussian Mixture Model,GMM)试图找到一个多维高斯概率分布的混合,来模拟任何一个输入的数据集,尽管 GMM 通常被归类为聚类算法,但从根本上说它是一种密度估算算法。对一幅图像的许多小切片来说,我们可认为每个切片即一个一条数据,利用 GMM 的模拟分布来将所有切片进行分类,找出最适合的分类结果。

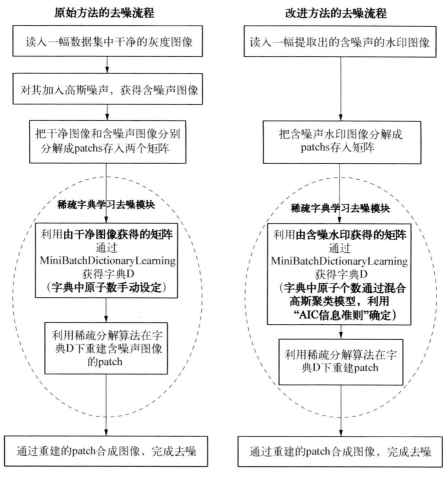

图 4-52　原始与改进的稀疏字典学习去噪方法

---

① JAKE VANDERPLAS. In Depth：Gaussian Mixture Models [EB/OL]. https://www.jianshu.com/p/cd9bc01b694f?tdsourcetag=s_pctim_aiomsg, 2016.
② JAKE VANDERPLAS. In Depth：Gaussian Mixture Models [EB/OL]. https://www.jianshu.com/p/cd9bc01b694f?tdsourcetag=s_pctim_aiomsg, 2016.

稀疏字典学习去噪后,本文再结合传统的阈值法使得对水印图像的去噪能力增强。图4-52是原始方法的去噪过程与改进方法去噪过程的详述和对比。

此处对改进后的方法中的稀疏字典学习去噪模块的步骤进行详细描述:

步骤一:与原始方法中主观地设置字典中所含原子数不同,本文通过AIC信息准则确定将要获得的完备字典中最合适的原子数,利用MiniBatchDictionaryLearning进行在线字典学习,获得完备的字典D。

步骤二:通过使用的正交追踪匹配(OMP)进行稀疏分解,获得稀疏矩阵。

步骤三:重建出原始图像,完成去噪。

去噪算法实验与分析:

通过使用Matlab软件以传统方法对含噪声的水印图像进行处理,使用Jupyter软件以刘万军等人(2018)研究[①]中的方法和文中改进的方法分别对含噪声的水印图像进行处理。通过已去除噪声图像的NC值的对比,对算法进行评价。

通过观察图4-53与图4-54,可以明显看出稀疏字典学习的去噪方法提取

原始水印图像

从打印/扫描图像中获得的水印图像

3*3滤波器均值滤波

3*3滤波器中值滤波
空间域去噪实验结果

3/3滤波器维纳滤波

小波阈值滤波

图4-53 传统方法去噪实验结果

---

① 刘万军,孙思宇,冯琳,姜文涛.双树复小波域的稳健性数字水印算法[J].辽宁工程技术大学学报(自然科学版),2018,37(03):660-668.

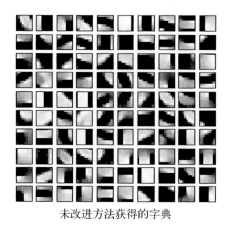

未改进方法获得的字典

未改进方法去噪

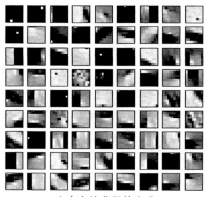

文中方法获得的字典

文中方法去噪

图 4‑54　稀疏字典学习去噪实验结果

出的水印比传统的去噪方法提取出的水印更加清晰,且文中改进后的方法去噪的效果最好。结合表 4‑4 进行客观的分析,文中改进后的方法去噪后图像的 NC 值很接近 1,几乎与原始水印图像一致,故文中改进后的方法的去噪效果很好,可以用来提高水印的清晰度,增强水印算法的性能。

表 4‑4　去噪实验数据

去噪方法	均值滤波	中值滤波	维纳滤波	小波阈值	未改进方法	改进后方法
NC	0.824 8	0.884 7	0.443 7	0.798 2	0.975 5	0.982 8

文中主要对双树复小波和图像特征进行研究,研究方向是其在数字水印印刷防伪方面的应用,提出了一种适用于印刷防伪的数字水印算法 DT‑CWT 算法。针对此噪声问题,文中改进了一种稀疏字典学习去除噪声的方法,实验结果

表明该改进方法使得视觉上质量较差的水印图像经过该方法也可以获得较清晰的水印图像,增强了文中所提出的水印算法的性能。

3. 互联网+时代下纸质图书侵权盗版的存证技术研究

打击侵权盗版,关键环节在于取得与固定证据,但对于图书网络侵权盗版,其网络上的证据很难证明其原始性,且容易被修改、移除,证据的连续性和稳定性无法得到保证。面对这些难题,必须寻找新的科学技术手段进行解决。

区块链是基于分布式的去中心化数据库系统,具有透明性、可追溯以及匿名性等特点[1][2]。经过数年的发展,区块链能有效重构信任机制的能力逐步被社会发掘出来,它被认为是重构价值互联网的基石,是天然的"信任机器",将彻底改变整个人类社会价值传递的方式。该技术被认为是继蒸汽机、电力、互联网之后的颠覆性创新,是近几年信息技术发展的重大突破之一[3]。

区块链技术历经 1.0、2.0、3.0 三个发展阶段,在众多创新企业得以诞生发展。国外市场上已有的区块链应用涉及能源交易记录追踪、银行、保险、智能物流等方面,并多数已有应用场景和实践对象,并已有与大数据、人工智能、物联网相融合的趋势,总体呈现出不断向好迅猛发展的良好态势。

区块链具有数据不可删除和篡改、多方维护及账本共享等特性,能够实现人、物、行为等数据保存的置信可靠,解决了图书侵权盗版存证中的信任问题。因此该技术也可对图书网络侵权行为进行存证,比如,如果图书内容未经权利人进行授权,被盗版人员进行非法复制并在网络上传播,就可以直接将相应的盗版侵权页面通过区块链技术进行保存,作为后续举证、追溯、维权的证据。

基于区块链技术的图书侵权盗版存证技术实现步骤详述如下:

一,对图书侵权盗版网页(含有网址信息)进行抓屏并进行保存为 x 幅图像;对于盗版图书的封面、目录、图书购买场景、发票收据进行拍照进行保存为 x 幅图像。

二,对所涉及的每幅图像进行有效分割,对分割的每一部分信息 hash 加密生成相应存证数据 n_i,同时对存证数据 n_i 添加数字签名生成对应的分割数据 ID_i 标记,由此生成一个完整的分割图像存证数据信息块。

三,多个存证数据信息块构成存储信息区块,发送到区块链网络中进行组织管理,并根据存储的分割数据 ID,生成授权查询编码发送给存证用户。

---

[1] 何蒲,于戈,张岩峰,鲍玉斌.区块链技术与应用前瞻综述[J].计算机科学,2017,44(04):1-7,15.
[2] 袁勇,王飞跃.区块链技术发展现状与展望[J].自动化学报,2016,42(04):481-494.
[3] http://www.cbdio.com/BigData/2018-02/12/content_5678032.htm.

四，通过云平台，区块链信息将在分布式数据库进行存储。

五，用户在系统平台上进行输入步骤，所生成的一个授权编码即可以供查询图书侵权盗版的存证信息。

（王文举，崔瑞博，申利俊：上海理工大学出版印刷与艺术设计学院）

第五章
知识服务语境下的绿色印刷产业发展趋势研究

绿色印刷起源于20世纪80年代后期的以日本、美国、德国等为代表的发达国家,经过20余年的发展,各项技术及产业现已进入到实际的应用阶段。整个绿色印刷产业不论是理念上,还是在产业层面以及支撑产业发展的具体技术标准、设备工艺、原辅材料及软件的应用等都有了极大发展、提高并日渐成熟。在一些欧美发达国家,绿色印刷不仅是科技水平的体现,也是替代传统印刷方式的有效手段之一。绿色印刷已成为21世纪普遍应用并日趋普及的一种产业。

在全球范围内,不同国家和地区对于绿色印刷的要求、政策、重点监控领域也各有不同,对于绿色印刷的民众认知基础、企业实施的绿色化生产和环保理念、国家相关政策的完善等都不同。

如美国是通过美国国家环境保护局(EPA)资助各州的环保组织,以企业认证、政府采购引导、税收优惠等方式引导企业进行节能减排,实施印刷过程的全产业链绿色化控制。在绿色印刷产业中,美国最关注的是挥发性有机化合物的排放,禁止使用含苯的溶剂型油墨,全部采用绿色环保型油墨取代。目前,美国塑料印刷中有近50%采用柔性版水性油墨,摒弃了原先以苯为主的凹版印刷技术。

澳大利亚环保局(NSWEPA)则是委托其印刷协会制订相应的印刷企业环境保护手册,通过印刷企业在节能减排上的成功案例引导企业向绿色印刷方向发展,同时明确列举各种环保耗材采购清单,用以指导印刷企业的节能减排与低碳发展。该清单十分详细和完整,印刷企业按照清单进行相应的设备、材料、耗材等项目采购和生产实施,即可实现绿色印刷。

德国则是通过工业协会制订印刷业低碳发展指导方针,尤其是在印刷机械设备制造方面的绿色化。如在2010年德国机械设备制造业联合会出版的印刷业低碳发展指导标准,成为评价能耗和效率的重要基础。

英国印刷工业联合会(BPIF)通过推出碳排量计算器,该计算器可根据

PAS2050（产品与服务生命周期温室气体排放评估规范）和 GHG（温室气体）标准对工厂和产品的碳排放量进行估算，给出"碳足迹"，用于指导印刷企业的节能减排。

日本十分重视环境保护和绿色印刷生产，其印刷产业联合会在 2001 年就颁布了《印刷服务绿色标准》，分别就平版印刷、凹版印刷、标签印刷、丝网印刷服务等不同印刷方式的各工序、材料、管理等制订了详细的绿色标准。2006 年，日本印刷产业联合会对该标准进行了大幅度的修订，同年 4 月，增订《绿色印刷认定制度》（又称 GP 认定制度）。该认定制度是对环境符合的工厂实际状况进行评价的一项制度，要求也十分严格。被认定的"印刷工厂和企业"可以称作"GP 认定工厂"，获得"绿色印刷标志"（GP 标志）以证明其是关注环境的印刷工厂。"绿色印刷标志"分为 3 星制，1 星为印刷过程达标，2 星为全部工艺过程达标，3 星为使用器材达到最高标准。在其他产品进行印刷品选购时则需要印刷企业具备相应的绿色印刷认定资格。

虽然我国的环保理念、绿色印刷等概念相对起步较晚，但是民众以及行业、政府等对经济高速发展引发的环境等问题还是引起了广泛关注。我国的"十二五"规划中就已经把"绿色发展，建设资源节约型、环境友好型社会"作为经济社会发展的重要战略，发展绿色经济成为国家发展战略新举措。印刷复制业被列为今后重点发展的九大文化产业之一，把印刷业作为低碳、绿色环保改造的重点，并把绿色印刷作为结构调整的手段，这为我国印刷业的发展提供了难得的历史性机遇。2010 年 9 月 14 日，新闻出版总署、环境保护部在北京举行了"实施绿色印刷战略合作协议签约仪式"，正式签署《实施绿色印刷战略合作协议》。2011 年 3 月 2 日，我国首部绿色印刷标准——HJ2503 - 2011《环境标志产品技术要求印刷第一部分：平版印刷》颁布实施，它是绿色印刷评价体系的权威依据。可以看出，国家对开拓绿色印刷之路已经展示出充分的信心，并已逐步开始实施必要的手段。

第一节　绿色印刷的内涵与外延

一、绿色印刷

绿色印刷是指采用绿色环保设计的理念进行印刷品的产品设计，选择使用在材料本身加工生产过程以及产品本身符合环保要求的环保印刷材料及生产工艺,不破坏生态环境地进行印刷产品的生产加工,在印刷过程中实现少污染、低消耗、废弃物可循环利用、印刷品本身可自然降解或易于回收处理再利用并且不产生二次污染和能耗的、对生态环境影响小的印刷生产加工。

二、印刷产业链

印刷本身是一个综合的服务产业,作为整个印刷产业链,它是以图5-1所示的印刷复制生产为基础的中游,加上以图5-2所示的印刷材料、设备、耗材以及将生产有机组织在一起的上游和以图5-3所示的印刷企业服务的对各种印刷品有需求的产品客户为下游形成的一个有机的、相互影响的动态产业链。印刷企业向上游客户购买各种产品和服务,经过其组织加工生产,最后为下游客户提供绿色的、优质的产品。从绿色印刷的角度来说,上游企业是整个印刷产业链绿色化的基础和保障。

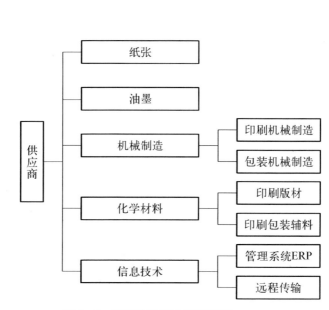

图5-1 印刷产业链上游组织图

三、绿色印刷产业

绿色印刷产业是指由印刷品生产、流通和消费系统中各个利益相互联系的、具有不同分工的、由各个相关行业所组成的业态总称。根据产业经济学分析的需要,绿色印刷产业可以从产业规模、产业关系以及产业结构等层次对绿色印刷产业进行分析和评价。而在这三个层次中,根据绿色印刷的内涵和要求,目前绿

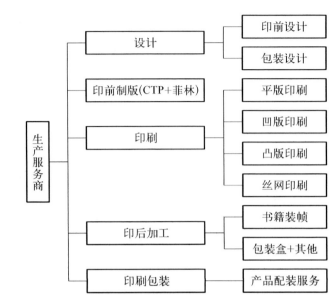

图 5-2　印刷产业链中游组织图

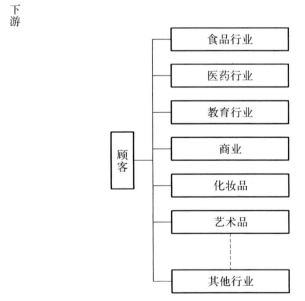

图 5-3　印刷产业链下游行业示意图

色印刷的产业链主要包括绿色印刷材料、印刷图文设计、绿色印刷生产过程(包括绿色制版工艺、绿色印刷工艺、绿色印后加工工艺等)、环保型印刷设备、印刷品废弃物回收与再生等。通过绿色印刷的实施,可使包括材料、加工、应用和消费在内的整个供应链系统步入良性循环状态。

四、绿色印刷产业发展及研究

目前国内外进行绿色印刷产业发展及相关要素、相关政策落实、相关材料技术设备的研究非常多,美国很早就颁布了相关政策。1982年,美国国家环境保护局(EPA)出台了新污染源实施《柔性乙烯基和聚氨醋产品凹版涂布印刷排放标准》,要求相关设备在每千克固体使用量、16%溶剂使用量中的VOCs排放量低于1 kg,并对VOCs排放量的检测方法、周期、数据记录等做了详细规定。1996年,EPA发布《印刷和出版业有害空气污染物排放标准》,规定相关单位必须采用最佳可行控制技术(BACT),将软包装印刷、出版物凹版印刷过程的有害空气污染物(HAP)排放量控制在原料使用量的5%和8%以内。除此之外,美国还制定了各类政策和扶持项目来鼓励和引导企业进行污染治理,EPA通过资助各州的环保组织,以企业认证、税收优惠等方式引导企业进行节能减排。英国印刷工业联合会(BPIF)推出碳排放计算器,对工厂的碳排放进行估算和控制。日本于2001年颁布《印刷服务绿色标准》,随后又增订了《绿色印刷认证制度》,推动绿色印刷产业的发展。欧盟理事会也在1996年颁布了综合污染防控指令(1996/61/EC),提出实行与排放标准等效的削减计划。

我国的印刷业主管部门,原国家新闻出版广电总局在2017年发布《印刷业"十三五"时期发展规划》中,就十分明确提出了"坚持绿色发展道路,增强绿色印刷实效"的重点任务,要求继续大力实施绿色印刷,提升产业绿色发展水平,绿色印刷已成为我国从印刷大国向印刷强国迈进的重要举措。各地地方政府相关主管部门也都在积极学习、推进、落实、考核企业实施绿色印刷,加大企业的绿色环保认证,如上海市通过财政手段、项目资金扶持、税收政策优惠等形式加大绿色印刷的发展,其他地区业通过交流会、推进会、商务洽谈会等方式促进绿色印刷的发展。2015年印刷行业推出了CY/T 129-2015《绿色印刷 术语》的行业标准,标准建立了整个绿色印刷产业中的专业用语和标准体系,为后续的绿色印刷行业相关生产、科研、技术交流及教学提供了规范,其体系化、系统化、标准化的建立也标志着整个行业发展的体系化、系统化、标准化。《环境标志产品技术要求印刷第一部分:平版印刷》(HJ 2503—2011)由环保部正式批准实施,后陆续推出系列的绿色印刷标准,用于指导绿色印刷的发展。CY/T 130.1-2015《绿色印刷 通用技术要求与评价方法 第1部分:平版印刷》也更为详尽地规定了平版印刷所涉及的绿色印刷通用技术要求、评价和检验方法。

学界和企业界对于绿色印刷产业现状和发展趋势更是进行了深入的研究，陈志周等人对于绿色印刷及应用研究进展进行了较为深入的探讨，重点还是从整个绿色环保的趋势上进行理论分析和初步实现路径分析；李伟在 2018 年的《中国印刷》期刊上发表了题为"浅谈绿色印刷及国内外发展现状"的文章，对于目前各地绿色印刷实施状况进行了较系统的分析；作为我国绿色印刷借鉴的标杆，何从友在《印刷杂志》上分析了日本印刷业绿色印刷实施及 VOCs 治理，对比分析了绿色印刷的发展趋势；中国印刷技术协会同北京印刷学院、中国印刷科学技术研究所也进行了"绿色印刷产业发展研究"专题项目研究，系统地分析了目前绿色印刷存在的问题，对于绿色印刷标准体系及发展提供了借鉴。也有很多学者从具体的技术角度探讨了绿色印刷发展的趋势与路径，基本上都侧重在印刷材料的绿色化上，如宋延林发表在"Bulletin of the Chinese Academy of Sciences"的论文则重点探讨纳米印版对于绿色印刷发展的贡献和探讨，也有从不同印刷方式，如胶印、柔印工艺的角度来探讨实施绿色印刷的可行性，也有从变革的技术等方面来实施绿色印刷。

近年来国内一些大型印刷企业积极响应国家号召，开始尝试开发并使用绿色印刷材料（水性油墨、UV 墨、大豆油墨等）和较为环保的印刷方法（柔性版印刷方式、无水胶印、数字印刷等）。尤其是在北京、上海、广东等印刷业发达地区，绿色印刷的推进和发展进行得更加重要。

综上所述，无论是政府，还是行业以及企业和老百姓，对于与安全生活息息相关的绿色印刷的关注都十分密切，而认清目前我国印刷产业发展的现状、存在的问题，尤其是针对不同区域、不同领域、不同企业发展状况，都需要通过大量的信息和知识支持，从而分析和确定多步实施的绿色印刷发展战略，这对于既要现实发展的牛奶面包，也要子孙万代的青山绿水，是十分重要和必要的。

第二节　绿色印刷产业发展研究存在的问题

随着信息技术打破摩尔定律继续以超高速迅猛发展，信息带给人们丰富资信的同时也给人们的科研和决策带来了诸多麻烦。信息元，作为信息传播最小单位，可以不断地连接、组合形成新的结构。信息元的这种无穷组合能力促使新信息不断地产生，导致信息爆炸，形成信息烟雾。在众多的信息和数据库面前，"信息超载"和"知识饥渴"的情况使得科研工作者和决策者感到获取有用信息更加困难。

由于绿色印刷产业链涉及的要素非常丰富,涉及的生产工艺流程十分复杂,印刷产品种类的繁多,各种技术应用存在争议等,导致绿色印刷产业发展趋势的研究面临着同样的问题。目前绿色印刷产业研究所采用的信息分析与处理方法主要是依靠专家的知识和经验、调研问卷式、访谈以及少量信息检索搜集的研究方法,已经无法实现绿色印刷发展的研究,导致研究结果的片面化、运动化、盲目化以及无序化,从而不利于人们认识绿色印刷、支持绿色印刷、实施绿色印刷、促进绿色印刷发展。同时对于不同绿色印刷要素之间的关系以及问题的主要矛盾还缺乏系统的分析和研究。

针对这种由于信息分析技术的局限性导致的研究结果不够全面、深入、系统、前瞻的问题,本研究尝试采用目前已经在很多相关领域实践应用的知识服务来探索绿色印刷产业的发展趋势。

第三节 基于多源网络信息的绿色印刷产业发展趋势研究

一、知识服务的内涵

知识服务以提供服务人员的自身专业知识为基础,根据需求提供知识产品或者解决方案以支持用户解决问题和进行决策,不仅满足用户 know-who、know-what、know-when、know-where 的信息需求,而且解决用户 know-why、know-how 以及 know-if 的知识需求,产品和服务的价值及竞争力更主要体现在其包含的知识量,而不是信息资源的数量。

目前国内对知识服务内涵的理解,主要有三种代表性的观点:

一,强调用户问题的解决。这一类概念强调依靠服务人员自身的知识和能力,通过知识应用,为用户提供知识产品或者在用户解决问题的整个过程中提供服务。

二,强调显性知识和隐性知识的转化。这一类观点体现了知识管理的理念,利用显性知识和隐性知识的相互转化,强调开发隐性知识的价值。

三,关于广义知识服务与狭义知识服务的区分,强调了知识服务的层级性。

尽管上述各种定义的侧重点不同,但在以下三个方面基本达成共识:① 知识服务建立在相关服务人员的知识基础之上;② 提供给用户的可以是信息、知识或知识产品,甚至可以是解决方案,以解决用户具体而实际的问题为目标；
③ 追求知识服务对问题解决的价值效益。

二、知识技术

知识服务是基于知识技术的信息服务平台或系统。

在知识技术概念产生的早期,人们主要尝试把信息作为知识来进行处理,并把知识引入到信息系统中,这个时期的知识技术主要包括面向知识的系统、文献管理系统、自然语言处理、Hypertext、分布式人工智能、互联网等。迄今,知识技术的发展已包括语义网、知识本体、元数据、信息检索方法、贝叶斯分类器、产业化自然语言处理、基本代理技术、虚拟协同和联合、互联网推理服务、自然语言处理、计算基础设施、网格计算等。

目前知识技术主要应用于知识服务或者是知识工程的转化,就是把以各种形式存在的、异构的、分布的信息转化成知识,这就需要赋予信息以计算机可以理解的语义,因此该类知识技术依托于语义网络(semanticweb)这一大环境。这些技术在把信息转化成知识的过程中需要从大量的信息存储中抽取信息的含义,按照一定的推理规则,进行知识的推理,并能够对知识进行描述与规范。典型的代表有知识本体、元数据、自然语言处理等,实现数据的抓取、分析、集成和推理。

根据美国高级知识技术项目(AKT)的报告,知识生命周期包括知识的获取、知识的建模、知识的检索、知识的发布和知识的维护。知识技术必须支持知识生命周期中的一个或者多个阶段。

知识服务是一种新的网络应用理念,是利用知识技术对信息进行处理与加工,通常经过信息采集、信息过滤、信息分类、信息摘要、精华萃取等处理过程。本研究旨在将知识技术用于绿色印刷产业发展趋势研究,就是以绿色印刷专业知识内容和互联网上的多源信息进行搜索查询为基础,期望为印刷产业链中的相关用户提供与绿色印刷、绿色印刷产业及其发展有用的信息、知识和服务。

三、基于多源网络信息的绿色印刷产业发展趋势研究

1. 研究方法总体设计

在大数据时代背景下,随着海量数据的出现以及多数据源融合交叉应用,传统的数据获取、处理以及数据管理模式都受到一定的制约。近年来,知识图谱(Knowledge Graph)作为一种新的知识表示方法和数据管理模式,在很多领域

中都有着重要的应用。其结构化的语义知识库、用于以符号形式描述物理世界中的概念及其相互关系等技术都是目前在很多领域中尝试应用的热点。

随着谷歌知识图谱的发布,知识图谱的构建与应用研究引起了学术界和工业界的广泛关注。在国内,知识图谱的构建与研究已经起步,相应取得许多重要的研究成果,如信息检索、面向图书阅读领域的中文知识图谱、构建企业知识图谱、多数据源的中文知识图谱构建方法、影视应用平台与开放数据访问,等等,也有利用知识图谱技术解决一个研究点,如基于知识图谱实现柔性版印刷技术应用专利数据挖掘等研究。

针对绿色印刷研究对象数据来源的多源性特点以及后续数据分析、处理的精准性以及为知识服务平台系统的搭建做好基础的知识技术,综合分析研究了现有的各种开源工具以及各种算法后,本研究自行设计开发了知识服务底层基本技术的所有算法,研究方法的流程图如图5-4所示。

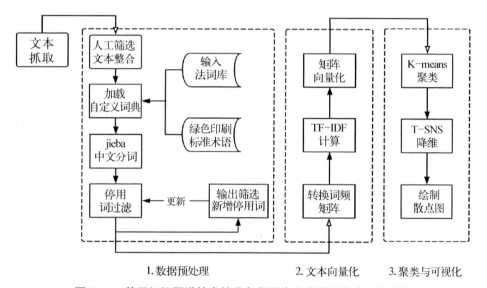

图5-4 基于知识图谱技术的绿色印刷产业发展研究方法流程图

图5-4是一级绿色印刷知识层次数据获取、数据预处理、文本向量化、数据分析和聚类分析以及可视化的结果,二级绿色印刷知识层次完全采用这个研究方法框架,是在一级绿色印刷知识层次的基础上,重新进行数据获取、数据预处理、数据分析和聚类分析,主要是在"加载自定义词典"处将一级绿色印刷知识层次的结果作为绿色印刷知识层次数据获取、分析和聚类分析的自定义词典,从而完成整体的绿色印刷知识层次数据获取、分析和聚类分析。

整个多源网络信息的绿色印刷产业发展趋势研究方法的具体实现以及研究

结果与分析在后文中将进行详细论述。

2. 数据来源

目前在网络中,很多文献数据来自异构的数据源,且表达具有多样性、不规范以及非结构化的特征。因此用于构建知识图谱的本体库数据源可以来源于结构化数据、半结构化数据和非结构化数据,以及现有的一些通用知识图谱库等。

结构化数据:主要是指关系数据库中的表、excel 表以及其他具有结构的数据。

半结构化数据:主要指介于结构化数据和无结构化数据之间,通常的 XML、HTML 等相关网页属于半结构化数据。半结构化数据主要来源于维基百科、百度百科等。

无结构化数据:主要指纯文本资料、图像和声音等数据。

3. 本体库构建方法

本体(ontology)是对概念进行建模的规范,是描述客观世界的抽象模型,以形式化方式对概念及其之间的联系给出明确的定义。本体定义了知识图谱中的数据模式,因而,本体构建研究的成果能在很大程度上辅助知识图谱的构建。针对不同的应用领域和不同的需求,本体构建的方法也有所不同。本文利用 OWL(Web Ontology Language)从多种数据源中构建相应的领域本体库,然后通过映射成全局本体库。

本研究的绿色印刷产业本体库构建其主要数据源是来自于传统网络数据库、新型网络学术信息平台、专业网站以及广泛应用的学术网站数据等。

首先,绿色印刷产业内的关系数据库是针对绿色印刷及绿色印刷产业而创建的,该数据库包含了绿色印刷领域内的表达方法和具体应用的详细信息,因此,可以从领域的关系数据库,尤其是以绿色印刷标准术语为基准抽取出关系模式,分析关系数据库中表的信息和字段信息,建立相应的绿色印刷产业相关概念模型。

其次,由于关系模式包括表与字段之间的关系,以及表与表之间的联系,而本体库则是包括概念与概念之间的关系、概念与属性间的联系。因此,要利用一定的规则将关系模式映射为本体模型。本文通过数据爬取、清洗、筛选和多层次聚类获得绿色印刷产业的本体表达模型。

最后,对通过算法所建立的绿色印刷产业本体模型进行主观的评估和校验,主要是通过行业内的专家对本研究所构造的绿色印刷产业本体模型进行检验,查看是否满足本体库的构建原则,本体模型中的术语是否正确,本体模型中的概念及其关系是否完整等。通过对本体模型评估后,可以建立绿色印刷产业内的本体库。

本研究通过四类信息平台获取一级、二级绿色印刷知识层次所需的研究数据:

第一类是传统网络数据库,选择的是国内影响力最大、应用最广泛的维普数据库、知网资源总库、万方数据库作为数据来源,其包含的所有期刊以及发明专利为研究样本。

第二类是新型网络学术信息平台(学术博客、学术论坛、专业网站等),经过细致调研,最终选择目前在国内学界影响力较大的"新浪博客(blog.sina.com.cn)"和"CNKI学术论坛(kbs.cnki.net/forums)"作为数据来源。

第三类是专业网站,如科印网、中国印刷网、大中华印艺网等,这里的会议或论坛等活动的报告发言、新闻报道的通讯稿、人物访谈等作为研究样本。

第四类是维普数据库、知网资源总库、万方数据库、万方标准全文数据库、上海知识产权信息平台、国家知识产权局专利检索系统作为分析绿色印刷具体的材料、技术、设备、工艺等主要数据的来源,数据来源说明如表5-1所示。

表5-1 本研究的数据来源

数据应用层次	数据平台	数据类别	数据搜集工具	数据搜集方法
一级绿色印刷知识层次	维普数据库	网络数据库	文献题录	Python爬虫
	知网数据库			
	万方数据库			
	网络学术信息平台	学术博客	全文	
		学术论坛		
	专业网站	网页		
二级绿色印刷知识层次	维普数据库	网络数据库	文献题录	Python爬虫
	知网数据库			
	万方数据库			
	万方标准全文数据库			
	全国标准全文公开			
	上海知识产权信息平台			
	国家知识产权局专利检索系统			

对于前三种信息平台的数据获取，本研究采用自行编写的 Python 爬虫抓取数据，尤其是新型网络学术信息平台的数据大多为非结构化数据，本研究自行编写的 Python 爬虫抓取原始数据非常有效。一级绿色印刷知识层次数据的获取主要来源于第一类和第二类信息平台，第一类信息主要爬取题目和摘要，第二类信息则获取全文信息，经过广泛的搜索，共获得 6 000 多条含有"绿色印刷"关键词的条目。

在"新浪图林博客圈"方面，选取精华博文进行数据采集。这种博文的作者都在图书馆学界有一定的影响力和号召力，文章质量有所保证。时间范围同样选取 2012—2018 年。采集到 2 899 篇博文，剔除出错、重复等冗余数据，剩下 2 872 篇博文。在 CNKI 学术论坛方面，选取电子技术及信息科学目录下的图书情报与数字图书馆板块进行数据采集。经浏览发现，每篇帖子的平均阅读量均在 1 000—1 500 次之间，体现了帖子是经过精心编辑的，质量较高。为保证足够的数据量，选取 2006—2018 年的帖子，最终采集到 1 529 篇。

第四类的数据和研究主要用于二级绿色印刷知识层次中绿色印刷具体的材料、技术、设备、工艺等主要研究数据的来源。

4. 数据抓取方法

互联网时代是一个信息爆炸的时代，中国工程院院士邬贺铨表示每天产生的各种信息约有 800 EB，如果将其装在 DVD 光盘上，要装 1.68 亿张，装在硬盘中要装 80 万个，因此如何从海量的网络数据中获取与绿色印刷相关的、有价值的信息就是整个研究的关键。目前的数据获取方法都是通过爬虫，即网络爬虫，来自动获取网页内容。

网络爬虫是一个自动提取网页的程序，它为搜索引擎从万维网上下载网页，是搜索引擎的重要组成。传统爬虫从一个或若干初始网页的 URL 开始，获得初始网页上的 URL，在抓取网页的过程中，不断从当前页面上抽取新的 URL 放入队列，直到满足系统的一定停止条件。聚焦爬虫的工作流程较为复杂，需要根据一定的网页分析算法过滤与主题无关的链接，保留有用的链接并将其放入等待抓取的 URL 队列。然后，它将根据一定的搜索策略从队列中选择下一步要抓取的网页 URL，并重复上述过程，直到达到系统的某一条件时停止。另外，所有被爬虫抓取的网页将会被系统存贮，进行一定的分析、过滤，并建立索引，以便之后的查询和检索；对于聚焦爬虫来说，这一过程所得到的分析结果还可能对以后的抓取过程给出反馈和指导。

充分考虑到网络爬虫算法与研究的需要，本研究选用聚焦爬虫的思想和方法进行了相应的程序设计和编写，完成了不同研究阶段所需数据和信息的搜集

获取,主要解决以下三个问题:

(1) 获取网页内容

获取网页内容的方式通常分为两类:深度优先与广度优先。

由于该课题限定了爬虫的主题("绿色印刷")以及爬取的对象("源"),所以该爬虫采用了广度优先的爬取方式,即通过设置不同参数从根 URL 批量请求数据。

(2) 提取内容

提取内容时使用了 beautifulsoup4 库,通过该库的函数,可以轻松地解析第一步提取的内容,之后便可以根据文档的结构获取真正需要的内容。这里获取的主要有三个标签:title,abstract,time。

(3) 保存数据

保存内容时选择了直接将文本保存至 csv 文件中,这种文件易于结构化地读写,也方便后续处理。

本研究自行编写的爬虫软件相比目前的商业爬虫软件,主要有以下优势:

灵活度:自己设计的爬虫可以按需获所需内容,而不仅仅受限于 citespace 等仅可以获取预设内容。

效率:爬虫效率主要取决于网络速度。在该次获取数据的过程中,由于对每一个页面的处理都很简单(提取,保存),故而没有采取多进程的爬虫运行方式,因此爬取 6 000 条原始数据的时间也仅为 5 分钟。

5. *数据预处理与清洗*

(1) 预处理和中文分词

由于爬取的网络资源中数据表达冗余,存在很多与绿色印刷产业相关度比较低、但是词频统计数据却很高的情况。因此在数据预处理中采用专家介入,利用人工的方式去除与"绿色印刷"这一主题无关的文本,包括人名、地名、头衔以及很多修饰词,同时去除对后期处理无关的重复文本,再重新进行数据爬取,自动补全不完整的文本文章。

(2) 将爬虫结果汇总至一个 txt 文本中,按照每行一篇文章的格式排列,并且转换成 UTF-8 编码。

(3) 分词

分词的软件较多,经过专业比较和分析,本研究采用目前业内广泛应用的"Jieba"Python 中文分词组件(https://github.com/fxsjy/jieba),对文本进行处理分词处理。

1) 载入自定义词典

目的是解决对于专业术语等新词切分准确率较低的问题。这里将印刷等轻工业的专业术语、《绿色印刷术语表 CY-129 2015》、《印刷媒体手册》等涉及的专业词汇经过处理后,制作成自定义词典在分词组件中加载,从而可以大幅度提高整体文本切分的准确率。

2) 文本切分

目的是将文章切分成各个词汇,用数个词汇来表示整篇文章的主题和相关内容,其部分文本切分结果如表 5-2 所示。

表 5-2 部分数据爬取后文本切分信息

序号	数据源基本信息	文本切分	摘要
1	论我国印刷行业的绿色转型——《环境与可持续发展》2013 年 02 期	绿色印刷 标准 认证 建议	印刷业作为我国的传统产业,其规模已接近全球第二,但印刷过程中的环境问题一直制约着其发展。绿色印刷战略的提出和实施成为解决印刷行业绿色转型的一个突破口。本文介绍了我国绿色印刷战略的起源、政策支撑、实施及其成果,分析了绿色印刷工作开展中面临的问题,并提出相关建议。研究表明,进一步推动我国绿色印刷的政策建议如下:第一,完善绿色印刷标准;第二,加强推进绿色印刷认证工作;第三,提高企业认识、全员参与并将绿色印刷工作落到实处;第四,对获得绿色印刷认证的企业给予政策支持或财政补贴;第五,针对印刷加工全过程中所需纸张、油墨、胶黏剂、润版液、印版等原辅材料,加强各供应链环节的环境保护标准要求和控制
2	绿色印刷及应用研究进展——《包装工程》2018 年 01 期	绿色印刷 印刷材料 进展	目的探讨印刷的发展趋势,为绿色印刷的开发和应用提供理论依据。方法综述当前中国绿色印刷的发展状况、重要性,以及绿色印刷在包装和其他方面的应用。同时对印刷的发展前景进行展望。结论随着现代科技的发展,资源消耗不断增加,环境问题日益显现。人们对健康良好的生活环境给予了高度重视,绿色印刷关系着未来发展的长远利益。为了建立环境友好型社会,绿色印刷必不可少。绿色印刷是当今时代印刷发展的方向
3	绿色印刷发展策略探析——《科技与出版》2014 年 06 期	印刷 绿色印刷 发展策略	绿色印刷是印刷业重要的发展趋势。我国实施绿色印刷 3 年来,取得了阶段性的成果。通过对长三角、珠三角和环渤海地区 200 多家印刷企业的调研,详细分析和阐述了我国绿色印刷的发展现状及存在的问题,提出了绿色印刷的发展策略与建议

(续表)

序号	数据源基本信息	文本切分	摘　　要
4	绿色印刷发展问题与对策研究——《北京印刷学院学报》2013年01期	绿色印刷 发展现状 问题与分析 发展对策	破坏生态环境、损害人类自身健康的发展模式启示人们必须从可持续发展的角度重新审视人类的生产生活方式。文章围绕印刷品的生产过程,从印刷产业绿色化的角度出发,论述了现阶段国内外绿色印刷发展所采取的措施和取得的成效,着重从理念、需求、成本三个方面分析了中国绿色印刷发展存在的问题,并在此基础上提出了相应的解决对策
5	中国绿色印刷发展战略框架设计之我见——《中国出版》2013年17期	绿色印刷 印刷企业 框架设计 发展战略 印刷业 保护环境 节约资源 印刷发展 调整产业结构 印刷设备	今年以来,中国中东部地区持续的大范围雾霾天气造成空气重度污染,给公众的健康带来了极大的危害,也严重影响了人们的正常生活。生态环境已成为广大人民群众非常关心的问题。党的十八大报告指出,我们要坚持节约资源和保护环境的基本国策,形成节约资源和保护环境的产业结构、生产方式、生活方式,从源头上扭转生态环境恶化趋势。十八大报告提出的"生态文明建设",功在当代,利在千秋
6	坚持绿色发展道路　促进印刷产业升级——《绿色包装》2018年01期	绿色印刷 印刷企业 通用技术 平版印刷 印刷行业 印刷业	国家新闻出版广电总局2016年发布《印刷业"十三五"时期发展规划》,明确了"坚持绿色发展道路,增强绿色印刷实效"的重点任务,要求继续大力实施绿色印刷,提升产业绿色发展水平。绿色印刷已成为我国从印刷大国向印刷强国迈进的重要举措
7	绿色印刷的发展现状及对策——《今日印刷》2017年05期	绿色印刷 行业可持续发展 印刷生产 平版印刷 企业的责任 印刷产业 印刷标准 绿色认证 印刷产品 研发力度	"绿色"已成为现如今印刷行业发展的主旋律,国家和地方政府相继出台了一系列法律法规,进一步强化了印刷企业的责任意识和环保意识。加快推进绿色印刷的实施,已成为当前绿色印刷行业可持续发展的必然选择。近年来,绿色印刷的实施在全社会各方面的努力和协调下,正得到不断推广,取得了不错的经济效益和社会效益,但我国绿色印刷在实际实施过程中仍然有很多问题需要解决
8	绿色印刷的发展现状、问题及对策研究——《中国包装工业》2015年16期	绿色印刷 发展现状 对策	随着印刷行业的发展,以及社会对生态环境的重视,绿色印刷的作用就显得越来越重要,从而绿色印刷也随着社会的进步而发展起来,但是我国绿色印刷的发展与国外其他国家相比仍比较落后。本文就我国当前绿色印刷的发展现状以及存在的问题进行探讨,并结合笔者的实际工作经验提出促进绿色印刷发展的有效途径,以期给印刷同行业人士提供一定的借鉴意义

(续表)

序号	数据源基本信息	文本切分	摘要
9	绿色印刷的现状及策略研究——《工业设计》2017年09期	绿色印刷 现状 策略	在印刷行业发展的过程中,绿色概念的提出增强了印刷企业的责任意识以及环保的意识,大力发展绿色印刷可以促进社会的可持续发展。在绿色印刷发展的过程中,还存在很多的实际问题,要求政府和企业可以不断地调整相关的政策和措施。近年来的绿色印刷产业得到了一定的推广,本文结合绿色印刷的现状提出了相关的解决策略
10	我国印刷行业的绿色转型——《中国高新科技》2018年02期	印刷行业 绿色转型 绿色印刷	目前,我国出版物印刷业务量大,存在的问题较多。只有高度重视绿色印刷相关的宣传培训工作,不断推动绿色印刷战略的实施,落实绿色印刷,才能推动我国印刷行业的持续发展。文章概述了绿色印刷的内涵,介绍了低碳经济环境下国外绿色印刷的发展状况,指出了我国绿色印刷的现状以及存在的问题,提出了我国印刷行业进行绿色转型的相关策略

3) 停用词过滤

将一些无关紧要的、没有意义的词汇从切分后的文本中去除过滤,目的是减少这些词汇对后期聚类结果的影响。停用词表采用爬虫工具从网络获取的信息整理的词表,并且将过滤后的分词结果进行输出,通过手工筛选无关词汇,如人名地名等,再添加至停用词表,从而不断更新停用词表以获得更好的分词效果。该部分的操作需要反复多次进行,以获得最佳、最精简的与研究内容高度相关分词结果。本部分的内容需要用到研究人员的专业经验和学识。如表5-2中的"建议""现状""保护环境""节约资源""印刷发展""印刷行业""印刷业"等词汇就要经过手工筛选剔除,从而再重新进行文本过滤,为后续获取语料库做好数据清洗。

4) 语料库建成

语料库即是用文章切分出来的一部分词汇,来映射整篇文章,以获得文本的特征,便于后面进行聚类处理。本文建立了两个语料库,一个是网页、文献和期刊语料库,一个是专利语料库。

6. 文本向量化

对文本数据进行特征提取,其实就是将文本数据转换为计算机能够处理的数字形式,一般都是以二维向量进行表示。本研究中就是以所有的分词在每一篇文章中该词出现的频率作为二维向量的数据,从而将文本转换为计算机可以处理的形式。本研究采用"scikit-learn"Python 机器学习组件,利用 https://scikit-learn.org/stable/网站上的功能对文本进行处理。为了克服词频统计技术的缺陷,本研究引入 TF-IDF 技术进行文本向量化的优化处理。

(1) 计算 TF-IDF 值

TF-IDF 是 Term Frequency — Inverse Document Frequency 的缩写,即"词频—逆文本频率"。它就是为了克服词频统计技术的缺陷而产生的,它引入了"逆文档频率"概念,它衡量了一个词的常见程度,TF-IDF 的假设是:如果某个词或短语在一篇文章中出现的频率高,并且在其他文章中很少出现,那么它很可能就反映了这篇文章的特性,因此要提高它的权值。TF-IDF 技术需要维护一个语料库或文件集用于计算每个词的出现频率,频率越高的逆文档频率越小。语料库可以是整个铁路规章制度的集合,也可以是某个规章制度的全文。实践证明,TF-IDF 在分词的时候,也需要剔除掉明显的停用词,这样效果会比较好。

例如对于绿色印刷产业而言,文本中"发展"一次的词频必然会非常高,其在语料库中出现的频率会非常高,因此其权重反而会降低。

TF-IDF 值它由两部分组成:TF 和 IDF。TF 较好理解,即某词在整个文本中出现的频率。而 IDF 是逆向文本频率,反映了一个词的普遍重要性,若它在很多文本中出现,它的 IDF 应该较低。如果简单使用词频 TF 值来文本向量化,那么一些词汇比如"的"等常见词汇的频率会很高,即使经过停用词表,仍有部分对文本无关的词汇可能很高,影响特征。

(2) TF-IDF 矩阵向量化

将文本向量矩阵转换成一个稀疏矩阵,即用词坐标来表示文本,从而便于后期文本聚类分析的正确率与效率。

7. 绿色印刷知识层次聚类分析

(1) 文本聚类方法

绿色印刷产业是一个庞杂的体系,要准确地清楚其发展趋势,首先需要建立一个多级的绿色印刷知识层次,该层次建立的方法就是通过对前期处理的文本进行自动聚类后形成类别标签。目前常见的聚类方法就是 k-means 聚类算法。

k-means 算法是一种基于样本间相似性度量的间接聚类方法,属于非监督学习方法。此算法以 k 为参数,把 n 个对象分为 k 个簇,以使簇内具有较高的相似度,而且簇间的相似度较低。相似度的计算根据一个簇中对象的平均值(被看作簇的重心)来进行。此算法首先随机选择 k 个对象,每个对象代表一个聚类的质心。对于其余的每一个对象,根据该对象与各聚类质心之间的距离,把它分配到与之最相似的聚类中。然后,计算每个聚类的新质心。重复上述过程,直到准则函数收敛。

k-means 算法是一种较典型的逐点修改迭代的动态聚类算法,其要点是以误差平方和为准则函数。逐点修改类中心:一个象元样本按某一原则,归属于某一组类后,就要重新计算这个组类的均值,并且以新的均值作为凝聚中心点进行下一次象元素聚类;逐批修改类中心:在全部象元样本按某一组的类中心分类之后,再计算修改各类的均值,作为下一次分类的凝聚中心点。

算法流程为:

① 从 n 个数据对象任意选择 k 个对象作为初始聚类中心;

② 根据每个聚类对象的均值(中心对象),计算每个对象与这些中心对象的距离,并根据最小距离重新对相应对象进行划分;

③ 重新计算每个(有变化)聚类的均值(中心对象);

④ 计算标准测度函数,当满足一定条件,如函数收敛时,则算法终止,如果条件不满足则回到步骤②。

(2) 基于网络和文献的文本聚类结果

绿色印刷产业是一个庞大的体系,涉及到多个门类、多个行业以及多种技术,因此对绿色印刷产业包含的内涵需要采用聚类方法对语料库进行进一步的分析处理。本文采用 https://scikit-learn.org/stable/ 中的"scikit-learn"Python 机器学习组件,并采用不同的聚类算法对文本进行处理。

1) 探索 K-means 聚类

随机选取 K 个对象作为初始聚类中心,计算每个对象与各个种子聚类中心之间的距离,分配给距离它最近的聚类中心,形成 K 个簇,重新计算每个簇的中心,然后再进行一次分配,重复上述过程,直到中心不再变化。这里 K 值先指定 10 进行尝试,观察结果,K 值还会调整。

2) 使用手肘法计算 SSE(sum of the squared errors 误差平方和),调整 K 值的选取

手肘法的核心思想是,随着聚类数目 K 值的增大,样本划分会更加精细,那么 SSE 将会逐渐变小,而当 K 值到达真实应该聚类的数目时候,再增加 K 值会使得聚合程度迅速变小,SSE 下降幅度会骤然减小,随着 K 值继续增大而变得平缓,如果绘制 SSE 和 K 值的图像,将会得到一个手肘形状的图形,如图 5-5 所示。

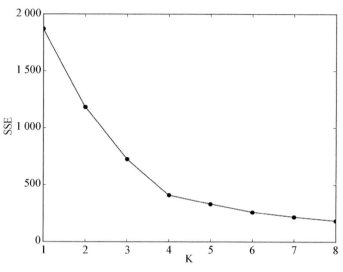

图 5-5　手肘法确定聚类数目图

这里就比较适合采用 K=4,这是一个手肘的部位。

而在本项目研究中,目前的 SSE-K 值图形如图 5-5 所示。

根据图 5-6,本项目选取第一个手肘点,K=8 作为簇的数目。

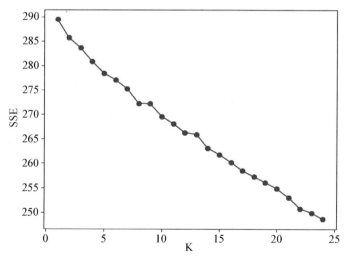

图 5-6　利用手肘法确定本项目研究聚类数目图

3) 结果可视化

经过文本向量化处理后,原有的文本就转换成计算机可以识别的表达形式,该表达是一个非常高维的数据类型,是不利于人们的理解和分析的,因此需要进一步对这些高维向量进行处理,进行降维后变成可以更好表达和展示的视觉效果,一般情况下就会采用二维聚类散点图的方式来进行数据的表达和解析,如 TSNE 方法和 PCA(主成分分析法)。

4) 一级绿色印刷知识层次聚类结果

由于 K-means 结果和初始 K 值关系很大,而初始 K 值的选取是随机的,所以更换了降维方法后,聚类结果是不一样的,TSNE 降维和 PCA 降维的散点图和关键词表聚类结果如图 5-7、图 5-8 以及表 5-3 和表 5-4 所示。

A. 基于 TSNE 降维的网络与文献类绿色印刷聚类

通过 k-means 聚类方法将文本向量进行聚类后,这是一个高维的空间数据分布,并不利于问题的分析,因此本研究使用 TSNE 算法将高维数据分布降维到二维表示的空间内,从而便于数据的表示和分析。

TSNE 的 t-分布式随机邻域嵌入是一种用于挖掘高维数据的非线性降维算法,它将多维数据映射到适合于人类观察的两个或多个维度。也就是说,非线性降维算法 t-SNE 通过基于具有多个特征的数据点的相似性识别观察到的模式来找到数据中的规律。在文本数据分析以及可视化时,其原理的解释为:文本用词汇作为坐标来表示,假设整个语料库总共出现了 A,B,C,D 四个词汇,文本 A 出现了 A 词和 D 词,那么可以认为它的坐标是[1,0,0,1]。如果绘制散点图,那么是一个四维空间的点,难以观察。所以使用 TSNE(t 分布随机邻域

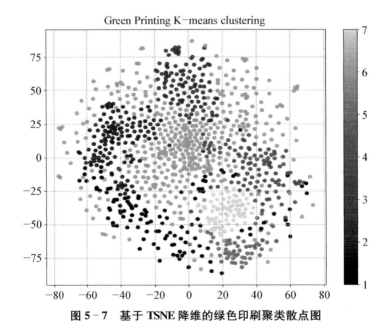

图 5-7 基于 TSNE 降维的绿色印刷聚类散点图

嵌入算法)进行降维,将坐标点投射到 2 维或 3 维空间中,进行探索与观察。它的优点是,其结果比 PCA 主成分分析等其他算法来说,目前是最好的。缺点是计算更加复杂,仅适合 2 维/3 维。

经过手肘法,选择 K 值为 7,得到 7 类,其对应的出现 TFIDF 值前 5 的关键词可以在一定程度上代表某一类,TSNE 聚类结果如表 5-3 所示。

表 5-3 TSNE 降维关键词聚类结果

类 别	关 键 词 聚 类 结 果
Cluster ♯1	纳米;制备;电子;材料;导电
Cluster ♯2	喷墨;数字;控制;技术;印刷技术
Cluster ♯3	出版;绿色;标准;新闻出版;国家
Cluster ♯4	油墨;环保;大豆油墨;印刷;水基
Cluster ♯5	水性油墨;水性;树脂;聚氨酯;丙烯酸;柔性版
Cluster ♯6	印刷;发展;包装;设计;中国
Cluster ♯7	固化;UV;油墨;UV-LED;紫外光

B. 基于 PCA 降维的网络与文献类绿色印刷聚类

PCA(Principal Component Analysis)主成分分析也称主分量分析,通过主成分分析法可以起到降低维度的作用,它是把多指标合成为少数几个相互无关的综合指标(即主成分),其中每个主成分都能够反映原始变量的绝大部分信息,而且所含信息互不重复。这种方法在引进多方面变量的同时将复杂因素归结为几个主成分,使问题简单化,同时得到更加科学有效的数据信息。本研究采用 PCA 实现的绿色印刷领域发展分析结果如图 5-8 所示,其对应的类别及关键词如表 5-4 所示。

结合两种聚类算法所示的绿色印刷产业可视图以及关键词聚类结果,结合绿色印刷术语等行业规范,可以得到目前绿色印刷知识层次的一级指标,其结果如表 5-5 所示。

5)二级绿色印刷知识层次聚类分析

通过对两种降维聚类方法结果的综合比对分析和研究,可以进一步对现有的一级绿色印刷知识层次指标进行人工聚类分析,得到如表 5-6 所示的二级绿色印刷知识层次指标,从而可以进一步明确绿色印刷产业中发展的重点。

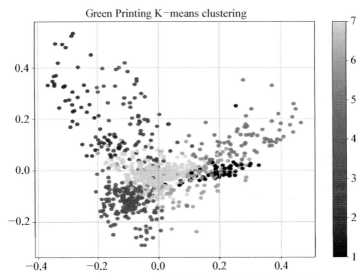

图 5-8 基于 PCA 降维的绿色印刷发展聚类散点图

表 5-4 基于 PCA 降维绿色印刷关键词聚类

类　　别	关 键 词 聚 类 结 果
Cluster #1	水性油墨;水性;树脂;丙烯酸;乳液
Cluster #2	数字;印刷技术;印刷;出版;按需印刷
Cluster #3	喷墨;电子;印刷;打印;技术
Cluster #4	印刷;绿色;发展;行业;环保
Cluster #5	固化;UV;油墨;LED;涂料
Cluster #6	油墨;环保;大豆油墨;水基;柔性版印刷
Cluster #7	印刷;技术;研究;应用;发展

表 5-5 一级绿色印刷知识层次指标

类　　别	一级绿色印刷知识层次指标	权重(%)
Cluster #1	油　墨	60.84
Cluster #2	印刷技术	16.32
Cluster #3	标　准	12.59
Cluster #4	行业应用	10.26

表 5-6 二级绿色印刷知识层次指标

类别	一级绿色印刷知识层次指标	二级绿色印刷知识层次指标
Cluster #1	油墨	大豆油墨
		水性油墨
		UV 油墨
		LED 固化油墨
		纳米油墨
Cluster #2	印刷技术	数字印刷
		柔性版印刷
		控制技术
Cluster #3	标准	绿色印刷标准
Cluster #4	行业应用	出版业
		包装业

8. 基于专利数据的文本聚类结果

从上述章节中的数据分析结果可以看出，环保的绿色印刷油墨是解决绿色印刷的关键，其次是新型的、智能化、自动化、节能化程度更高的印刷装备。因此，为了更加深入地分析绿色印刷油墨和技术装备的发展状况，本研究进一步对技术性更专业的专利数据进行挖掘和分析，从而更加丰富本研究的内容。

采用与网络资源和文献资源完全相同的知识图谱技术，本研究又对六百余篇绿色印刷相关专利进行了分析，聚类三点图如图 5-9 所示。

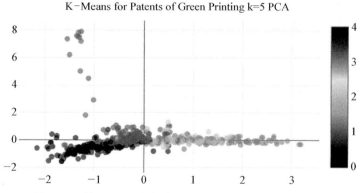

图 5-9 基于 PCA 降维的绿色印刷专利数据聚类散点图

表5-7 基于PCA降维绿色印刷专利数据关键词聚类

Cluster ♯1	电路板;元件;电阻;电路;版材
Cluster ♯2	表面处理;表面;电子;环保;进行
Cluster ♯3	发光;led;连接装置;光源;印刷
Cluster ♯4	固定装置;清洗;连接;安装;设备
Cluster ♯5	油墨;水性;制备;树脂;颜料

同样采用TSNE降维后绿色印刷专利数据聚类散点图结果如图5-10所示，其类别对应的关键词如表5-8中所列。

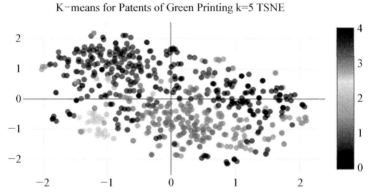

图5-10 基于TSNE降维的绿色印刷专利数据聚类散点图

表5-8 基于TSNE降维绿色印刷专利数据关键词聚类

Cluster ♯1	表面;加工;包装;印刷;印刷
Cluster ♯2	油墨;水性;树脂;制备;溶剂
Cluster ♯3	led;发光;二极管;电路板;芯片
Cluster ♯4	制备;组合;组合方法;印刷油墨;配比
Cluster ♯5	固定;装置;连接;安装;印刷机

从两种方法分析的专利数据中可以看出，相比于文献分析来看，绿色印刷产业在专利数据中表现更为集中，更专业一些，没有一些宣传性的"印刷""技术""研究"和"应用""发展"之类的泛泛而指的关键词，更多地指向实际的技术。通过专利数据可以看出：

① 油墨的研发和应用仍然是绿色印刷产业发展的最重要领域；

② 印刷除了在常规的出版和包装领域中的绿色化生产之外，其应用范围进一步还拓展到了电路板生产加工的绿色化；

③ 绿色节能的印刷设备、印刷装置的研究和应用也是十分重要的一个领域。

四、绿色印刷产业发展趋势演变路径研究

为了研究绿色印刷产业发展趋势的演变，考虑到前面文本分析可能存在的数据聚类时因为与总量相比数据量较少，但是其内容内涵又十分重要的局限性，本研究又采用 K - means 聚类方法对文本语料库从时间维度上进行分析，试图找到绿色印刷产业发展演变的路径。

考虑到绿色印刷这样一个概念，以及对环保重视的程度是在近些年才提出的，所以我们对近十年文本进行了细分，分成了前五年和后五年，可以更加详细地反映相关研究的发展。文本划分切片的时间分成了三个主要过程：

- 2000—2009 年
- 2010—2014 年
- 2015—2019 年

1. 2000 年至 2009 年绿色印刷产业发展状况

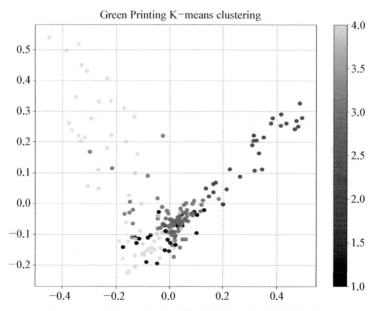

图 5 - 11　2000—2009 年绿色印刷产业发展聚类散点图

表 5-9 2000—2009 年绿色印刷产业发展重点

类　　别	关　键　词　聚　类　结　果
Cluster #1	水性油墨;柔印;水墨;颜料;包装印刷
Cluster #2	喷墨;印刷;数字;技术;打印
Cluster #3	材料研究;改性;树脂;材料
Cluster #4	油墨;固化;UV;水基;环保

2. 2010 年至 2014 年绿色印刷产业发展状况

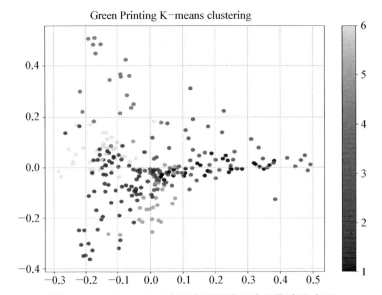

图 5-12 2010—2015 年绿色印刷产业发展聚类散点图

表 5-10 2010—2015 年绿色印刷产业发展重点

类　　别	关　键　词　聚　类　结　果
Cluster #1	水性油墨;树脂;水性;酯化;丙烯酸酯
Cluster #2	印刷;数字;行业;中国;发展
Cluster #3	油墨;UV;环保;固化;排放
Cluster #4	包装;设计;绿色包装;食品包装;包装材料
Cluster #5	喷墨;电子;印刷;打印;按需喷墨
Cluster #6	认证;标准;绿色认证;环境保护;印刷公司

经过数据处理,2010—2015 年绿色印刷产业发展聚类散点图如图 5‑12 所示,其对应的绿色印刷产业发展重点的类别关键词如表 5‑10 所示。

比较 2010 年前与 2010—2015 的聚类数据可以看出,从 2010 年开始,通过手肘法选择的 K 值从 4 变为了 6,并且可以看到绿色印刷发展重点的类别增加了更多。除了 UV 油墨、水性油墨等绿色印刷研究和发展领域,另外新增了包装材料、喷墨技术、认证标准等新的领域。虽然相关领域的文本数量(散点数)较少,但是其数据的增长斜率较大,说明新增领域符合绿色印刷产业发展的情况,是后续发展的新兴领域。

3. 2015 年至 2019 年绿色印刷产业发展状况

本研究采用同样的方法对 2015—2019 年的文献与网络资源进行分析,得到的 2015—2019 年绿色印刷产业发展聚类散点图如图 5‑13 所示。

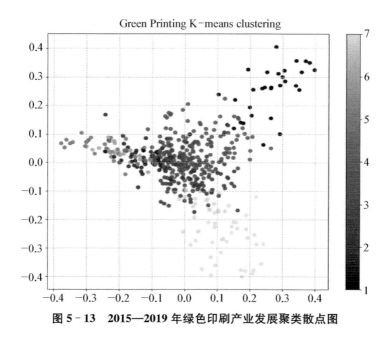

图 5‑13　2015—2019 年绿色印刷产业发展聚类散点图

表 5‑11　2015—2019 年绿色印刷产业发展重点

类　　别	关 键 词 聚 类 结 果
Cluster ♯1	数字印刷;印刷技术;喷墨技术;发展;按需喷墨
Cluster ♯2	油墨;颜料;油墨制备;环保;环境影响
Cluster ♯3	包装印刷;行业;环保;绿色包装;包装材料

(续表)

类　　别	关 键 词 聚 类 结 果
Cluster ♯4	印刷电子;技术;中国;发展;电路
Cluster ♯5	UV;固化;光源;油墨;LED
Cluster ♯6	水性;乳液;水基油墨;丙烯酸;聚氨酯
Cluster ♯7	新闻出版;发行;国家;广电总局;大力发展

相比 2015 年之前，近五年的文献数量最多，且类别也较多，发展到了 7 个主要领域，这也说明了绿色印刷产业仍然是一个正在不断发展、还不够完善和成熟的产业，还处于一个发展的快速时期。比较 2010—2015 年，绿色印刷产业发展重点变成了 7 类，新增了一些如国家广电总局等层面的政策支持的相关类别。

无论从文献资源分析还是专利数据分析，印刷油墨，尤其是 UV 油墨与水性油墨的相关研究，可以发现从 2000 年一直都是绿色印刷产业研究和关注的重点，这也符合人们对于印刷业的认知。从整个印刷产业链上来看，对于污染环境最严重的要素可能不是设备的高能耗或者是其他情况，而是油墨以及其溶剂的挥发、刺鼻气味等，这显然是污染环境的大头，可以说对于油墨的改善，是印刷业往环保绿色发展的一个关键突破口。

而随着时间发展，国内更加开始强调环保，相关的政策提出支持，新型的印刷技术的研究与改进都进一步丰富了绿色印刷产业的内涵。另外加之近些年国内电商事业发展迅猛，带来快递运输行业蓬勃发展，其包装印刷品的迅猛增长，也让更多的绿色印刷焦点聚焦于包装印刷产业的绿色化。

五、结束语

传统印刷是以破坏环境为代价来换取经济利益，而后期治理需要花费更大的费用，走先污染后治理的老路已完全行不通，绿色印刷只是短期内投资相对较高，而换来长期的稳定发展。随着人们对环境保护意识的加强以及有关绿色印刷政策、环境保护法规的陆续出台，印刷的绿色化将成为未来印刷行业的主流。

随着绿色印刷的实施，以绿色印刷为核心的材料、装备、工艺、印刷方式相继推出绿色印刷为社会带来了巨大收益，也需要企业、政府以及广大消费者的长期坚持，相信在社会各界的努力下，绿色印刷将更加成熟，未来会是绿色印刷的时代。

本研究采用多源网络信息，包含新闻、专业博客、专业文献、专利等多种结构性、半结构性以及非结构性的数据,利用自行编写的网络爬虫方法,利用知识图谱技术来进行绿色印刷产业的发展趋势的研究。通过研究可以看出绿色印刷长期处于处于一个重点发展的领域,该产业的规模还将进一步扩大,其在油墨(包括胶印的大豆油墨、水性油墨、UV油墨、LED固化油墨以及纳米油墨)、可降解承印物、绿色印刷工艺以及低能耗印刷装备等方面还需要重点突破。

另外通过研究结果还可以看出,在绿色印刷发展的趋势中,绿色印刷标准的制定、实施、宣传和认证也是绿色印刷产业发展的重要举措和保障,同时国家政策的导向性也是至关重要的。

相比于传统的研究方法和研究结果,采用知识图谱技术和多源网络信息进行绿色印刷产业发展趋势的尝试取得了一定的成果,通过专家的检验和评测,本研究的结果是全面的、可靠的,是可以沿着该方向进一步深入研究的。

(王晓红:上海理工大学出版印刷与艺术设计学院)

第六章
学术出版数字化转型实践及启示

第一节 学术出版社早期数字出版实践失败原因
——以莱斯大学出版社为例

2010年左右,牛津大学出版社(以下简称牛津社)、剑桥学术出版社(以下简称剑桥社)等有实力的学术出版社,开始逐渐生成具有较强盈利能力的数字出版服务体系。在它们之前,也并不是没有学术出版机构尝试过进入数字出版领域,但由于时机不成熟,这些早期的学术型数字出版实践并没有取得成功。其中,莱斯大学出版社(Rice University Press,以下简称莱斯社)就是一个典型的失败案例。通过对莱斯社失败原因的分析,我们能比较清楚地认识到:由于受到资金、技术和理念等的制约,学术出版社在数字出版技术刚刚出现时,并不具备用数字出版技术盈利的条件。只有弄清早期实践失败的原因,我们才能明确学术出版社利用数字出版盈利应具备的条件。

STM出版商是最早应用数字出版技术盈利的出版机构。比如,施普林格(Springer)在1996年推出了电子期刊全文数据库SpringerLink[1],爱思唯尔(Elsvier)和威利(Wiley)在1997年分别发布了Science Direct和Interscience数字出版平台[2]。这些早期的数字出版实践以内容为基础,以数据库为平台,以信息服务软件和终端设备为问题解决工具,形成了金字塔式的信息服务架构[3]和

---

[1] 于成,张大伟.施普林格数字出版之路——SpringerLink,技术与内容结合的一种范式[J].编辑学刊,2014(04):12-17.
[2] 刘益,马长云.励德·爱思唯尔集团的经营管理与发展战略研究[J].科技与出版,2011(03):23-27;王志刚.约翰·威利父子出版公司数字出版发展探究[J].编辑之友,2010(08):126-128.
[3] 李慧娟.大数据食物链、信息聚类系统、定制解决方案——汤森路透商业模式比较分析[J].编辑之友,2015(02):79-84.

内容付费的商业模式,获得了巨大成功。

相比之下,同样是在早期就展开数字出版实践的莱斯社,却始终无法从中获利。早在 1996 年,莱斯社就实施了学术图书数字化项目,由于经费不足,该社难以维系而倒闭。2006 年,该社重获新生,启动了全数字化运营(all-digital operation),即主要靠按需出版(print-on-demand)来盈利。但是,由于运营成本高昂、缺乏财政支持,该社最终在 2010 年再次倒闭。

莱斯社的失败从一个侧面说明了,较早地进入数字出版领域,不仅不能保证所有出版商盈利,反而可能带来经济风险。那么,为什么 STM 出版商皆能取得成功,而学术出版社却难以从一开始就分得一杯羹?我们认为,与 STM 出版商相比,学术出版社在经济实力、内容基础、技术选择和经营理念等方面,都有很大差距,莱斯社的失败绝非偶然。下面,我们就从多个方面来分析莱斯社失败的原因。

一、资金短缺

在没有经验的情况下,无论是纸质出版物的数字化,还是从传统出版流程升级为数字出版流程,都需要相当大的人力、物力和财力投入。对于体量较小、以非盈利性学术出版为主要目标的学术出版社来说,一般难以承受。虽然学校的教务长尤金·列维(Eugene Levy)认为,莱斯社的数字出版实验并非没有考虑到这一点,如果运营规模更大且学校的财政危机没有发生的话,莱斯社的实验可能会继续下去[1];但是,从整个的学术出版生态来看,只有那些全球性的出版机构,才不至于被巨大的前期投入所拖垮。

对于这一点,我们也可以从图书馆界的数字化实践中获得佐证。在图书馆界,早在 1971 年就发起了数字出版平台项目——古登堡计划(Project Gutenberg),多年来,各图书馆也一直在努力进行图书的数字化。但由于经费限制和技术瓶颈等原因,这些项目既没有形成规模,也没有造成影响。单靠图书馆的力量,经费的缺口究竟有多大?法国国家图书馆收藏部主任德尼·布鲁克曼在 2009 年接受采访时表示,国家图书馆每年在纸质作品数字化上的预算是 500 万欧元,而仅将该馆收藏的法兰西第三帝国时期的作品进行数字化处理,就需要大约 5 000 万~8 000 万欧元。[2] 图书馆界无法解决的问题,最终还是要靠财大气粗的谷歌公司

---

[1] Howard J. Rice U. to Close Its Digital Press Next Month [EB/OL]. (2010-08-19) [2018-11-19]. https://www.chronicle.com/blogs/pageview/rice-u-to-close-its-digital-press-next-month/26342.
[2] 李学梅.法国国家图书馆与 Google 商洽合作事宜[EB/OL]. (2009-08-19) [2018-11-19]. http://news.xinhuanet.com/world/2009-08/19/content_11908977.htm, 20090819.

来解决。为了建设谷歌图书馆,谷歌不仅开发了图书批量扫描技术,投入上亿美元的资金,还就自己是否构成"合理使用"打了长达十年的官司。[①] 可见,早期的数字化实践,并不是区域性的图书馆或出版社所能展开的活动。

二、不具备技术研发的条件

早期的数字出版实践,有两条道路,一条是用扫描等技术将纸质出版物数字化,另一条是将传统出版流程转型为数字出版平台,实现内容的"一次制作,多次使用";谷歌图书馆和国内的超星等,走的是前一条道路;STM 出版商走的是后一条道路。无论是哪条道路,都需要进行技术研发,以实现内容和技术的结合。而对包括莱斯社在内的绝大多数学术出版社来说,并不具备技术研发的条件。

相比之下,实力雄厚的企业则可以加大技术研发投入,持续保持领军者的地位。比如,为了解决光学字符识别扫描可能会破坏图书装订,且效率低下的问题,谷歌特别开发了批量化扫描技术,该技术保证谷歌图书馆成为全球范围内的超级数字出版平台。为了占领新兴的数字化学术期刊市场,STM 出版商选择了 XML 技术作为内容平台的核心技术,经过他们的实践,XML 以及相关的用于定义、设计、链接、转换和标注等的标准,为数字出版奠定了技术基础。[②] 可以说,无论走哪条道路,学术出版社都没有主导技术标准的能力。

当然,学术出版社也许还有第三条路可以走,即"超星模式"。我国的超星公司紧跟数字化浪潮,自 20 世纪 90 年代中期开始进入数字出版平台领域。当时纸质图书数字化的两种方案(文本格式解决方案;图像格式解决方案)都有不尽完善之处,可超星没有实力像谷歌那样,发明终极的解决方案,只能退而求其次,研发了低成本的过渡性技术。比如,针对图像格式偏大的问题,研发了压缩算法;针对无法实现全文检索和直接引用的问题,研发了图像综合全文检索技术。这些过渡性技术,在新兴市场尚未出现过多竞争者的情况下,保证了超星公司在数字出版平台商业化初期走在了前面,成为国内知名的数字出版平台品牌。但是,过渡性技术路线毕竟无法像前述两种路线一样"一劳永逸"地解决问题;一旦数字出版技术日臻成熟,后来者的后发技术优势将抵消先来者前期积累的市场优势,过渡性技术的拥有者必须再一次面临技术转型的难题。

对于学术出版社来说,用数字出版盈利最保险的办法,是依附于技术成熟的出版平台和渠道商。比如,由我国上海体育学院主办的期刊《运动与健康科学

---

① 张大伟,于成."谷歌侵权案"判决中的"合理使用":新技术、新市场与利益再平衡[J].新闻大学,2016(06):117-124+151-152.
② 卡斯多夫.哥伦比亚数字出版导论[M].徐丽芳,刘萍,译.苏州:苏州学术出版社,2007:57.

（英文）》(Journal of Sport and Health Science，JSHS)，就选择与爱思唯尔合作出版；2015 年，该刊在 SCI 和 SSCI 相关领域都进入了 Q2 方阵。① 在与渠道商合作方面，美国学术出版社协会在 2012 年的调查显示，亚马逊的 Kindle 是学术出版社电子图书数字发行渠道的首选②；在我国，学术出版社的纸质版和电子版图书，主要通过亚马逊、当当网等网上销售平台售卖。总之，既然能从早期的拓荒者那里获得"技术红利"，学术出版社并没有冒风险，从一开始就自主研发新技术。

三、对数字出版本质的认识不够深入

莱斯社将自己的数字出版实践称为"实验"(experiment)，一年只出版 20 多种数字图书，获利方式不明确，除非有大量外来资金注入，否则失败在所难免。明尼苏达学术出版社的董事阿马托(Douglas A. Armato)认为，莱斯社的实践尽管有一定价值，但大学出版应当认清的是：学术出版是涉及经济、技术和制度等各方面的综合活动，数字化仅仅是这个活动中的一个部分而已。③ 也就是说，莱斯社错误地理解了数字出版，将数字出版当作了纸质出版的对立面。而事实上，真正的数字出版绝非弃纸质出版于不顾，成熟的出版是全媒体出版，纸质出版并不会消失，只是被整合进了数字出版流程当中。

出版物通常由三个部分构成：载体(container)、内容(content)和背景内容(context)。与纸质出版物相比，数字出版物在载体、内容和背景内容上都呈现出新特点。第一，在载体方面。数字出版物的载体是呈现电子内容的设备，与载体相关的最重要元素是文件格式，比如常见的 pdf、epub、mobi 等格式，每个载体都有其可兼容的格式；而纸质出版物的载体是纸张，纸张直接承载内容，不存在格式的问题。第二，在内容方面。纸质出版物的内容固定在每页纸上，如果需要修改或更新内容，必须再版时修正或添加附录；而在数字出版物中，可以直接实时在线完成修改或更新。数字出版物内容的这个特点，也带来了纸质出版物时代所没有的问题：内容的准确性无法保证，很难用于学术引用。第三，在背景内容方面。与纸质出版物相关的背景内容通常由图书馆、出版商和记者等提供，如图书推荐、书评、作者采访等，这些背景内容外在于纸质出版物。而在数字出版物中，原本外在于纸质出版物的背景内容可以通过超链接的形式内嵌在数字出

---

① 中国第一本被 SCI/SSCI 数据库收录的体育学术期刊《运动与健康科学（英文）》[J].上海体育学院学报,2017,41(01)：2.
② 罗茜.坚守与困境——从美国学术出版社看"学术出版"[J].中央财经大学学报,2014(s1)：109－118.
③ Howard J. Rice U. to Close Its Digital Press Next Month [EB/OL]. (2010－08－19) [2018－11－19]. https://www.chronicle.com/blogs/pageview/rice-u-to-close-its-digital-press-next-month/26342.

版物中,另外还可以嵌入词典、音视频等,背景内容的丰富度大大提高。①

尽管有上述区别,但在成熟的数字出版流程中,这些区别并不构成矛盾。也就是说,内容和背景内容既可以在数字出版载体上呈现出来,也可以以纸张的形式呈现出来,二者各有其受众市场,完全放弃纸质的呈现形式并非明智之举。

总之,莱斯社的实践证明,学术出版社很难在数字化早期打造自己的数字出版平台。只有首先正视自身在资金、技术等方面的先天劣势,学术出版社才有机会在学术数字出版市场中分得一杯羹。对此,牛津大学出版社和剑桥学术出版社的搭建整合式数字出版平台的实践,为我们提供了宝贵的经验,对我国的学术出版社搭建数字出版平台具有一定借鉴意义。

第二节　突破限制和服务创新:牛津社和剑桥社的转型之路②

自 2016 年 11 月,牛津社开始着手将牛津期刊在线(Oxford Journals Online)、牛津期刊档案库(Oxford Journals Archive)等在线期刊内容迁移到新平台 Oxford Academic。整个迁移过程在 2017 年 2 月完成,旧平台会自动跳转到新平台。除了期刊,用户还可以在新平台上获取电子书等原来在其他平台上的数字产品。③ 恰在此时间节点,剑桥社也推出了整合式数字出版平台。剑桥社在 2016—2017 财年年报中特别指出:该财年最重要的时刻,就是新数字出版平台 Cambridge Core 的顺利上线(2016 年 9 月)④。与牛津社一样,在 Cambridge Core 推出之前,剑桥社已推出了剑桥期刊在线(Cambridge Journals Online)、剑桥图书在线(Cambridge Books Online)、大学出版在线(University Publishing Online)和剑桥历史在线(Cambridge Histories Online)等其他数字出版平台。

那么,可探讨的问题是:牛津社和剑桥社为何要再费精力将这些已成熟的

---

① RYAN B. Optimizing Academic Library Services in the Digital Milieu [M]. Oxford: Chandos Publishing, 2013: 70 - 91.
② 本章改写自上海出版传媒研究院招标课题资助项目"知识服务与数字图书馆研究"(编号:SAYB1810)阶段性研究成果《剑桥大学出版社数字出版转型之路——Cambridge Core,整合式出版平台的一种范式》(《出版发行研究》,2018 年 11 期,作者:于成,王琳)。
③ HARRASSOWITZ. Oxford University Press Journals on New Platform Oxford [EB/OL]. [2019 - 01 - 21]. Academichttps://www. harrassowitz. de/special-announcements/Oxford-University-Press-Journals-on-New-Platform-Oxford-Academic. html.
④ Cambridge University Press. Annual Report (for the year ended 30 April 2018) [R]. Cambridge: Cambridge University Press, 2017.

平台整合到一起？哪些条件保证了 Oxford academic 和 Cambridge Core 能在短时间内取得成功？

本章将指出，Oxford academic 和 Cambridge Core 的成功具有其特殊性，我们只有认清其成功背后的条件和因素之后，才能因地制宜地吸取经验。虽然牛津社和剑桥社的成功很难直接复制，但 Oxford academic 和 Cambridge Core 的整体理念和设计细节，还是值得有条件的学术出版社，尤其是财力较雄厚的学术出版社借鉴。学术出版社可以围绕像 Oxford academic 和 Cambridge Core 一样的出版平台，整合大学各科系、图书馆及出版社内容资源，生成具有比较优势的学术知识服务体系。

一、突破限制

随着技术的成熟、对学术数字出版特点之认识的提高，一些资金较为雄厚、内容优势比较明显的学术出版社，也开始具备建设可盈利的数字出版平台的条件。也正是在"万事俱备"的情况下，牛津社和剑桥社才敢于建设新版的整合式出版平台。接下来，我们就从内容、技术和学术出版理念这三个角度，分析 Oxford academic 和 Cambridge Core 必然成功的原因。

1. 内容数量可观，质量取胜

牛津社出版的产品包括学术图书、期刊、词典、《圣经》等，每年新出版的学术出版物达 5 800 种，教育出版物 6 700 多种。[1] 牛津期刊不仅覆盖的学术领域广泛，而且质量不断提高；2011 年，三分之二以上的期刊影响因子有所上升，近三分之一的期刊至少在一个学科门类中排名前 10%，超过 85% 的期刊在至少一个学科门类中排名前 50%。在这些期刊中，不乏在世界范围内享有盛誉的刊物如 Brain(在临床神经性学领域排名第一)、Human Reproduction Update(在生殖生物学领域排名第一)和 Public Opinion Quarterly(在政治学领域排名第一)。[2]

牛津社不仅始终保持着纸质出版物的出版质量，而且能够将纸质出版时代的内容优势延续到数字出版时代。比如，众所周知，《牛津英语词典》一直是牛津社的重要品牌。1857 年首先由伦敦语文学会提议编纂，直到 1879 年默里任主编才开始有实质性推进。整部词典分册编纂出版，首册(A 到 ant)于 1884 年面世，1928 年全部出齐 125 分册。《牛津英语词典》前主编约翰·辛普森(John Simpson，1953—)回忆录《词语侦探》中写道，在 1986 年纸质版《补编牛津英语词典》出版

---

[1] 陈瑶.牛津大学出版社的学术出版之道[J].出版参考，2017(11):27-29.
[2] 刘锦宏主编.数字出版案例研究[M].北京:电子工业出版社，2013:231-234.

后,他开始参与推动并主持整部词典的数字化;1989年,数字化整合完成,出版了20卷纸质版《牛津英语词典》第二版,共计21 728页,收词50余万条,例证240万条。1992年,光盘版《牛津英语词典》第二版面世。2000年,牛津社推出了第一个真正意义上的数字出版产品——"牛津英语词典在线"。[1] 历经纸质印刷、数字化机贮、光盘网络承载、在线编纂出版等技术剧变,《牛津英语词典》始终坚持内容与技术的结合,将纸质出版时代的辉煌延续到了数字出版时代。

在Oxford academic的建设过程中,牛津社将相关的学术资源以科学的信息排布方式呈现在页面上,不仅能够让老用户迅速找到所需内容,而且能让更多的用户接触到牛津优质的学术内容资源,从而将内容优势继续延续下去。

得益于历史底蕴和长期的精耕细作,剑桥社不仅积累了大量的有价值内容、树立了品牌,每年出版的内容量也是一般学术出版社难以企及的;在2016—2017财年,剑桥社共出版学术图书1 439种,期刊391种(其中23种新增期刊),英语教学479种,教育出版982种。[2] 经过逐年积累,可以说出版社的内容量足以支撑起一个数字出版平台。

但是,与STM出版巨头相比,剑桥的文献量就显得小巫见大巫了;仅靠内容量,恐怕还不能完全保证盈利。我们认为,除了基础文献量,Cambridge Core成功的关键,还在于作者的号召力和文献的质量,尤其是特色文献。在作者方面,截至2018年,共有63位诺贝尔奖得主在剑桥出版过文献[3],罗素(Bertrand Russell)、乔姆斯基(Noam Chomsky)、霍金(Stephen Hawking)等的著名作品都在剑桥出版[4]。在期刊方面,Cambridge Core的前身之一剑桥期刊回溯数据(Cambridge Journals Digital Archive,CJDA)中期刊被SCI/SSCI/AHCI收录的比例,就已达到了76.3%(JCR2011)[5];如今,Cambridge Core中的期刊不乏《流体力学》(Journal of Fluid Mechanics)、《国际组织》(International Organization)、《行为和脑科学》(Behavioral and Brain Sciences)等各领域的佼佼者。

在图书出版方面,一方面剑桥社有严格的学术审查制度保证学术内容质量,

---

[1] 田兵.《牛津英语词典》的传承与革新——读约翰·辛普森回忆录《词语侦探》[J].辞书研究,2018(02):9-17+93.

[2] Cambridge University Press. Annual Report (for the year ended 30 April 2018) [R]. Cambridge: Cambridge University Press ,2017.

[3] Cambridge University Press. Annual Report (for the year ended 30 April 2017) [R]. Cambridge: Cambridge University Press,2018.

[4] Cambridge University Press. Ten Great Cambridge Authors [EB/OL]. [2018-08-14]. http://www.cambridge.org/about-us/who-we-are/history/ten-great-cambridge-authors/.

[5] 陈凤兰.剑桥大学出版社期刊运营特色探究[J].科技与出版,2013(4):18-23.

另一方面其本土化策略拓展了国际市场①,英语教学图书更是剑桥的"金字招牌"②。以我们所熟知的"剑桥少儿英语"品牌为例。由伦敦大学学院的英语分级阅读专家休·博德曼博士和格伦·富兰克林博士共同主编,由世界各地著名的儿童文学作家、插画家和摄影师共同打造的《剑桥彩虹少儿英语分级阅读》,在2017年由二十一世纪出版社集团、新东方在线引入国内。引入后,国内的出版商对这套丛书进行了二次开发,形成了音视频、线上课程等系列产品。剑桥社还授牌新东方在线旗下儿童教育品牌酷学多纳,设立国内首家《剑桥彩虹少儿英语分级阅读》示范中心,从而分享着国内火爆的少儿英语分级阅读市场。③

剑桥社 CEO 潘仕勋在 2009 年接受采访时表示,剑桥在当时就有 22% 的收入来自数字出版,其中大部分来源于学术期刊,7% 来源于其他的数字化图书。④可见,剑桥社的数字产品在当时已获得用户的认可,2016 年 Cambridge Core 将这些资源整合到一个平台,无疑会进一步增进资源的可及性(accessibility)。目前剑桥社有 90% 的销售额来自英国以外⑤,也从一个侧面说明,网络平台搭载特色内容,对于学术出版社获得全球范围内的影响和收益具有重要意义。

2. 发挥后发技术优势

Oxford Academic 与 Cambridge Core 都不是突然的技术创新。以 Cambridge Core 为例。在 Cambridge Core 之前,剑桥社已有一系列数字出版平台。除了期刊、图书的在线平台,剑桥还拥有剑桥历史(Cambridge Histories)、剑桥指南(Cambridge Companions)和莎士比亚研究(Shakespeare Survey)等特色网络平台。这些平台都是在 STM 数字出版平台成熟之后才建立的。这说明,剑桥社认识到,在 STM 出版巨头完成早期的拓荒之后,才是学术出版社进入的时机。

2010 年左右,数字出版基础技术及经营理念已臻完善,进行数字转型的成本和风险比 20 世纪末降低了不少,剑桥社只需结合自身的内容优势进行一定的技术细节创新,不难获得市场认可。剑桥社近几年的年报显示,正如其所预想的那样,剑桥社的数字出版营业额不断上升,且占总体营业额的比重不断增加。为

---

① 龙杰.高瞻远瞩,勇于创新,诚实守信,迎接挑战——访剑桥大学出版社执行总裁 Stephen Bourne[J]. 中国编辑,2012(1):22-28.
② 莫林虎.剑桥大学出版社 英语教学图书成金字招牌[N].中国新闻出版报,2014-10-27(013).
③ 蔡琦.少儿英语阅读市场的打造——从《剑桥彩虹少儿英语分级阅读》的引进谈起[J].出版广角,2018(7):58-60;腾讯教育.国内首家"剑桥彩虹英语阅读中心"落户酷学多纳[EB/OL].(2017-08-22) [2018-08-14]. http://edu.qq.com/a/20170822/031704.htm.
④ 王化兵.潘仕勋谈剑桥大学出版社的数字化[J].出版参考,2010(24):10.
⑤ Cambridge University Press. Annual Report (for the year ended 30 April 2017) [R]. Cambridge: Cambridge University Press, 2018.

了"帮助用户在浩如烟海的内容中更快速便捷地找到目标"[1],剑桥决定将各个专题平台整合为 Cambridge Core,以更好地发挥内容服务的功能。

前期的各个平台不仅为 Cambridge Core 提供了内容,还提供了技术保障。由于采用了基本相同的技术架构,各个平台其实已不难整合为一个平台,已有的一些内容和设置可以直接"移植"到新的网站上,从而既留住了用户,又升级了系统。比如在 Cambridge Core 中找到所需的期刊后,就可以直接链接到 ScholarOne Manuscripts 进行投稿,整个过程并没有因网站的更新而变得不便。

负责平台数据转换及传输、终端和软件开发以及数字版权保护等的技术部门,对于学术出版社的数字出版平台建设十分重要[2],剑桥社能在短时间内建立多种平台并整合为一个平台,与其一直以来对信息技术的重视是分不开的。剑桥社认为,既懂业务、又懂技术的 IT 人员和新媒体从业人员十分重要。因此,剑桥社专门在管理上设立了 CIO(首席信息官)和首席运营官,负责数字出版业务的规划和平台搭建。尽管有相对独立且强大的技术团队,剑桥社始终坚持内容提供商的定位,绝不冒险去推阅读器等技术厂商擅长的事,而是选择与技术厂商合作,努力实现技术优势与内容优势的完美结合。[3]

3. 以用户体验为旨归的平台建设理念

如果说内容与技术的结合是保证学术出版社数字出版转型顺利进行的基本条件的话,那么充分尊重用户体验则是成功的关键。相比于人们对综合性 STM 出版平台的刚性需求,个人用户使用大学数字出版平台的频率、图书馆等机构的需求程度等,可能并不算高。那么,如何通过特色的内容服务吸引并留住用户,就是学术出版社需要着力关注的问题。

Oxford Academic 和 Cambridge Core 不仅仅是技术升级的产物,更是服务升级的产物。相比于旧平台,Oxford Academic 在诸多方面进行了服务优化,比如用户可以在手机、平板电脑和台式电脑等多种载体上访问;设置了更多浏览选项(浏览所有内容;按照内容标签浏览;按照期刊卷期浏览);优化了过滤结果;搜索结果可显示文章、期刊和多媒体等混合内容;优化了可访问性等等。[4] Oxford Academic 还详细说明了为作者、图书馆员和合作伙伴等提供的个性化服务,致力于提升用户的使用体验。牛津社 2017/2018 年报指出,由于牛津社在优化用

---

[1] Cambridge Core. About [EB/OL]. [2018-08-14]. https://www.cambridge.org/core/about.
[2] 成华,卢章平.大学出版社数字化教材出版模式探索[J].编辑之友,2012(9):24-26.
[3] 王化兵.潘仕勋谈剑桥大学出版社的数字化[J].出版参考,2010(24):10.
[4] California Digital Library. Oxford Journals move to new platform, Oxford Academic [EB/OL]. (2017-03-02) [2019-01-21]. https://www.cdlib.org/cdlinfo/2017/03/02/oxford-journals-move-to-new-platform-oxford-academic/.

户体验上的努力,期刊访问量增长了10%。①

剑桥社在这方面的经验是,在 Cambridge Core 建设伊始,让各方面的客户参与进来,其中包括研究者、图书馆员、作者和学术团体等等。在研发过程中,剑桥社咨询了近1万人;在平台发布后,剑桥给予图书馆员试用的机会,并根据他们的反馈进一步完善系统。② 可以说,Cambridge Core 所体现的简洁美与便捷性,与剑桥社对个人体验的尊重是分不开的。

Cambridge Core 不仅考虑到个人的使用体验,还利用循迹采购(EBA,Evidence Based Acquisition)模型帮助图书馆等机构用户采购。即图书馆先预付一定费用,获得12个月的大量电子书内容访问权;在此期间,图书馆需要密切监测内容的使用情况;在预付期满后,图书馆结合内容使用情况和自身状况,最终决定要买哪些电子书内容。③ 这个模式完全符合精准化营销的要求,能够实现买方和卖方的双赢,值得进一步推广。

当然,除了技术创新,吸引用户的最佳手段还在于不断加强内容质量。比如在期刊出版中,剑桥社就一方面致力于新刊物的发布,另一方面着力于原有期刊影响因子的提高。剑桥社着力于用新期刊推动新学术领域的发展,在2017—2018年,剑桥新出版了《现代美国历史》(*Modern American History*)、《行为公共政策》(*Behavioural Public Policy*)以及两种开放存取期刊(*Personality Neuroscience* 和 *Global Sustainability*);在2019年,剑桥将新增7种新期刊。④ 总体来看,剑桥社学术期刊的平均影响因子逐渐递增⑤,形成了品牌效应。

2017—2018年财报数据显示,延续上个财年的成功,Cambridge Core 继续吸引着用户:用户量增长了10%,财年下半年的内容使用量比去年同期增长了19%。⑥ 总之,作为整合式内容平台,Cambridge Core 以内容和技术的结合为基础,以用户多元的学术需求为核心驱动力,成功地吸引了研究者、图书馆和科研团体的注意力,实现了数字出版服务系统的进一步升级。

---

① Oxford University Press. Academic Overview [EB/OL]. [2019-01-21]. https://annualreport.oup.com/2018/academic/.
② Cambridge University Press. Annual Report (for the year ended 30 April 2018) [R]. Cambridge: Cambridge University Press, 2017.
③ Cambridge University Press. Annual Report (for the year ended 30 April 2018) [R]. Cambridge: Cambridge University Press, 2017.
④ Cambridge University Press. Annual Report (for the year ended 30 April 2018) [R]. Cambridge: Cambridge University Press, 2017; Cambridge University Press. Annual Report (for the year ended 30 April 2017) [R]. Cambridge: Cambridge University Press, 2018.
⑤ 陈凤兰.剑桥大学出版社期刊运营特色探究[J].科技与出版,2013(4):18-23.
⑥ Cambridge University Press. Annual Report (for the year ended 30 April 2017) [R]. Cambridge: Cambridge University Press, 2018.

二、Oxford Academic 和 Cambridge Core 的服务创新

牛津社和剑桥社在内容产品的开发、网站设计、国际化等方面的颇具洞察力,使 Oxford Academic 和 Cambridge Core 不仅仅停留在技术创新的层次上,更实现了技术骨架与经营管理、学术服务专业化乃至美学设计等的水乳交融。这样,Oxford Academic 和 Cambridge Core 得以迅速血肉丰满,成为牛津社和剑桥社向前发展的新引擎。

1. 清晰简洁的信息呈现方式

Oxford Academic 中的资源以学术期刊为主,门户网站中的信息清晰地分为两个部分,一部分是分级标题和搜索栏,另一部分是图片链接。在分级标题部分,用户可按照字母顺序(A-Z)、期刊主题搜索或用搜索引擎搜索文献,另外还有客户服务(Customer Services)和资源(Reources)两个一级标题,为作者、图书馆员和相关社群提供个性化服务。在图片链接部分,有同行评议、开放存取等相关信息或动态,一方面是对分级标题部分的补充,另方面使网站显得美观。

Cambridge Core 门户网站十分简洁,以蓝黑色星球为背景的白色搜索框位于中央,下设"按学科浏览"和针对图书馆员、作者和出版合作伙伴的选项,基本上囊括了用户所关心的内容。

在搜索引擎方面,与一般的模糊搜索引擎不同,Oxford Academic 和 Cambridge Core 的搜索引擎精确匹配到期刊文章和图书章节的题目,便于研究者快速找到与研究直接相关的内容。以 Cambridge Core 为例,在分类浏览方面,"按学科浏览"一方面以一般的学科分类为依据,设置人类学、计算机科学、法律学等子栏目,另一方面兼及自身内容特色,设置区域研究、英语教学、政治和国际关系等栏目。这些栏目按字母顺序排列,分 3 列 12 行,醒目而清晰。若我们点开电影、媒介和大众传播这一项,就会进入到新的页面。新页面亦是简洁的一栏式网站,共分上中下 3 个部分。上面的部分是进一步的领域细分:传播、创意写作、编辑、电影、新闻、媒介与大众传播;中间的部分是新出版的图书;最下面的部分是系列丛书。总之,Oxford Academic 和 Cambridge Core 信息呈现的最大特点就是简洁美:关键的文字信息配上醒目的图片,绝无冗余的信息。

2. 完善内容服务产品

品牌的维系对于出版企业而言非常重要,牛津社在原有品牌内容产品的基础上,谋求整合相关产品,提供整合式、精确化的数字内容服务。比如 2016 年,牛津社发布了 OxfordDictionaries.com,该平台将所有的在线词典内容(包括

OGL 和 OED)整合在了一起,以为用户提供更便利的导航服务,使用户更容易找到资源;牛津社还重新发布了多语种在线词典网站 bab.la,优化后的网站浏览量明显增长。① 同年,牛津社在莎士比亚研究学术出版领域也取得了成绩,在莎士比亚去世 400 周年之际,牛津社出版了 New Oxford Shakespeare 多卷本及其网络版,该书汇集了近年来莎士比亚研究的重要成果,对莎士比亚研究者的学术研究具有重要的参考价值。② 牛津社推出的学术数字出版产品 Oxford Research Encyclopedias 亦在近年来广受好评,该产品旨在为学生和学术研究者筛选精品内容,为用户提供更精准化的知识服务。

牛津社还一直致力于开放存取等新兴学术出版领域的探索,近年来开始探索端对端(end-to-end)的学术研究和出版服务,并在 2018 年进入开放引用(Open Citations)领域,致力于开放标准的制定。③

尽管新平台获得成功,剑桥社并没有在内容服务方面有所怠慢。一方面,剑桥社持续致力于原有内容的多样化开发,真正践行着"一次制作、多次使用"的数字出版理念。比如,自从 2013 年推出新版的剑桥词典之后,剑桥社就开始致力于研发在线词典。在 2017—2018 年,以纸本词典为内容基础的在线词典进一步扩充了词汇定义的例句,且让用户对新内容进行评价。根据用户的反馈,在线词典新增了 11 000 多条词汇和意义以及数不清的例句。与此同时,剑桥社还改进了词典的移动版,超过半数的用户正在用移动设备连入词典。④

另一方面,剑桥社还致力于开发新的内容服务方式。长期以来,剑桥社大力支持开放存取模式,并尊重学者们共享资源的需求。在 2017 年 9 月,剑桥社发布了剑桥核心共享(Cambridge Core Share),成为了第一个在自己的平台建立共享服务系统的学术出版社。作者和订阅者在生成一个只读的期刊文章链接后,就可以将文章分享到网络各处,所有人都可以免费读到最终出版的版本。在此过程中,文章的使用情况会被记录,从而让作者了解其作品的影响。当然,非法的在线分享还是存在的,剑桥正与全行业一道参与反盗版行动。⑤

---

① Oxford University Press. Academic Reference [EB/OL]. [2019-01-23]. https://annualreport.oup.com/2017/academic/.
② Oxford University Press. The New Oxford Shakespeare [EB/OL]. [2019-01-23]. https://annualreport.oup.com/2017/academic/.
③ Oxford University Press. Academic Highlights [EB/OL]. [2019-01-22]. https://annualreport.oup.com/2018/academic/.
④ Cambridge University Press. Annual Report (for the year ended 30 April 2017) [R]. Cambridge: Cambridge University Press, 2018.
⑤ Cambridge University Press. Annual Report (for the year ended 30 April 2017) [R]. Cambridge: Cambridge University Press, 2018.

3. 本土化数字产品的国际推广

牛津社在全球各地设立了众多的分支机构,并与当地出版企业建立了密切的合作关系。牛津社可以在海外市场直接进行图书贸易,并与当地出版企业共同开发出版物版权。比如在数字出版产品的开发方面,牛津社与我国的商务印书馆就展开了深入的合作,双方开启了数字出版领域的新尝试,合作开发了《牛津高阶英汉双解词典》APP,《牛津高阶英汉双解词典》第 7 版、第 8 版 IOS 版先后完成并上线运营,在数字出版领域获得了良好的市场反响。[①]

剑桥社坚持为某个国家或民族量身定做产品,前述我国的剑桥少儿英语系列,很大程度上就属于此列。剑桥社 2016—2017 的财报特别提到了其英语学习和英语考试产品在中国所取得的成就,并表示将继续为中国的学习者和教师提供新的技术和内容[②],可见扎根深耕是剑桥社数字产品占领全球市场的关键战略。

当在某个国家的产品或内容服务创新获得成功后,剑桥社还进一步谋求全球性的推广。比如,剑桥社积极推进中国图书在英美市场的译介工作,"剑桥中国文库"丛书项目将中国艺术、文化和科技类精品图书翻译成英语,满足世界范围内读者的需要。[③] 再比如,在技术研发方面,剑桥社在澳大利亚开发的 Cambridge HOTmaths 数学学习平台,因表现良好而推广到英国、南非、印度等地,成为国际性产品。为了更好地开拓国际市场,剑桥社还谋求与国际学校等机构的合作,将自己的学习、教育等产品融入当地教育系统。[④]

三、小结

牛津社和剑桥社数字出版实践的成功再次证明,数字出版转型的成功与否,并不在于起步时间的早晚,而是在于:是否能够在适当的时机选择适合自身和服务对象的技术。当以 XML 及其相关技术为基础的数字出版技术成熟,且开始生成盈利模式之后,学术出版社才能够相对安全地建立自己的数字出版平台。

在数字转型时代,牛津社和剑桥社尽管一直重视信息技术的作用,但并没有

---

① 马浩岚.品牌国际合作中的精品打造与国家软实力提升——以商务印书馆与牛津大学出版社 39 年合作为例[J].出版广角,2018(20):15-18.
② Cambridge University Press. Annual Report (for the year ended 30 April 2018) [R]. Cambridge: Cambridge University Press, 2017.
③ 骆珺."剑桥中国文库"英语丛书在伦敦发布[EB/OL].(2012-04-17)[2018-08-14]. http://www.chinanews.com/cul/2012/04-17/3826595.shtml.
④ Cambridge University Press. Annual Report (for the year ended 30 April 2017) [R]. Cambridge: Cambridge University Press, 2018.

忘记自己作为老牌内容提供商的本色。"卓越吸引卓越,我们书的名声越好,我们提供的服务就越好,就越容易吸引最优秀的作者。"①通过不断提高产品质量和创新资源获取方式,牛津社和剑桥社为数字时代的知识传播树立了榜样,进一步巩固了自身在学术出版界的地位。

由于具有背靠名校、人才济济、资金较为雄厚等得天独厚的优势,牛津社和剑桥社数字出版实践的成功具有一定的不可复制性。但是,其围绕特色内容和用户需求打造内容服务产品的理念,还是值得其他学术出版社借鉴的。整合式平台能够有效地将出版社、学校图书馆和大学各科系内容资源整合到一起,形成内容品牌,并便于特色资源的进一步开发。学术出版社若决定启动数字内容平台建设,不妨多听取学校师生、图书馆员和相关学术团体的意见,在了解他们的实际需求后选择性价比合理的技术,生成专业的、有特色的学术出版平台,以实现更有效率、更精准化的知识服务模式。

第三节 我国学术出版数字化转型的契机和问题
——以商务印书馆为例

我国尽管没有像牛津社和剑桥社这样的大型学术出版企业,但也不乏有一定实力的学术出版社。我们认为,凭借积累的资金、内容、后发技术优势和庞大的市场,我国的学术出版在现阶段的数字出版环境下,也能够生成具有比较优势的整合式学术出版平台。本章将以商务印书馆为例,阐释我国学术出版社搭建数字出版平台的契机和问题。

一、契机:内容、技术、市场、模式、理念

1. 内容资源

1949年之前,商务印书馆的业务涉及图书、期刊、报纸、印刷、教育、图书馆、电影等众多文化教育领域,曾占据中国出版业的半壁江山。1949年之后,商务印书馆形成了以中外语文工具书、学术著译作、大众科教文化图书和经济管理类图书为核心的内容群。一百余年以来,商务出版图书5万余种,代表性出版物有

---

① 龙杰.高瞻远瞩,勇于创新,诚实守信,迎接挑战——访剑桥大学出版社执行总裁 Stephen Bourne [J]. 中国编辑,2012(1):22-28.

《辞源》《新华字典》《现代汉语词典》《牛津高阶英汉双解词典》"汉译世界学术名著丛书""中华现代学术名著丛书""世界名人传记丛书",以及《英语世界》《汉语世界》等杂志。①

近年来,国家对商务印书馆内容建设的支持十分可观。比如,国家"十二五"规划重点图书《辞源》的修订版,是商务印书馆的重大出版项目之一,整个项目直接成本的三分之一资金,都是由国家予以资助的;再如,《中国设计全集》(共20卷)、《全球华语大辞典》《世界汉译学术名著丛书》第十三辑、第十四辑、48册《钱钟书手稿集·外文笔记》等,都有国家出版基金的支持。国家方面给予的资金支持,使商务印书馆在后顾无忧的情况下进一步积累优质内容,顺利实现内容增值。比如,在《辞源》出版一百周年(2015)之际,第三版修订的《辞源》发行了网络版和优盘版,实现了纸质内容和数字内容的同步发售。

目前,商务印书馆已形成了以电子书、数据库和APP为主要产品的数字出版产品线。其中,电子书业务是商务印书馆的主战场。商务印书馆已与亚马逊、多看阅读、京东、豆瓣、圣智学习集团等展开全方位合作,用户可以在这些平台上购买商务印书馆的电子书,或直接付费阅读。②

数据库是商务印书馆数字出版的重要方向。商务印书馆的数据库主要有三条产品线:工具书、学术著作和历史期刊。主要产品有:《商务馆精品工具书数据库》《〈东方杂志〉全文检索数据库》《汉译世界学术名著数据库》《商务精品工具书数据库·学生版》《商务精品工具书数据库·编辑版》《商务精品工具书数据库·公务员版》等。这些数据均以商务印书馆出版的工具书、学术著作、历史期刊为基础,经过深度加工和标引后动态重组,功能设计完善,增值服务功能多,用户体验良好。数据库的经营模式为B2B模式。③

APP业务是商务印书馆数字出版的另一重要方向。目前,商务印书馆的APP主要集中在语言学的方向,包括本国人学英语,外国人学汉语等。已完成即将上线的产品有《牛津高阶英汉双解词典》第7版IOS版、《精选汉英词典》、Linguap 1.0、《保加利亚语分类词典》等18个小语种APP。APP设计开发均在分析研究用户需求的基础上进行,加入丰富的多媒体,设计了很多教育学习功能,用户体验好。APP的主要服务对象为个人用户。④

---

① 商务印书馆.中国现代出版从这里开始[EB/OL].[2019-01-23].http://www.cp.com.cn/ourselves/outline/introduction.html.
② 商务印书馆.电子书开发情况介绍[EB/OL].[2019-01-23].http://www.cp.com.cn/digital/ebook.html.
③ 商务印书馆.数据库介绍[EB/OL].[2019-01-23].http://www.cp.com.cn/digital/database.html.
④ 商务印书馆.APP开发情况介绍[EB/OL].[2019-01-23].http://www.cp.com.cn/digital/app.html.

2. 国内外数字阅读市场的打开

2006年新闻出版总署会同十部委联合发出《关于开展全民阅读活动的倡议书》以来,推动开展"全民阅读"的政策陆续出台,2012年"开展全民阅读活动"写入"十八大"报告,从2014年起连续三年写入国务院政府工作报告。2015年的政府工作报告中提出:"提供更多优秀文艺作品,倡导全民阅读,建设书香社会。"这是官方首次提出"建设书香社会",将"全民阅读"提上了新高度。中国新闻出版研究院于2018年4月18日公布了《全国第十五次国民阅读调查报告》,数据显示,2017年我国成年国民综合阅读率继续增长,达到80.3%。其中,图书阅读率为59.1%,报纸阅读率为37.6%,期刊阅读率为25.3%,各种数字化媒介接触率为73%(网络在线阅读率59.7%、手机阅读率71.0%)。在近10年间,图书的阅读率有小幅提高,报纸和期刊阅读率降幅很大,数字化媒介的阅读率增长迅速。① 可见,我国有着较大的数字阅读市场空间,掌握着优质资源的出版社不一定非得固守在纸质出版领域,实现线上线下的全媒体出版或许是一条更有前景的道路。

商务印书馆开发的《新华字典》APP,为精品内容的全媒体做了良好的示范。为了保证数字版《新华字典》的权威和规范,商务印书馆没有把项目外包给数据公司,而是组织了包括专业编辑和具有丰富工具书数据化经验的计算机专业人员在内的编辑队伍,并配备二十多名专业校对。② 在编辑团队的努力下,数字版《新华字典》不仅保持了纸质版的权威性,而且增加了丰富的背景内容(context),为用户带来了全新的阅读体验,实现了品牌的增值。

商务印书馆不仅分享者国内广阔的数字阅读市场,还积极与国外的出版企业合作,拓展海外市场。2016年的BIBF(北京国际图书博览会),商务印书馆分别与剑桥社、牛津社、卢德里奇出版公司等国外出版企业合作开展了多个项目。这些合作有效推动了全媒体出版转型。随着国外学习汉语热情的高涨,商务印书馆的工具书优势继续得以发挥,不同语言版本的数字化工具书也加快了商务印书馆走出去的步伐。

3. 形成了一定的数字产品开发模式

商务印书馆的工具书数字出版有较清晰的规划。第一阶段是基础建设阶段,第二阶段是为机构用户开发产品阶段,第三阶段是为个人用户开发产品阶段,目前,商务印书馆正迈向第四阶段:"以平台建设为核心,将工具书资源、语言

---

① 徐金铸.新媒体时代全民阅读进化解析[J].情报探索,2018(12):53-57.
② 孙述学.当数字辞书遇上知识服务——《新华字典》第11版APP的开发与运营[J].出版与印刷,2018(03):7-10.

文字专业图书资源和各种相关专家资源融合，进行重组、重塑、重述，以文本、语音、视频等形式，以数据库、应用程序、微信公众号等方式，融合新媒体进行传播和营销，实现由图书向内容、由产品向服务的转化，进而达到融合出版的目标。"①可见，商务印书馆的数字出版理念与牛津社、剑桥社建设整合式出版平台的路径具有相当的一致性。根据国外的成熟经验，出版企业首先必须把数字出版理解为以 XML 及其相关技术为基础，以全媒体为显示形式的知识组织和生产方式，才能在数字出版领域有所建树。② 商务印书馆的理念显然符合这一点。

在实践领域，商务印书馆也践行着这一理念。2014 年，以 Kindle 版汉译世界学术名著上线为标志，商务印书馆正式开启了 EP 同步（纸电同步）出版的新时代，即真正用全媒体的出版方式，取代传统的出版方式。商务印书馆总经理于殿利解释了以"汉译名著"作为首度 EP 合作产品的象征意义："汉译名著"是商务最具品牌价值的产品，自 1982 年开始，该套丛书至今已出版了 14 辑近 700 种。从"汉译名著"所达到的思想高度来说，它是世界各国家和各民族思想的结晶，是人类文化的宝贵遗产；它对中国的现代化思想和现代化进程已经并且必将继续产生重要的作用；它对中国的人文社会科学领域，以至整个的学术研究都有着重要的影响，是最重要的基础性文献之一。③

在工具书方面，商务印书馆于 2006 年就发布了"工具书在线"数字出版平台，发布《新华写字字典》《新华正音词典》《新华拼写词典》《中华人民共和国地名大词典》等工具书的在线版。从技术上看，工具书在线系统能够实现内容的一次制作、多次使用，首先是语料数据的搭建，从语料数据库提取数据后，即可通过数据加工进入校改流程，也就是工具书发布库；从工具书发布库提取内容进行定义模板、建立索引和输出文件，即可呈现在工具书在线上供用户使用，若在建立索引后进行系统加密、用户管理，再输出文件，即可形成网络版工具书。④ 2007 年，"工具书在线"荣获了首届中国出版政府奖——音像电子网络奖。

从开始的基础建设阶段到产品全面开发阶段再到 EP 同步，商务印书馆利用自身的内容优势与渠道商、技术商合作，先后开发了辞书语料库、《四库全书》数据库、"汉译世界名著丛书"数据库、词典 APP 等，实现了内容与技术的充分结合。商务印书馆还成立了《汉语世界》杂志社，向海外发行电子月刊 China Dispatch，实现了数字出版物的"走出去"。

---

① 孙述学.辞书数字出版：花开自有时[J].出版广角，2014(Z1)：33-35.
② 于成，张大伟.数字出版个案研究[M].北京：高等教育出版社.
③ 柏资文.开创 EP 同步全媒体出版的新时代[EB/OL]（2014-11-04）[2019-01-22]，http://www.cp.com.cn/Content/2014/11-04/1640061613.html.
④ 刘成勇.从"工具书在线"谈商务印书馆数字出版理念与实践[J].科技与出版，2006(05)：14-15+17.

4. 后发技术优势

实践证实，新技术的使用者或新标准的制订者，不可能一劳永逸地站在数字出版领域的制高点。对于不具备标准制定能力的学术出版机构来说，采用成熟的标准进行服务创新或许是更好的选择。以我国的电子书标准化历程为例，2010 年，以"汉王"为代表的中国电子书产业异军突起，国内关于电子书标准化问题的讨论也在这一年达到高潮。新闻出版总署和信息产业部都想制订电子书标准，并且都认为自己是唯一合法的电子书标准制定机构。这种热潮的持续时间非常短暂。

2011 年，汉王股市垮塌，电子书的标准问题便再没有了后文。截至目前，在全球的电子书行业技术标准中，中国电子书行业现有的国际标准有两个，分别是 2002 年发布的 GB/T 18787－2002《电子图书阅读器通用规范》和 GB/Z 18906 2002《开放式电子图书出版物结构》。这两个标准分别就电子图书阅读器的技术要求、试验方法、检验规则及标志、包装、运输和储存，以及出版物文件的标识、元数据等进行了规定。

随着数字技术的进步，中国电子书标准与市场需求之间的差距逐渐拉大，标准成了无企业采纳的"僵尸标准"，无法发挥标准对于整个电子书行业顺利发展所应起到的促进作用。与中国政府积极介入、大力推广不同，美国的 OeBF（开放电子书论坛）尽管没有政府的大力推动，却在企业的广泛参与与行业协会的共同推动下，不断推出了 OeBPS1.0、OeBPS1.2、OeBPS2.0、EPUB2.0、EPUB3.0。目前，EPUB 不仅成为美国电子书产业的标准，而且正在逐渐成为信息传输的国际标准。[1] 在电子书领域，遵循国际标准，商务印书馆开发定制出了一套行之有效的转码规范与流程，纸质书的转码与制作过程效率较高，成为了国内为数不多能做到纸电同步的出版企业。

在工具书内容系统中，数据的储存、传递和接口都遵循 XML 标准，工具书在线生成子系统可以定义不同的 HTML 模板，符合以标记语言为基础进行数字出版实践的标准。标记语言的利用使系统具有加强的开放性，便于系统的扩展和升级，保证了语料的完整性和准确性，提高了系统维护的灵活性。[2]

在数据库建设方面，商务印书馆也是在数据库建设技术已臻成熟的情况下，开发了《商务印书馆精品工具书数据库》，保证了产品的质量，延续了商务印书馆在工具书领域的辉煌。该数据库全面、全新地整合了商务印书馆优质工具书资

---

[1] 张大伟，于成.数字出版个案研究[M].北京：高等教育出版社，2016：186－187.
[2] 刘成勇.从"工具书在线"谈商务印书馆数字出版理念与实践[J].科技与出版，2006(05)：14－15＋17.

源,被誉为"工具书数字出版的成功典范"。在内容上,数据库保有纸质工具书的准确性、科学性、权威性,为用户提供精准、规范、丰富的信息;在功能上,开发了强大的全文检索工具,构建了具有关联性、立体性和动态性的知识系统,既极大地提高了检索速度,又较好地实现了知识的聚合,可以显著提高用户的使用效率,帮助用户便捷地获取信息,全面、系统地学习知识。① 另外,利用扫描等纸质书数字化技术,商务印书馆还建设了民国期刊总辑全文检索数据库,将《东方杂志》等报刊当年的风采重新展现出来。

总体而言,在2010年左右,我国的数字出版主要由技术商主导,而在国际上,数字出版转型主要在内容提供商内部实现。商务印书馆倒是很符合国际惯例,谋求与中国雅虎、谷歌、中国移动、首都信息发展股份有限公司等技术提供商以及兄弟出版单位的合作,②试图从内部实现企业的数字化进程。

5. 更新理念

刘成勇分析过出版社做数字出版五个方面的问题。领导的观念问题为第一条,他指出,不少出版社的领导对数字出版的认识不够深入。原因在于这些领导只看到国内的数字出版由技术提供商主导,盈利不多,没有认识到数字出版是潜在的盈利点。第二条是出版社内部部门间配合的问题,出版社需要有一个独立部门承担具体工作,其他部门提供支持或配合。第三条是人才问题,数字出版转型需要既要懂信息技术、又要懂传统出版还要懂出版企业管理的复合型人才。刘成勇本人既学计算机,又学习过经济学,在他的引领下,商务印书馆在不到三年的时间内研发了工具书在线、按需印刷网、中国语言学期刊网等数字产品。③第四条是要打破小农意识,谋求与其他出版单位的合作共赢,不能仅仅满足于已有资源的开发。第五条是需要明白数字出版乃是一种新机制,传统出版社需要扩展眼界,利用风险投资、跨国公司等的资金和技术实现新想法。④ 这几条,其实都是理念问题,如果没有理念的更新,再好的技术、再多的资金恐怕也无济于事。

我们认为,数字出版是截至目前成本最低的出版形态。虽然前期数字出版流程的更新可能需要较高成本,但一旦更新完成,就会有效简化工序提高工作效率。由于XML具有内容与形式相分离的特点,很容易实现内容的一次创建,多次使用、全媒体使用、个性化定制和永久使用。从技术上看,数字出版就是基于知识板块(article-based)的全媒体出版,章节构成了信息组织的基本单元,章节

---

① 商务印书馆.数据库介绍[EB/OL].[2019.01-23]. http://www.cp.com.cn/digital/database.html.
② 刘成勇.掌握数字出版的主导权[J].中国编辑研究,2009:229-231.
③ 李晓慧.内部创业:CIO引领业务创新[J].中国计算机用户,2008(35):11-12.
④ 刘成勇.掌握数字出版的主导权[J].中国编辑研究,2009:229-231.

内容不仅仅当作由某一机构所把持的资产,更是在不同载体之间自由流动的可增值的资料流(data flow)。从知识管理上,数字出版是一种对版权和信息组织方式的现代管理流程。传统出版的版权概念必须附着在一本书或一本杂志上,数字出版版权则可以分解为时间(一小时或一年)、信息量(一章或全文)、使用范围(复制多少次)和显示形式(电子书或纸质版)等。传统出版的内容制作、印刷、发行等环节是相对独立的,数字出版中信息最初的组织方式就要考虑到产业链的各个环节。总之,0和1的二进制代码来界定数字出版显得过于宽泛,真正对出版流程产生根本影响的是以 XML 为代表的标记语言。① 只有在充分理解数字出版本质的基础上,我们才能在具体实践中真正有所创新。

在我国,商务印书馆较早地形成了自己的数字出版理念——品牌、分类、主导。在"品牌"方面,商务印书馆力争将传统出版领域建立起来的企业和产品品牌延伸到数字出版领域。在"分类"方面,商务将出版资源分为现代出版资源和历史出版资源两大部分。现代出版资源的数字出版可分为工具书在线、电子书和语言学习平台等,历史资源部分有按需印刷网和《东方杂志》数据库等。其中,《东方杂志》不仅是对历史出版资源的数字化,更是实现了内容的打散、整理、加工、重组等,实现了信息组织方式的根本改变。比如对于图片的处理,商务印书馆将图片拆分、切割开来,形成专门的图片数据库。图片的处理和储存真正践行了"一次制作,多次使用"的原则,图片数据以至少三种形式存在:第一是用于长久保存的原始存档,第二是用于网络传播的低分辨率图片,第三是用于按需印刷的图片,②这样就可以在涉及不同题材的相关出版物的选题时随时取用。

在"主导"方面,商务要自主生成数字出版产业链,掌握数字出版的主导权。③ 其中尤其值得一提的是,商务在 XML 的基础上,结合方正小样转化技术,实现了小样文件到结构化的 XML 文件的转换,使图书的整体内容和信息都可以用 XML 数据来组织和描述。④ 在《东方杂志》数据库建设过程中,商务结合了国内外通用标准,针对历史出版资源的特点,确定了元数据标准,完成了历史出版资源数据库的搭建。⑤ 这种符合国际标准并发挥后发技术优势的技术创新,

---

① 张大伟,于成.数字出版个案研究[M].北京:高等教育出版社,2016.
② 张军.历史出版资源数字出版应用研究——以《东方杂志》的数字出版实践为例[J].科技与出版,2009(10):55-57.
③ 刘成勇.探索向数字出版商转型之路——商务印书馆数字出版战略与实践[J].出版参考,2009(22):15-16.
④ 薛治平.探索中国出版业的数字化道路——访商务印书馆副总经理、编审江远[J].中国科技奖励,2008(06):70-72.
⑤ 张军.历史出版资源数字出版应用研究——以《东方杂志》的数字出版实践为例[J].科技与出版,2009(10):55-57.

让商务得以对内容进行深度的加工和再利用,有效实现内容增值。

数字出版并非传统出版的对立面,而是信息组织方式的升级。商务印书馆提出的"纸电同步"理念,就是要克服"纸书电子化"的陈旧观念,力图从生产和销售方式上实现根本的变革。"纸电同步不同于一般数字出版之处在于,它全面颠覆了传统出版的编、印、发流程,改变了数字出版和传统出版相对立或者两张皮的尴尬甚至不正常局面,在流程和内容方面实现了两者的有机统一。"①

二、问题:营销推广和市场环境

虽然有以上契机,但是与牛津社、剑桥社这些成熟的学术出版企业相比,商务印书馆的全媒体出版尝试仅在于个别产品上,产业链并不完善,没有形成全面的数字出版管理流程。商务只是完成了全媒体内容生产的第一步,在产品营销和平台建设上还有很多不足。

在营销方面,商务仅仅把数字产品视作纸书和工具书的补充。商务的数字销售人员基本上只负责和各个销售渠道合作,几乎看不到商务印书馆为电子书作任何宣传,在Kindle电子书的销量排行榜上难以找到汉译丛书等商务电子书的踪影。缺乏营销推广,也就谈不上电子书的定价策略、手机应用推广、对于读者群的调查以及分析销售数据等进一步的营销手段。② 当然,这很可能与我国学术出版物市场的实际状况有关。在学术期刊的数字出版方面,绝大多数期刊已经通过中国知网等平台实现了数字出版流程的更新,且通过平台下载论文已经成为用户的常态;但在图书的数字出版方面,尽管可以实现"纸电同步",却无法保证养成使用电子书的习惯。在这种情况下,把电子书和纸质书看作同等重要显然是要冒风险的,与其把营销的精力放在数字产品上,不如先保证纸质产品的盈利效果。等用户养成购买和阅读数字图书的习惯之后,再全面展开电子书的营销可能更有效。

也就是说,"商务印书馆的问题是整个出版行业的问题。现在的出版业还没有清晰的电子书运营逻辑。每家出版社都在积极拥抱'数字化',但在商务印书馆、中信等出版社每年源源不断投入的背后,还没有人能清楚地估算出电子书市场的规模,或者什么时候他们才能赚到钱。"③

相比之下,欧美的学术出版市场更为成熟,纸质书和电子书的销售呈现齐头

---

① 于殿利.纸电同步开创出版新时代[N].人民日报,2014-11-25(024).
② 夏雨青.有117年历史的商务印书馆,如何面对亚马逊和电子书时代[EB/OL].(2014-12-19)[2019-05-07]. http://www.qdaily.com/articles/4260.html.
③ 真友书屋.进击的商务印书馆[EB/OL].(2015-01-21)[2019-05-07]. http://www.360doc.com/content/15/0121/16/17132703_442601166.shtml.

并进之势。例如,据剑桥社2017年年报,剑桥社将超过30 000本电子书和100万篇的期刊文章整合到一个平台上,有36%的收益来自于这些数字产品,盈利模式比较成熟。当然,在学术图书的出版方面,市场并不景气。由于图书馆预算紧张和消费者对价格的敏感度提高,整个行业的出版量都有所减少。在这种情况下,剑桥社坚持品质优先,图书出版品获得了150种奖项,有力地保证了电子书和纸质书的销售量。①

第四节　海外整合式学术出版平台对我国的启示

以科研人员为主要服务对象的学术型数字出版平台②,在数字出版的版图中占据重要位置。海外的STM出版巨头建设的知识服务平台、大学出版社建设的知识服务平台(如Cambridge Core)、数字科技公司建设的知识服务平台(如我国台湾的华艺线上图书馆)以及政府与企业合作建设的知识服务平台(如我国的中国知网),都属于学术型数字出版平台。

早期的STM出版商"以资源建设为中心",建立了ScienceDirect Online、Wiley Online、SpringerLink等拥有海量内容的数据库,成为科研人员必不可少的科研工具。虽然用户对这些数据库有着刚性需求,数字出版巨头们并没有裹足不前,而是在保证内容的质和量的同时,不断通过技术创新和服务创新,进一步转型为能够为用户提供专业化、个性化服务的知识服务平台。在技术条件相对成熟的情况下,规模较小的内容提供商也开始谋求建设自己的数字知识服务平台,比如我国台湾地区的华艺线上图书馆和剑桥大学出版社自己的整合式数字出版平台Cambridge Core。这些后起之秀不再需要将工作重心放在技术研发上,而是专注于用户体验,比如在Cambridge Core的研发过程中,剑桥社咨询

---

① Cambridge University Press. Annual Report (for the year ended 30 April 2018) [R]. Cambridge: Cambridge University Press, 2017.
② 在如今的技术条件下,数字出版平台和所谓的数字出版平台本质上是相同的,都是以标记语言为基础的知识服务平台。有关数字出版平台的文献已浩如烟海,但学界尚未就数字出版平台的定义达成过共识。(参见朱硕峰编.世界各国图书馆数字资源发展政策精要[M].国家图书馆出版社,2016:27-46.)根据美国数字出版平台联盟(Digital Library Federation, 1998)、贝克(Baker, 2006)、坎德拉(Candela, 2011)等给出的界定,数字出版平台与传统图书馆的本质区别是,能够在内容的储存、处理和传递上提供新的组织方式。(Baker D, Evans W. A Handbook of Digital Library Economics [M]. Cambridge: Chandos Publishing, 2013:2-3.)从目前的实践上看,承载一种以上数字化内容(如期刊、图书、研究报告等),并提供知识服务的网络平台,基本上都可以称作数字出版平台。广义上看,数字出版平台是把多种资源库、数据库整合在一起的、以用户体验为中心的知识服务平台。

了近一万人,并图书馆员的试用反馈进一步完善系统[1]。

本章首先将通过文献探讨和深度访谈明确科研人员的对学术型数字出版平台的需求点,其次通过案例比较,揭示中国知网等在提供知识服务方面存在的问题,并从体制机制的层面上挖掘出出现这些问题的原因,最后指出华艺等学术型数字图书馆对我国知识服务平台建设的启示。

一、科研人员需要什么样的出版平台?

对数字出版平台的调研显示,潜在用户可能并不会使用那些斥巨资打造的板块。那么,用户对数字出版平台诸板块的采用,主要受什么因素影响呢? 实证研究证实,从使用者层面看,除了人口统计变量,使用者的数字出版平台使用受制于使用者本身的"技术能力",如使用计算机的熟练度和对搜索引擎的了解程度;从技术系统的层面看,技术系统的可供性,如便捷性、信息相关性(information revelance)、系统可访问性(system accessibility)和界面设计等因素,都会对使用者的使用行为产生显著影响。另外,用户所处的情境也会对需求产生影响,比如相较于模糊的学术任务,研究者在进行具体的学术任务时会采取不同的检索选择。[2] 也就是说,用户产生使用行为是一个十分复杂的过程,用户的个体因素和所处情境会影响用户对于一种技术是否好用的判断,反过来技术的形式也会对用户对该技术的判断产生影响。

在我国有关数字出版平台之用户需求的研究中,研究者纷纷建议应基于用户需求,在界面设计(色彩搭配和导航设计)、系统运行速度、个性化服务和隐私保护等方面优化数字出版平台。[3] 但有趣的是,这些研究往往只针对高校的图书馆,对于全国性的中国知网,相关研究几乎没有。笔者认为,造成这种状况的原因主要有二:第一,用户对中国知网有着刚性需求,根本不需要再去探讨用户需求的问题;第二,相比于地方性的数字出版平台,中国知网

---

[1] Cambridge University Press. Annual Report (for the year ended 30 April 2017) [R]. Cambridge: Cambridge University Press, 2017.
[2] 杨吕乐,张敏.数字图书馆用户采纳行为研究综述:知识体系与热点分析[J].图书馆学研究,2018(06):9-16; Hong W, Thong J Y L, Wong W M, et al. Determinants of User Acceptance of Digital Libraries: An Empirical Examination of Individual Differences and System Characteristics [J]. Journal of Management Information Systems, 2001, 18(3): 97-124; Zha X J, Wang W T, Yan Y L, et al. Understanding information seeking in digital libraries: antecedents and consequences [J]. Aslib Journal of Information Management, 2015, 67(6): 715-734.
[3] 许炜.高校数字图书馆用户接受研究[D].武汉大学,2009;纪杰,冯有胜.高校图书馆数据库与用户需求的契合度实证研究——基于重庆工商大学的调查[J].图书情报工作,2012,56(23):74-77+49;金小璞,朱玉,徐芳.基于用户体验的数字图书馆网站现状调查与分析[J].现代情报,2018,38(11):72-78+83.

采用的技术相对先进,提供的服务也非常多元,似乎不再需要相关研究者提供建议。

虽然如此,我们也许还是有必要问一问:中国知网是否真的满足了科研人员的实际需要?高校数字出版平台建设中的问题,是否同样在全国性数字出版平台中存在?根据有关文献,中国知网在许多方面很可能存在不足。比如,在文献检索方面,如今的科研人员不仅仅需要关键词检索,还需要多语言检索[1]、图像检索[2]等。仅就多语言检索而言,中国知网虽然能检索到外文文献,但呈现的结果非常有限,基本属于无效检索。

另外,文献检索的设计还需要考虑学科差异。Zavalina 和 Vassilieva 的研究发现,自然科学领域和人文科学领域的科研人员在键入单词的长度、检索内容的类别以及高级检索的使用方式上,均存在显著差异。[3] 一些 STM 出版商将经济学、医学等大学科区分出来,就是考虑到学科的细分和服务的专业化。而中国知网似乎还没有这方面的考量。

再比如,一般认为,中国知网以实用性为主,并不需要过多考虑界面设计、色彩搭配等美学问题。但实证研究显示,感知美学作为中介变量,会对用户的使用行为产生影响。[4] 有一位 Cambridge Core 的使用者在接受访谈时表示,使用该网站的原因是:一次投稿过程中无意间发现了这个网站,被该网站的美观简洁的界面设计所吸引,进入网站内部浏览后发现里面的内容与自身相关。可见,学术型数字出版平台不能忽略美学设计,界面设计和内容的排布是优化知识服务水平的重要一环。

总之,在学术知识服务领域,仅仅有先进的技术或巨额的投入并不能保证用户的采用。科研人员对学术型数字出版平台的需求,既有共性,又有差异性。共性在于,使用便捷、界面简洁美观、搜索结果高度相关等;差异性在于,对于语言种类、图像检索等多元服务的需求,对于学科专业化的要求以及个人化服务等。

---

[1] WU D, HE D, LUO B. Multilingual needs and expectations in digital libraries: A survey of academic users with different languages [J]. The Electronic Library, 2012, 30(2): 182-196.
[2] PETRELLI D, CLOUGH P. Analysing user's queries for cross-language image retrieval from digital library collections [J]. The Electronic Library, 2012, 30(2): 197-219.
[3] ZAVALINA O, VASSILIEVA E V. Understanding the Information Needs of Large-Scale Digital Library Users Comparative Analysis of User Searching [J]. Library Resources & Technical Services, 2014, 58(2): 84-99.
[4] 张路路,黄崑.基于认知风格的数字图书馆用户信息检索行为研究[J].情报学报,2018,37(11):1164-1174;张新凤.基于数字图书馆信息检索交互界面的用户需求研究[J].高校图书馆工作,2010,30(02):65-67+95.

二、中国台湾华艺线上图书馆的知识服务——兼与中国知网、万方比较

相比于中国台湾的华艺线上图书馆,中国大陆的学术型数字出版平台(如中国知网、万方)无论从技术、还是资源量上,整体上看都是领先的。但是,根据用户的实际体验来看,华艺在一些方面更能满足科研人员的实际需求,更便于他们的使用。华艺以科研人员实际体验为依据而设计的信息呈现方式、知识分类方式和个人化服务等,是使用户获得较佳体验的关键。

1. 检索服务+海量内容≠专业的学术服务

从中国知网等出现伊始,我们大概就已经默认它们是供科研人员使用的专业资源整合平台。这几年来,中国知网等在学术资源收录量和提供更专业的检索技术上,确实也下了很大功夫;比如中国知网不仅加入了爱思唯尔、施普林格等国外数据库,还提供知识元检索、引文检索等专业检索方式。

可是,中国知网等似乎总是在以百度等商业搜索引擎的思维在运作:一方面是海量的文献,另一方面是强大的检索技术。的确,这两方面或许足以保证它们在长尾市场中获利并进一步发展,检索方式的不断升级也满足科研人员检索文献的需求。然而,科研人员的目标不仅仅是网罗所有相关文献,他们往往还希望能够第一时间对这些文献的质量进行甄别,希望快速找到目标投稿期刊,希望第一时间获得研讨会等学术信息等。对于这些需求,就不是一个强大的检索栏所能满足得了的了。

当然,中国知网等也在满足这些需求上做出了一些努力。比如它会将知识进一步分类为农林牧渔、建筑、制造、党政等等,会提供专题知识库和主题研究学习平台等。但是这许多信息,对于高层次的研究者来说,有很多其实是冗余的。比如网站上既有大数据研究平台,又有针对中学生的研究学习平台。这些冗余的设置也从一个侧面反映出了,中国知网的定位似乎并非专注学术出版,它更像是一个"贪大求全"的知识库,目标受众几乎是所有人。

相比之下,万方数据知识服务平台(以下简称万方)更有"学术意识"。它的搜索页面非常简洁,"期刊""会议""地方志""法规"等分类标签十分清晰,相关服务一栏也是与学术密切相关的论文相似度检测等。但是它与中国知网同样的问题是,也认为只要搜索引擎做得好就能满足需求,它在主页上主打"万方智搜",声称"万方智搜致力于帮助用户精准发现、获取与沉淀学术精华"[①]。这样,它也

---

① 万方数据知识服务平台[EB/OL]. [2018-07-17]. http://www.wanfangdata.com.cn/index.html.

同样落入的大众化搜索引擎的服务思路,并没有准确地把握学术工作者的实际需求。而数字知识服务平台理应认识到"用户愈加苛责,他们的需求会更为多元和复杂。"①

总之,对于致力提供专业的学术服务的数字出版平台的来说,强大的搜索引擎只是其中的一个必要条件,毕竟用户检索文章或图书,仅仅是知识服务的一个方面而已。若服务平台能够针对科研人员设计不同的信息呈现方式和服务,无疑会更好地满足用户需求。

2. 华艺线上图书馆的信息呈现方式与信息服务

华艺在线图书馆(Airiti Library,以下简称华艺)是华艺数位股份有限公司为整合全球华人学术出版品而规划的在线全文服务数据库,内容包含各学科领域的学术期刊、学位论文、研讨会论文集等,是中国台湾地区收录最丰富的学术数据库平台。② 尽管华艺也提供面向大众读者的电子纸和纸本书,但从页面的资讯排布和服务细节上看,其服务对象是学术工作者,尤其是经常需要查阅论文的科研人员。接下来,我们将从信息呈现架构、分类导览和个人化服务三个方面,分析华艺相较于中国知网和万方的优异之处,为中国大陆的学术型数字出版平台建设提供借鉴。

(1) 信息呈现架构

从主页的页面架构上看。中国知网的页面呈现架构是三栏式。这类架构的特点是可使信息饱满丰富,缺点是过多的主题与类别会对用户造成困扰,使用户不知从何看起。③ 我们通过访谈发现,使用中国知网的博士生基本上只会使用检索栏,而基本不会去点开检索栏下面的诸多分类标签,甚至根本不记得检索栏下面还有什么信息,主要原因是感觉检索栏下面的东西没有用。可事实上,中国知网检索栏下面的有些资源,对于学术研究非常有帮助,比如"学术热点""科研项目申报信息库"等。我们认为,用户之所以会认为这些分类标签没有用,很可能是因为过多的标签让用户眼花缭乱,从而根本不会去细看。

万方则走向了另一个极端。它采用垂直架构的一栏式的页面设计,检索栏、相关服务及学术资讯都展现在一个页面里。这个设计的好处是,一方面不会使用户迷失在标签的海洋中,另方面使用户在使用检索栏之余,还有兴趣关注其他

---

① Baker, D and Evans, W. Libraries, society and social responsibility [C]//Baker, D and Evans, W. Libraries and Society: Role, responsibility and future in an age of change. Oxford: Chandos Publishing, 2011: 1-16.
② 华艺数位股份有限公司.华艺线上图书馆使用手册[EB/OL]. [2018-07-22]. http://www.lib.ntue.edu.tw/datas/airiti.pdf.
③ 泰德维尔.Designing Interfaces 中文版[M].蒋芳译.北京:电子工业出版社,2008.

服务和资讯。缺点是由于没有学科分类的标签，所呈现的热点信息仅仅是就整体学术圈而言的热点，无法满足学科分类制度下的学术工作需要。比如2018年7月17日的热门文献一栏有"格力电器财务报表分析""高考临界生：选定、问题与对策""淋巴水肿手术治疗Meta分析"等等，热搜词一栏有"中国高新技术产业""正则量子理论""亲和色谱法"等等①，显得十分缺乏逻辑一贯性。

华艺线上图书馆采用的则是二栏式网站。二栏式网站主次分布清晰明朗，较多适用于突出明显信息的网站②。华艺要所突显的信息就十分明确，主要分为4个区块：检索区、学术资讯区、分类导览区、更多学术服务区。不需要凸显的次要信息在网页右侧，主要是一些不那么重要的学界快讯和答客问等。与中国知网等非常重视检索，以至于弱化了其他区块的内容不同，华艺的检索区虽然也很醒目，但并没有掩盖其他栏目的特色。在检索区下面，就是动态资讯区。这一区会推介新的服务、新的学术著作、新上线的期刊以及研讨会等学界信息。用户不仅可以从这些模块中获得第一手资讯，还可以张贴研讨会信息，实现学术交流。

图6-1　华艺两栏式主页③

---

① 万方数据知识服务平台[EB/OL].[2018-07-17].http://www.wanfangdata.com.cn/index.html.
② 泰德维尔.Designing Interfaces中文版[M].蒋芳译.北京：电子工业出版社，2008.
③ 华艺线上图书馆[EB/OL].[2018-07-22].http://www.airitilibrary.com/.

(2) 文献类型导览服务

结合访谈,我们认为最能突显华艺的专业性的,是文献类型导览的栏目。其"电子期刊""硕博士论文"和"会议论文"下的树状分类,完全是按照通常学术界的知识分类方式来排布的。比如在"电子期刊"下面,分为"人文学""基础与应用科学""医药卫生""生物农学""工程学"和"社会科学"六大类。点开"人文学",又会细分为"人文学综合""语言学""艺术""历史学"等小类,十分便于初学者或跨学科的研究者了解该领域有哪些期刊。尤其值得一提的是,网站对于期刊的收录、发行情况的标识清晰准确(华艺的有些信息是滞后的,还有提升空间)。比如我们进入到"图书情报学"这个小类中,可以选择"按出版地"排布期刊,再勾选"中国大陆(含港澳)"后,我们就会看到所有收录的中国大陆图书情报学期刊,其中不仅标识了出版单位、电子版最新上线一期和纸本最新出刊一期的时间,还准确地标识了期刊的收录状况(如 A&HCI、TSSCI),甚至区分了 CSSCI 和 CSSCI 扩展版。这些指标对于非学术工作者来说可能属于冗余信息,但对于科研人员来说则是必要信息。

华艺的树状浏览架构

- 期刊 & 会议论文集:人文学(9 学科)、自然科学(11 学科)、社会科学(22 学科)、应用科学(25 学科)、医学与生命科学(13 学科)
- 学位论文:校、院、系
- 电子书:书籍种类、主题、出版单位

不仅如此,其每本期刊页面的资讯展示也十分专业。比如点进台湾大学图书资讯学系出版的《图书资讯学刊》,会在右侧的主体部分看到最近一期的文章,其中包括文章题目、作者名、关键字和 DOI、预览摘要等信息,便于研究者快速判断该文章是否与自己的兴趣相关。在网页的左侧,呈现的是刊物的具体信息,包括刊名沿革、所有收录的卷期、基本资料等。其中台湾地区的期刊一般会在"基本资料"栏附上版权页、订购信息和投稿信息等,便于作者获取相关信息和投稿。

相比之下,万方的分类导览仅限于期刊、会议、标准、法规等大类导览,中国知网的分类则过于日常化,比如,在"行业知识服务与知识管理平台"一栏中,中国知网区分了"农林牧渔、卫生、科学研究""建筑、能源、冶炼、交通运输""制造、信息技术、贸易"和"党政、社团、国防、法律、金融"这四大类,让人摸不清楚分类的依据。

华艺的文献类型导览在学科分类表明得很清楚,可以减少很多筛选期刊的时间；尤其是对于新进入的领域，在根本不知道该领域有哪些期刊的情况下，华艺的相关标识显得尤为有用。

（3）个人化服务

研究者写好论文后十分头疼的一件事情是整理参考文献，针对这个问题，华艺提供了书目汇出功能。研究者可选中看过或收藏过的文献（最多20笔），点选"汇出"并选择汇出格式。值得一提的是，汇出格式不仅包括 APA、Chicago、MLA 等国际常用的文献格式，还可以汇出到 Endnote 等软件上进行编辑。研究者可根据投稿需要选择不同的汇出方式，从而节约用在修改格式上的时间。中国知网等尽管也有导出文献的功能，但似乎不方便进行批量导出，且不支持 APA、Chicago 等国际常用格式。

另外，华艺的订阅标识也更为醒目。比如，若通过"分类导览"浏览到了一个自己感兴趣的期刊，可直接点"个人化服务"一栏的"加号"按钮进行订阅，最新的目次链接可发送到个人邮箱；若不再订阅，可进入"个人化服务"之"我的最爱"，在订阅的出版品列表中找到不想订阅的出版品"取消"，此时该出版品并不会从"我的最爱"中消失（若要其消失需点击"删除"），只不过不再通知最新卷期目次，若用户之后还想获得该出版品的最新目次，再点击"订阅"即可。尽管中国知网等也可以通过 RSS 进行订阅，但由于需要在 RSS 阅读器中预览最新更新，相对操作繁琐，接受访谈的博士生要么从未使用过该项服务，要么弃之不用。用衡量服务系统之可用性的指标来说，中国知网的订阅系统没有满足"可学习性""效率"和"满意度"等要素[①]，系统不容易上手且点选次数多，当然会严重影响用户的使用体验。

3. 小结

中国知网等尽管具有更多的内容和更先进的检索技术，却并没有使用户获得更佳的体验，足以说明仅靠先进的技术，忽视专业化服务理念和内容设计原则，是无法满足科研人员的多样化需求的。

知识服务首先要遵循目标化原则，即知识服务是用户目标驱动的服务，不了解用户所面临的问题和要达到的目标，就无法提供有针对性的服务。很明显，大体而言，科研人员使用数字出版平台的主要目的是提高学术写作的效率，具体而言，就是快速找到目标期刊和目标文献，快速了解文献内容，快速将所要引用的文献转换成符合发表要求的文献格式。学术型数字出版平台理应建立在对潜在用户需求的调查、分析的基础之上，根据科研工作的性质和特点，结合 Web2.0

---

① 尼尔森.可用性工程[M].刘正捷译.北京：机械工业出版社，2004.

等相关技术,有针对性地设计各个栏目。① 比如,华艺和Cambridge Core根据学科进行分类的树状架构,看似古板而不符合新媒体"美学"的要求,却恰恰契合了科研人员对知识的认知,更便于科研人员获取资讯。科研人员与大众阅读者分属不同的场域,不同场域中的人们认识、搜寻、记录知识的方式显然会存在差异,针对不同的场域设计符合该场域习惯的产品,才能进行更有效的知识服务。

三、我国知识服务水平相对滞后的成因——制度经济学的视角

制度经济学认为,在相对简单的系统中,靠自上而下的命令来协调的有目的的组织和合作可以相当有效。但协调任务变得越复杂,自发的有序化就可能越有优越性,当系统面临不可预见的演化时更是如此。② 在数字出版平台刚刚兴起之际,政府牵头建设中国知网,可以迅速集中资源,保证"以资源建设为中心"的数字出版平台迅速走向市场;随着技术的进步和知识服务理念的深化,"以资源建设为中心"转向更为复杂的"以用户体验为中心",政府参与理应适可而止,理应允许参与者在市场经济环境中充分竞争。可是,在中国知网运营似乎没有遵循市场经济的逻辑,我们认为,这是导致中国知网无法准确把握科研人员需求的根本原因。

经过多年努力,"中国知网"不仅收录了中国主要的期刊、学术论文、会议论文、报纸、年鉴、工具书和国内外专利等,还建设了大数据研究平台、科研项目申报信息库和各类专题知识库等,内容建设可谓成果丰硕。可是,在优化知识服务体系和版权服务等方面,中国知网不是进展缓慢,就是裹足不前。

比如,在优先数字出版这项重要的知识服务的应用上,"中国知网"落后国际出版企业达10年之久,直到2010年8月,"中国知网"学术期刊优先数字出版才开始在全国推广实施。③ 显然,除了我国专业出版资源分散的客观原因外,知网始终在内容建设的层面上思考数字出版平台的发展当重要原因。而知网之所以总是停留在"以资源建设为中心"上,按照制度经济学理论来反推,是由于政府没有在该放手的时候放手,导致企业总是期待政府主导,从而阻碍了企业从同行竞争中汲取新理念。

再比如,在版权服务方面,中国知网未能充分扮演好版权服务者的角色。自知网提供收费下载服务以来,知网不知已将多少未经著作权人授权的硕、博士论

---

① 黄敏,都平平.我国学术型个人数字图书馆发展研究评述[J].图书馆学研究,2012(4):6-8.
② 柯武刚,史漫飞.制度经济学:社会秩序与公共政策[M].商务印书馆,2000.
③ 汪新红.优先数字出版是提高学术期刊出版速度的一种新模式[J].中国科技期刊研究.2011(1):90-92.

文上载于网络,由于绝大多数人并不会为了一篇论文打官司,或者根本不知道自己的作品已被非法销售,知网对此也就睁一只眼闭一只眼,除非作者告上门来,否则绝不会为版权所有者的利益着想。另外,对于在专业期刊上发表的论文,期刊只在页面上发布"本刊已加入CNKI"之类的公告,就算完成授权转让,也严重损害了作者利益。

客观讲,CNKI取得的市场地位,一方面与其市场化运作有关,另一方面也离不开国家对信息产业的支持,离不开相关部门对相关社会力量的动员。由于有相关部门的支持,知网几乎网罗了我国各大学和科研机构的专业期刊,它并不需要主动进行服务创新,就能从庞大的下载量中获取巨额收益。利润的已获得性,早已磨损了知网技术创新的动力,降低了提供个性化知识服务的主动性和服务质量。以政府为靠山、以公益为旗号实现利润最大化的企业,阻碍了充分竞争的、有活力的市场的形成;靠政府养大而始终不曾断奶的企业,只会获取垄断利润,而不会提升服务质量。[1]

从全球范围来看,数字出版产业已由原先较简单的"技术+内容"模式,转变为愈加复杂的"技术+内容+服务理念"模式。原先,STM出版巨头还可以依靠先进技术和积累的海量内容招徕大量的刚性需求用户[2],但在以XML为基础的数字出版技术相对成熟和纸质内容已基本完成数字化的今天,还想依靠内容和技术这两条腿在复杂的市场环境中走路,已颇为艰难。在这样的情况下,政府只有放手让数字出版企业充分与国内外企业竞争,才能形成满足广大科研工作者需要的服务理念,才能从内容工具转变为知识服务者。

可惜的是,从中国知网呈现的实际效果看,知网所体现的更多的是上层的意志,下层用户的意向付之阙如,这完全与知识服务的基本理念背道而驰。如果不是在内容上处于垄断地位,以知网的知识服务水平来看,恐怕并不容易在市场经济环境中立足。

国外的学术型数字出版平台市场虽然由几家出版巨头瓜分,但它们之间的竞争相当激烈;爱思唯尔、汤森路透、施普林格、约翰·威利等企业不断在细节上完善着知识服务体系。正是由于充分竞争,这些企业可以不断从对方那里吸取先进经验,从而不断提高知识服务的整体水平,共同把蛋糕做大。

充分竞争只有在完全意义上的市场经济条件下才能实现。充分竞争看似一片混乱且任意妄为,实际上各种市场活动都被纳入到了一种可预见的有序模式,

---

[1] 张大伟,于成.数字出版个案研究[M].高等教育出版社,2016.
[2] 于成,张大伟.施普林格数字出版之路——SpringerLink,技术与内容结合的一种范式[J].编辑学刊,2014(04):12-17.

因为所有人都服从市场规则。规则能够确保个人和企业在不受他人妨碍的条件下追求自己的目标,并有把握地预料他人在规则允许范围内的行事。① 在我国,虽不乏维普、万方这样的数据库,中国知网面临的竞争并不激烈。由于有教育部等部门的支持,知网几乎网罗了我国各大学和科研机构的专业期刊,知网并不需要主动进行技术创新,就能从庞大的下载量中获取巨额收益。也就是说,在学术型数字出版平台领域,我国从未建立起公平竞争的市场环境,从未建立起包括内容提供者、服务平台和用户等在内的利益平衡机制。

在这种环境下,也就不难理解为什么中国知网能够"为所欲为";既然根本不需要在知识服务上下功夫就能始终保持龙头老大的位置,根本不需要了解用户体验还能让用户不得不用,那么当然不会像剑桥社那样自找麻烦,进行大规模资讯并听取反馈意见。

缺乏公平的竞争环境伤害的不仅仅是其他参与者,更是产品的使用者。政府参与中国知网的市场化运作,短期来看,确实保证了我国的数字出版产业没有从一开始就落在后面;但从长期来看,造成了知网无法在理念上与时俱进,总是以上层的意志为下层用户研发产品,而从未考虑下层用户的实际感受。在国际STM出版企业乃至一些地方性的出版企业都已建设出艺术性与实用性兼备的数字出版平台的今天,政企合作的中国知网尽管能在内容和技术上依然保持优势,却无法在服务上做到"以用户体验为中心"。

四、海外整合式平台的启示:先进的技术应配有先进的服务

相较于华艺,中国知网等尽管具有更多的内容和更先进的检索技术,却并没有使用户获致更佳的体验,足以说明仅靠先进的技术,忽视专业化服务的理念和内容设计原则,是无法满足科研人员的多样化需求的。知识服务首先要遵循目标化原则,即知识服务是用户目标驱动的服务,不了解用户所面临的问题和要达到的目标,就无法提供有针对性的服务。很明显,大体而言,科研人员使用数字出版平台的主要目的是提高学术写作的效率,具体而言,就是快速找到目标期刊和目标文献,快速了解文献内容,快速将所要引用的文献转换成符合发表要求的文献格式。华艺正是在提供检索服务之外,重视从页面设计、文献分类、文献汇出和订阅的便捷度等细节上下功夫,从各个环节提高科研人员获取资源的效率,才得以使用户获得更佳的体验。

当然,效率的提高,仅仅重视各方面的细节还是不够的,关键更在于整体的

---

① 柯武刚,史漫飞.制度经济学:社会秩序与公共政策[M].商务印书馆,2000.

专业化理念,即以"学术"的方式建设学术型数字出版平台。学术型数字出版平台理应建立在对潜在用户需求的调查、分析的基础之上,根据科研工作的性质和特点,结合 Web2.0 等相关技术,有针对性地对设计各个栏目[①]。比如,华艺根据学科进行分类的树状架构,看似古板而不符合新媒体"美学"的要求,却恰恰契合科研人员对知识的认知,更便于科研人员获取资讯。科研人员与大众阅读者分属不同的场域,不同场域中的人们认识、搜寻、记录知识的方式显然会存在差异,针对不同的场域设计符合该场域之惯习的产品,才能进行更有效的知识服务。

学术型数字出版平台的设计是否足够专业,检验的标准最终是用户的体验,而不单单是技术的先进与否。具体而言,主要有两点需要注意,一是用户是否感觉服务易用(感知易用性),二是用户是否感觉服务有用(感知有用性)。实证研究发现,用户的感知有用性对使用意愿有显著影响,感知易用性则通过影响感知有用性而间接影响行为意愿,如果用户在使用服务系统时觉得困难,那么他很可能就不会觉得该服务是有用的,从而削弱其使用动机[②]。如此看来,数字出版平台的设计不仅要重视检索栏这些必然"有用"的服务,还必须注意服务的易学习性和简洁性。华艺的书目汇出服务、订阅服务等就是因为简单易用而常被使用,而一些更先进的新媒体服务项目,反而因过于"先进"而无人问津。总之,学术型数字出版平台,在设计上应删繁就简,力求简明实用,它不需要像一般商业网站那样,通过不断提供新花样博人眼球;新技术新应用,应当只是让优质内容更有效地到达用户的手段,而非目的。

(于成:青岛大学新闻与传播学院)

---

① 黄敏,都平平.我国学术型个人数字图书馆发展研究评述[J].图书馆学研究,2012(4):6-8.
② 聂静.学术出版数字化知识服务实证研究[J].出版发行研究,2018(2):19-24.

第七章
音频知识服务行业研究报告
—— 行业现状、理论分析和未来展望[①]

第一节 音频知识服务概述

一、音频知识服务概念

音频知识服务是指以移动互联网为平台,以知识音频为内容的一种服务方式。从运作方式上来说,音频类知识服务向用户收取一定金额,利用音频形式对用户进行知识的传递。付费相当于用户享受知识服务的门槛条件,只有付费之后,用户才能收听完整内容,并进一步进行订阅、下载、收听或者互动问答等相关操作。自从2016年底诞生以来,知识音频服务不断丰富完善。在让用户通过收听获取经验性知识的同时,音频知识服务也提供了新的渠道,让听众更好地提升内涵修养、开拓思维眼界,以启发他们思考如何解决生活、学习等方面的难题。[②]

对于"音频知识服务",需要对"知识音频"与"知识服务"这两个关键词进行把握,对二者的理解是分别从不同角度探寻音频知识服务的过程,缺一不可。"知识音频"主要指内容和载体,是音频知识服务的外在形态;"知识服务"是运行模式,是音频知识服务的内在本质。

"知识音频"可以表述为:互联网移动音频平台中,以声音为传播手段,以经验性知识为内容,专门进行生产和传播的节目类型。音频是一种信息载体,作为多媒体中的一种重要的媒介形式,音频可分为语音、音乐和其他声音三种类型。广义的网络音频指的是通过网络传播和收听的所有音频媒介内容,狭义的网络

[①] 本章内容为上海出版传媒研究院课题(SAYB1805)的阶段性研究成果。截至目前,以课题组的名义已经正式发表一篇CSSCI期刊论文(《粉丝力量与知识付费:在线问答平台用户付费围观行为研究》,载《图书馆杂志》2019年第4期)。
[②] 冯宇飞.喜马拉雅FM的知识生产与传播研究[D].内蒙古大学,2018.

音频主要包括音频节目(博客)、有声书(广播剧)、音频直播以及网络电台等形式。本文探讨的知识音频,指的是专门承载知识型内容的音频,需要与娱乐属性的网络音频区分开,后者包括音乐、脱口秀、广播剧等。知识音频区别于其他音频的特征有两点:一是严肃性,即内容非娱乐,必须具有专业或经验判断等性质;二是独创性,知识音频产品中需要凝聚提供者自身的材料编排和信息加工等劳动,不同于新闻播报等陈述客观信息的形式。[1]

知识音频具有种种优势,具体体现在:第一,听觉领域具有较大的市场潜力和开发前景;以往移动互联网对注意力的竞争主要集中在视觉,音频形式不必与微信等成熟入口争夺流量和用户注意力,而是可以将听觉空间嵌入到原本的视觉空间中。第二,音频可以通过语音的音色、节奏、力度等传递更丰富的信息,因而在线上知识付费产业的应用中占据相当优势。第三,相较于图文和视频形式,音频内容的制作成本和门槛更低。第四,由于音频 APP 的收听具有一定的闭合性,更有利于进行版权保护。由于上述优势,各大知识付费平台正在大力布局音频付费内容,推广音频知识服务。

从运行来看,音频知识服务属于在线知识服务的范畴,是以音频为主要载体的一种在线知识服务类型。近年来兴起的在线知识付费,是一种新形态的在线知识服务模式。究其本质,在线知识付费服务产业并不是全新的概念,其产业角色、环节及输出成果等方面均与传统知识服务行业一脉相承,通过将知识内容及服务凝结为产品,获取当期及长尾销售收入。在互联网时代到来前,传统知识服务是人们获取知识的首选途径,为知识需求者解决了大部分的知识需求。传统知识服务的形式一般分为出版和教育两类,出版指的是以传播为目的生产贮存包含知识信息、具备物质形态的出版产品[2],人们通过购买出版物获取所需知识和技术;教育指的是一种有目的、有组织、有计划、系统地传授知识和技术规范等的社会活动,人们通过参与课程等方式获取知识和技术。由于互联网的浪潮带来了网络技术、流媒体技术等高新技术,在这一技术背景下,音频知识服务将出版物与教育课程数字化与音频化,为用户提供了极大的便利。通过音频这一载体,海量的图书和教学课程被存储在互联网中,帮助用户随时随地进行学习,学员与教师即使相隔万里也可以开展教学活动,真正打破了时间和空间的限制,对于工作繁忙、学习时间不固定的职场人而言是相当方便的学习方式。

与传统知识服务业不同音频知识服务一是依托于互联网的在线知识服务更

---

[1] 张杨燚.在线平台知识付费研究综述[J].情报探索,2018,No.250(08):133-138.
[2] 罗紫初.编辑出版学导论[M].湖南:湖南大学出版社,2008.

容易在产品体系中加入丰富的互动环节和互动手段;二是其数字化、轻体量的特征也使之比实体书更符合用户在移动互联网时代的内容获取习惯;三是在线知识服务产品的生产链条较短,生产成本和库存压力也相对较低,伴随着知识付费热度的提升,原本沉淀在出版、教育等领域的优质人才也被引入,通过挖掘其内容生产价值点,促进了生产端的不断外延。专业人才从传统知识服务业向在线知识服务领域的流动,将使得付费知识产品专业化、精品化水平不断提升,产业加速发展。未来,在线知识服务将也将通过市场先验和配套精讲等方式,为实体书生产和销售环节的优化提供辅助,促进出版行业整体效能提升。[①]

因此,音频知识服务凝聚了在线知识服务的优势,并且继承发展了传统知识服务的功能,是当前人群获取知识的一个有力途径。

二、音频知识服务特点

文字载体是传递知识的重要形式,但考虑到印刷术出现和推广的时间,声音作为知识传播手段的历史更加悠久。在信息技术日新月异、生活节奏不断加快的今天,作为学习工具的音频正在重新"复苏",正逐渐靠近一个更适用于现代生活的利器。因具有强伴随性、强媒体丰富度、强社会临场感、强信息冗余度和应用场景多样化的特点,音频知识产品给用户带去了更加便捷优越的体验感。

1. 强伴随性

音频具有伴随性、共时性强的特点,所受限制和占用的资源达到最小化。与文字和视频相比,通过音频获取知识可以充分解放双眼和双手,长时间的观看会让眼睛产生疲劳,而音频不会增加视觉负担。在快节奏的生活环境中,最具有知识焦虑的白领人士对于知识的获取只能依赖一些碎片时间,而无法真正留出大片空白的时间用于学习,音频的出现就解决了这一问题。

由于强伴随性的特点,音频的收听行为可以在处理别的事务时同时进行,例如家庭主妇收听母婴类别的内容,可以在其做家务的同时进行,不会耽误正常工作。音频文件所占用的容量体积小,可以将完整系列的语音专栏下载到手机本地,在没有网络的场所也可以收听。此外,在上下班路途的公共交通上,晚上睡前的闲暇时分,甚至在闭目养神的休息时分也可以使用,充分填补了生活中各处的碎片时间,将时间利用最大化。

---

① 中国在线知识付费市场研究报告[A].艾瑞咨询系列研究报告[C].上海:上海艾瑞市场咨询有限公司,2018:56.

2. 强媒体丰富度

媒体丰富度理论(Media Richness Theory，MRT)这一概念由 Daft 和 Lengel 在 1984 年提出，这一概念也被称为信息丰富度，用于描述某种媒体传递信息的能力。通过高丰富度的媒体，用户可以进行及时的反馈，有助于双方更快更好地理解模糊信息，解决复杂的难题。而低丰富度的媒体在使用上具有一定的限制，无法用来处理复杂的信息。

音频具有较强的信息丰富度，语音媒体相较于文字媒体而言在传播知识上具有独特优势。以问答形式为例：由于文本的媒体丰富度较低，解答复杂晦涩问题的文本，经过音频化后往往可以更好地被听众所理解，强化了知识传递的准确性和有效性。对于专栏产品来说，用户对于音频知识的感知与文字相比更加细腻完整，这对知识学习有更好的帮助，优化了用户的学习体验。此外，在音频知识服务平台中，用户不仅可以接收到显性语音信息，同时还可以感受到说话语气、态度和情绪等隐性信号和信息。相较于传统的基于文本模式的知识社区，基于语音的媒体丰富度更高，用户的学习体验更好，知识传播和交流的过程也更加富有情感化和感染力。

3. 强社会临场感

社会临场感理论(Social Presence Theory，SPT)指的是在沟通媒体使用中对其他人的主观感知，与亲密性(取决于物理距离、眼神交流、微笑和个人话题)和及时性(取决于传递信息的能力)有关。因此，社会临场感是通过语言线索(如说话的语气)和非语言的线索(如面部表情、凝视的方向、手势、衣着等)来产生作用的。

音频载体的内容所具有的亲密性和及时性越高，社会临场感更强。因此声音被视作"人格魅力体"的介质，能比文字更容易展现人格魅力。新一代的知识服务平台基于语音的形式进行知识传递，讲者自身能通过语音更好地展现自身的特性(如幽默感等)，听众通过语音可以更生动地感受到讲者的表达风格、个人形象及性格特点，讲者的风格更为突出，形象更为鲜活。另外，讲者的回答具有时间上的同步性，好像即时在与受众交流，消除了文字带来的时空隔阂感，通过语音的互动方式，讲者和提问者之间的距离不断地拉近，社会临场感也更高。

4. 应用场景多样化

音频的收听具有应用场景多样化的特点，在众多场景皆可进行，比如在驾驶环境中，音频就具有视频和文字都不具备的优势，在车厢环境内可以依托于外放设备收听栏目。除了车载设备，音频还可以依托于多种智能载体，目前正在被大力开发的就是智能家居设备。喜马拉雅于 2017 年 6 月 20 日推出了国内首款内容智能音箱——小雅 AI 智能音箱,可以播放喜马拉雅 FM 中的有声内容。喜马拉雅希望通过布局智能硬件为声音从手机拓展更多便利性的场景,以扩大使用人群和商业机会。总的来说,卧室、浴室、厨房的家居环境也都正在被开发成为新的音频播放场景,各个商业头部平台正在通过音频这一途径充分撬动"耳朵经济"。

iiMedia Research(艾媒咨询)数据显示,有 46.1%的受访在线音频用户在休息时间使用在线音频平台,41.6%的用户在睡觉前使用,而在通勤的路上使用的用户占 38.6%。艾媒咨询分析师认为,与视频图文相比,音频形式的内容更适合用户碎片化和伴随性场景使用,在线音频使用场景呈现多元化特点。

第二节 音频知识服务行业现状

一、音频知识服务现状

2016—2017 年开始,互联网知识付费经济爆发,各类知识付费应用涌现,各大平台开始探索知识付费路径,试图通过为用户提供高品质的知识服务,来获得盈利上的可持续发展。随着中国整体经济逐渐成熟,越来越多的消费者步入中产阶层以及上层富裕群体,加之经济形势带动整体消费水平的提升,用户对于优质内容付费的认可度和意愿也随之提升,催生了大批连接用户和内容生产者的知识付费平台,包括得到、分答、喜马拉雅、千聊、36 氪等。

在爆发的知识付费潮流中,音频内容以其伴随性、共时性以及在碎片化场景中的优势成为优质内容付费的主要载体,移动音频作为再造声音价值的实现方式有着庞大的用户群和无可限量的市场前景。[①]

iiMedia Research(艾媒咨询)数据显示,2017 年中国在线音频用户规模达到 3.48 亿,预计 2019 年用户规模将达 4.86 亿。艾媒咨询分析师认为,随着知识付费进一步的兴起,在线音频内容价值有望得到进一步释放,行业发展稳步向前。

此外,iiMedia Research(艾媒咨询)数据显示,44.9%的受访在线音频用户将音质作为选择音频平台时首要考虑的因素;在功能体验部分,用户最为看重操作的便捷性(40.8%);内容方面,平台资源丰富度(35.6%)也深受关注。艾媒咨询

---

① 杨昀.基于知识付费行业特征的移动音频应用发展分析[J].电视指南,2018(14):273-274.

分析师认为,在线音频用户对于产品使用体验要求较高,平台在音质和操作便捷度等方面仍有提高空间,同时也应该注重平台内容建设,丰富平台资源。

同时,iiMedia Research(艾媒咨询)数据显示,42.3%的受访者表示出于IP的原因未来有对平台内容付费的打算,23.2%的用户表示不确定,34.5%的用户表示没有付费的打算。艾媒咨询分析师认为,用户对于优质内容需求日渐提升,同时内容付费观念也得到进一步普及,在线音频平台应加强优质内容输出,争夺平台内容付费市场。

二、音频知识服务分类

根据音频知识生产者和受众的定向化程度不同,以及音频知识的表达形式和满足功能的差别,音频知识服务可以划分为不同的形式,总体可被分为四类,分别是"付费语音专栏""付费语音导读""付费语音讲座"和"付费语音问答"。

值得注意的是,不同的知识付费产品可能提供一到多种形式的音频知识服务,本报告将列举每一种形式中最具代表性的产品加以阐释。

1. 付费语音专栏

付费语音专栏指的是将音频知识包装为专栏形式的一类语音产品,用户通过订阅专栏的方式进行消费。每个专栏有固定集数与更新周期,一般更新周期为一年,集数为几十到几百不等,内容具有纵深度和连续性,满足用户系统地学习某领域或者某主题的知识的需求。付费语音专栏有固定的知识生产者,通常由某领域的资深专家担任主播,面向固定类型的用户进行知识传播。付费语音通常采用打包销售的模式,吸引用户进行长期订阅,定价在几元到几百元不等。

付费语音专栏的典型代表有喜马拉雅FM、得到APP等。

(1) 喜马拉雅FM

喜马拉雅FM是深耕音频领域多年的音频分享平台,广泛布局新闻资讯、电视电台节目、音乐MP3、有声小说、英语等多种音频内容,并不断进行音频内容付费探索。伴随着近年知识付费的走热,喜马拉雅在有声书、相声等休闲内容付费方面累积多年的经验,也为其试水课程、书籍解读等知识服务付费提供助力。

喜马拉雅FM于2016年6月正式推出"付费精品专区",上线至今已发展成为平台中最具潜力和影响力的频道。目前已拥有3 000位知识网红和超过31万条付费内容,涵盖商业、人文、外语、音乐、亲子、情感、有声书等16个类目。吸引了一大批优秀的有声内容创业者加盟,包括马东、吴晓波、高晓松、蔡康永、李开复、陈志武、郭德纲、冯仑、龚琳娜、华少、黄健翔等20万位加V认证主播,以及500万诵读爱好者。共同创造了覆盖财经、音乐、新闻、商业、小说、汽车等

328类1亿条有声内容(搜狗百科＆易观)。

在付费音频内容上,采用主播入驻和联合制作的模式,为生产者提供平台资源,实行利润均分。该频道目前有"热门新品""每日优选""精品榜"等大范围的节目筛选,也有"个人提升""人文历史""商业财经""亲子教育"等门类,并且进一步细分音频节目的类别,如个人提升中还包括"情商心理""人际沟通""专业技能""认证考试"等。

在产品定位上,喜马拉雅FM是一款产品覆盖面广,收听节目种类齐全,资源丰富的电台APP。以PGC为主流并融合UGC,通过合作方式吸纳专业的电台人、节目人、行业名人分享内容,同时提供主播通道为愿意发声的用户提供音频传播平台。产品口号是"听书、听课、听段子,4.5亿用户的选择",从口号中可以感受到这个平台产品能满足的两类需求:学习成长需求、娱乐消遣需求。

在马东团队的《好好说话》成为爆款后,喜马拉雅FM又很快签约了吴晓波、樊登、罗振宇、葛剑雄、袁腾飞等一大批人知识付费的头部IP。吴晓波在喜马拉雅FM的"每天听见吴晓波"上线7个月后,营收超过2200万元。

用户收听节目需订阅整套专辑,按专辑价格付费。每套专辑的节目更新时间和频率有其自定规则,在每集节目的标题下方均标注节目信息,如播放次数、评论量和节目时长。此外,用户还可以通过购买VIP会员资格的方式进行收听。听众收听内容的多少会被后台记录,标出已播放百分比,方便下次继续收听。在节目播放页面听众能够选择调节音频播放速度,进行快进或后退15秒操作,还可自己排布播放顺序,有些节目附带"文稿"选项,方便听众记忆和查看。音频条下方可以点击播放或关闭音频、切换列表中的前后节目,以及设置定时关闭。听众的评论、留言会以弹幕形式出现在播放页面上端,点击弹幕,能够看到评论在节目中的时长位置。[①]

(2) 得到APP

得到APP于2016年5月上线,致力于帮助用户实现真正的自主教育、跨界认知和终身学习,以建设一所全世界领先的新型"通识大学"为目标,产品口号是"只服务人群中2%的终身学习者,打造私人翰林院"。通过对用户行为的深度洞察,得到APP快速迭代其产品形态,逐渐建立其以订阅专栏和"每天听本书"模块为核心、其他在线内容为补充的多形态精品内容生态。

在付费音频内容上,订阅专栏是得到APP打造版权级内容的重要布局之一。得到APP发力布局版权级内容,整合各领域IP作者,着力打造付费专栏精

---

① 冯宇飞.喜马拉雅FM的知识生产与传播研究[D].内蒙古大学,2018.

品。自2016年上线以来,持续挖掘并邀请各领域优质内容生产者入驻,目前已邀请入驻的优质内容生产者包括知识大咖罗振宇、投资行家李笑来、经济学者薛兆丰、清华教授宁向东等,成功推出了明星付费产品包括《薛兆丰的经济学课》《万维钢·精英日课》等。

在产品定位上,得到APP致力于通过精品内容产品,为终身学习者在互联网时代提供一种高效率的解决方案。内容主打专业化和精品化,行业资深人士的经验或问题见解是得到APP知识的重要组成部分,截至2018年3月,得到APP总用户数超过1700万,日活42万,付费订阅专栏累计销售接近245万份,专栏平均日打开率占30%左右。

得到APP目前内设商学院、科学学院、视野学院、社科学院、人文学院、能力学院等,并不断发布包含订阅专栏、每天听本书、大师课、精品课、电子书、知识新闻等形态在内的知识服务产品。独家专栏如《李翔商业内参》,6月5日在得到上线,10日内获得超过4万用户的订阅量。

2. 付费语音讲座

付费语音讲座指的是将音频知识包装为语音讲座形式的一类语音产品,受众通过参加语音讲座直播的方式进行知识消费。语音讲座分为两种类型,一类是课程,比订阅专栏有更强的学习目标与学习任务,类似在线教育;另一类是直播,与订阅专栏相比弱化了知识学习的连续性,强调单次课堂体验和临场互动感。相较而言,语音讲座的话题类别更为松散,形式更轻,并不定向于某一类受众。

付费语音讲座的典型代表有知乎Live、千聊等。

(1) 知乎Live

知乎Live于2016年5月17日上线,大量知乎大V发起Live,同时还吸引了李开复等名人加入。截至2017年底,单场Live收入最高达到19万元,参与人数最多为12万人。截至2018年4月4日,知乎Live平台已举办9 958场Live,是目前规模最大的付费语音讲座平台。

知乎Live打造的是一种全新的实时问答互动体验,讲者可与听众围绕原本内容进行互动,每场一般为1小时。用户在接受知识的同时可以提出疑问,可获得即时反馈,传播效果有明显优势。各行业达人入驻平台后,可以自主就某一话题发起一场Live,然后设置简介和内容大纲,以及开始时间、参与价格,用户看到后,如果感兴趣可以支付报名。Live开始后,是通过语音直播的形式进行,主讲人可以发布语音、文字、图片等内容,并与用户实时互动。沟通更有深度,更有价值,用户的体验会更好。

在内容布局上,知乎Live的金融和互联网话题占比最多,其中商业类的

Live 定价高于其他类型的定价,但是大多数 Live 的价格都在 20 元左右,比较容易被用户所接受。就参与人数来讲,总参与人数为 48 万人次,其中心理学和生活方式类的平均参与人数较多,是知乎 Live 中最为热门的两个领域。所有 Live 中,从参与人次和总收入的分类来看,前 5 名分类是教育、职业、心理学、金融与经济、互联网。教育和职业主题在参与人数和总收入上都稳居前两位。这与知乎的核心用户群体也是重合的。

(2)千聊

千聊由腾讯众创空间孵化,是微信上领先的社群直播工具和社群变现工具。在产品定位上,千聊专注于知识分享,通过直播的形式让用户直接找到各个领域的专家、老师、达人。千聊直播不受时间、场合和流量的限制,适用于各种培训、课程、脱口秀、聊天室、图片分享、旅行直播、活动直播等。同时,千聊注重讲师服务,给讲师提供了多种个性化服务,让讲师更好地将知识分享给用户。自上线付费功能以来,其独立访问用户达到 9 800 万,注册机构及个人讲师累计 80 万,平台总流水超过 4 亿元。[①]

在付费音频内容上,2017 年,付费课程数占课程总数的比例逐月提升,截至目前已经覆盖 22 个类目 10 万讲师,包括母婴、亲子、健康、医学、养生、变美、情感、家庭、职场、财经、升学、人力资源等多个类目。[②] 每天早晚定时更新直播话题,每个类目下都有数量不少于 10 000 条的精华内容。诸多栏目如精华直播间、万人大课堂等各类主题优质直播间,保持了每天更新的状态。其中,职场类的付费课程最受欢迎,品类数量占比 23%。其次是生活类课程,占比 16%,再次是亲子、商业、情感类课程。[③]

在产品功能上,千聊以微信公众号和 APP 为主要渠道,发起和观看直播无需下载 APP,同时也在此之外也设立了独立 APP。主讲可以在千聊上创建直播间、进行语音图文直播和付费问答。目前千聊平台可提供 6 种上课形式,分别是纯语音直播、PPT+语音直播、音频+图文、音频+语音互动、视频+语音互动、视频+图文,其中选择纯语音直播的课程占所有课程形式的 70.65%[④],并且支持跨群直播、开课通知、分屏禁言、加密直播、收费直播、赞赏等多种功能。在对

[①] "2017 自媒体知识变现破局峰会".[EB/OL].(2017-06-03)[2019-05-29].https://news.pedaily.cn/201707/20170724417514.shtml.

[②] 千聊获得千万美元 A+轮融资要做最大的百姓知识分享综合平台.腾讯科技.[EB/OL].(2017-02-27)[2019-05-29]. http://tech.qq.com/a/20170227/039961.htm.

[③] 网易号.千聊新年大礼:2018 知识付费发展趋势白皮书.[EB/OL].(2018-02-06)[2019-05-29]. http://dy.163.com/v2/article/detail/D9V4M2VQ0518MG5S.html.

[④] 网易号.千聊新年大礼:2018 知识付费发展趋势白皮书.[EB/OL].(2018-02-06)[2019-05-28]. http://dy.163.com/v2/article/detail/D9V4M2VQ0518MG5S.html.

于听众的功能设计上面,千聊的互动功能设计有如上麦、提问、私问、点赞等,有助于讲师与听众之间的交流。而在讲师的功能设计上面,千聊也提供了一些个性化服务,如红包定制、一对一服务、找老师等功能。①

3. 付费语音导读

付费语音导读指的是对图书进行解读,以满足用户阅读需求的一类语音产品。此类音频的原本知识材料是图书,具体知识内容是图书的核心内容和思想内涵。付费语音导读是一个知识二次传递的过程,解读者作为图书思想的传递人,将图书的内容经过自身消化后传达给听众,力图传达图书最精华的部分,使用户能够快速了解一本书,节省阅读的时间成本。与结构性的专业技能讲解不同,"名人领读"更强调用户与名人一起阅读,通过名人讲解激发用户的阅读兴趣,鼓励用户带着更广阔的视角和方法论,重新回归书本中。

付费语音导读的典型代表有得到 APP 的"得到·每天听本书"、知乎 APP 的"知乎·读书会"等。

(1) 得到·每天听本书

"得到·每天听本书"是得到 APP 的付费子产品,2017 年 8 月 31 日上线,每本书被浓缩为一个 20—30 分钟的音频,选题涵盖商业、历史、经管、人文、社会等 30 余个领域,解读人以意见领袖为主,如大象公会、贾行家等。

在内容性质上,"得到·每天听本书"注重的是降低听众读书的时间和精力成本,以及对于权衡是否进行实体书阅读的选择成本,将书的思想框架和精华内容全都整理出来,在图书文字简介中设置了"你将听到"板块,简要阐明了书本将给读者带来哪些知识上的收获。

"得到·每天听本书"付费形式分为单本购买和 VIP 两种,单本定价统一为 4.99 元,听书会员包月费用为 48 元,包年费用为 365 元,可享受所有书目的畅听权益。

(2) 知乎·读书会

"知乎·读书会"是知乎全新推出的音频付费产品,于 2018 年 4 月 18 日上线,以名人领读为内容形态,精选 600 本经典书籍,由领读人为每本经典带来 25 分钟的解读音频。

"知乎·读书会"领读人注重跨领域和综合性,学术、专业各个角度都兼顾。其中有学术界社会学家李银河、经济学家巴曙松、梁小民,也有来自企业界的科技公司掌舵人,例如猎豹移动 CEO 傅盛,还有物理学家李淼、作家杨照等。在这

---

① 简书.知识付费类竞品分析|千聊 VS 荔枝微课.[EB/OL]. (2017-04-13) [2019-05-28]. https://www.jianshu.com/p/46101672034d.

样的职业背景下,他们的解读书目——对应社会学、商业、体育、经济、文学历史等各个领域,做到了术业有专攻,而非仅仅贡献名人光环,他们通过解读帮助听众理清原著的思想脉络,深入理解该领域的规律和智慧。

在内容性质上,"知乎·读书会"更注重分享阅读方式,旨在通过名人的引领,介绍不同的阅读方法和思考,增加用户品读书本的乐趣。并且,在"讲解、领读"之后,知乎的社区还为用户提供阅读延展和讨论的空间。

"知乎·读书会"的书目仅以年为单位售卖,对比各家年费价格最为亲民,售价 199 元,且预售价格为 99 元。

4. 付费语音问答

付费语音问答指的是将音频知识以问答形式呈现的一类语音产品,受众通过语音发问并获得专家的语音回答。作为知识生产者的专家以挂单的形式向受众提供有偿咨询服务,专家对自己的提问费用明码标价,用户付费提出自己的问题,专家根据自身的知识、经验和见解来给予解答。付费语音问答此类音频知识是个人定制化的。具有专家的领域属性,但是每个问题与提问用户的个人情况相关,普适性较低。付费语音问答的特点是,知识生产者数量庞大,面向非定向的受众。

付费语音问答的典型代表有"在行一点""值乎"等。

(1) 在行一点

在行一点(原名"分答")于 2016 年 5 月 17 日上线,口号为"值得付费的语音问答"。自上线后王思聪、李银河、周国平、罗振宇、汪峰、章子怡等众多明星大咖及健康领域、理财领域、职场领域等名人答主在在行一点付费语音平台回答各类问题。截至 2017 年 10 月,月活用户达到 9.92 万,日活用户 1.11 万。

2018 年 2 月 6 日,"分答"正式更名为"在行一点",与同为果壳网旗下的产品"在行"共同搭建包围式知识服务产品生态。"在行"针对线下一对一、一对多的约见场景,主要提供时长以小时计算的咨询服务,而"在行一点"在线上提供 1 分钟、30 分钟、1 个月乃至半年的知识服务。目前分为三大知识板块:社区、小讲和找专家。社区是知识密度和专业性最重量级的板块,行业专家就一特定主题进行为期数天或数个课时的网络教学,小讲的量级则介于社区和找专家之间,行业专家或经验人士就一特定问题进行最长不超过 30 分钟的干货演讲。

在内容布局上,在行一点中最具有"问答"基因的是找专家板块,也是在行一点中最轻量级的板块,语音的回答不超过 60 秒,涵盖商业、互联网、音乐、健身、心理等 43 个类目,其中主打的是健康、情感、法律和育儿四个类目。在行一点在问答功能上的设置独具匠心,它涉及三方:提问方、回答方和偷听方。回答方设置回答问题的价格门槛,提问方找到合适的回答方后通过支付问题要价向回答方提问,回答方用不超过 60 秒的语音回答。如果超过 48 小时未作出回答,则款项退回提问方。若有偷听方对该问答感兴趣,可花费 1 元进行"偷听",收益由提问方和回答方平分。

(2) 值乎

值乎是知乎 APP 于 2016 年 4 月 1 日凌晨上线的新功能,用户关注知乎公众号后可以在微信朋友圈里分享自己的打码信息,而其他人必须付费才能看到,付费后觉得满意钱就归作者,不满意钱就归知乎官方。

2016 年 6 月 6 日,知乎的付费语音问答产品"值乎 3.0"上线,在知乎 APP 内的入口为"付费咨询"。用户可以向他人付费提问,每个语音回答都可以被所有人收听,收听的收入由提问者和回答者平分,非提问者花费 1 元可以旁听答主的回答。用户可以向他人咨询,也可以自己发起咨询,默认定价为单价 10 元,也可以修改向自己发起咨询的价格,区间为 1 元—2 000 元。

值乎以 UGC 的内容生产模式覆盖用户多场景和多维度的学习需求,答主不是名人大咖也不是网络红人,都是普通的知识经验分享者。答主分类涵盖心理学、职场、法律、科技、教育、母婴等 10 个类目,其中健康类别拥有 68 位优秀答主,答主数量居于各类目第一位,职场和情感类别有 36 位优秀答主入驻,心理学、法律和教育分别有 34 位、32 位和 31 位优秀答主。发起咨询的价格有低至 1 元即可发问的,也有高达 200—300 元的,大部分定价居于 100 元以下。

第三节 音频知识服务行业分析

通过大量文献研究我们发现,过往研究者的研究和分析视角虽然较为多元,然而基于理论模型对知识付费行业的分析基本是空白,少有涉及理论的研究包括:王鹏涛借鉴 4D 营销理论模型,从需求、数据、动态和传递维度提出了知识变现的可行路径,探究知识付费的变现瓶颈与路径优化研究[①];张春晓基于双边市场理论,探究了知识付费平台定价机制[②]。

由于知识付费发展过程复杂且曲折,其产业生态、商业模式与变现路径尚未成熟,需要建构相对完整理论框架对其进行指导。理论与实践具有互相渗透影响的作用,知识付费行业实践的发展是理论更迭的重要动力,发展新理论也是行

---

① 王鹏涛,郑昌浩.知识付费的变现瓶颈与路径优化研究[J].中国编辑,2018(11):18-23.
② 张春晓.基于双边市场理论的知识付费平台定价机制研究[J].吉林工商学院学报,2017,33(04):32-35.

业实践与时俱进的内在需要。新的理论视野对于全面理解和推动知识付费发展都具有重要意义。

在此基础上,本文提出了适用于知识付费行业的分析框架——"2CM 理论",试图从行业视角切入,融合理论与实践,将行业分析的多元视角通过理论框架串联,系统性地为知识付费行业的企业提出合理的经营管理思路。

"2CM 理论"将重心放在了企业方的视角,主张从知识付费产品的标准化生产流程着手,兼顾知识付费产业链中的相关方关系,提出知识付费服务中企业方的经营策略。旨在以需求为基础,以互联网思维为灵魂,重新定义知识付费服务范式。该模型有助于知识服务的内容价值提升、价值沟通优化和价值交付便捷,对其知识变现过程可能发挥重要的作用。理论同时兼顾了知识付费产业的上游与下游,2C 面向上游,2M 面向下游。2C 为内容运营(Content)和版权管理(Copyright),着眼于知识付费产业链上游与作者对接的部分,需要企业方擦亮双眼,寻找具备优质内容生产能力和受众影响力的生产者,并且采取可持续的合作模式,将互赢共利的合作关系延续下去。2M 为变现模式(Monetization)和营销管理(Marketing),着眼于知识付费产业链下游与用户对接的部分,需要企业方揣摩用户的真实需求,设定合理又能盈利的产品价格,选择合适的渠道进行推广,将好的内容成功推送到目标用户的眼前。

"2CM 理论"立足产业实践,涵盖知识付费产品生产全流程中的各个环节,将其大致分为内容运营(Content)、版权管理(Copyright)、变现模式(Monetization)、营销推广(Marketing)四个环节。具体来说,这四个环节将从以下方面进行详细阐述:① 内容运营:探究音频知识平台的多形式音频内容来源,以及平台方与内容方的合作模式等;② 版权管理:探究音频知识平台在版权保护方面的表现,包括前期原创内容授权事宜、后期版权保护措施等;③ 变现模式:探讨音频知识平台如何实现知识变现,包括具体的知识付费模式,付费用户的转化策略和企业变现盈利策略等;④ 营销推广:探究音频知识平台的营销推广战略,包括知识付费产品的包装、面向用户的推广手段等。

本报告将选取典型音频知识平台案例,分析音频知识平台在内容运营、版权管理、变现模式、营销推广四个环节的具体操作,探讨音频知识平台的经营策略和布局。此外,不同类型的音频知识平台在知识产品生成的全流程中具有各自的特点,本文也将就不同平台的特点进行分析,探究平台之间的异同。

一、内容运营(Content)

内容运营是音频知识服务的第一个环节,也是最重要的一个组成部分。在内容为王的时代,好的内容可以为听众带来付费所期待的知识增值,劣质的内容则可能造成大量无法挽回的用户流失,因此不同类型的平台在音频知识的内容布局上精心设计,力图打造符合平台特性的、具有可持续性的音频知识内容生态。

通过观察现有的四类音频知识平台,可将音频知识内容的生成模式上分为两种主要类型,PGC(Professionally Generated Content,专业内容生产)和 UGC(User Generated Content,用户内容生产)。PGC 指的是平台所提供的音频内容是由专业团队制作完成,其特点是相比 UGC 而言制作更为精良,且内容质量受到严格把关,水准较为统一。与之相对的是 UGC,音频内容由普通用户自行制作完成并上传,非专业人士的制作为平台的内容增添了多样性,但是也会带来质量参差不齐等缺陷。

1. PGC 模式——专栏类型与导读类型

在付费音频领域,付费专栏类型和付费导读类型的平台的内容主要运用了 PGC 模式。其中,付费专栏类型的代表是喜马拉雅 FM 和得到 APP,其 PGC 内容获取集中表现为"自制节目";付费导读类型的代表是"知乎·读书会"和"得到·每天读本书",其 PGC 内容获取的方式是"版权购买"。

(1) 专栏类型

专栏类型音频的特点是需要提供长期更新的优质内容,喜马拉雅 FM 和得到 APP 共同的策略是邀请优质内容生产者入驻,聚合众多自媒体达人、行业精英等"大主播",打造王牌级别的专栏。有了这些在垂直领域有丰厚专业知识积累的主播和团队,则保证了精品付费节目内容优质且具有持续性,优质的节目内容本身对于受众而言具备强劲吸引力,主播们的个人魅力也能够聚集起一大批忠实粉丝。在喜马拉雅 FM 中,它的"付费精品课程"采用主播入驻和联合制作的模式,主打节目包括马东及其团队的《好好说话》,复旦女教师陈果的幸福哲学课,著名主持人蔡康永的 201 堂情商课,经济学家管清友的投资课等。得到 APP 则推出了"大咖专栏",专栏下设了 25 位行业大咖,包括薛兆丰、熊逸、Dr. 魏、宁向东、武志红等,打造经济学、管理学、西方艺术、心理学、儿童教育等方面的独家知识专栏,其中最受欢迎的是投资行家李笑来的《通往财富的自由之路》、经济学者薛兆丰的北大经济学课等。[①]

(2) 导读类型

导读类型音频以优质图书为内容依托,领读人将书中的精华提纯,并用口语

---

① 汪勤.国内移动网络电台内容生产模式研究——以荔枝 FM、蜻蜓 FM、喜马拉雅 FM 为例[J].视听,2018(07):34-35.

转述的方式交付给用户,让用户快速掌握书中精华内容。在这一情境下,平台和领读人对于图书知识的二次加工生成的过程,就可被视作专业化的内容生产。

(3) PGC模式关键:平台方与内容方的合作

在PGC内容运营模式中,平台方与内容方的合作是在线知识付费产业生态的核心。部分平台会与邀请入驻的头部内容方建立深度合作,为其提供从选题到分发的全流程服务;也有部分平台会为开放的内容生态中的内容方按发展阶段提供从用户导流、平台补贴、内容指导到投资孵化等不同层级的服务。平台的赋能将帮助内容方更高效地进行在线知识付费产品的生产,并强化其与用户之间的关系链,从而进一步促进平台与内容方及用户之间关联度的增强,三者形成稳定且健康的结构,并将自发维持整个内容生态的运行。① 以喜马拉雅FM的"流量王牌"《好好说话》为例,作为喜马拉雅FM和米未传媒共同推出的付费精品订阅栏目,它就是典型的以PGC模式生产的专业音频知识。《好好说话》是一档知识类口才培训节目,自2016年6月上线至今,共推出两季,每季预计推出260集节目,售价均为198元。该节目由马东担任课程总监,《奇葩说》马薇薇、邱晨、黄执中、周玄毅等担任主创。周一至周五每天不定时更新6—8分钟音频,运用五位话术体系切入真实场景,从沟通、说服、辩论、演说到谈判,向听众教授一系列应对生活场景需求的话术。②

2. UGC模式——讲座类型和问答类型

在付费音频领域,付费讲座类型和付费问答类型的平台的内容主要运用了UGC模式。总体来说,UGC模式相较于PGC模式的优势是内容生产源丰富且成本低,不需要依赖少数的专业大咖,也不需要专业团队花费大量时间精力维护,而是凭借源源不断的用户自发参与内容制作来提升平台的活跃度。其中,付费讲座类型的代表是知乎Live和千聊,付费问答类型的代表是在行一点。

(1) 讲座类型

讲座类型音频平台中,UGC内容运营模式体现在讲座发起人的身份有别于"专业制作团队",平台方不会与讲座发起人共同策划一项栏目,而是把主动权全部交给讲座发起人,从这一意义上赋予了他们更大的内容生产自由度。因此,UGC内容的覆盖面非常广泛,知乎Live的热门话题都涵盖了教育、职业、心理学、经济金融、互联网等热门领域,千聊的话题则覆盖女性成长、婚恋、育儿、瑜伽

---

① 中国在线知识付费市场研究报告[A].艾瑞咨询系列研究报告[C].上海:上海艾瑞市场咨询有限公司,2018:56.
② 冯宇飞.喜马拉雅FM的知识生产与传播研究[D].内蒙古大学,2018.

塑形、职场、经营管理、心理等 40 多个类目。UGC 内容生产者的规模也十分庞大,知乎 live 平台已举办 9 958 场 live,是目前规模最大的付费语音讲座平台,千聊的注册机构及讲师累计也已经超过 100 万。

在具体的 UGC 模式上,知乎 Live 与千聊还有不同侧重,知乎 Live 更侧重知识达人入驻模式,利用知乎平台本身的达人资源,达人入驻平台后可以自主就某一话题发起讲座,每场一般为 1 小时左右,讲师可以为自己的 live 设置简介、内容大纲、开始时间以及参与票价;而千聊的定位是"全民教育"和"全民讲师",更注重讲师与学员之间的互动,同时也给讲师提供了多种个性化服务,以微信公众号和 APP 为主要渠道,帮助讲师在千聊上创建直播间、进行语音图文直播,让讲师更好地将知识分享给用户。

(2) 问答类型

问答类型音频平台中,UGC 内容运营模式体现在回答均由回答者个人独自完成,是一种独立式的生成模式。问答类型的操作方式简单明了,即提问者用语音发问,回答者将回答浓缩在 1 分钟以内,这种直接的知识交付消除了提前策划包装的必要,关键在于答主提供的知识和经验的有用性。

(3) UGC 模式关键:平台孵化策略

目前,众多平台正在加大力度扶持腰部用户,支持知识生产者的内容创业。1 月 20 日上午新榜大会上,喜马拉雅 FM 副总裁周晓晗正式公布"万人十亿新声计划",公司在未来一年将投入三个十亿,从资金、流量及创业孵化三个层面全面扶植音频内容创业者,竭力帮助创作者变现。周晓晗表示:"针对中腰部音频内容创业者的现实需求,我们推出了这个扶植计划,目标是孵化出 1 万个收入破万元的创作者,其中收入破百万的不低于 100 人。"按此计划,喜马拉雅 FM 表示,将成为目前国内最大的音频 IP 孵化平台,上万名音频内容创业者将从中受益。①

知识付费产业头部格局已基本形成,虽然集中度相较其他内容产业仍较低,但在用户基数、关联内容方、版权、资本、技术、人才等方面已建立基本壁垒。未来,综合型、规模化的知识付费新玩家将减少,但面向特定领域、场景、用户群的"小而美"垂直知识付费平台仍有较大发展空间。新小玩家可通过挖掘垂直领域专精人才、在垂直用户中建立影响力,逐步释放付费潜力,并探索领域相关的其他变现模式。

---

① 新浪科技.喜马拉雅"万人十亿新声计划"砸 30 亿给内容创业者[EB/OL].(2018-01-21)[2019-05-28].http://tech.sina.com.cn/roll/2018-01-21-doc-ifyqtycx1136125.shtml.

3. 两种模式的运作现状

（1）头部内容引领的多元内容群峰效应正在凸显

根据新知榜发起的"自媒体知识付费排行榜"，以课程受众面、课程实用性、主讲老师资历、用户口碑、趣味性以及售后互动等因素作为评测标准，同时抓取产品销量、评论、浏览量等综合数据，分权重评估课程的实际购买价值，针对全网知识付费课程做榜单，为用户提供真实有效的购买参考。从榜单中可以看出，占领榜单的大部分都是 PGC 模式的头部内容，如排在前三的罗辑思维、好好说话、每天听见吴晓波。榜单中头部内容的类别多以文化和财经为主，根据新知榜统计的付费知识排行榜 TOP100 内容类型分布图表来看，文化类别高达 23 个，排在前五的其余类别分别是亲子、成长、财经和技能。

（2）传统内容与付费模式结合，垂直细分内容逐渐显现

细分领域的知识主播逐渐显现。知识付费平台在各个垂直领域的知识网红不断涌现，推动各垂直领域的在内容储备、用户积累和社区化构建方面加速发展。如喜马拉雅 FM 涌现了一大批传统教育转行知识付费的"大师"、豆瓣聚齐了数量众多的文艺主播、核桃 LIVE 聚齐了两性及健康领域的主播。

国内知识付费领域逐渐分化，知识付费正从起初火爆的商业财经、技能培养等热门领域向更多更丰富的细分领域扩展，内容的深度化、垂直化成为知识付费行业发展的趋势。2017 年，喜马拉雅 FM 平台儿童、情感人文和人文三个领域在专辑数上增长明显。

垂直内容创业者赢得资本青睐。资本逐渐开始关注细分垂直领域创业者，不再只追逐头部的内容创业者，很多细分垂直领域的内容创业者都得到了资本的青睐。

二、版权管理（Copyright）

好的内容需要长期的运营来维持，其中版权就是一个非常重要的方面。只有当平台拥有了完善的版权保护措施后，才能激发内容生产者们的创作积极性，促进优质原创内容创作的同时吸引更多内容生产者入驻，从而形成良性循环。版权管理是内容运营的重要支撑，优秀的原创内容是平台的灵魂，保证原创智慧不被剽窃，版权利益得到保障，是每个音频知识服务平台都需要用心考虑的。

为知识付费，是对知识价值的最好回报。有业内专家指出，如果对知识付费市场的盗版、抄袭现象不加严厉打击，会造成原创作者失去创作动力，导致优质内容的减少，影响产业良性发展。中国政法大学知识产权研究中心特约研究员李俊慧认为："知识付费平台应与作者就作品归属或著作权归属等进行事先约

定,以保障作者的合法权利。比如,注重保护作者的作品著作权、包括署名等的著作人身权、获得报酬等的著作财产权。"[①]

对于音频知识服务平台,版权的管理可以从以下几个方面着手:1. 作者原创内容授权;2. 作者原创版权保护;3. 第三方版权保护。

1. 作者原创内容授权

PGC 模式的专业主播内容授权。PGC 模式中自制节目作者的权益,平台的大量流量都依赖这些名人所制作的优质栏目,而一旦签约,平台与作者间的合作将延续至栏目更新结束,因此在签约过程中需要事先确定的内容,比如是否能保障作者的著作权得到保护,如何保证作者获得与付出时间精力相当的报酬,后续营销操作是否违背作者意愿等问题,都是决定能否留住这些流量大咖的关键。

以专栏类型音频平台为例,自制音频节目授权的一个关键在于内容方原创思想的完整性需要得到保护,平台方对于内容方的知识劳动予以尊重,保护作者的自由表达,才能实现两者的互利共赢。喜马拉雅 FM 与大咖合作,尊重作者本人个性,保留节目中的作者特点,让大咖的思想得到释放。比如许知远与喜马拉雅 FM 合作推出了一档音频广播节目《单读》,是一栏分享艺术文学感悟的谈话式节目,满足了许知远本人的文人情怀,他称:"希望把这个节目做到 80 岁,像 BBC 那样陪伴几代人。"许知远自己完成录制后,由编辑剪辑,之后再上传给喜马拉雅 FM。在整个过程中,平台方没有为了商业推广的目的对内容方的创作提出删改,忠实传递内容方思想,搭建作者和用户之间的桥梁,使得作者更愿意与平台合作,将自己的作品授权给平台,从而达成平台方和内容方的双赢局面。

2. 作者原创版权保护

作者原创版权保护指的是,作者在将自己制作完成的节目交付给平台后,平台方应当保护作者原创版权,防止作者的劳动成果被他人剽窃和滥用。虽然以音频为载体的知识内容相较于以图文为载体的知识,更有利于版权保护,被照搬照抄的情形比较少见,然而依旧无法杜绝侵犯版权的案例发生。

在一些有关知识付费平台的贴吧里,充斥着"加群共享资源"等帖子。部分电商、贴吧等平台还存在低价贩卖付费音频、会员账号等行为。此外,通过百度等搜索引擎也可以搜索到一些知识付费平台产品的"破解版",导致版权难以保护,影响后期的购买力。

重复低价销售的非法行为造成知识本应该创造的利润空间被大大压缩,严

[①] 网易新闻.知识付费产业正在遭遇哪些"成长的烦恼"? [EB/OL]. (2018 - 07 - 20) [2019 - 05 - 28]. http://news.163.com/shuangchuang/18/0720/09/DN5AIRBE000197V8.html.

重损害了作者和平台方的利益。互联网的知识付费时代原本是使知识最大限度得到增值的年代,但是盗版猖獗和版权意识薄弱又使之成了知识最不值钱的年代,内容原创者经历了无数经验得来的知识与干货被贬值,对作者们的创作积极性是相当大的打击。

音频知识平台正在不断优化对原创内容者的版权保护措施。以拥有大量 UGC 内容的"讲座类型音频"知乎 Live 为例,知乎平台表示将会进一步强化评价体系,为知乎 Live 的内容创作者提供更完整的版权服务支持。据现任知乎联合创始人兼 CTO 李申申的说法,他们正与中国版权保护中心沟通、展开合作。之后,主讲人在每场 Live 中所分享的语音、文字、图片、视频及附件内容都会作为一个完整的数据作品,进入 DCI 数字版权登记系统,获得国家颁发的作品登记证书。[①] 目前,知乎官方已跟淘宝、闲鱼等最常会出现盗版内容的平台建立了快速沟通渠道,一旦发现在电商平台上有课程被倒卖,就会协助讲者跟进处理内容版权等相关问题,及时沟通和投诉,直至侵权产品被下架。[②]

3. 第三方版权保护

第三方版权保护指的是在知识的传播中,作者生产的知识内容涉及到第三方原创内容的二次加工,如果不加以管理,对于主播作者和其加工内容的原作者而言,权益都没有得到很好的保护。第三方版权纠纷的问题大多出现在有声书的领域,原著作者表示自己的作品未经授权被制作为有声书传播,作品的版权受到了侵犯。由于有声书不属于本文所界定的"音频知识"范畴,因此不加以详述。与有声书的知识加工情形类似的是"导读类型音频",将在后文中进行解释。

目前导读类型音频平台没有出台版权管理措施,可能是因为有声书阅读与图书导读在图书内容披露上的程度相差较大,有声书阅读侧重于"朗读",将书中的内容原封不动地用声音传递给听众,相当于使用户换一种方式完成了整本书的阅读,也就会影响用户再次购买实体书的意愿,从而影响了实体书原著销售的利益。然而,图书导读侧重于"转述",将书中的精华思想提炼出来转达给用户,常常能激发用户对整本书深入阅读的兴趣,对于实体书原著的销售是有助益的,因此不容易产生作品授权方面的纠纷。

除了涉及书籍版权的导读类音频,UGC 模式下生成的内容更可能成为第三方版权问题的重灾区。基于本文的分类,主要集中在"讲座类型音频"和"问答类

---

① 极客之选.知乎 Live 一年了,开始支持"七天无理由"退款服务[EB/OL].(2017-04-24)[2019-05-28]. http://www.sohu.com/a/136139205_551396.
② 新浪专栏.关于知乎 Live 新政策以及两个知识付费类产品的解读[EB/OL].(2017-04-28)[2019-05-28]. https://tech.sina.com.cn/zl/post/detail/i/2017-04-28/pid_8510716.htm?cre=zl&r=user&pos=5_4.

型音频"。由于讲座类型音频和问答类型音频的大部分知识是基于作者们自身的经验所创作的,不太容易产生直接的侵犯,容易侵犯第三方版权的内容在于"知识引用"的间接侵犯。由于讲师们的内容并非一开始就受到关注,往往当其节目日渐成熟并有一定听众基础之后,才被发现内容侵犯了第三方的版权,从而面临节目下架的风险,这不仅侵犯了原作者的商业利,也使主播的商业利益受损。

三、变现路径(Monetization)

近年来,知识付费迅速兴起,各大知识服务平台也乘着付费浪潮实现了平台的盈利。人们越来越愿意为了知识付费的背后,影响用户付费意愿提升的两大重要因素是供给侧和需求侧两方面的变革。

在供给侧,移动终端互联网支付系统便捷性的提升,移动支付例如:支付宝、微信、银联等更加普及,移动互联网及智能硬件技术的快速发展,移动支付业务的广泛普及,给在线知识付费提供了强有力的技术支撑;同时,自媒体的兴起,共享经济与认知盈余时代的到来,内容变现渠道的成熟,为在线知识付费提供了优质的资源供给。在需求侧,人们对良莠不齐的海量信息产生的鉴别困境与选择焦虑,转型期社会快速发展与知识快速迭代给人们造成的心理压力,成为人们在线知识付费行为的内生动因。另外,国民版权意识提升与版权保护的完善也促进了付费市场的形成。[①]

总体来说,当前整个大环境下人们对于优质的知识内容的付费意愿是比较强烈的,知识服务平台的发展提供了良好的基础,平台应当抓住机遇,通过探索市场机制逐步打造一个平台、讲者、知识消费者共赢的良性生态圈,实现知识市场的长远健康发展。

目前根据支付方式和获得的服务,音频知识付费形式可分为三类:一是打包付费模式,一次性为特定时期(如全年)的内容付费,享受该时期内所有更新的知识服务,使用此模式的是订阅专栏和系列讲座课程;二是即时付费模式,一次付费获得一次性的知识服务,使用此模式的是知识问答、直播课程和导读书目;三是会员模式,这是一种特别的增值服务模式,即一次性付费享受长期多次的服务,目前各类音频类平台均提供会员服务。

1. 打包付费模式

订阅类型音频平台采取打包付费模式,用户购买的是一系列的订阅专栏的

---

① 杨昀.基于知识付费行业特征的移动音频应用发展分析[J].电视指南,2018(14).杜智涛,徐敬宏.从需求到体验:用户在线知识付费行为的影响因素[J].新闻与传播研究,2018,25(10):20-41+128.

节目,而非单次节目,付费行为可能产生在全部内容完成更新之前或者之后。代表平台是喜马拉雅 FM 和得到 APP,他们在具体定价上略有不同,但模式基本相同,都是为专栏制定全年售价后一次性销售,使用平台的虚拟货币即可购买全年专栏。虚拟货币是平台的运营手段之一,可提升用户对于平台的归属感,喜马拉雅 FM 的货币为"喜点",得到 APP 的货币为"得到贝",都与人民币等值,即 1 人民币可购买 1 喜点或 1 得到贝。

喜马拉雅 FM 的订阅专栏分为大师课、精品课、小课、训练营 4 个板块,其中训练营的定价最高,语言类教学课程如《雅思真经:系统备考课》《莱比锡教授的德语课》,定价高达 998 元;大师课定价其次,大部分课程定价为 199 元,如《余秋雨·中国文化必修课》《康震品读古诗词》,更新集数在一两百集以上,也有定价在 299 元的大师课,如共 102 集的《王东岳的中西哲学启蒙课》,以及定价偏低的大师课,在 39 元至 99 元之间。喜马拉雅 FM 的精品课定价为 99 元至 199 元不等,更新集数在 30—200 集不等,小课定价最低,为 9.9 元或者 19.9 元,集数也最少,一般在 10 集左右。得到 APP 的订阅专栏的热门课程如《薛兆丰的经济学课》《武志红的心理学课》,定价为 199 元/年,全年 52 周不间断更新。除此之外,还有其他企业、机构和自媒体人自行上传和售卖的其他付费音频,定价 199 元、99 元、39.9 元、19.9 元、4.9 元不等。

打包付费模式的内容一旦制作完成,可以重复售卖,火爆的王牌节目更是拥有持久的生命力,而且相对来说精品专栏的定价高,利润空间大,对于平台而言可谓是"一劳永逸"的变现手段。因此,依靠打包付费变现的订阅类型平台,最离不开的就是优质的精品专栏内容,内容的优质与否是变现的关键,订阅类型平台在打造精品内容上往往花费较大的力气。

2. 即时付费模式

讲座类型音频平台依靠单次直播讲座的销售实现变现,典型平台是知乎 Live。知乎 Live 的主要商业模式是,各行业达人入驻平台后,可以自主就某一话题发起一场 Live,然后设置简介和内容大纲,以及开始时间、参与票价,用户看到后,如果感兴趣可以支付报名。Live 开始后,是通过语音直播的形式进行,主讲人可以发布语音、文字、图片等内容,并与用户实时互动。沟通更有深度,更有价值,用户的体验会也更好。知乎 Live 的定价大多为一场 9.9 元或 19.9 元,也偶尔有超高价的爆款直播,如李开复的《解答关于创业的困惑》,定价 499 元。单次 Live 最高收入达到了 99 980 元,平均每场收入 1 118.88 元。

知乎 Live"先付费后入群"的模式曾受到不少诟病,目前推出了"七天退款机制"。据创始人李申申介绍,用户购买 Live 以及 Live 结束后的 7 天内,如收听语音未超过 15 条,可以选择无理由退款,且开场前的语音不计入 15 条之内。通过这种方式,知乎 Live 确保在听众的付费决定是基于进一步了解 Live 内容后,比起简单地通过节目简介来为自己预期中的效果付费,这样的模式显得更为合理和人性化,与订阅类音频平台在订阅专栏前提供"试听"环节的策略有异曲同工之妙。

问答类型音频平台依靠答案费用分成的方式实现变现,典型平台是在行一点。在行一点的商业模式主要是知识大咖入驻平台,自行设置回答问题的费用,然后,用户可以通过支付相应的费用向喜欢或者想咨询的大咖发起提问(文字形式),大咖收到提问后,以语音的形式回答。对于分答,收入主要来自于"偷听"这个板块,偷听者可以对已回答的问题搭便车进行偷听并付费 1 元,其中分答作为平台抽取 10%,剩下的由提问者与答主平分。提问的付费有回报这一点,大大刺激了用户提问的热情,如果偷听的用户足够多,提问的付费不但能够收回,还会有盈余。看似每人 1 元很少,其实,整体收入非常大,而且源源不断,远比提问者的提问费用收入高得多。且知识大咖不用特别设计、准备内容,成本低,只需根据自己已有的知识和经验回答就好。

即时付费模式的内容体量较小,制作时间短,更新频率快,源源不断的内容是变现的来源,充分的供应才能使得用户需求得到充分的挖掘,如何激发用户的创作活力是音频知识平台变现的关键。

3. 会员模式

不同类型音频知识服务平台的会员提供分类会员服务,分为连续包月、包季、包年的会员,时限越长在价格上越优惠,但只要是会员均能享受到同等的权益,权益包括畅听节目、享受折扣等。会员制度都有自动续费的选项,可以随时取消。会员制度能够为平台带来黏性用户。

喜马拉雅 FM 连续包月会员费为 20 元,包年会员费为 238 元,成为会员后可免费畅听专栏、有声书和所有讲书。得到 APP 连续包月会员费为 35 元,包年会员费为 365 元。会员可以每天免费收听新上架的解读版电子书,但在课程上没有优惠。

知乎超级会员连续包季会员为 90 元,包年会员为 313 元。知乎超级会员可以畅听所有 Live 和大咖领读音频。知乎也推出了专门服务于知乎读书会的"读书会员"服务,连续包月会员费为 19 元,包季 53 元,包半年 98 元,年度会员 188 元。缴纳会费后,会员可以免费借阅部分电子书和有声书,一些需要购买的内容也有折扣优惠。

由此可见,不同类型音频知识服务平台的会员费用都比较接近,提供的权益也多为免费获取付费知识。在这种盈利模式中,会员费收取的多少取决于会员的多少,而会员的多少取决于平台内容的吸引力和有用程度,也取决于在平台生产内容的作者的权威性、知名度,以及平台本身的知名度和可信度。可见,在这类盈利模式中,知名度、权威度、可信度等至关重要。①

为了转化更多用户成为付费会员,不少平台均提供了会员免费试用的服务,得到 APP 提供了 0.1 元试用 7 天会员,知乎 Live 会向新用户赠送三天免费试用会员。在世界读书日期间,知乎读书会还发起了分享免会费的活动,只要连续 7 天读书并在朋友圈分享,既可享受会费退还。

四、营销模式(Marketing)

音频知识作为产品,制作完成后要被大量推广到用户面前,才能最终实现优质内容的传播和企业的变现。这就是音频知识产品的营销。不同类型的音频平台采取的营销策略也存在差异,但基本都是通过"一包装,三推广"的四管齐下的营销方式,"一包装"即产品包装,"三推广"即渠道推广、促销推广和品牌推广三种推广方式。

1. 产品包装

(1) 音频产品强调速效

知识付费产品戳中用户们的痛点,利用用户日益滋生的知识焦虑感,和时间匮乏的矛盾,推出了经过提炼的精华知识,准确、快速地将用户需要的知识交付给他们。因此,在产品包装上,音频知识平台着重强调付费产品的这一功能,将自己平台知识付费产品的这一优势植入受众的脑中,推出例如"明星导师""减肥特训营""21 天掌握聪明人的思维模式"等概念,强调知识付费产品的速成功效。

(2) 音频产品精细分类

音频知识平台为用户加工整理知识,将知识分门别类,便于用户有针对性地选择自己需要完善的知识领域。平台还推出热门排行榜、热门专家等板块,将对于用户最有吸引力的内容和生产者优先排序,增加用户点击的几率。对于导读类音频产品而言,产品的特点就是将书本的知识浓缩后交付给用户,从而节省用户读书的时间成本。得到·每天听本书还整理了"主编力荐"和"精选书单",继续降低用户选择书目的时间成本。

2. 渠道推广

市场推广中,最重要的部分就是渠道的选择。渠道不仅决定了流量的多寡,

---

① 冯红霞.共享经济时代知识付费的收费模式与盈利模式[J].传媒,2018,No.281(12):72-74.

也决定了流量的质量。如果渠道没做好,后面的环节无论如何做都难以见效。推广渠道的核心是要明确产品的目标用户,根据用户的习惯,来推测适合的渠道,在后续推广的过程中,对渠道数据进行验证和优化。

不同渠道的用户特性是不同的,如果是成人技能类教育,通常用户的家庭条件尚可、有求知欲和好奇心,这样的用户在知乎可能比较容易接触到,因此可将产品的推广渠道定位为知乎 Live,通过知乎的问答、评论的方式,推广产品是比较好的选择。不同渠道的调性也有差异,同样是订阅类型的音频知识服务平台,喜马拉雅 FM 的定位是"听书、听课、听段子,4.5 亿用户的选择",从口号中可以感受到这个平台产品能满足的两类需求:学习成长需求、娱乐消遣需求;这不是一款像得到、知乎一样正经严肃的求知平台,这里不仅有知识内容,也有笑话、相声、脱口秀等娱乐内容。得到的定位是,致力于通过精品内容产品,为终身学习者在互联网时代提供一种高效率的解决方案,因此适合推广知识性和专业性更强的内容。高晓松音频专栏《矮大紧指北》选择上线蜻蜓 FM,原因可能就是蜻蜓 FM 的整体风格更偏向于文艺化、生活化。所以相对来讲,蜻蜓 FM 的受众特点确实更适合高晓松的产品风格。

另外,以音频知识平台本身为载体,借助平台已有流量,也是达成推广目的关键。知乎 Live 依靠知乎平台本身的"知识服务"定位,已经孵化了众多的知识网红,也聚集起了众多对于知识有渴求的用户,知乎 Live 的入口就在知乎 APP 上,对于 Live 功能的推广起到了很大作用。类似地,千聊基于微信平台,微信平台作为通信工具拥有这超过 10 亿的庞大用户量,与千聊"全民讲师"的平台策略是相符的,众多以微信为媒介销售的课程就是将千聊作为知识服务平台,直接在微信的千聊小程序中进行授课。在嵌入微信的 H5 页面外,千聊也设立了独立 APP,从而在获取海量用户后,进行进一步的运营及沉淀。

3. 促销推广

促销推广的基本策略在于降低产品价格,提供优惠服务,从而吸引用户付费。音频知识服务平台的促销推广策略,基本可概括为以下两个方面:

(1) 免费内容

各类音频知识服务平台都提供免费内容,都是一种促销推广的手段,但是初衷并不相同,其中一类平台本身就是免费平台,从免费模式开始转型付费模式,比如喜马拉雅 FM;还有一类平台的免费内容其实是付费内容暂时"免费化",具体表现为在平台设有免费专区,或者提供付费内容试听服务,或者提供限时免费会员权益,比如得到 APP。

第一类的免费模式起到了引流作用。通过免费内容吸引大量感兴趣却不愿意付费的用户使用该平台,提高用户量,然而这一手段的问题就是尽管使用者众多,付费用户渗透率可能长期处于低位,比如截至2017年6月6日喜马拉雅FM开通付费会员之时,平台内尚有97%的用户还未购买过付费内容。

第二类的免费模式起到了降低了用户的使用门槛的作用。在得到APP可以免费收听《李翔商业内参》和《罗辑思维》等独家栏目,这些音频内容的质量依旧保持着很高的水准,可见得到的策略是并不因为免费而粗制滥造,对吸引用户和打造产品口碑都有较大裨益。免费内容是知识付费平台转化付费的一个台阶,让用户通过免费机会接触到产品内容,免费机制往往会持续一段时间,当用户产生黏性后,则可能产生付费行为,比如购买尚未听完的专栏或者购买会员享受更多权益。

(2) 促销活动

喜马拉雅FM为自己"造节"助力知识付费推广。在2018年的"123狂欢节"的玩法上,喜马拉雅推出了"打卡免单"限时抢购会员和专辑、"VIP会员买1得2"购买喜马拉雅会员赠送腾讯视频会员、"5折有声书"、特色主题馆等诸多体验极强的环节,吸引了共计超过2 135万用户参与了这场思想文化的盛宴,总播放时长达1.3亿小时。

知乎·读书会迎合节日打造营销活动。知乎·读书会上线时,结合4.12世界读书日,推出了"知乎·读书会"营销活动,打卡七天就能返还给你全款。知乎用户支付99元购买年卡,在2018年4月18日正式开始,每天天在"知乎·读书会"中成功分享任意一本解读书到微信好友或朋友圈即为打卡,成功连续打卡7天的用户将收到私信通知,并在2018年5月4日获得"知乎·读书会"的年费返还。

2018年1月27日,千聊在2018千聊汇·自媒体精英交流沙龙现场发布了《2018知识付费发展趋势白皮书》,全面向全行业公开2017年度千聊平台数据。其中,我们可以发现,有46%用户认可内容并愿意零折扣购买优质课程,但是超过半数的用户是通过千聊的营销工具,比如拼课、分销、优惠券等进行购买,而通过营销工具进行推广的课程在传播和变现上要更快速,可见促销手段对付费知识产品的销售有较大帮助。

4. 品牌推广

前两种推广直接为销售服务,需要考虑到销售的转化,品牌推广更重要的是体现品牌的调性、品牌的实力,在传统营销理论上,可以说是提升产品的知名度、美誉度,借助更广阔的平台来打造品牌效应。音频知识服务平台的品牌推广策略,基本可概括为以下三个方面:

(1) 品牌合作

得到 APP 在 2018 年与真人秀节目《最强大脑》合作,《最强大脑》作为国内最火爆的大型科学竞技真人秀节目,双方的品牌调性、用户群体的高度契合。同为内容型产品,得到 APP 与《最强大脑》建立了深度的内容合作,联合推出了《最强大脑》科学总顾问刘嘉的心理学课,在课程中交付用户一个完整的心理学知识框架,帮助用户用科学的方法认识自我,更好地激发自己的潜能。此外,得到 APP 还为每一期节目策划了"最强大脑专区",登录得到 APP 即可看到《最强大脑》挑战的项目解析、延伸知识讲解、有奖脑力测试等内容。

(2) 产品联动

得到 APP 除了经营自己的知识付费平台,还担任起了出品方的身份,正在通过出品演讲产品、网络综艺等多形式的节目,逐步打通网络、综艺等多形式的产业链。得到 APP 出品了跨年演讲产品《时间的朋友》,由得到 APP 创始人罗振宇主讲,每年一次,计划持续 20 年。2018 年 12 月 31 日晚 8:30 到 1 月 1 日凌晨 00:30 的《时间的朋友》的跨年演讲,主题为"小趋势",这是罗振宇的第四次跨年演讲,通过深圳卫视播出平台。通过罗振宇的个人影响力和《时间的朋友》这一产品的助推,罗振宇对于社会的思考让更多人听到和看到,也让更多的人了解了他的罗辑思维和得到 APP。另外,得到 APP 还与江苏卫视合作打造脱口秀节目《知识就是力量》,主讲人罗振宇针对百姓日常困扰的婚恋、人际交往、职场、亲子等问题进行解读,带领观众一起探究这些问题的本质,针对每个问题提供一套系统的知识解决方案,给生活难题带来更多知识侧的解法。这与得到 APP 的知识服务角色定位和目标受众都是相符的,综艺节目的播出势必将为得到 APP 争取到新的用户群体。

(3) 大咖个人宣传

大咖的入驻是知识付费平台的品牌背书,主动宣传更是发挥其 IP 号召力的重要途径。例如李笑来《通往财富自由之路》专栏,专栏的大卖和李笑来本人的推广是分不开的。作为币圈红人,经常会接受商业媒体的采访,也就会提及自己的专栏。自媒体人则通过他们的媒体渠道宣传自己的专栏,如微博平台,或者是媒体采访中提到自己的专栏,也有作者专门为自己的专栏打广告。再比如得到 APP 专栏作者万维钢就在自己的个人博客"学而时嬉之"中为自己的专栏《万维钢·精英日课》撰写了推广文章,并在文中阐述了自己的创作动机,他认为"互联网的中文世界内容很多,但是其中真正有价值的还太少。另一方面,很多新思想、新的研究结果,明明是既有趣又有用,但是没有广泛流传",而他的专栏的使命就是"让这些道理在中文世界流传"。

第四节 音频知识服务行业未来趋势

一、音频知识服务的留存困境

1. 内容质量良莠不齐

高质量的知识付费产品，能为用户有效节省信息选择的时间成本和金钱成本，但也有不少产品的质量较低。这些低质量音频出现的背后有多方面原因。对于平台方来说主要有三点原因：第一，音频知识服务平台缺乏统一的内容标准，因此无法进行统一的把关，这使得很多跟风拼凑的内容产生，更有甚者将其作为商品推销的渠道；第二，许多平台在进行产品策划时过度追求"粉丝经济"，只是将许多名人和明星请来进行讲述，而忽略了产品本身。而用户层面也有一些因素可能会使得知识音频的质量下降：第三，知识服务的交付模式往往是"一次交易"，因此在营销时往往只注重如何吸引用户付费，而容易忽略产品质量的打造。用户在进行知识问答等产品服务时更侧重于娱乐内容，导致严肃回答数量的下降；不少用户更热衷于购买能解决"知识焦虑"的产品，而这无形之中助长了平台侧重肤浅内容的风气。

知识音频内容质量的问题以逐渐开始浮现。某娱乐记者在微博上用1个小时回答了7个问题，进账近3万元；他在其他平台上对52个明星的"爆料"，也引来近2万名用户的付费参与。此外，还有平台邀请名人进驻，当课程主讲人，引起部分网友对他们专业知识和讲课能力的质疑和疑惑。湖南长沙一所高校的陈老师，曾是知识付费产品的忠实用户，花上千元购买了若干课程，包括国学、插花、理财，等等。但从去年下半年开始，她发现很多知识付费产品"变了味"，"我跟风买了几次某知名主讲人的课程，但发现主讲人只在课程里讲段子、'抖机灵'，或分享一些虚无缥缈、毫无实际操作意义的成功学理论，课程内容价值不大"。[①] 虽然PGC模式所带来的知识红人是吸引流量的一大重点，但如果不能提供真正的知识，留住用户几乎是不可能的，自制节目的内容本身是否优质才是能否留住用户的关键。

2. 运营模式持续性差

音频知识服务的运营模式不具有持续性，主要体现在两点：内容生产以及

---

① 网易新闻.知识付费产业正在遭遇哪些"成长的烦恼"？[EB/OL].(2018-07-20)[2019-05-28]. http://news.163.com/shuangchuang/18/0720/09/DN5AIRBE000197V8.html.

内容销售。

在内容生产上,目前现有的知识音频主要是"大咖"提供,而这造成了知识音频运行模式对于"大咖"过度依赖的局面,而许多"大咖"并不愿意将自身的全部内容资源放置在音频内容中,因此对于 PGC 内容,大咖的持续性一般是目前音频知识服务的一大困境。比如,得到订阅专栏至今也只有 25 个大咖入驻,2017 年 7 月,分答社区邀请网络红人 papi 酱加入,仅两个月就停止更新;罗永浩在"得到"的专栏也只维持了 3 个月。在目前的"大咖为主"的条件下,要想持续提升专栏价值,就要有更多领域和学科的新大咖加入,这也具有一定的难度。作为领域大咖,全职专栏的音频生产需要耗费大量的时间和认知资源,常常会让他们分身乏术。比如罗永浩的《干货日记》,只更新了 1/4 就不再更新,最后平台以全额退款外加 50 元抵扣券对用户进行赔偿。这种不确定风险,从而影响了平台的不耐程度。①

在内容销售上,KOL 变现能力有限、用户付费意愿逐渐走低等问题也是分答及诸多知识付费产品在过去一年所面临的困境,这具体体现在复购率上。如果说知识付费的兴起是受益于"粉丝经济"的拉动,那么在知识付费的下半场,"长尾效应"则来自于粉丝(用户)对知识干货更高的要求,对知识付费产品更高"效用"的期待。知识付费井喷的两年以来,行业出现了一个不容小觑的问题:复购率。据艾媒咨询的《艾媒报告——2017 年中国知识付费市场研究报告》显示:截至 2017 年 11 月,喜马拉雅 FM 的产品复购率为 52.4%,分答的产品复购率为 43%,知乎的产品复购率为 42%,得到的产品复购率则未显示。也就是说许多大火的知识服务商,他们第二年的产品购买率只有第一年的一半。这可能是因为用户的"功利性"意味着他们要求短期看得见回报,然而学习了这么多课程,很难在第二年就能升职加薪或者创业成功,而学习课程又占用了大量时间,所以用户会开始理性消费,重新问自己是否真的需要这门课程,这门课程能给自己带来什么。

二、音频知识服务的变化趋势

1. 热门内容争夺更加激烈

音频知识服务行业的头部效应愈发明显,随着对热门内容 IP 的需求增加,平台之间不可避免要进行抬价争抢,PGC 内容的独家授权费用会出现较大波动,最高能达到几百万。这导致在线音频平台在获取内容上的成本一直居高不

---

① 人人都是产品经理.得到"每天听本书"的战略意义在哪?[EB/OL].(2017-10-04)[2019-05-28]. https://www.sohu.com/a/196236367_114819.

下,成本包含用于制作有声书的文字内容版权费、专业主播的签约费或分成费、UGC 内容的扶持费用和推广运营费用等,其中在有声书、音频节目等 PGC 内容上的成本是大头。

2. 垂直类的知识内容逐渐崛起

在市场爆发的上半场,得到、喜马拉雅等知识付费综合平台要攻城略地,覆盖更多用户,从广而全的内容入手,很难顾及用户的社会角色,导致一些人的收益感不高,于是才有了更细分的需求,也就是下半场的概念。同时,综合性平台对垂直赛道的无力顾及,让细分 PGC 内容的品牌有了通过纵深方向杀入赛场,实现弯道超越的可能,涌现出越来越多专门聚焦于某一领域的知识服务产品。比如,儿童付费音频"凯叔讲故事",将自己打造成了中国儿童内容领域的知名品牌,深耕亲子家庭娱教付费音频领域使其在竞争激烈的市场中有着独树一帜的竞争优势。

3. 从碎片化向体系化和专业化学习转变

早期的知识付费满足了用户对内容的消费需求,即以消除个人知识焦虑为主,在这种条件下知识音频主要以碎片化的产品为主。然而在知识服务下半场,用户的需求继续升级,原先的碎片化的内容已经不能满足他们对于知识学习的要求,用户渴望更加体系化的学习系统,希望能够更加切实地学到知识,从而真正地达成个人知识层面的提升,因此各个平台在产品提供上也开始有所转型,比如增加众多专业性极强的主讲、延长专栏的时间周期等。

三、音频知识服务的未来发展方向

1. 保证高质量内容稳定产出

随着知识经济市场被逐步唤醒,知识服务公司将面对更多的竞争,唯有在内容上深耕细作才能形成竞争优势。蜻蜓 FM 副总裁郭亮在"深响"的独家专访中也表示:"所有的内容平台都一样,处于不同时期所呈现和诉求的内容结构都是不一样的,但对于品质内容的需求不会改变。"①

在线音频平台为了充实内容库,除了开发高热度内容外,还应当注重开发高质量产品。不应当一味地持续购买大量有声内容的非独家版权,因为这样虽然能在一定程度上满足用户对于音频应用内容丰富度的要求,但是同质化的内容对长期保持竞争优势并无太大助益。在"文字内容版权方—有声内容制作商—平台运营分发方—用户"的核心产业链中,平台应当将一定的重心上溯至内容供

---

① 深响.耳朵经济:一场内容、流量和变现的马拉[EB/OL]. (2019-04-16) [2019-05-28]. https://mp.weixin.qq.com/s/4zy7Xll-Io6pxoQIG1iaHg.

应商,通过挖掘主题、培养主讲、孵化主播等一系列手段自发产生一系列质高价美的内容。

对于 UGC 内容,网络电台要提升平台的内容审核能力,重视对节目的筛选。对于平台来说,好的内容是用户留存的关键。低质量的内容会对听众带来负面影响,也会影响平台的整体形象,最终造成用户的流失。平台可以借助新技术力量对用户上传的海量内容加以审核,力求分辨出哪些是高质量的内容。用户上传内容经由机器自动审核后需要人工再次审核,专业的审核人员在机器识别的基础上进行二次把关。

2. 强化知识后续服务,把握用户深度学习需求

知识付费最初的产生是为了解决用户的知识焦虑,但是经过一段时间的沉淀后,众多用户对知识的需求升级了,不再满足于碎片化的知识供给,而是同时渴望着深入、系统的知识学习。知识服务平台可以尝试以下方面改进:

为用户定制个性化的组合课程,引导用户找到最适合的课程。可以通过追溯用户参与过的收听行为,对其进行问卷调查等方式了解用户的需要,给予有针对性的课程建议,推荐适合用户的课程。

为用户设计合适的学习计划,制订学习曲线,对所参与的课程进行定期小测试等有反馈环节,从而鼓励用户输出。事实上,许多用户埋怨课程无用,其实是自身的遗忘曲线在发生作用,若用户能积极地输出,就会感觉到自己确实学有所得。

突出对用户的人性化设置。设计一些陪伴与鼓励功能,如在用户长时间收听某一课程时给予休息提示,在用户好久没有打开课程时给予拖延提醒,并在学习过程中给予阶段性的鼓励,在用户学完课程时表示祝贺等。

3. 开发线上线下融合、垂直化、视频化的多形态服务模式

音频知识服务平台可以考虑线上线下知识服务结合的形式。正如在行一点的创始人姬十三认为:"简单的语音问答在很多场景下面可能并不是有效的,它只对一些简单的、有确定答案的、专家快速反馈的问题是有效的,比方说房产、健康、法律、育儿等问题的快速解答。"[1]全链条的知识服务体系的建立,是知识服务不断发展深入的必然结果。线下的知识约见需要线上的辅助功能,一分钟的语音问答可能不够深入,没有沉浸感,需要结合线下环境。

同时,音频知识服务平台可以把握住"垂直化"与"视频化"的大趋势,针对知识领域最适合做付费的内容独立孵化,专门服务于垂直的受众,细化机器推荐颗

---

[1] 人民网.告别分答,姬十三如何在知识服务领域更"在行一点".[EB/OL].(2018-02-08)[2019-05-28]. http://capital.people.com.cn/n1/2018/0208/c405954-29812472.html.

粒度,将各个不同领域的内容都推荐到相应的可能感兴趣受众中,充分满足不同圈层用户对知识的渴望程度,解决他们自身的知识焦虑。当垂直领域能够聚集相同标签属性的人,可以创造社交链,以社交活跃度保持用户黏性。音频知识服务还应当提高对视频这一信息载体的重视程度,根据不同类型知识的特点合理地选择媒介载体,将视频作为音频知识的补充,如提供视频知识的音频下载途径,满足对知识获取方式具有不同需求的用户。

4. 加强深度用户运营

随着互联网人口红利的消失,流量已经被先期入场的巨头垄断,在知识付费下半场,用户忠诚度要比用户数量更有价值。因此,音频知识服务平台应该重视加强与已有客户之间的关系,针对其进行深度经营与维系,通过打造音频知识平台的铁杆粉丝和超级用户,不断创新客户价值。

深度用户思维不只是营利模式的变化,它本质上是一种商业文化的迭代,是对付费会员的重视和经营。由于付费会员的在平台的消费远大于普通用户,加强深度用户运营能够为企业提供最大化的收益。此外,维护好老客户还可以降低新客户的获客成本,VIPKID 的创始人表示,其平台约 60% 的新用户是老用户推荐的。[①] 基于知识分享,知乎为用户建立起多维度的量化信用值体系,促进价值内容积累与拓展信用边界,由此产生的超级用户与品牌不仅能建立起有生命力的互动关系与交付逻辑,还能成为品牌的口碑放大者与新用户分发渠道。音频知识服务者应当思考如何不断创新自己的用户运营手段,将普通客户转化为高价值客户的手段,充分发挥最大化价值创造的作用。

5. 加强多方合作

音频知识服务方可以通过与外部平台之间的合作来加强自身的商业变现能力。对比中国的音频节目产业链,围绕着这一板块,美国音频市场还存在制作代理、内容托管、广告代理、专业分发等角色,能为有声内容制作方提供有关商业化等服务。中国音频知识服务的关系节点众多,包括内容创业者、内容平台、技术服务、流量分发、课程推广、支付对接等多个类型,音频知识服务方可以与技术解决商加强合作,如小鹅通等,寻求从内容付费、用户管理到营销等需求的解决方案,形成良好的音频知识服务生态。

(李武,周荔:上海交通大学媒体与传播学院)

[①] 客户世界.知识付费与超级用户运营.[EB/OL].(2018-06-10)[2019-05-28]. http://www.baidu.com/link?url＝AtYnh_ykoFke5I7OaZaQsOm2Srw6ySYIrMZhgMCZ8I6_CHgO5vhvvw7ZlNRWdeQPORUbvQ_JJqbMbAPUoFv6UK&wd=&eqid=c03033fb00054749000000035ce2a454.

第八章
我国有声读物市场产业结构及存在问题研究

第一节 绪 论

一、研究背景

1. 政策背景

(1) 国家重视全民阅读和建设学习型社会

2018年1月,原国家新闻出版广电总局引发《关于开展2018年全民阅读工作的通知》。此外,自2014年起,全民阅读已连续6年纳入《政府工作报告》,这足以说明国家对全民阅读和建设学习型社会的重视。2018年,我国国民阅读行为接触率已达80.7%。在各方大力推动下,每年有400多座城市以及广大的乡村在举办主题鲜明、内容丰富、形式多样的阅读活动,吸引8亿多读者参与。国家对全民阅读的重视有利于有声读物市场的全面发展。

(2) 规范和促进互联网各行业发展的政策

国家相关政府部门有关互联网的系列政策的出台,并为适应互联网新环境及时多次颁布最新修订版,为营造一个健康有序的互联网环境,保证了互联网各类文化产品,包括数字有声读物的健康稳定发展。2013年,文化部印发了《网络文化经营单位内容自审管理办法》;2016年,国家新闻出版广电总局公布《网络出版服务管理规定》;2017年,针对互联网的新情况,国家互联网信息办公室《互联网新闻信息服务单位内容管理从业人员管理办法》对依法取得互联网新闻信息服务许可,对互联网新闻信息服务的单位的内容管理人员的行为规范、教育培训、监督管理及相关法律责任进行了明文规定。同年,《国家"十三五"时期文化改革发展规划纲要》中明确提出"完善互联网法律法规,将现行新闻出版法律法规延伸覆盖到网络媒体管理。建立完善网络版权使用机制",倡导繁荣文化产品创作生产。2018年7—12月,国家版权局、国家互联网信息办公室、工信部、公安部开展打击网络侵权盗版"剑网"行动。

我国的互联网数字技术高速发展,国家提出的针对出版产业提出的政策政策、受众群体对移动社交工具的广泛使用,都为我国数字有声读物的发展带来了新的契机。

2. 经济背景

(1) 互联网产业备受金融市场青睐

近些年来,在国家产业转型升级的推动力下,中国互联网产业发展迅速,大数据、人工智能等新兴技术在互联网领域的应用,带动了经济的迅速发展,使用互联网的广大用户,在实际生活的方方面面共享着互联网发展成果。在数字经济迅猛发展的经济环境下,数字有声读物市场成为资本市场和投资人关注的重要领域。2014年至今,酷听听书、懒人听书、喜马拉雅FM、蜻蜓FM、荔枝FM等音频公司相继完成了多轮融资。

(2) 数字阅读产业的资本发展空间较大

与去年相比,尽管2018年数字阅读产业的融资事件由75笔下降到57笔,但整体融资金额呈现上涨趋势,收获了70.3亿元。这说明整个IP质量在提升,数字阅读产业依然具有比较大的资本发展空间。

3. 技术背景

(1) 移动互联网和音频技术提供了设备支持和技术保障

2013年的人们无论如何也没能想到,第四代通信技术(4G)的普及应用,栽培出移动互联网这棵参天大树。中国移动互联网的发展,智能手机等移动终端的普及和音频技术的发展,为有声读物提供了硬件设备支持和技术保障,同时中国政府也已规划在2020年建成全球规模最大的5G商用网络也将使听众能拥有更优质的收听体验。

(2) 互联网技术为规范行业发展提供支持

互联网的技术为数字有声读物产业的发展助力,出版的内容质量、出版流程以及相关版权问题上都更加规范。譬如,互联网技术在版权保护的方面,内容数字版权加密保护技术可以防止用户在购买有声读物后,对内容随意进行转化、复制或传递,盗版侵权得到一定程度上的遏制。

(3) 大数据和人机交互等技术促进对市场的深挖

大数据技术的应用,使得音频行业能更加准确地挖掘用户画像,精准推送,进而抓住细分领域的用户并且迎合其使用习惯。在增进用户收听体验方面,各项技术也不断在出版领域应用,诸如智能人机交互技术、语音合成技术等极具发展潜力与价值的技术创新,为用户带来以个性化服务为核心的惊喜与新鲜的体验,从而无形中增进了用户的黏性。

4. 社会背景

(1) 我国自古有打赏的传统

虽然自互联网兴起,互联网使用者对多数的互联网产品均形成了免费使用的习惯,打赏行为更加少之,但在中国古代打赏的传统并不鲜见。早在秦汉时期,古代上层阶级已经逐渐开始形成付费供养以吟唱诗歌为职业的优伶等相关职业生存的意识。而后在宋元时期走向平民化和通俗化的戏剧,看戏、听戏的市场需求的形成促使了以唱戏卖艺为生的戏班逐渐形成发展壮大。听众经常对出色表演者进行打赏,此后便形成了固定的行为习惯,在相声、说书等行业中沿袭下来。

(2) 知识付费平台帮助培养了用户的付费习惯

当前价值经济形势带动整体消费水平的提升,海量的互联网内容使得用户对于优质内容的认可度和渴求度增加。随之催生了大批内容生产者生产优质付费内容的尝试。拥有稳固且黏性很好的粉丝基础的罗辑思维在2013年成为最早一批进行知识付费尝试的自媒体平台,推出付费会员制,第一批5 500个会员名额入账160万元。罗辑思维等最早一批平台对内容付费的率先尝试,激发了一众互联网公司的尝试意愿,以喜马拉雅FM、分答、知乎Live等企业为代表的新一批知识付费平台涌现,大批进行内容生产付费的实践,市场逐渐地形成付费的规范,为精品内容付费的意识进一步提升,用户付费习惯在互联网领域逐渐形成。

2016—2018年,我国数字阅读用户的电子书付费意愿持续提升,2018年达66.4%,其中68.7%的电子书用户愿意付费20元以上。电子书平台愿意付费的读者,在无形中都是有声阅读平台的潜在用户。① 如图8-1。

(3) 用户开始形成规律地听有声书的习惯

有声书的阅读形式让其更适合休闲放松的场景,此种性质作用在读者身上,能够在一定程度上帮助读者形成规律的听书习惯。

根据2019年4月发布的《2018年度数字阅读白皮书》,用户开始形成在不同时段的规律的阅读行为。其中,用户在起床洗漱时愿意用智能音箱听有声内容,下班或放学习惯用手机听有声节目,以及在睡前用智能机器人听有声睡前节目,如图8-2。

---

① 2018年度数字阅读白皮书[R].杭州:中国音像与数字出版协会,2019.

第八章 我国有声读物市场产业结构及存在问题研究 301

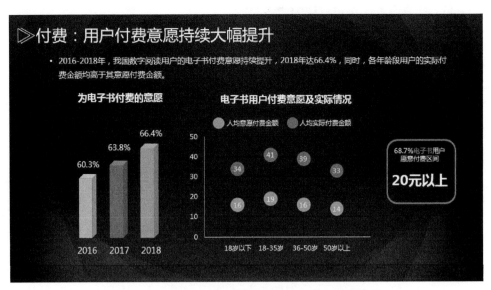

图 8-1 2016—2018 用户的电子书付费意愿情况①

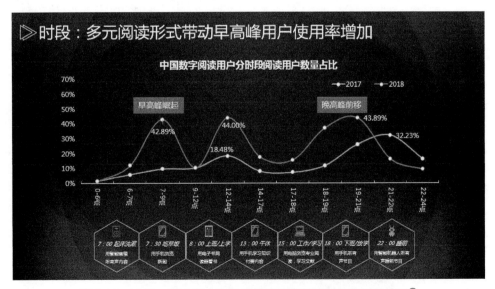

图 8-2 2017—2018 年中国数字阅读用户阅读时段和习惯情况②

①② 199IT. 2018 年度数字阅读白皮书[EB/OL].（2019-4-22）[2019-6-11]. http://www.199it.com/archives/864410.html.

5. 行业背景

(1) 行业内版权保护意识的增强

过去互联网企业为吸引足够流量,违背合理的市场竞争规律,通过盗版侵权、广泛提供免费知识与资源等正当竞争方式阻碍了国内的互联网企业健康稳定发展,而随着共享经济的兴起,小额支付的推动,知识产权意识的强化,内容传播市场化成为一个必然趋势,各种付费课程、知识内容打赏接踵而至。各类平台逐渐形成遵循市场发展规范的意识,主动探索稳健持久的盈利模式,版权保护意识也在同步加强。

2018 年 10 月 31 日上午 9 点半,北京互联网法院公开审理成立后受理的第一起案件——"抖音短视频"诉"伙拍小视频"著作权权属、侵权纠纷一案。截至当日上午 10 点 49 分,社会公众通过登录北京互联网法院电子诉讼平台、北京法院审判信息网、中国庭审公开网旁听人次达 1.6 万人次。该案件受到的广泛关注说明了全社会,从行业内部到法律规范和消费市场外部,对互联网版权保护的问题的重视。

随着有声书市场的发展,有声内容正经历从免费到收费的转变。从现有的案例来看,北京东方视角文化传媒股份有限公司、北京鸿达以太、上海玄霆娱乐等公司都曾把盗播有声作品的公司告上法庭。播出平台如果自行上传侵权内容,需承担直接侵权责任;而对于用户上传侵权内容,需根据作品的使用情况、平台是否编辑推荐等,来判断平台在这一过程中是否存在主观过错。记者在采访中了解到,目前包括蜻蜓FM、喜马拉雅FM等公司都在通过内部审核与外部监管的形式,加大对版权的保护。

(2) 有声阅读市场的规模扩大

信息化和移动终端的普及使数字阅读越来越走入大众视野。已经过去的 2018 年,数字阅读热潮依旧不减。

而根据《2017 年度数字阅读白皮书》,我国有声阅读市场规模占数字阅读市场约 26.7%,达到 40.6 亿元,同比增长 39.7%[①],有声阅读成为数字阅读发展的一大引擎已成为共识。

2019 年 4 月 12 日,2019 中国数字阅读大会在杭州举行,会议发布了《2018 年度数字阅读白皮书》,白皮书显示,2018 年我国数字阅读用户已达 4.3 亿,人均数字阅读量为 12.4 本,人均单次阅读时长已达 71.3 分钟。此外,2018 年我国国

---

① 2017 年度数字阅读白皮书[R].杭州:中国音像与数字出版协会,2018.

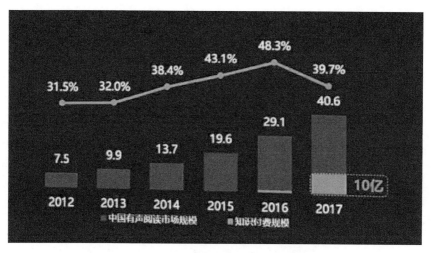

图 8-3　中国有声阅读市场规模①

民阅读行为接触率已达 80.7%。② 根据艾瑞咨询发布的报告,2018 年,我国有声书阅读用户达 3.85 亿人,年均复合增长率为 26.7%,如图 8-4。巨量且在持续增长的用户资源为有声阅读的发展注入了强劲的动力。

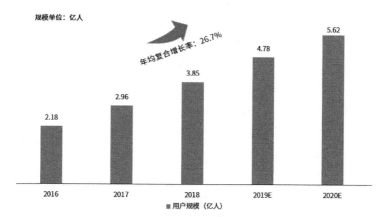

注:艾媒咨询会根据市场实际运行状况对预测数据动态调整;
　　有声书用户包括收听实体有声书及数字有声书的用户

图 8-4　2016—2020 中国有声书用户规模及预测③

---

① 2017 年度数字阅读白皮书[R].杭州:中国音像与数字出版协会,2018.
② 2018 年度数字阅读白皮书[R].杭州:中国音像与数字出版协会,2019.
③ 艾媒报告.中国有声书市场专题研究报告[EB/OL].(2018-4-24)[2019-6-11].

二、相关概念界定

1. 有声读物

有声读物，又称有声书，英文名为 audio book，此外 talking book、book on tape、book on CD 也都曾用于表达"有声书"，其根本意思相同，但强调的储存介质不同。由此可见，有声读物并非是近年来出现的新词。美国有声阅读协会将其定义为：其中包含不低于51%的文字内容，复制和包装成盒式磁带、高密度光盘或者单纯数字文件等形式销售的任何录音产品。① 中国市场上流通的各种有声读物，有的依赖收音机、卡带、MP3等传统播放载体，随着移动终端的普及，人们逐渐用手机、平板等终端进行有声阅读，听众对有声读物进行收听的行为被称作有声阅读。

2. 出版产业链

对"产业链"这个特定学术概念进行研究的，一般见诸国内学者的研究成果中，属于具有中国特色的理论概念。但由于专业背景不同的学者从各自的专业角度为产业链下定义，因而产业链的概念并没有统一的说法。李星群认为产业链就是围绕着一个关键的最终产品从最初的形成到最终的消费所产生的各个不同产业部门之间的动态关系②。郁义鸿等认为，产业链是指的包含产业的原材料采购到产品生产加工再到产品销售的各个环节的产业活动所构成的整个纵向的链条。③ 芮明杰、刘明宇提出，产业链描述的是厂商内部和厂商之间为生产最终交易的产品或服务所经历的增加价值的活动过程④。

虽然各学者基于各自的专业背景和研究领域，所提出的产业链的概念不尽相同，但在定义产业链概念时，依旧存在着以下共同点：一是产业链存在上、中、下游的关系；二是产业链涉及到多个行业与多个企业；三是产业链是一个不断增值的过程；四是产业链是围绕用户所需产品进行的生产交易活动。产业链概念的基本共性适用于各行业的产业链。

在出版产业链的定义方面，出版产业链是指以出版价值链为基础的具有连续追加价值关系的出版关联企业组成的企业联盟。⑤ 作为出版产业链的延伸，曾元祥认为数字出版产业链可定义为，数字出版关联企业基于数字出版价值增

---

① 胡海燕.美国有声读物的发展对我国的启示[J].新闻研究导刊,2015,6(24):191-191+194+196.
② 李星群.知识产业与知识管理[M].复旦大学出版社,1997.
③ 郁义鸿,管锡展主编.产业链纵向控制与经济规制[M].上海:复旦大学出版,2006:3.
④ 芮明杰.刘明宇.论产业链整合[M].复旦大学出版社,2006:6.
⑤ 方卿等著.出版产业链研究[M].北京:高等教育出版社,2011:34.

值活动所组成的企业联盟。① 黄立雄认为数字出版产业链是以数字内容提供者为源头、以数字内容出版商利用数字图书馆、网上电子书店、网站等为渠道,在数字技术支持商和网络服务运营商的支持下,通过电脑、手机、电子阅读器等电子化阅读设备为读者提供服务所构成的新的出版产业链。②

三、研究理论来源

1. 产业链理论

产业链的思想最早来源于古典经济学的有关论述,亚当·斯密在《国富论》中,以"制针"为例,从分工的角度,对企业内部运作进行了描述,强调了企业内部分工的重要性。随着社会分工程度的加深,外国学者从不同的角度阐述了产业链。Houlihan认为产业链是从供应商开始,经生产者或流通者,到最终消费者的所有物质流动。Harrison将产业链定义为采购原材料,将它们转化为中间产品和成品,并且将产品销售到用户的功能网链。迈克尔·波特在《竞争优势》中则提出了价值链的概念,认为每个企业都是种种生产经营性活动的集合体,这些生产经营性活动构成了创造价值的动态过程,即价值链。追溯产业链的理论来源可见,最初,国外的学者对产业链的研究是基于产业链的某些维度的研究,如对纵向产品链中有形产品之间的关联、物流链、价值链等问题的研究,这些理论研究奠定了产业链的理论基础,促成了产业链作为整体概念,在国内被提出和进一步研究。

现在我们所说的产业链是产业经济学中的一个概念,是各个产业部门之间基于一定的技术经济关联,并依据特定的逻辑关系和时空布局关系客观形成的链条式关联关系形态。产业链是一个包含价值链、企业链、供需链和空间链四个维度的概念。这四个维度在相互对接的均衡过程中形成了产业链,这种"对接机制"是产业链形成的内模式,作为一种客观规律,它像一只"无形之手"调控着产业链的形成。

产业链结构的一般组成形式如图8-5。根据产业链结构的一般组织形式,有声读物产业链也有其基本结构,具体见文章的第三部分。

图8-5 产业链的一般结构

---

① 曾元祥.数字出版产业链的构造与运行研究[D].武汉大学博士学位论文,2015:35.
② 黄立雄.数字出版产业链整合研究[D].湘潭大学硕士学位论文,2010:29.

2. 产业链的运行机制

产业链的正常运行一般是由于具有相应的运行机制来约束,提高效率,确保整个产业链的稳定性。产业链的运行机制由最初的利益共享机制,发展到三大机制,如芮明杰等指出,实现产业链有效运行的机制主要包括价值生成机制、信任机制和利益分配机制。① 刘贵富提出了六种运行机制:信用契约机制、沟通协调机制、利益分配机制与风险共担机制、竞争谈判机制、监督激励机制。②

(1) 信任契约机制

信任不只是描述人与人之间互动的概念,同时也是企业之间的交易的基础和预期。企业之间的交易通常通过契约来维系,但交易者不可能把所有事件都写进契约里。因而现实中的契约无论多么严谨,都面临着机会主义的威胁。那么契约外的事件只能依赖信任加以治理,保证交易的顺利进行。重复博弈是双方建立信任关系必经的过程。虽然形成的过程缓慢,但信任的崩盘却非常简单迅速。因而信任关系必须建立长效机制,在长期合作中得到保持和发展。相关学者总结提出了产业链企业间建立长效机制的一般方法,包括知己知彼,相互了解;经常来往,经常沟通;公平合作,利益平衡;彼此信任,合作双赢等。

(2) 沟通协调机制

产业链中的企业可能会因为产业链合作伙伴之间的目标不一致、利益不一致或者信息不对称造成信息传递时发生扭曲而产生利益冲突。因而建立科学有效的协调机制,及时沟通解决矛盾非常重要。产业链企业间的沟通协调可从宏观决策、中观执行、微观支撑和企业内部管理四个层面,逐步沟通协调产业链上的不同层级问题,如宏观层面的产业链组建、规则的制定、风险的分担与利益分配;中观执行层面上各项具体的业务协调;微观支撑层面上企业合作期间的信息支持和数据支持;企业内部管理层面上,节点企业自身生产经营管理的内部协调工作等。在市场机制下配合道德、信用、声誉、惩罚和有效的沟通协调来解决产业链上的各种问题。

(3) 利益分配机制与风险共担机制

获取利润是企业生产经营活动的目标。由于有相同的利益追求,相关联的企业才会自发结成合作关系,加入产业链中。产业链利益分配的总原则是利益平衡原则。③ 获取多大利润,就承担多大的风险。无论是扮演哪个位置的企业在获取利润的同时,都需要共同承担产业链上的风险。因此,产业链的利益分配

---

① 芮明杰,李想.网络状产业链构造与运行[M].上海:格致出版社、上海人民出版社,2009:35.
② 刘贵富.产业链基本理论研究[D].吉林大学博士学位论文,2006:156.
③ 刘贵富.产业链基本理论研究[D].吉林大学博士学位论文,2006:161.

过程除了要考虑合作过程中的技术、品牌等无形资产的分配,更要综合考虑收益、成本、风险的关系。虽然利润分配的方式多种,但基于收益、风险和其他因素的综合考虑,由利益各方协商谈判最为科学。而各方协商谈判围绕中间产品定价问题展开,最终通过双方的协商与博弈,确定一个各方都能接受的合理分配方案。

(4) 竞争谈判机制

市场环境下,竞争是常态和基本运行机制。在产业链中,竞争能激励企业重视人才,注重技术创新,竭力降低生产成本以及进行产品和服务的迭代升级,来获取更大的竞争优势。当这种积极的竞争由产业链中的企业个体行为转化为整体行为时,产业链整体效益就会得到提高,产业链的核心竞争力得到加强。因此产业链引入竞争机制,使产业链处在一个动态优化过程中是有益的。这个过程一般通过多回合谈判实现。谈判过程中,产业链中的合作伙伴需要秉持"双赢"的合作精神,充分考虑两方的利益,为签订最终契约,达成战略合作而努力。除了坚持"双赢"的原则外,还应坚持目标价值最大化原则、时机原则、依法办事等其他原则等。

(5) 监督激励机制

企业进入产业链的初衷是获取更多的剩余利润。因而生产经营活动中,各自之间无法避免都会站在自己的利益角度看待合作关系,采取利己的行为。但利己行为应当有度,需要考虑整体利益。因而当这种利己行为失了度,就可能会出现"偷懒"现象和"搭便车"现象。"偷懒"现象是信息不对称条件下出现的道德风险和逆向选择问题。[1] "搭便车"是指某些人或某些经济组织,不付出任何代价,从他人处或社会获得收益的经济现象。[2] 因而,监督激励机制引入产业链运行当中是很必要的。目前产业链的监督激励机制分为价格激励、商誉激励、信息激励等多种不同的模式。[3] 通过有效的监督激励机制来防止败德行为的发生。

各行各业由于利益关系而自发结成产业链,为确保产业链能健康长久地运行,运行机制不可或缺,数字有声读物产业链的健康运行,同样受到运行机制的影响与作用。基于产业链的运行机制以及数字有声读物产业链中各环节的交易活动,笔者绘制出了六种运行机制在数字有声读物产业链中的运作流程图。

---

[1] 马丽娟.供应链企业间的委托代理理论及道德风险的防范[J].商业研究,2003(9):103-105.
[2] 卢现祥.西方新制度经济学[M].中国发展出版社,2003:72-73.
[3] 王静,黄伟伟.供应链企业间的激励机制研究[J].科技广场,2006(6):74-75.

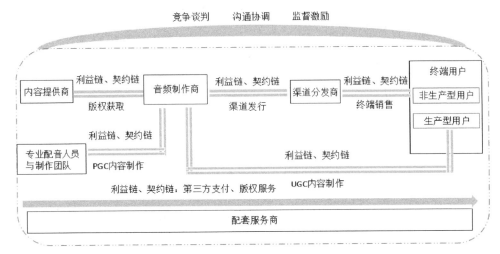

图 8-6　有声读物产业链中运作机制作用图

四、研究方法与研究思路

1. 研究方法

在当下移动互联网蓬勃发展的时代,对有声读物市场进行研究具有重要的意义。从理论层面说,理论来源于对实践中经验教训的总结和升华,以及对一般规律的总结和把握,理论形成后又对实践起着指导与引领作用。数字有声读物产业兴起于移动互联网,并迅速发展,体量非凡,因此,相应的学术研究亟待紧跟实践的脚步进行补充完善。所以,对数字有声读物产业的研究能在一定程度上丰富学术成果库,为有声读物市场后续的发展提供一定的帮助。从现实层面来说,本研究对有声读物产业链的探索、分析与总结,能够为相关企业制定战略发展规划、改善技术、寻找市场突破点等提供相对科学的参考。

在研究方法上,笔者主要采用了以下几种研究方法:

（1）文献研究法

了解本领域前任的研究有助于帮助笔者进行后续的分析,并对本文起到方向和方法上的指导作用。因此,本文使用了文献研究法,认真研究了相关理论著作和数据库期刊论文资料夯实理论基础。

（2）数据分析法

有针对性的权威的数据能够简单直接地展示有声读物市场的发展现状和趋势,以及有声阅读市场上、中、下游各环节的运作过程。因此,笔者通过相关论著资料、企业官网、新闻网站、权威分析机构等途径全面收集数字有声读物的行业动态和数据,筛选其中与本文相关的数据图表,作为行文的有力论据。

(3) 案例分析法

笔者在深入分析数字有声读物产业链中,结合了具有典型意义的喜马拉雅FM等案例在产业链上下游的探索与实践。

最后,本文研究的主体是数字有声读物的产业链,因而涉及了多门相关学科,包括出版学、产业经济学以及市场营销学,通过学科理论的交叉研究,综合探讨了目前数字有声读物的产业链的现状。

2. 研究思路

在研究过程中笔者结合所学的出版学、经济学、市场营销学等方面的理论,通过使用文献资料分析法和数据分析法,对国内各大数据库、相关企业官网、权威数据分析网站、新闻网站、书籍资料等途径全面收集有关数据,同时结合案例分析,深入分析国内数字有声读物产业链的现状。

第一节绪论部分主要对数字有声读物市场的宏观背景切入,从包括政策背景、经济背景、技术背景、社会背景和行业背景;接着对相关概念进行界定,主要包括有声读物和出版产业链;之后对理论来源进行了梳理,介绍了本章涉及的产业链相关理论和运行机制;最后介绍本章的研究方法和行文思路。

第二节主要通过数据和图表介绍我国有声阅读市场的接触率和规模。

第三节分析了我国有声阅读市场的产业结构,包括上、中、下游三个部分,分别包括有声读物内容提供商、有声读物音频制作商和有声读物渠道分发商三种。通常情况下,前两者负责有声读物的内容生产与制作,后者是链接有声读物与受众读者的中间环节。

第四节分析了我国有声阅读市场存在的不足,主要从有声读物的制作、有声读物的质量以及有声读物内容的版权保护等三方面进行分析。

第五节则根据第四节分析的不足逐条提出相应的对策,从如何节约有声读物制作的成本,如何改进有声读物的质量,以及如何对有声读物及其来源内容进行版权保护三个方面进行分条论述。

第六节为结语。

第二节　我国有声读物市场接触率及规模

根据 2019 年 4 月 16 日中国新闻出版研究院在京公布第十六次全国国民阅

读调查数据显示：2018年，我国有近三成的国民有听书习惯。其中，成年国民的听书率26.0%，较2017年的平均水平(22.8%)提高了3.2个百分点。0—17周岁未成年人的听书率为26.2%，较2017年的平均水平(22.7%)提高了3.5个百分点。具体看来，0—8周岁儿童的听书率为26.8%，9—13周岁少年儿童的听书率为25.2%，14—17周岁青少年的听书率为26.0%。① 我国国民有声阅读接触率具体如下图：

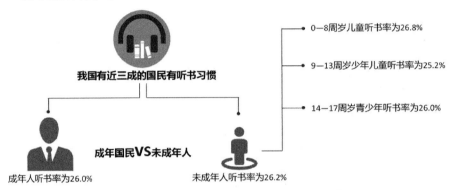

图8-7　2018年中国有声阅读国民接触率②

根据上述调查，2018年，对我国成年国民听书介质的考察发现，选择"移动有声APP平台"听书的国民比例较高，占总调查人口的为11.7%；有6.4%的人选择通过"广播"听书。由此可见，选择通过移动有声APP平台已经成为国民进行有声阅读的主要手段。目前国内有200多家听书网站，近200款听书类APP。据艾媒咨询2019年1月的数据显示，有声阅读行业中月活跃用户过千万的仅有喜马拉雅FM、懒人听书与蜻蜓FM三家。该平台发布的关于用户有声书内容偏好社会调查显示，喜马拉雅FM、懒人听书与蜻蜓FM三者位列"2018年Q1中国有声书用户收听偏好使用平台分布"前三甲。③ 由此可见，在经过初期的野蛮发展后，有声阅读行业马太效应已经十分明显。

从图8-8可见，在所有有声阅读平台中，喜马拉雅FM以平均7 000多万的用户月活量处于强势地位。蜻蜓FM和荔枝FM在第四季度月活量相近，使用

---

① 第16次国民阅读报告[R]北京：中国新闻出版研究院，2019.
② 199IT.中国新闻出版研究院：第十六次全国国民阅读调查[EB/OL].(2019-4-29)[2019-6-11].
③ 艾媒报告.2018—2019中国有声书市场专题研究报告[EB/OL].(2019-1-23)[2019-3-20]. http://www.iimedia.cn/63471.html.

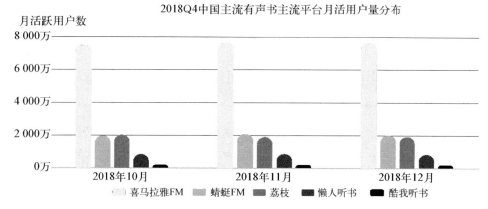

图 8-8　2018 年第四季度中国主流有声阅读主流平台月活用户量分布①

人数大约在 2 000 万,懒人听书月活量达 1 000 万左右,酷我听书以较少的月活量稳定生存。从数据比较来看,电台类有声阅读平台活跃用户数量明显高于以听书为主的垂直听书类有声阅读平台。另据易观千帆数据显示,喜马拉雅 FM 作为国内最大的音频分享平台,总用户规模突破 4.8 亿,在移动音频行业的市场占有率已达 73%②。由此可见,喜马拉雅 FM 无论是从用户规模还是市场占有率都占有绝对优势。总体而论,有声阅读市场规模虽总量不大,但逐年增加,保持强劲势头。在音频技术和用户需求的双重刺激下有声阅读用户持续稳定,并小幅上升。在有声阅读习惯的培养和普及下,紧跟移动化趋势的有声阅读会成为用户主要的阅读和休闲方式之一。

第三节　我国的有声读物产业结构

我国有声读物的相关企业一般包括上、中、下游三个部分,分别是有声读物内容提供商、有声读物音频制作商、有声读物渠道分发商三种。其中,前两者通常负责有声读物的制作环节,后者是链接有声读物制作与消费的中间环节。渠道分发商以有声读物平台为主体,近来大多数有声读物平台逐渐向有声读物制

---

① 艾媒报告.2018—2019 中国有声书市场专题研究报告[EB/OL] (2019-1-23) [2019-3-20].
② 产品会.产品分析报告——任重而道远的喜马拉雅 FM[EB/OL]. (2019-3-27) [2019-3-30]. https://mp.weixin.qq.com/s?src=11&timestamp=1555483748&ver=1551&signature=XCHcaKKT5nhOqgrBi3G*Rp5Jvi860w60rE1w2qwdIZnS2rRtHcpav6* E4tdESI7* P0KzaVVelh8HT4I-s5B-om7gvTbmQOgG-OB-zNhKA3dYGyGNBVu58* 4F76n0JeYz&new=1.

作业务渗透,其核心地位日渐稳固。目前市场上不同类型的有声读物平台提供的内容和服务各有侧重,不同的平台共同构成了如今的有声读物市场,给用户带来不同的体验。

一、我国有声读物版权方:传统出版社与网络文学并重

1. 传统出版社:优质丰厚的内容资源

为有声读物提供原稿的出版社和网络文学机构属于我国有声读物产业链的上游产业,两者互为补充,各有侧重。国内的传统出版社拥有丰厚的纸质书资源,这些纸质书专业的选题、写作、编排和校对等使其相比网络文学往往质量更高。出版社或以单本售卖、或以与制作商合作提供旗下全部版权的方式,将手中纸质书的版权售卖到有声读物产业链中,通过音频公司加工后被有声读物平台以低廉的价格售卖播放。这些出版社是包括重庆出版社、长江少儿出版社、凤凰文艺出版社、中信出版社、博集天卷、磨铁图书在内的几千家国营出版社和民营图书机构。在有声读物平台"懒人听书"中,我们可以看到许多经典名著如《四世同堂》《朝花夕拾》等纷纷亮相,且都有不俗的收听量(截至2019年4月8日,前者有264.9万次播放,后者则是187.5万次播放)。可见传统的精品纸质书,其精神内核不为时代淘汰,他们在数字阅读的潮流中仍可以获得新生。

2. 网络文学机构:满足现代人需要的海量作品

相比传统的出版社,网络文学机构是我国精神文化生产平台中一股不可忽视的新生力量。2017年网络文学驻站创造者数量已达1 400万,签约量达68万,其中47%为全职写作;2017年网络文学市场营收规模129.2亿元,同比增长35.1%;截至2017年底,各类网络文学作品累计高达1 647万部(种),签约作品132.7万部。[①] 网络原创作品从题材上看大多分布在都市职场(37.3%)、玄幻奇幻(25.2%)、灵异科幻(9.4%)、武侠仙侠(8.3%)等,这些题材不仅拥有大量的屏幕阅读用户,而且在有声阅读的领域内依旧火爆。我国最大的网络文学机构阅文集团(旗下有起点中文网、云起书院、红袖添香等网络文学创作平台)拥有自己的听书网站"天方听书网",并与"懒人听书"等多家听书网站有合作关系。目前,来自阅文集团的内容已经占到了主流听书平台原创类作品的70%以上。阅文内容的音频收益占音频市场原创有声小说收益的三分之二。从"懒人听书"的听书总榜上我们可以看到,排行前三的《仙逆》(16.3亿次播放)、《傲世九重天》

---

① 2017年中国网络文学发展报告[R].北京:中国音像与数字出版协会,2018.

(13.3亿次播放)和《凡人修仙传》(13.2亿次播放)都是玄幻类网络小说大作,其原作作品当年在连载网站(均为起点中文网)也有惊人的阅读量和深厚的粉丝基础。中国网络文学输出力量巨大,能够为有声阅读源源不断地提供原稿。网络文学又符合现代人在繁忙工作中对休憩的需要,从而更有吸引力,加之国人利用听书软件多在闲暇时间,选取内容常为休闲内容,网络文学加有声阅读有广阔的市场空间。

3. 传统出版社与新兴文学网站的竞争与合作

传统出版社与新兴的网络文学机构存在多重合作关系:一方面,在新兴的文学网站上受到读者欢迎的作品,如各种网文IP系列,都会选择和传统出版社合作出版纸质书以及多种周边产品和衍生品,以求增强粉丝黏度,形成IP文化圈。另一方面,由于很多读者有读经典文学作品的需求,新兴的文学网站也有意识地从传统出版社引进他们的优质纸质书资源,将其转换成电子书或者有声书。

2010年,一位笔名叫"唐七公子"的作者在晋江文学城连载完结了其成名作《三生三世十里桃花》,作品受到了极大地欢迎,反响热烈,随后,湖南文艺出版社联系该作者和晋江文学城的编辑,火速推出了该书的纸质版。后来"唐七公子"连同他的作品卷入了抄袭风波,晋江文学城因此关闭了该小说的网页显示,小说的版权转移至湖南文艺出版社。"唐七公子"在微博上的粉丝和一些古风爱好者自主录制了该书的有声版,版权归属问题复杂不详。此后陆续有各大有声书平台发布了小说的音频版,如"有声小说网""听中国"等。2017年,因为同名电视剧的热播,《三生三世十里桃花》再次火遍全国,该书纪念版同期在湖南文艺出版社出版面市。

从唐七公子和她的作品一而再再而三地进行纸质书出版和有声书出版可以看出,面对受欢迎的内容资源,传统出版社和文学网站处于既竞争又合作的关系,他们一方面要争夺优质的作者资源和内容资源,另一方面又相互引进对方已运作出成效的畅销作品,在有声读物的产业链上游通过动态的博弈为中下游筛选出更优质的作品资源。

二、我国有声读物制作方:多维开发内容生产

在有声读物的制作方面,行业间逐渐形成了由专业音频制作公司制作完整有声书并售卖给平台的PGC制作模式＋用户自主制作音频并上传至平台的UGC模式＋由专业团队搜集信息并制作碎片化有声课程进行知识付费服务的PUGC模式,即三位一体的生产模式。国内传统的有声读物音频制作公司往往

是一些综合性文化传媒公司,如东方视角、懒人听书和鸿达以太等。他们通过购买出版机构或网络文学机构持有的原稿版权,利用专业的音频制作技术进行制作,最后通过自营或合作的分发渠道将成品售卖出去。

表8-1　2018年三大有声阅读平台内容生产概况

	PGC(有声书资源)	UGC(个人主播)	PUGC(精品课与媒体资源)
懒人听书	500+家版权合作方	近1万名主播 10万+节目 100万+小时	460个精品课
喜马拉雅FM	170+家版权合作方	500万+主播	8 000+自媒体 200+家媒体
蜻蜓FM	150+家版权合作方	15万+主播	全国1 500+广播电台

1. PUGC:平台与专业内容生产者合作

知识付费大潮催生了一种新的有声读物出现,有声读物不仅仅是有声书或有声相声,还可以是有声课程和电台类有声节目。新的形式催生了新型制作方式,平台与专业内容生产者合作、签约,产品一般以付费形式在平台上播出,这就是PUCG生产模式。传播碎片化知识为主的有声阅读节目受到追捧,甚至催生了专以生产PUGC有声读物的公司。趁着知识付费的东风,各大平台也纷纷创造自己的知识付费打造成节日,如2018喜马拉雅123狂欢节,以精品课程为主打内容,活动期间取得了总消费额达4.35亿,覆盖328个行业,超2 135万名用户参与的好成绩①。拥有成熟的PUGC生产模式的平台也更能增加用户使用黏度,在经营中取得更大优势。

2. UGC:用户自主上传内容

为了聚合更多的核心受众,多数平台还开放允许用户自主内上传音频内容的功能。用户一般会将自己创作的小说、散文、诗歌等自己配音发表在平台上,也会有一些用户选择自己喜爱的书籍、片段进行配音。此时平台一般只作为供用户自主生产并上传内容的中转站,并不参与内容生产,产出的内容一般直接在平台上发表,一般供人免费收听,也可向平台申请付费收听。有些UGC主播通过平台集聚大量人气并与平台签约成为专职主播。值得一提的是,现在多数平台如喜马拉雅FM、蜻蜓FM等都引入了直播的形式,主播与听众在同

---

① 光明网.2019思想跨年正式开启 喜马拉雅邀大家共赴"十年之约"[EB/OL]. (2018-12-6)[2019-4-8].

时在线并交流,其内容或已有编排,或是根据听众的反应随机应变,这种形式在时间上将信息的分发和接收提到了同一时间点,在实际上并未跳脱 UGC 的生产模式。

3. PGC:纸质书资源的有声化

如上表所示,懒人听书作为听书类平台的代表,除上表外,懒人听书拥有阅文集团 9% 的独家资源,海量的版权资源是该平台的最大优势,相应的,该平台相较其余两平台较为忽视 PUGC 和 UGC 的引入。喜马拉雅 FM 作为国内最大的综合类有声读物平台,其在版权、主播引入和精品课程方面都拥有庞大资源。蜻蜓 FM 作为紧随其后的综合类有声平台,其广播电台资源十分齐全,除此之外,该平台也重视 UGC 的引入,但该平台对有声书资源的重视相对不够。总而言之,国内三大有声阅读平台在三种生产内容中各有侧重,这与三大平台的经营战略有关。

三、我国有声读物平台方:有声读物播放平台类型鲜明

我国有声读物经过多年发展,经过早期的市场竞争,如今国内主要播放平台已完成多轮融资,各个平台核心受众也日趋稳定。我国的有声书播放平台,从提供服务的介质不同来分类,可分为听书网站和听书 APP。由于大部分有声书播放平台几乎同时提供上述两种产品,如喜马拉雅 FM、懒人听书等,统一旗下公司的听书网站和 APP 几乎采取统一的平台定位、有声书库和营销策略等,故本文采用另一种分类方法,即按照其提供产品的种类不同来分类并简单介绍相应类型的平台和特点。

1. 主打提供完整产品的听书类有声读物平台

目前市场上大多数听书类有声阅读平台是主打完整的阅读产品。此种播放平台最突出的特点其产品的制作过程大多属于已有作品改编成有声读物的模式。由于用以加工的原稿是已完成的、完整的读物,产品自然从一开始就有完整的性质,在营收方面,该类平台往往比较将作品分成章节出售,以懒人听书为例,一章节 0.2 元,最热门的网络文学往往动辄一两千章,整本书听下来价格不菲。除个别主打小众粉丝的平台外,这类平台注重对 IP 尤其是热门 IP 的挖掘,平台通过与出版社、网络文学机构或音频制作公司签订协议,获得相关作品的版权,制作成有声书充实平台内容,鉴于目前我国有声阅读听众偏向于休闲类文学小说,此类平台的受众群较为广阔。以下选取几种主要平台进行比较:

表 8-2　我国主要听书类有声读物平台

	懒人听书	天方听书网	咪咕听书	静雅思听
上线时间	2012 年	2004 年	2011 年	2007 年
简介	专注互联网有声书领域,为用户提供海量有声读物、社区交流平台等服务。拥有国内 85% 的原创文学内容的有声改编权	隶属阅文集团,进入有声书领域最早的平台。专注有声读物的研发和市场运作	隶属中国移动旗下。依托咪咕阅读资源和技术能力发展有声阅读业务。支持用户自主上传音频并分享等。具有渠道优势	国内首家专门提供知识类与思想类有声读物的网站。目标受众多为大中学生与城市白领年轻人
主要有声书类型	网络文学、文学、历史、财经类纸质书;电台类节目等	网络文学、儿童读物、曲艺杂谈等	网络文学、亲子教育、电台类节目	传统文学、历史、经济、情感等
收费方式	1. 懒人币充值 2. 包月服务	1. 听币充值 2. 包月服务 3. 充值卡	1. 月票 2. 书券支付 3. 会员包月	1. 谷粒充值 2. 会员包月
合作伙伴	阅文集团投资,与中信出版社、长江文艺出版社等合作	阅文集团旗下的网络小说平台	咪咕阅读	搜狐听书网、广西师大出版社、上海世纪出版社等

值得一提的是,因完整的有声读物产品多以文学作品、已出版作品等为原稿,由此会产生巨额版权费的问题。目前,主流的有声读物平台渐渐重视起 UPGC 的生产模式。因此大多数的这类平台也都开有自制的自媒体频道供听者选择,但其内容占比远远不如已出版作品的占比,故列入此类。

2. 主打提供知识付费服务产品的有声读物播放平台

此类平台专注于提供知识服务类的音频产品,其节目本身短小精悍,适合用户在碎片化的时间内收听。平台的目标受众定位在有学习意识的知识青年们;产品以团队经过挑选并二次加工整理后的知识类音频居多,兼以上述知识类畅销书的有声书录制出售。平台大多坚持走精品化路线,产品大多由该平台工作人员或聘请的相关学者制作而成。传播知识是此类平台最根本的内容,这类平台也因此区别于以主打休闲类音频为主的有声读物平台。得到是目前国内最有名的此类 APP,制作团队通过挑选经济类、心理类、社交类等知识,寻找一定领域有名望的专家学者进行编排和录制,最终多以音频课程的样式在平台出售。然而,知识付费自 2016 起,经过 2 年迅猛的发展后出现了衰败趋势。据 iiMedia Research(艾媒咨询)数据显示,仅 51.1% 的受访用户一定会购买相同或相近类型的知识付费课程。另外有近半用户需要根据课程具体内容决定是否购买相同或相近课程①,知识付费产品课程的复购率较低与该类课程内容集中在投资、管理、人生哲学和文学历史类,产品内容同质化严重且提供的知识体系不够充足有关。

表 8-3 我国主要提供碎片化有声读物的平台

	得 到	为你读诗	有 书
平台	安卓/苹果 APP	微信公众号	安卓/苹果 APP/网页
上线时间	2015 年	2013 年	2016 年
简介	罗辑思维团队出品,倡导碎片化知识阅读,以互联网成功学知识音频为主,包含脱口秀、新闻、电子书等栏目。目前已有超过 700 万用户使用	以诗歌为起点,多与名人合作朗读,旨在为中国的大众和青少年提供兼有"知识、审美和情感"的诗意生活内容	通过建立在读、已读、想读书单帮助读者寻找自己需要的书籍,使读者记录阅读历程并记录阅读感悟。是一款更注重自主学习的 APP
核心理念	为用户节省时间,以知识服务为核心,帮助你完成知识升级	给灵魂片刻自由,从此刻,开始我们的诗意生活	通过阅读帮助读者增长知识,养成学习好习惯
主要有声书类型	商业、职场、人际关系等	文学、音乐、美术、哲学等	经典文史著作(书)、职场、财经、养生、英语等
变现方式	1. 用户充值 2. 自有商城售货(多为纸质书和日用百货等)	1. 专栏订阅 2. 自有商城出售商品(包括自产周边、纸质书籍、日用百货等)	1. 用户充值 2. 自有商城售货(日用品居多,兼以文创用品)

3. 提供综合性音频的有声读物播放平台

此类有声读物播放平台数量众多,基本共性在其名字后常加"FM"两个字母,即"调频"之意。尽管各大平台的发展战略各有不同,但基本都以"PUGC"为基本生产模式。他们重视自媒体的发掘和培养,也重视有名人物的签约入驻,有些平台兼以购买已有文学的版权制作有声读物。此类平台往往支持更多样客户端使用,除手机、电脑等,车载音响也是不可忽视的播放载体。在营收上,该类平台往往走"流量为王"的道路,通过鼓励 UGC 发掘有潜力的主播,以签约的方式留住他们并发展粉丝经济,这种做法有利于留住特定用户,相比单单依靠有声书

---

① 艾媒报告.2018—2019 中国知识付费行业研究与商业投资决策分析报告[EB/OL].(2019-1-18)[2019-4-8]. http://www.iimedia.cn/63439.html.

盈利的平台更有优势。国内主要的综合性音频类有声读物播放平台各有特点，但总体而言，喜马拉雅一家独大的地位已成事实，蜻蜓 FM 位居第二，但无论从音频数、主播数和用户使用量上都远远不如前者。

表 8-4 我国主要音频类有声读物平台

	喜马拉雅 FM	蜻蜓 FM	荔枝 FM
上线时间	2012 年	2011 年	2013 年
简介	国内发展最快、规模最大的在线移动音频分享平台。以 PUGC 为主要生产模式,内容板块多样,面向大众提供个性化服务	国内首家网络音频应用。从互联网广播电台逐渐转型为包含有声书等多产品的音频收听 APP,内容种类多样	不做已有完整产品的音频,专做有声电台服务平台,重视自媒体的布局与培养
特色	综合类音频分享平台	国内外互联网广播电台转播	语音直播
主要有声书类型	有声小说、新闻、综艺、个性电台、广播等	广播电台、有声小说、有声课程等	情感、生活、娱乐、广播剧等

四、有声读物硬件提供商：智能手机为主，新型智能硬件终端势头正盛

数字有声读物的终端硬件商主要有智能手机、PC 电脑、iPad 及可穿戴设备、车载设备、智能家居等终端设备。如上所述，2018 年，对我国成年国民听书介质的考察发现，选择"移动有声 APP 平台"听书的人数比例较高，占总调查人口的为 11.7%；有 6.4% 的人选择通过"广播"听书。智能手机已经成为国民听书的主要硬件设备，在这个方面，数字有声读物与华为等强势国产智能手机品牌的合作众多，如酷听听书、蜻蜓 FM、喜马拉雅 FM 都纷纷与华为、小米、vivo 等手机品牌进行了战略合作，扩展线下分发渠道。例如蜻蜓 FM 已宣布，在华为手机中，"电台"版块将成为内置音乐播放器"华为音乐"的独立内容版块，蜻蜓 FM 与其联合运营"电台"页面，其中产生的付费内容、会员售卖收入与华为共同分成①。根据《IDC 中国季度手机市场跟踪报告，2018 年第四季度》②的结果显示，国产智能手机在手机市场份额占比较高，通过与相关智能手机供应商达成

---

① I 黑马网.蜻蜓 FM 月活用户破 1 亿,发布 2019 全场景生态战略[EB/OL]. (2019-1-22) [2019-6-11]. http://www.iheima.com/article-198517.html.
② CNMO 手机中国.IDC: 华为成为 2018 年第四季度国内手机市场最大赢家[EB/OL]. (2019-2-11) [2019-6-11]. https://baijiahao.baidu.com/s?id=1625151560769874671&wfr=spider&for=pc.

协议,通过裸机内置 APP 的方法可以更大程度增加产品曝光量并提升潜在用户数量。

厂商	2018年第四季度出货量（单位：百万台）	2018年第四季度市场份额	2017年第四季度出货量（单位：百万台）	2017年第四季度市场份额	同比增幅
1. 华为	30.0	29.0%	24.3	21.3%	23.3%
2. OPPO	20.3	19.6%	20.0	17.5%	1.5%
3. vivo	19.4	18.8%	18.9	16.5%	3.1%
4. 苹果	11.8	11.5%	14.8	12.9%	-19.9%
5. 小米	10.3	10.0%	15.9	13.9%	-34.9%
其他	11.5	11.1%	20.4	17.9%	-44.4%
合计	103.3	100.0%	114.3	100.0%	-9.7%

来源：《IDC中国季度手机市场跟踪报告，2018年第四季度》

注：数据均为四舍五入后取值

图 8-9　2018 年第四季度中国前五大智能手机厂商出货量、市场份额、同比增幅比较①

随着有声阅读市场的发展,各大平台商逐渐意识到打造产品使用场景的重要性,研发并推出载有支持相关有声阅读软件的新型智能化硬件终端成为行业新宠。早在 2015 年,喜马拉雅 FM 就曾在下游硬件开发和发售领域做过尝试,如喜马拉雅听书宝、随车听、舒克故事听等,目前这些硬件均已停止销售。2018 年,喜马拉雅又推出智能音箱小雅 Nano,首批货 10 万台仅在 40 小时之内宣布告罄,这固然与首批小雅在发售时所用的营销手段相关(顾客通过两次付费 1 元＋198 元价格的方式即可获得首批第二代小雅 Nano,且官方赠送价值 198 元的喜马拉雅 FM 年费),但在首批货后,后续的小雅音响依旧保持着不错的零售量。数据显示,小雅 Nano 仅在天猫喜马拉雅好声音旗舰店的月销售量为 1 147 台②。此外,喜马拉雅还同时售有智能音响小雅 AI、喜马拉雅 H1、H8 耳机、晓雅车载电台等硬件终端。此外,诸如蜻蜓 FM 等有声阅读平台虽未开发专属的引动硬件设施,但也将打造全场景化生态战略提上日程,与现有的智能家居硬件终端,如小米小爱音箱、天猫精灵、百度小度等智能音响设备,以及苹果、华为、三星、FILL 等品牌在内的可穿戴设备合作,力求将听书这一习惯渗透到用户的生活中,培养用户听书习惯并根据用户所在场景更精准地为用户推荐有声读物。

---

① CNMO 中国手机.IDC：华为成为 2018 年第四季度国内手机市场最大赢家[EB/OL].(2019-2-11)[2019-6-11].
② 天猫喜马拉雅好声音官方旗舰店.小雅 Nano.[EB/OL].[2019-6-11].

五、下游终端用户：用户付费意愿增强，市场潜力有待挖掘

随着经济和技术的不断发展，我国网民规模不断扩大。根据2019年2月发布的第43次《中国互联网络发展状况统计报告》显示，截至2018年12月，我国网民规模达8.29亿，全年新增网民的数量5 653万，互联网的普及率是59.6%，较前年底提升了3.8个百分点；中国手机网民的规模达到了8.17亿，全年新增手机网民的数量是6 433万。① 各类手机应用的用户规模不断上升，用户对应用场景的多元化要求，促使可进行多场景伴随应用的数字有声读物产业快速发展。根据艾瑞咨询发布的报告（如图8-10），2018年中国有声书用户规模达3.85亿人，其中性别差距并不明显，各个收入分层人群都有听书习惯，听书用户以青年为主，约占总人数的65%，是有声阅读的主力军，但中年和老年比例略有提高。大多数有声阅读高频用户使用有声阅读的时段分布在晚上(19:00—23:00)，约占总人数的37.0%，此外傍晚(17:00—19:00)与中午(11:00—13:00)则同样是高频用户收听有声书的主要时间段。有声阅读听众规模增长迅速，活跃度高。目前数据显示，初中和高中学历用户是数字有声读的主要使用人群，但使用人群正往高学历人群逐渐扩大。另外，由于数字有声读物市场现在主要面对的对象是经常使用网络的较为年轻化的群体，因而相当一部分的有声读物市场细分领域，尤其是老人、儿童、视障群体市场没有被充分挖掘。

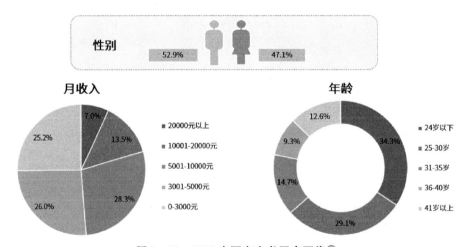

图8-10 2018中国有声书用户画像②

---

① 第43次《中国互联网络发展状况统计报告》[R].北京：中国互联网信息网络中心,2019.
② 艾媒咨询.2018—2019中国有声书市场专题研究报告[EB/OL].(2019-1-23)[2019-3-20]. http://www.iimedia.cn/63471.html.

关于中国有声阅读的终端用户画像,如图 8-11 可见,在付费意愿上,大多数有声阅读用户对付费行为并不排斥,其中付费意愿随着城市级别的提高而提高。早在 2016 年,有声阅读行业培养用户付费习惯的尝试就已开始。懒人听书是第一个开辟有声阅读付费专区的平台,为此,懒人听书成立了付费运营团队,进行收益考核,喜马拉雅 FM 紧随其后。但从用户对付费行为的意愿价格考查来看,大多数用户对有声阅读的付费意愿仅仅停留在 20 元,依旧停留在初级阶段。有声阅读的付费普及以及提升用户付费意愿之路依旧遥远。可喜的是,调查显示 2018 年第四季度受访有声书高频用户年均收听有声书数量在 10 本以上的占比达 80.5%,较第一季度上升 6.3%。有声阅读核心用户的高黏度使用意愿,是该行业赖以发展的基础。随着有声书行业日趋规范化、产业化、成熟化,有声读物的普及程度将进一步提升。

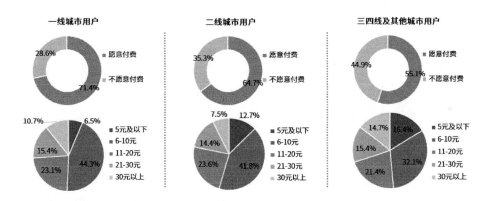

图 8-11　2018 中国有声书用户付费意愿及意愿价格调查①

此外,关于用户选择有声读物内容的调查显示,"悬疑""言情""都市"等小说类有声书读物网络热度居高。人文类读物同样在监测期间同样具有较高的网络热度,其中"历史"类有声书以 170.55 的平均热度位于各品类之首。数据显示,45.4% 的用户是为了轻松娱乐而选择收听有声书,而 42.6% 的用户则是为了学习获取知识内容。值得注意的是,对有声读物品种的选择出现了较为明显的年龄分层和地域分层。90 后、00 后用户最为偏好的类型为哲学思想类有声书,占比 33.7%;80 后的用户最为偏好的有声书类型为都市生活类,占比 40.4%;而 70

---

① 艾媒咨询.2018—2019 中国有声书市场专题研究报告[EB/OL].(2019-1-23)[2019-3-20].

后及以前的用户对都市生活类有声书尤其是都市幽默类有声书偏好度也较高,占比达 64.1%。有声读物年龄分层呈现出年轻人偏爱深度书籍充实自己、大龄用户偏爱生活类书籍安定闲散的特征。在地域分层中,一线城市的用户最为偏好的品类是人物传记类,占比达到 29.8%;二线城市用户最为偏好的品类是都市生活类,占比达到 36.5%;三四线城市的用户则最为偏好文学名著类,占比达到 34.7%。调查结果折射出当代中国不同地域人群的文化水平和生活状态。

总而言之,目前数字有声阅读市场虽然已经初见规模,用户人群不断增加,但细分市场挖掘不充分,用户付费意愿以及愿意支付的付费价格有待提高。用户选择有声阅读多数出于娱乐的目的,但不同的地域和年龄的用户对有声阅读的期待也不同。

第四节 我国有声读物市场存在的不足

通过上述对我国有声读物市场的分析,我们从中可以看出当前有声读物市场已初具规模,但目前我国有声读物市场依旧存在不足。具体表现在有声读物制作费用高、利润少;因逐利而过分迎合市场导致有声阅读制作水准不高、同质化严重和有声读物的版权问题等方面。

一、有声读物制作:成本高,利润小

有声读物的制作模式分为 UGC、PGC 和 PUGC 三种。UGC 的生产费用一般由用户自己承担(如简易的设备费用、获得作品产生的费用和投入的工作量等),平台一般只作为第三方提供技术服务。目前大部分 PGC 有声读物的制作遵循的是传统的制作模式,即由出版机构或网络文学机构持有原稿,由专业的音频制作公司购买版权、制作,最后将有声读物成品售卖给播放平台,平台以免费或付费的形式将产品推销给消费者。有声读物制作的成本主要来自于版权购买费用和音频制作费用。其中,在版权购买环节,随着人们对著名 IP 的盈利能力的进一步认识,大 IP 的版权费用水涨船高,著名小说《盗墓笔记》的电视改编费达到 1 500 万,不少有名的网络文学版权费也能卖到 7 位数。由此可见,有声读物改编权也必然价值不菲。而在音频制作环节,目前我国聘请专业播音员做有声读物,国家专业级播音员一般为 100 元左右/分钟(录音员级别不同价位不等),版权费用按国家标准,音频版权费 50 元/分钟。以此标准计算,一本 15 万字的图书,制作费用为 10 多万元。大部分有声书定价都不超过 10 元,但制作一

种有声书的成本 1 小时却在千元左右。若完全按照有声读物收费的方式来盈利,有声读物制作几乎处于亏损状态。而 PUGC 有声读物在获得原稿前还要经历策划、编辑的过程,制作流程更为精细且该类读物往往需要依靠名人大 V 获得足够的曝光度和知名度,制作成本更高。

从营收角度来看,大部分网站中由用户生产而成的那部分内容,其作用在于扩充网站内容、提高用户参与度、增加用户黏性,故而这部分内容大多未能给相关企业带来收益。PGC 生产模式下的有声书付费模式主要分为三种。一是整本售卖已出版书籍的有声书,一般价格在 10 元左右;二是由网络文学改编成的有声书,一般按章节售卖,以懒人听书为例,一章节 0.2 元,网络文学动辄一两千章,整本书听下来价格不菲;三是用户充值平台会员,获得除少数头部作品外全场免费的特权,并在会员期限内收听该类有声书,这也是大多数用户乐于选择的方式。而 PUGC 与 PGC 相似,分为单品购买和会员折扣购买。购买有声精品课程所需支付的一般是直接购买整部有声课程的费用,而并非单集课程产生的作用,价格从几十元到几百元不等,但相比有声书尤其是收听率较高的网络文学作品,该类产品在质量、文化内涵上有很大提升,单品带来的收益显然更高。当前多数平台在提供海量有声读物的同时也在注意打造价值更高的有声节目,开发平台自身价值。以喜马拉雅 FM 为例,其盈利基本来源于广告、有声读物售卖、粉丝经济和有关硬件销售等,其中付费读物收入的比例最高。但从总体而言,喜马拉雅 FM 依旧难以正常盈利,平台变现方式仍然处于探索期。

二、有声阅读制作水准不高、同质化严重

产品质量与产品差异化是产业链各端都必须考虑的竞争态势决定性因素之一,在数字有声读物产业中,产品质量即有声读物内容的质量,而产品差异化即内容的差异化。产品质量与内容的差异化往往决定了产业链各端对产品的认可度或品牌的认同感,而当产品的认可度或品牌的认同感一旦得到行业普遍认同时,其行业内采购者或者用户便越难寻找到合适的替代者,产品转换成本无形中被提高,从而议价能力被削弱,制造商或者供应商的议价能力就会得到一定程度提升。产品的差异化,处于市场化的格局中,能快速迎合用户需求,便能抢占更多的流量和用户资源,慢工细活的产出方式某种程度上就失去了这种竞争优势。因而选择快速迎合市场需求的文化企业生产出的文化产品其拥有的引导大众的社会功能便会缺失,无法完全自主选择选题,充分去打磨每部作品,进而不能积累产品质量和产品差异化的竞争优势,也同时导致了更多子问题的产生。以上理论反映在有声阅读领域表现为有声读物的制作质量良莠不齐和同质化严重。

有声读物质量普遍不佳主要体现在有声读物形式和内容两个方面。在形式上，除个别被视为头部作品的有声读物会挑选专业主播或大 V,利用团队精心打造之外,大部分有声读物的质量一般,其中不乏粗制滥造的作品。根据易观智库的 2016 中国有声阅读市场专题研究报告显示,仅酷听听书自生产的有声书可达 6 000 h/月,这种高频率的生产难免会使普通有声读物质量不佳。

有声阅读的同质化表现为有声读物内容的同质化和有声阅读平台的同质化。由上述表格可以看到,目前市场上大部分有声读物平台都离不开有声小说的版块,尤其是由网络小说改编的有声读物,几乎是各类平台的主打作品。这些平台均以普通大众为受众群。相对于有固定兴趣的分众群,普通大众人数众多、市场广阔,但众口难调,平台为了满足多数人的需要,只能提供满足人原始欲望的作品进行播放。这样使得平台之间可替代性较高,各平台下载量虚高,用户黏度不高,导致平台之间的同质化严重。

表 8‑5　懒人听书收听总榜(2019 年 4 月,数据来自懒人听书 APP)

懒人听书收听总榜			
1	仙逆(16.3 亿)	6	白眉大侠(8.9 亿)
2	傲世九重天(13.3 亿)	7	修真界败类(8.8 亿)
3	凡人修仙传(13.2 亿)	8	斗罗大陆(7.2 亿)
4	武极天下(9.4 亿)	9	校花的贴身高手(5.8 亿)
5	斗破苍穹(9.4 亿)	10	养鬼为锅(5.6 亿)

图 8‑12　喜马拉雅收听总榜(2018 年 1—6 月,数据来自克劳说)

从表 8-5 可见,懒人听书榜单中除第六名《白眉大侠》是单田芳先生的评书外,其余九部均是原作于网络文学机构的著名网文。当我们查阅喜马拉雅 FM 的数据时,网络小说《摸金天师》以总集 30 亿的播放量笑傲群雄(截至 2019 年 4 月),从图 8-12 来看,喜马拉雅有声书最高播放量前 10 位均为网络小说;主播方面,郭德纲相声以 1 000.2 万的粉丝数放在其首页推荐的最醒目位置。① 总体来看,各平台内部所提供的内容,以娱乐、休闲内容为主,网络文学人气高居不下。有声读物作为出版物的一种,本身承载着书籍传播社会文化、增加读者知识或陶冶读者情操的作用,而有声读物内容的同质化不利于有声阅读发挥其应有的社会文化功能。在产业链环节,图书特色不鲜明、内容差异化小,在交易中被替代的风险就随之升高。因而除了交易的版权是畅销书版权或是题材新颖的优质原创版权外,普通的版权交易中,内容提供商的供方议价能力会在一定程度上被抑制。而对于制作商来说,内容提供商因为内容质量和差异性小导致其在版权交易中议价能力相对降低,而制作商则因为可以轻易找到可代替的文字作品,降低了转换成本,在版权交易中自身的议价能力得到了相对的提高。双方交易态势无形中受到了版权内容的影响。同理,制作出同样同质化内容的制作商本身在再次贩卖音频版权时,可能会因为同样的问题而导致议价能力受到限制,但由于有声读物的生产制作商目前已经呈现寡头垄断的市场特征,酷听听书生产专业有声读物存量超过半数,而前三位制作商占据了绝大部分的市场份额,导致即使有声读物生产雷同,制作商也由于本身企业实力雄厚,而在与平台运营商进行交易时,依然拥有较强的议价能力。但对于平台运营商来说,上游的制作商产业集中度高,可选择的余地小,与其合作一旦中断,平台转换成本高,且与有声读物同质化带来的用户转化成本较低同理,有声阅读平台议价能力也相对减弱。最后身为买方的终端用户听书习惯较弱、付费意愿普遍不高,可接受的有声读物价格有限,平台的有声读物同质化程度高或质量低劣就会使得买方因为平台转换成本小而获得较强的买方议价能力,最终导致用户追逐同质低价的有声读物。用户对低价的追逐,反过来影响产业链各环节对有声读物的定价,最终导致低质量的竞争在产业链中循环。

三、有声读物版权:盗版屡见不鲜,维权困难

有声读物的版权问题是中国互联网版权问题的一个侧面反映,具体表现有

---

① 注:因喜马拉雅 FM 的榜单排名设置并未按收听数或关注度大小排名且并未说明现有榜单排名机制,因此无法直接按数量查阅喜马拉雅 FM 的收听榜和主播榜单排名。图 8-12 来自数据专业机构克劳说。

两点：一是盗版者未经授权，私自录制已出版的文字作品并上传到网络上，供普通大众收听或下载；二是盗版者直接下载已录制好的有声阅读作品，未经授权将其上传至网络，供普通大众收听或下载。在这里，盗版者身份可能是对版权法不了解的普通用户，也可能是在利益驱使下刻意漠视版权法的视频制作方或有声读物平台商。早在 2015 年，就有起点中文网起诉酷我音乐盗版《斗破苍穹》等三部知名小说版权，称其擅自将小说改编成有声读物非法销售。有声阅读平台的版权纠纷案件频发，就有声阅读平台喜马拉雅 FM 而言，根据天眼查的数据显示，上海证大喜马拉雅网络科技有限公司涉及法律诉讼 594 起，其中"侵害作品信息网络传播权纠纷"471 条（图 8-13 由方框标注），侵犯著作权、表演权等案件悉数可查。

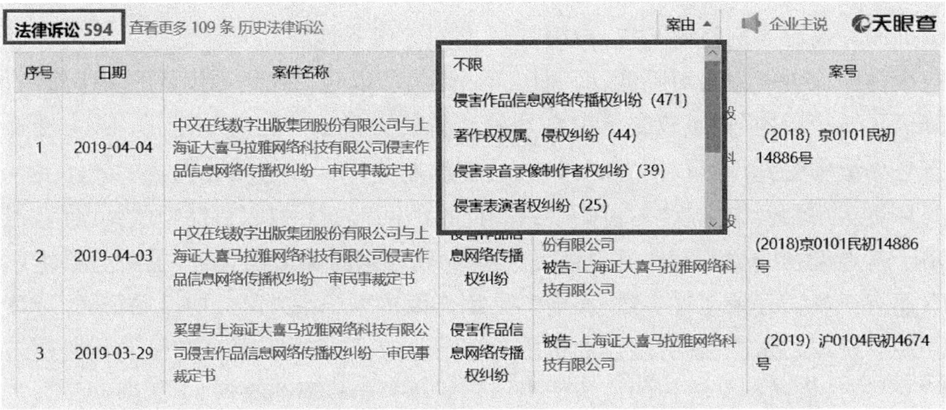

序号	日期	案件名称	案由	案号
			不限	
			侵害作品信息网络传播纠纷（471）	
1	2019-04-04	中文在线数字出版集团股份有限公司与上海证大喜马拉雅网络科技有限公司侵害作品信息网络传播权纠纷一审民事裁定书	著作权权属、侵权纠纷（44）侵害录音录像制作者权纠纷（39）侵害表演者权纠纷（25）	(2018) 京0101民初14886号
2	2019-04-03	中文在线数字出版集团股份有限公司与上海证大喜马拉雅网络科技有限公司侵害作品信息网络传播权纠纷一审民事裁定书	侵害作品信息网络传播权纠纷	份有限公司被告-上海证大喜马拉雅网络科技有限公司	(2018)京0101民初14886号
3	2019-03-29	聚望与上海证大喜马拉雅网络科技有限公司侵害作品信息网络传播权纠纷一审民事裁定书	侵害作品信息网络传播权纠纷	被告-上海证大喜马拉雅网络科技有限公司	(2019) 沪0104民初4674号

图 8-13　天眼查显示的上海证大喜马拉雅网络科技有限公司诉讼信息①

有声读物版权问题老生常谈却未被根除，其原因大致有：早期互联网法规不完善，各类盗版频发，用户并未形成版权意识；多数平台如喜马拉雅 FM、蜻蜓 FM 等采用依靠 UGC 策略以吸引用户、扩充平台内容、增加用户黏性，平台支持并鼓励用户自主上传音频，却对海量分散用户上传的内容难以监管，甚至因监管费用高、难度大等原因，平台方面对此并未给予足够重视，导致由用户产生的内容屡屡发生侵权案件；此外，从以上喜马拉雅的诉讼案数量之多、时间跨度之广我们可以看到，侵权行为频发更多原因在于有声读物制作成本高、利润小，而盗版可以牟取暴利，诱惑小部分人组织盗版活动；盗版既有利可图，平台缺乏版权意识，被盗版者维权成本高，这是盗版现象频发的根本原因。盗版

---

① 天眼查.上海证大喜马拉雅网络科技有限公司[EB/OL]. [2019-4-8]. https://www.tianyancha.com/company/1205478280.

行为危害巨大,其会造成原著作权人的财产损失;使有关人员或平台的信誉受损;也严重打击正版有声读物产业链上有关企业的积极性。我们应该意识到打击盗版依旧是维护有声读物市场稳定的一大必要措施,并真正将保护版权落到实处。

第五节　我国有声读物市场不足的对策

针对上述有声阅读产业链在过程中存在的不足,本文也逐条给出相关建议。如针对有声读物制作成本高、利润小的问题,本文建议有声阅读产业链上相关要素根据自身情况通过产业链整合节省成本。针对有声阅读制作水准不高、同质化严重的问题,本文建议有声阅读制作方从各个环节重视有声读物质量,相关有声阅读平台加强平台建设,重视平台内部资源深耕和差异化建设。最后在版权方面,本文通过继续提升国民版权意识、建立有效的行业组织以及重视立法、增强法律执行力等方面给出建议。

一、通过产业链整合节省成本

产业链整合一般指处在产业链上中下游的企业的一体化与战略联盟。一体化指通过兼并、收购、合资等手段或者新设立企业的方式在产业链上下游纵向延伸或者横向扩大企业规模取得规模效应。主要是指三种典型的生产经营活动,即前向一体化、后向一体化和水平一体化[1]。企业战略联盟则是企业间在研发、生产、销售等方面相对稳定、长期的契约关系[2]。通过企业整合将市场变成企业内部交易,达到降低交易费用、抵消来自供方和卖方的议价能力,获得市场优势。以下探讨的有声阅读产业链上各个企业之间的各种联合方式,可以有效节省有声阅读的版权、制作、发行成本。

1. 基于内容整合的后向一体化模式

后向一体化战略是指企业利用自己在产品上的优势,把原来属于外购的原材料或零件,改为自行生产的战略。在生产过程中,通过兼并、收购、合资等手段获得上游供应商的所有权或者设立自行建立新的企业,自己生产所需的原材料或者零部件。后向一体化在数字有声读物产业链上的表现为当一些企业能力较

---

[1] 肖凯.企业一体化战略的成本收益分析与战略选择[J].企业经济,2006(6):53.
[2] 张维迎.谁妨碍了企业联盟[J].经贸导刊,2001(3):19.

强的数字有声读物平台出于降低版权费用、采购优质版权资源的需求,向上游内容提供商进行后向整合。这种整合能将本来属于平台或企业外部的有声读物版权交易行为,变成企业内部活动,大大降低交易费用;同时该整合可使平台凭借独家版权资源,平台方可逐步拉开产品的同质程度,树立品牌,吸引用户,维持平台流量。因而,基于内容整合的后向一体化是数字有声读物产业链上的企业或平台想要获得提高自身议价能力、树立品牌、解决部分版权困扰一个重要整合模式。例如蜻蜓FM合并了有声小说版权商央广之声,由此获得了大量的优质有声小说资源,同时在名家作品的独家首发以及优质原创精品上加大了力度,因而伴随着蜻蜓FM有声书库不断扩充,其有声书收听用户及用户付费收听意愿都有了一定量级的增长,蜻蜓FM踏出了探索付费收听的盈利模式的有力一步。

2. 基于渠道整合的前向一体化模式

前向一体化战略,指获得分销商或零售商的所有权或加强对他们的控制的战略。当一个企业发现它的价值链上的前面环节对它的生存和发展至关重要时,它就会加强前向环节的控制。一些企业数字有声读物平台出于分销价格被挤压、现有的分销渠道分销质量效率不够高,或是存在渠道商拥有较高的利润空间或者发展前景时,企业向下游渠道商进行前向整合。对于平台运营商,下游终端硬件提供商就是分发渠道之一;对于版权提供商来说,渠道除了终端硬件提供商,还包括有声读物制作商等。这有利于将本来属于平台或企业外部的有声读物版权交易行为,变成企业内部活动,从而大大降低交易费用。例如上游网文巨头阅文集团收购音频制作商懒人听书、内容提供商中文在线收购音频制作商鸿达以太等。基于渠道整合的前向一体化是数字有声读物产业链上的节点企业或平台想要控制更多的分销渠道,降低渠道分发成本,获得提高自身议价能力、树立品牌、解决渠道宣发问题的一个整合模式。

3. 基于价值链增值的纵向战略联盟模式

一般来说,企业间在资金、市场上的联盟一般是根据自身发展需求主动地进行长期深度合作来实现经济效益最大化;而为了开发某项新产品、促成某项营销任务而达成的合作一般属于为了完成某项任务而进行的短期合作联盟,比如研发联盟等。从企业在产业链上的合作方向来看,企业可以选择横向和纵向两个方向进行联盟。在数字有声读物产业链中,基于价值链增值的环节,纵向战略联盟可表现为基于版权联合开发的战略联盟、基于技术合作的研发联盟以及基于扩大分发渠道的战略联盟。数字有声读物上下游企业通过各类战略联盟,缔结稳定的上下游关系,同样可以达到通过降低局部交易费用替代市场交易费用的目的。其中,基于版权联合开发的战略联盟较为具有代表性,可实践性强。出版社、综艺名人、专业主播借助网络平台与海量用户实现线上对接,短时间内可实现音频节目的快速传播。对于资金实力较弱的平台公司来说,通过与出版社进行版权联合开发,包括版权的录制以及上线运营最终收益分成或者与明星大 V、专业主播展开直接合作开发节目,不仅可以弥补购买独家版权的高额费用,还可以打造从上游的专业主播培养、自制内容到下游的客户端等的全产业链开发的闭环生态系统。譬如,2017 年蜻蜓 FM 联合高晓松出品付费音频内容《矮大紧指北》,上线一个月,该节目付费用户规模已经超过 10 万人。

4. 基于降低版权费用的横向战略联盟模式

横向整合是指处于同一行业甚至产品属于同一市场的企业之间发生的兼并、收购、重组等行为。横向整合也包括了横向一体化和战略联盟两种方式。数字有声读物产业链目前已形成较为稳固的市场格局,横向一体化的行为较少,目前所涉及的横向整合多为战略横向联盟形式。在数字有声读物产业链中,这种战略联盟模式多表现在基于降低版权费用的横向战略联盟。数字有声读物运营商与版权提供商签订独家合作的协议,而其他运营商可以从第一家运营商处获得转授权。数字有声读物运营商通过这种整合模式可以享受降低版权购买成本以及增加市场覆盖率,从而获得规模经济效益,实现内容差异化,产生品牌效应,从而构建更高的行业进入壁垒。如蜻蜓 FM 与纵横文学在 2018 年进行战略合作,纵横文学将为蜻蜓 FM 每年独家开放 1 000 本作品的优先选书权,由蜻蜓 FM 制作成有声书。深入来说,此等举动有利于数字有声读物平台商不以增加优质版权的存储量来提高用户黏度的作用,还能分摊独家购买产生的高额版权费,而节省下来的资金就可以投入到企业其他的生产经营活动、丰富公司的其他业务结构并拓宽公司的收入渠道,从而有利于探索和形成更加稳健成熟的盈利模式。

二、重视产品内容,加强平台建设

由以上低质量有声读物的大量流通在有声阅读产业链中形成的低质量竞争循环的论证可知,提升内容质量,制作精品有声读物,激发用户为优质内容付费意愿,对数字有声读物产业链的良性循环非常重要。只有真正满足大众精神需要的有声读物,才能赢得读者尊重、赢得市场青睐。在 PGC 和 PUGC 生产模式下,制作方首先应对内容进行选择,一是选择更有独特文化价值的原稿进行制作,二是制作方自己提出选题、组织专业人员进行制作,这种方式更适合有声课程的制作。在制作环节中,制作方选择专业的配音演员或自带流量的明星、大 V 进行制作,后期制作、音乐选择等都由专业人员进行制作。此等方式势必会提高有声读物的制作成本,主要运用于有声阅读平台头部有声读物的制作。如喜马拉雅FM在与企鹅兰登合作出版有声读物《七堂极简物理课》，7天内付费收听总数已经超过5.6万次，截至2019年4月，已经卖出了74.5万份。除了传统书籍外，网络文学数量庞大，精品IP也不在少数，若用心经营，其经济效益十分可观。目前主要有声阅读平台均采用以少数高价头部有声读物带动多数普通有声读物的经营方式，不能要求大多数有声读物制作者都尽善尽美，但制作方应具备精品意识，制作质量合格的有声读物。面对UGC模式下内容生产质量存在的隐患，使用这种生产模式的数字有声读物企业要制定各种运营策略来加以改进，培养更多具有专业素质的主播，为其提供专业录音设备和场地，来提高有声读物的质量；对用户上传的有声读物作品，投入更多的平台资源，扩充审核团队，对质量进行进一步的把关，用户上传的有声读物一旦不符合国家以及平台所规定的范围，要及时进行处理，避免造成更大的损失。

其次，加强平台建设，实行平台差异化管理。如上所述，目前主要有声阅读平台同质化严重，相互间可替代性较强。在这种情况下，各种有声阅读平台要么依据长尾效应，打造目标受众明确，产品特色鲜明的平台。例如猫耳FM，将受众定位于二次元爱好者，重点打造动漫广播剧和相关IP的衍生音频，站内更新视频《默读》每集27.9元，时长约25分钟，此价格在有声书中属高价（同时长喜马拉雅网络小说有声书仅售0.2元），但该系列每集平均有十几万的播放量，由此可见内容针对核心受众播放的重要性。若平台本身面向大众并内容繁杂，则平台应进行内部垂直化区块建设。平台可依靠海量内容，建设精细的检索树并着重激励用户参与平台内社群讨论。这种建设使得平台内部各个"分平台"更像一个完整独立的分众化有声阅读平台，平台通过提供个性化的界面设置和个人中心，让用户真正融入平台之中。此外，平台应注重平台作为互联网内容提供商的社会效益，注意自身销售产品的结构，提高精品有声读物的所占比重并注重该类产品的营销。平台只有实行差异化管理，构建优良服务在无形中提高用户在平台间的转换成本，平台在用户中的议价能力提升，才能进行进一步销售自己的产品和服务。

三、加强版权管理，提高司法执行力度

我国对各种出版作品的版权保护由来已久，有声读物具有出版物的性质，是互联网时代中出现的新事物，其版权理应受到保护。社会各方提高版权意识是有声阅读版权保护的思想屏障，除此之外还需要来自行业的规范和国家强制执行力的保障。

1. 社会各方提高版权意识，从思想上为版权保护划出红线

我国的互联网从发展早期就充斥着各种书籍、影视等作品的盗版资源，近些年

来虽然国家屡屡打击盗版的活动取得了一定的收获,但"能看免费的就不花钱"的想法在有些人脑海中依旧存在,这导致用户从淘宝、网盘、非法网站等非正常渠道获得有声读物的做法屡禁不止。所幸版权保护经过视频运营商和音乐运营商的多年呼吁和实际行动,近些年用户的版权意识逐渐上升。根据上图8-12显示,有声阅读用户中有超过1/3用户有较强的付费意愿,这说明在产品价格低廉的前提下,拥有正版版权的有声阅读平台依靠其版权回收资金已并非不可能。在实际中,拥有版权的相关企业可以将其作品的版权声明标于显著位置,并善用侵权投诉窗口。尤其是下游的有声阅读平台方,他们作为社会大众接入有声阅读产业的流量入口,更应重视相关窗口的建设和人性化服务。为了避免个别企业实行了侵权行为,又出于私心无视相关投诉的现象,窗口应由相对具有行业公信力的组织进行单独管理,在理论上,有声读物行业维权组织是管理该类窗口最理想的管理单位。

2. 建立行业内有声读物维权组织

2014年,中国首个"中国听书作品反盗版联盟"成立,并于几日内在深圳、北京、上海等地向盗版方发起了多起法律诉讼,被立案6起,合计索赔120万元,此次诉讼被称为"国内听书行业集体维权第一案"[①],并被多家媒体报道。然而若在搜索引擎利用高级检索中的"时间限定"进一步搜索该联盟近两年的动向,却毫无收获。这种雷声大、雨点小的做法暴露了行业联盟的无力,但这并非证明行业组织不能有所作为。出版行业组织在我国以出版行政管理为主的体制下力量相对薄弱,要建立更有权威的行业组织,组织的权力来源于成员企业的共同承认,相关经费也由成员共同承担,这要求相关企业拥有契约精神,并共同商议相关事项,厘清组织结构与权限,并在后续工作中对组织认定的、已确认无误侵权处罚予以执行。如上一段所说的公众反映侵权的窗口,组织业内企业应在其官网接入该组织的侵权举报窗口,而该窗口的人员分配、网站管理,以及相关投诉的调查和处罚等应按照该行业组织自身规定进行处罚。

3. 完善相关法律,提高法律执行力

法律是维护作者正当权利的最后一道防线,其中,法律规范的角色至关重要。有声读物盗版的赔偿根据国家版权局发布的《出版文字作品报酬规定》执行,按照"千字100元"的标准来确定侵权赔偿额。如果一本30万字的书被盗版成有声书,按照"千字100元"来算,也不过赔偿3万元,去掉诉讼费和律师

---

① 腾讯科技.中国听书作品反盗版联盟成立 已发起集体维权[EB/OL].(2014-4-23)[2019-6-11]. http://tech.qq.com/a/20140423/008476.htm.

费,可能所剩无几,对于有知名度的书籍而言,平台动辄上千万的播放早已将赔偿价赚回,在早期有声阅读平台野蛮生长时期,大多数平台依靠此类有声书的盗版赚取利润。例如有些平台就版权问题打了6年官司依旧屡教不改,再如相关判决书中有"立即删除侵权内容"的字样,可平台非但没有删除相关内容,反而在此后进行了更新并继续保留页面。可见即使侵权行为被发现并已有司法判定,司法执行却无法落实到位,这也助长了侵权者的怠惰心理。因此,维护版权首先需要在立法环节提高违法的成本并简化维权程序,强化司法救济在维权活动中的核心地位,同时保证司法执行落实到位。此外,行业内部应联合建立反侵权的内容审查机制,例如完善版权储存机制,管理旗下内容的开源行为,并为版权认定提供依据。

第六节 结 论

随着移动互联网技术的增速发展,社会的整体生活节奏越来越快,人们需要一边处理工作消息,一边进行日常生活,在工作之余,对于脱离文字的阅读和娱乐需求开始凸显出来。有声读物在诞生多年之后,由于技术提供的便利条件,和社会发展的需要,重新被大众所重视和利用,其使用范围不再局限于老人、儿童和视障者等特殊人群,青年人开始加入使用有声读物的大军之中。究其原因,有声读物为何能成功"打一场漂亮的翻身仗"? 这一方面在于移动互联网以及手机终端普及等硬件和软件技术的发展应用,一方面也是因为社会的发展产生了对有声阅读的需要。

我国有声阅读市场在2010年前后开始出现,2016年被称为"有声出版元年",近两年有声阅读在经历高速发展后逐渐沉稳,成为数字阅读发展的重要增长点。这种活力发展的背后,是国家政策给予的多方面的支持,是经济的迅速发展和金融市场对数字阅读市场的青睐、是社会文化环境的改善、技术的及时迭代更新的成果,也是行业内部不断发展的结果。

各大有声读物平台立足自身优势,深度发掘资源,或参与争夺热门IP丰富书库,或独立制作精品有声课程,积极发展相关业务、提供相关服务。目前国内有声读物制作成本高昂,相关企业变现方法仍需探究;有声读物因自身所带的通俗性,使其总与娱乐性息息相关,致使目前市场上所呈现的有声读物出现同质化的现象;其版权问题亦是老生常谈却屡禁不止。这些问题的根本解决方法在于丰富有声读物内涵、打造有差异化地声读物精品。除此之外,有声读物相关企业通过横、纵向联合或自身一体化的方式降低制作成本、促进良性竞争。我们有理由相信,通过多年的发展经验和市场竞争,国内的有声阅读领域正在步入正轨,未来将会逐步迈向垂直化、精品化、规范化的道路。

(吴燕:南京大学信息管理学院)

第九章
大数据、人工智能在出版业知识服务中的应用研究

  2016 年伊始，Facebook 的 CEO 扎克伯格宣布，自己的年度目标是建一个像《钢铁侠》里 Jarvis 那样的人工智能助手。它功能非常强大，可以控制家里所有的电器，提醒重要的活动，还可以帮助他可视化公司的各种数据。事实上，美国六大科技公司 Apple（Siri）、IBM（沃森）、Amazon（Echo）、Microsoft（小冰、小娜）、Google（Google Now）、Facebook（Messenger M）都在开发各有侧重点的智能机器人。我国三大互联网公司百度（小度）、腾讯（克鲁泽）和阿里（鲁班）在人工智能领域也进行布局。2017 年，AlphaGO 先后打败了人类最顶尖的棋手李世石和柯洁，在围棋界和科技界引起了巨大的舆论漩涡，人工智能成为最火热的词汇之一。全球著名的 IT 咨询公司 Gartner 在 2018 年发布的报告指出今后 10 年人工智能技术将为大众所用，无处不在。其中一些技术如深度神经网络和虚拟助手，将在今后两到五年内进入到主流采用阶段。

  2018 年 5 月，在谷歌开发者大会上，CEO 桑达尔展示了一款人工智能助手，它可以代替人类打电话订餐、约会等，能理解无序的对话，记住并完成自己的核心任务。2018 年 11 月，在浙江乌镇第五届世界互联网大会上，搜狗公司与新华社合作开发的全仿真智能合成主持人正式亮相。他不仅与现实中的主播本人播报没有太大差别，而且连唇形、面部表情也能完全吻合。2019 年 1 月，DeepMind 公司设计开发的"AlphaStar"在即时策略游戏"星际争霸 2"中，以 10：1 的胜绩完胜人类职业选手。不同于围棋的 AlphaGo 设计，AlphaStar 要面对的是不完全的信息、与人类的博弈、规划与决策等困难和未知因素，它的深度强化学习发挥着重要的作用并取得了突破性进展。这标志着人工智能具备解决不确定性动态的决策问题，并将在人类的工作生活中获得广泛应用。毫无疑问，人工智能技术已经融入我们的社会生活中，并已成为不可逆转的趋势。这也是人类继以蒸汽机、电力、互联网为标志之后的第四次革命，人工智能成为这次革命

的新动力。

目前,世界各国都十分重视人工智能的发展,近年来纷纷出台各项围绕人工智能发展的政策与规划。美国政府在 2016 年先后发布了《国家人工智能研发战略规划》《为人工智能的未来做好准备》《人工智能、自动化与经济报告》,其目的是促进人工智能技术的研发,为人工智能技术在各行业应用提供帮助。英国政府在 2016 年发布了《机器人与人工智能》,2017 年发布了《在英国发展人工智能》,对人工智能的技术、应用及政策支持进行了分析,并明确将人工智能列为影响英国未来发展的挑战。德国政府在 2015 年启动了《智慧数据项目》,2017 年发布了《智能服务世界》报告,支持人工智能在各行各领域中的应用。中国近年来出台多个政策文件推动人工智能的全面发展,2016 年出台《"互联网+"人工智能三年行动实施方案》《机器人产业发展规划(2016—2020 年)》,2017 年出台《新一代人工智能发展规划》,指出人工智能前沿基础理论、关键性技术、平台和人才队伍建设等,2018 年发布《科技创新 2030——"新一代人工智能"重大项目 2018 年度项目申报指南》指出人工智能重点围绕新一代人工智能基础理论、面向重大需求的核心关键技术、智能芯片与系统三个方向展开部署。2018 年,欧盟委员会计划 2018—2020 年在人工智能领域投资 240 亿美元。法国总统在 2018 年宣布《法国人工智能战略》,目的是迎接人工智能发展的新时代,使法国成为人工智能强国。2018 年,日本《未来投资战略 2018》重点推动物联网建设和人工智能的应用。2018 年,印度出台《人工智能国家战略》,寻求适用于发展中国家的人工智能部署方案。2019 年 2 月,特朗普签署"维护美国人工智能领导地位"的行政命令,正式启动《美国人工智能倡议》,明确要求联邦机构在研发投入中把人工智能列入优先地位,扩大科研人员权限,同时要促进人工智能在各行各业的应用发展。

随着人工智能在各个行业的应用场景日趋明朗,应用的业务范围逐渐增加,在国防、医疗、工业、农业、金融、商业、教育、公共安全等领域已有众多企业开始进行了布局。人工智能的应用率先在数据积累丰富的领域发展,应用场景直接体现在营销、服务、新闻媒体等领域。虽然目前人工智能的发展受到数据、观念等因素的一定制约,但伴随着大数据的普及和深入人心,整个社会处于蓄势待发的状态。技术赋能已成为社会的共识。《中国人工智能创新应用白皮书》中指出,至 2030 年,人工智能将会在中国产生 10 万亿元的产业带动效益。同时,将会促进社会生产力和产业结构产生革命性影响,推动社会的发展。

第一节　何为人工智能

"人工智能"这个专业术语,最早可以追溯到 20 世纪 50 年代。美国计算机科学家麦肯锡及其同事在 1956 年的达特茅斯会议上提出,"让机器达到这样的行为,即与人类做同样的行为"可以被称为人工智能。维基百科上定义"人工智能就是机器展现出的智能",即只要是某种机器,具有某种或某些"智能"的特征或表现,都应该算作"人工智能"。《大英百科全书》认为人工智能是指数字计算机或计算机控制的机器人执行与智能生物有关的任务的能力。英国牛津生活词典认为人工智能是,"计算机系统的理论和发展能够执行通常需要人类智能的任务,如视觉感知、语音识别、决策和语言之间的翻译"。由罗素(美)、诺维格(美)编写的经典的教材《人工智能——一种现代方法》,将已有的一些人工智能定义分为四类:像人一样思考的系统,即机器拥有与人相应的认知模型,其推理步骤的轨迹与人类个体思维轨迹相似;像人一样行动的系统,即机器具有感知的能力,可通过图灵测试;理性思考的系统,即可以解决用逻辑表示法描述的任何可解问题;理性行动的系统,即在相对正确的基础上,允许直觉的存在。

综上所述,人工智能是一门综合性的学科,涉及计算机科学、统计学、脑神经学、社会科学等诸多领域,因此不同背景的人士给出的定义各有侧重点。一般认为,人工智能是利用计算机模拟人类智能行为的科学,其本质是将人类的知识、经验和思维方式固化与移植,使机器能够自动获取、表达和运用人类的知识、经验乃至思维方式。通过对人工智能的研究,人们希望机器能够模拟和扩展人的智能,辅助或者代替人们实现多种能力,包括识别、认知、分析和决策等,实现延伸人脑的功能。

根据系统是否能真正实现推理、思考和解决问题,可以将人工智能分为弱人工智能和强人工智能。

弱人工智能是指不能真正实现推理和解决问题的智能机器,这些机器表面看像是智能的,但是并不真正拥有智能,也不会有自主意识,它们只专注于完成某个特定的任务,例如语音识别、图像识别和翻译等。在解决这些特定的具体问题时,一般采用大数据统计,从中归纳出模型(算法),然后做出预测。由于迄今为止人工智能只能处理比较单一的问题,还不能够像人类那样不断适应复杂的环境,因此都还是弱人工智能。目前主流研究主要集中于弱人工智能方面,设计能辅助人类完成特定工作的机器。

强人工智能是指具有思维能力的智能机器,其在各方面都能和人类比肩,它可以进行思考、计划、解决问题、抽象思维、理解复杂理念、快速学习和从经验中学习等操作。这类机器可分为类人(机器的思考和推理类似人的思维)与非类人(机器产生了和人完全不一样的知觉和意识,使用和人完全不一样的推理方式)两大类。从一般意义来说,达到人类水平的、能够自适应地应对外界环境挑战的、具有自我意识的人工智能称为"通用人工智能"。强人工智能不仅在哲学上存在巨大争论(涉及到思维与意识等根本问题的讨论),在技术上的研究也具有极大的挑战性,专家认为至少在未来几十年内难以实现。

一、人工智能的特征

1. 以人为本

人工智能系统的实现是机器按照人类所设定的程序算法,通过数据的采集、加工、处理、分析和挖掘,形成有价值的信息和行为,为人类提供各类服务。其算法是按照人类所制定的程序逻辑来达到人类所期望的一些"智能行为",因此本质还是人的能力的延伸,体现的是人类的特点。由于担心人类对强人工智能无法控制,对人类的生存产生威胁。在2017年1月,人工智能专家在美国加利福尼亚州共同签署了"阿西洛马人工智能23条原则",明确规定人工智能的设计"应该是创造有益(于人类)而不是不受(人类)控制的智能"。人工智能的发展应该增强人类技能,而不是取代人类。

2. 人机互补

人工智能系统通过各类传感器可以与外界环境(包括人类)实现感知能力,对外界输入产生文字、语音、表情、动作(控制执行机构)等必要的反应。借助于按钮、键盘、鼠标、手势、体态、表情等方式,人与机器间可以产生交流,使机器越来越"理解"人类。由于当前人工智能的深度学习具有不可解释性和不可理解,因此人类对于机器学习所采用的深度学习的推理结果还有一定的质疑,同时,人工智能系统也难以确切地理解人的意图,在复杂环境下还需要人类对于其结果进一步决策。如自动驾驶汽车还需要人类在突发情况下处理应急事件。

3. 算法迭代

人工智能系统通过对一定规范的输入,可以在有限时间内通过算法获得结果。随着问题越来越复杂,人工智能的算法越来越多样化。从早期的递推算法、暴力算法演变到时现在的各类网络神经算法,如感知器神经网络、径向基神经网络、BP神经网络等。在不断地调节各类参数或者更新优化数据模型下,算法逐步具有适应性、鲁棒性、扩展性,从而使人工智能系统能够完成各项工作。

二、人工智能飞速发展的基础

1. 大数据

大数据是指无法在一定时间范围内用常规软件工具进行捕捉、管理和处理的数据集合。其具有 5 个特点,分别为:Volume(大量)、Variety(多样)、Velocity(高速)、可变性(Variability)、Value(价值)。随着物联网、社交媒体网络、云计算等技术不断发展,各行各业的应用数字规模迅速扩大,行业数据呈现爆炸式的增长,数据存储已从过去的 GB、TB,到现在的 PB、EB 级别。大量的非结构数据已成为数据的主要部分。根据 IDC 调查,企业中 80% 的数据都是非结构化数据,这些数据每年都按指数增长 60%。巨量的数据为人工智能的学习提供足够多的样本。

2. 算力

算力是计算机计算资源的总和,包括软硬件,本地及远程资源。互联网累积了大量的数据,传统的计算能力无法匹配,摩尔定律趋于极限。低成本的图形处理单元(GPU)的再利用,特别是通过云服务进行并行计算,加速了数据处理速度。GPU 拥有上百个内核,可以同时处理上千条指令相同的线程。这也就解决了在神经网络权重计算中高度一致的重复并行计算工作。GPU 的处理效率可以达到普通 CPU 的几百倍,从而高速有效地解决了在大数据中的算力问题。

3. 算法

算法是古希腊著名数学家欧几里得提出的一个数学概念,在人工智能领域是指"解决一类问题的任意一种特殊的方法"。算法是一个有限长度的具体计算步骤,以清晰定义指令来使输入数据经过连续的计算后产生一个输出结果。在计算机硬件速度与性能的大幅提升的背景下,传统的算法并没有根本性的改变,一般采用统计的方式生成算法,因此存在着概率性和不确定性。这也就决定了在进行语音识别、翻译等领域中出现的错误率。但随着人类对自己大脑的运作方式越来越了解,计算机科学家设计出类神经网络的算法,即利用类似于人脑神经细胞传递数据的方式赋予机器进行监督学习、无监督学习和强化学习的能力,从而有效地解决了在人工智能中的不准确性问题。

4. 场景

场景是用户在生产生活中应用人工智能解决问题的特定空间环境。由于不同的场景,数据的海量性、多样性和复杂性,用户不同的诉求,人工智能不可能一竿子插到底,解决所有的问题。随着场景应用的细分化,数据的采集、清洗、存储、交换和共享将成为标准化作业流程,人工智能在算法工具的迭代下,对这些集中管理、量化、动态的数据进行挖掘分析,匹配特定的用户和业务类型。伴随着精准性的提高,人工智能将会重构了整个价值链,进而为生产管理、用户服务带来质的飞跃。

三、人工智能的关键技术

1. 机器学习(Machine Learning)

是一门涉及概率论、统计学、逼近理论、神经网络、优化理论、计算机科学、脑科学等诸多领域的交叉学科,研究计算机怎样模拟或实现人类的学习行为,以获取新的知识或技能,重新组织已有的知识结构使之不断改善自身的性能,是人工智能技术的核心。机器学习可分为监督学习和非监督学习。监督学习从给定的训练数据集中学习出一个函数,当新数据到来时,可以根据这个函数预测结果。非监督学习指在没有类别信息情况下,通过对所研究对象的大量样本的数据分析实现对样本分类的一种数据处理方法。

2. 自然语言处理(Natural Language Processing)

是一门融语言学、计算机科学、数学于一体的科学。主要研究能实现人与计算机之间用自然语言进行有效通信的各种理论和方法,包括知识的获取与表达、自然语言理解、自然语言生成等,主要包括机器翻译、机器阅读理解和问答系统等。由于自然语言处理要求机器具备比"感知"更难的"理解"能力,因此被誉为人工智能研究的明珠。

3. 人机交互(Human-Computer Interaction)

是一门涉及认知心理学、人机工程学、多媒体技术、虚拟现实技术等综合学科,主要研究人与计算机之间使用某种对话语言,以一定的交互方式,为完成确定任务的人与计算机之间的信息交换过程。传统的人与计算机之间的信息交换主要依靠交互设备进行,主要包括键盘、鼠标、操纵杆、数据服装、眼动跟踪器、位置跟踪器、数据手套、压力笔等输入设备,以及打印机、绘图仪、显示器、头盔式显示器、音箱等输出设备。人机交互技术除了传统的基本交互和图形交互外,还包括语音交互、情感交互、体感交互及脑机交互等技术。

4. 知识图谱(Knowledge Graph)

是基于语义层面对知识进行组织后得到的结构化结果,可以用来回答简单事实类问题,包括语言知识图谱、常识知识图谱和实体知识图谱。知识图谱本质上是结构化的语义知识库,是一种由节点和边组成的图数据结构,以符号形式描述物理世界中的概念及其相互关系,其基本组成单位是"实体—关系—实体"三元组,以及实体及其相关"属性—值"对。不同实体之间通过关系相互联结,构成网状的知识结构。在知识图谱中,每个节点表示现实世界的"实体",每条边为实体与实体之间的"关系"。通俗地讲,知识图谱就是把所有不同种类的信息连接在一起而得到的一个关系网络,提供了从"关系"的角度去分析问题的能力。

5. 自动语音识别(Automatic Speech Recognition)

是让机器通过识别和理解过程把语音信号转变为相应的文本或命令的高技术,目标是让机器自动识别和理解人类口述的语言。语音识别系统主要组成包括语音信号采样模块、语音信号前期处理模块、语音信号特征参数提取模块、语音信号识别核心模块、语音信号识别后期处理模块。随着人工智能技术在各个领域应用,语音识别技术正成为实现人机交互的核心技术。

6. 计算机视觉(Computer Vision)

是使用计算机模仿人类视觉系统的科学,让计算机拥有类似人类提取、处理、理解和分析图像以及图像序列的能力。机器人、智能医疗、军事等领域均需要通过计算机视觉技术从视觉信号中提取并处理信息。近年来随着深度学习的发展,预处理、特征提取与算法处理渐渐融合,形成端到端的人工智能算法技术。根据解决的问题,计算机视觉可分为计算成像学、图像理解、三维视觉、动态视觉和视频编解码五大类。

7. 生物特征识别技术(Biometric Recognition)

是指通过个体生理特征或行为特征对个体身份进行识别认证的技术。从应用流程看,生物特征识别通常分为注册和识别两个阶段。注册阶段通过传感器对人体的生物表征信息进行采集,如利用图像传感器对指纹和人脸等光学信息、麦克风对说话声等声学信息进行采集,利用数据预处理以及特征提取技术对采集的数据进行处理,得到相应的特征进行存储。识别过程采用与注册过程一致的信息采集方式对待识别人进行信息采集、数据预处理和特征提取,然后将提取的特征与存储的特征进行比对分析,完成识别。生物特征识别技术涉及的内容十分广泛,包括指纹、掌纹、人脸、虹膜、指静脉、声纹、步态等多种生物特征,其识别过程涉及到图像处理、计算机视觉、语音识别、机器学习等多项技术。

四、人工智能研究的三个流派

1. 符号主义

又称为逻辑主义或者心理学派。长期以来,符号主义学派一直处在人工智能研究中的主导地位,代表人物有纽威尔、西蒙和尼尔森。他们通过对人类认知的研究,把人的思维方式符号化,利用计算机来模拟人的智能。他们认为,人类认知和思维的基本单元是符号,而认知过程就是在符号表示上的一种运算。人和计算机都是一个符号系统,因此,就能够用计算机来模拟人的智能行为。从符号主义观点来看,知识是信息的一种表现形式,是构成智能的基础,知识的表示、推理、运用是人工智能的核心,知识是可以用符号表示的,认知就是符号的处理过程,推理就是采用搜索对问题求解的过程,而推理过程是可以用计算机语言进行描述,因而符号主义在人工智能的研究中走的是搜索算法—专家系统—知识工程的发展道路。

2. 联结主义

又称仿生学派。代表人物有麦克洛奇、皮兹、霍普菲尔特、鲁梅尔哈特、欣顿。通过对生物体大脑的研究,特别是人脑模型的研究,他们构建了能够模拟大脑运算的计算神经网络。联结学派把人的智能归结为人脑的高层活动的结果,强调智能活动是由大量简单的单元通过复杂的相互连接后并行运行的结果。神经元不仅是大脑神经系统的基本单元,而且是行为反应的基本单元。思维过程是神经元的连接活动过程,而不是符号运算过程。由于运用网络神经运算处理数据需要强大的计算能力,因此在 2006 年后,计算机硬件技术的发展,其在图像处理、模式识别等领域取得了重要的突破。

3. 行为主义

又称进化主义或控制学派,这是一种基于"感知—行动"的行为模拟方法。代表人物有维纳、麦洛克、钱学森、布鲁克斯。他们认为智能取决于感知和行为,是对外界复杂环境的适应,而不是推理,不同的行为表现出不同的功能和不同的控制结构。智能是与环境在交互作用中表现出来的,用知识的形式化表示和模型化方法表达都是不妥当的,不能够完整地代表客观世界的真实概念。基于行为主义所设计的行走机器人虽然不具有像人那样的推理、思考能力,但其应付复杂环境的能力却大大超过了原有的机器人,在自然环境下,具有灵活适应行为。

第二节 人工智能发展的历史与知识服务

一、人工智能与知识

1958 年,迈克尔提出"人类的知识有两种。通常描述为知识的,即以书面文字、图表和数学公式加以表述的,是一种类型的知识。而未被表述的知识,像我们在做某事的行动中所拥有的知识,是另一种知识。"我们称前者的为"显性知识",而后者为"隐性知识"。显性知识可以通过人们的逻辑推理的过程获得,因此它能够理性地运用数学公式进行计算。而隐性知识是通过人们的感官或者直觉、领悟获得,存在于个体中,表现为无意识的技术和直觉,并不需要推理。就如同让机器与人进行下棋会非常容易,但让机器拥有和一岁小孩的感知和行动能力却相当困难。人类的智能,例如顿悟、洞察力,人与人的默契是很难用逻辑关系清晰地表述。

人工智能本质就是让机器能够获取、表达和运用人类的知识,形成具有人类理解、思考、推理和演绎的能力。因此,无论是"显性"或者"隐性"知识,人工智能都要从大量的信息中进行特征提取。这是人工智能的第一步,也是人类获取知识的方法,只不过人类获取以后,通过文字、图片存储在大脑中,并通过口耳相传或者书籍影像等方式进行流传。而人工智能将这些知识以 0 和 1 的方式固化到存储器中被永久保留。在面对问题时,人工智能会运用不同算法解决不同的问题。随着算法模型的不断迭代,其解决问题的成功率也在不断增长。相较于人类,许多伟大的人物经过实践摸索,著书立说,留下了丰富的知识和面对问题解决的方法,但还是有许多隐性的知识伴随着他们的离开而消失。但是被人工智能提取过的特征信息和算法模型,却会永远存在。

2016 年至 2017 年的人机围棋大战,柯洁在看 Master 的棋局后就表示,看 Master 的招法,等于说以前学的围棋都是错误的,原来学棋的时候要被骂的招法现在 Master 都下出来了。聂卫平则也表示:"Master 改变了我们传统的厚薄理念,颠覆了多年的定式。"围棋竞技本质上就是一种计算。过去,人类认为围棋的计算程度十分复杂,理论上达 2×10 的 808 次方,人工智能要在短时间内通过穷举法计算完所有围棋的步骤,然后挑出最优解,理论上存在可能性,但实际上是达不到的。Master 在学习完人类历史上所有的几百万围棋的棋谱后,掌握了围棋的基本规律,开始模仿人类思考方法运用神经网络模拟的价值算法和策略算法来进行,通过自博弈,不断的迭代,发现了人类不懂或者没有察觉的新策略,以致于人类高手找不出其规律,摸不到它的脉搏。人工智能改变了传统围棋的定式,给围棋理念全新的解释。

人工智能正在导致一场关于知识表达、存储、运用的变革。随着技术的不断深入,人类观察的现象,收集处理的数据,归纳存储的知识过程,机器都可以快速完成。伴随着人工智能对知识管理的发展,人类必将被人工智能带入到知识更深入的阶段。一方面,随着人类知识的不断积累,人机智能会让这种积累更事无巨细,更加系统,导致人类的知识总量和质量不断提升,而不会出现知识的断层、谬误等。另一方面,具有思考能力的人工智能会逐渐挖掘出人类从未想过的知识、从未关联的事物关系,所呈现的结果会带给人类全新的思维和视角,使人类的知识更具有深度性和扩展性。历史的经验告诉我们,合理的运用知识,不仅会促进人类思维的革命,而且会提高人类的生产力,进而促进人类的发展。

二、人工智能的诞生与知识的缺乏(1956—1979)

1956年夏,由J.麦卡锡(达特茅斯学院)、M.L.明斯基(哈佛大学)、N.罗切斯特(IBM公司)、C.E.香农(贝尔电话实验室)四人发起,和从事信息科学、计算机科学、数学等方面的学者共10人在达特茅斯学院进行了一次为期2个月的研讨会,探究"如何用机器模仿人的智能",并第一次使用了"人工智能"的术语,这标志着人工智能的诞生。虽然当时的世界上还没有几台计算机,而且没有计算机可以提供几十K内存运行的程序,但他们在提案中指出:学习每个方面或智能的任何其他可被这样精确地描述的特征原则,以至于能够建造一个机器来模拟它。科学家所描绘的人工智能实现方法和应用前景,吸引了大批的数理逻辑、控制论、信息论、语言学、心理学、计算机科学等领域的学者加入了研究行列,各国也都纷纷出台政策扶持人工智能的研究。

早期的人工智能学者从行为和功能出发,如麦卡锡认为,"人工智能就是要让机器的行为看起来就和人表现出的智能行为一样"。通过计算机编写的程序来模仿人类的行为,采用逻辑法和搜索法,将人的思维过程用符号表达,通过推理逻辑,进行深度搜索,在明确规则的一些项目中取得了成功,如迷宫问题、智力游戏问题、国际象棋等。然而,现实生活中的问题却要复杂得多,如何针对病人的症状提供药物、如何在管理中提供更优的解决方案等,人工智能却完全没有任何能力解决。

1966年,美国国家科学院的语言自动处理咨询委员会公布了一个《ALPAC报告》,认为机器翻译速度慢,准确率差,而且比人工翻译费用高得多,在短时间内将难有成果,由此相关的研究失去了政府资金的资助。1969年,马文·闵斯基和西蒙·派珀特出版的《感知器:计算几何简介》(又称《感知机报告》),认为首先单层的神经网络无法处理"异或"电路;其次,当时的计算机能力低下无法支持神经网络模型所需的计算量。这造成美国政府取消了对人工智能的各项资助。1973年,英国科学研究理事会发布了剑桥大学詹姆斯·赖特希尔爵士提交的一份关于《英国AI研究现状的调查报告》,报告的结论仅支持对神经生理学和心理学过程的计算机模拟,而放弃对机器人和语言处理的资助。至此,人工智能研究经历了十多年喧嚣之后,陷入了低谷。

这个时期的人工智能还处于发展初级阶段,理论和实践还不够成熟。受制于当时的软件和硬件条件,当时的人工智能研究多局限于对人类大脑运行的模拟,研究者只能着眼于一些特定领域的具体问题,设计出平面几何定理证明器、国际象棋大师下棋程序、积木机器人等。人工智能专家重视问题求解的方法,忽视知识的重要性。虽然编写了略带智能型的程序,但程序的求解问题的能力并不取决于所应用的推理模式,而取决于它具有的处理知识的能力。因此,专家们认为要使程序有智能,必须为它提供大量有质量的专门知识,这也为人工智能的研究开辟了新的方向。

三、人工智能的发展与知识系统崛起(1980—2005)

20世纪80年代,摩尔定律预言:集成电路中的晶体管数量每18个月翻一番,这意味着计算机的运算速度呈现指数级增长,关系数据库技术逐渐成熟,软件功能越来越强,计算机逐步普及,公司内部局域网开始应用,这些都为人工智能的第二次发展奠定了基础。

通过逻辑思维来解决困难和复杂的问题是人类智能的重要表现,而知识正是产生这种行为的基础。Turban教授指出,知识是用于解决问题或者决策的经过整理的易于理解和结构化的信息。人类的智能活动就是运用这些固化的知识来解决问题。因此,美国的P.E.安德森认为,人工智能的主要应用领域是知识库、专家系统和机器人。将知识表示和知识推理技术来模拟专家解决问题,达到具有与专家同等水平的专家系统成为人工智能发展的重要方向。专家系统将知识和系统分离开来,强调的是知识而不是推理过程。知识在专家系统中具有非常重要的地位,因此专家系统又称为知识系统。

1. 专家系统的兴起

人工智能第一次走出实验室,被应用于生产活动之中是始于20世纪70年代。斯坦福大学教授费根鲍姆提出"知识工程"的概念,为专家系统奠定了理论基础。他认为,"知识工程是人工智能的原理和方法,对那些需要专家知识才能解决的应用难题提供求解的手段。恰当运用专家知识的获取、表达和推理过程的构成与解释,是设计基于知识系统的重要技术问题"。知识是人工智能的基础,如果机器拥有专业知识,而且可以模拟专家思考和解决问题,那么这个系统就是专家系统。因此,一般专家系统包括两个主要部分,分别是"知识库"和"推理机",其中知识库是由专业领域内的专家和知识工程师完成的专业知识,推理机是利用机器根据不同功能(解释型、预测型、决策型)对当前问题的条件或已知信息进行匹配规则的过程。

费根鲍姆与莱德伯格等人合作,开发出人类历史上第一个专家系统DENDRAL,

它通过大量的"IF-Then"规则定义,能够实现对有机化合物的判别。最著名的专家系统是由斯坦福大学开发的 MYCIN,主要功能是帮忙医生对传染性血液患者进行诊断和治疗。它以患者的病史、症状和化验结果为原始数据,通过事先定好的规则进行推理,找到导致感染的细菌,最后提供可能的处方,供医生参考。MYCIN 的处方准确率达到 69%,当时专科医生的准确率是 80%,但 MYCIN 的成绩已经优于非本专业的医生。虽然 MYCIN 从来没被临床使用过,但在 MYCIN 的开发过程中,他们所运用的规则:不精确推理,后来成为专家系统核心的开发原理。

到 20 世纪 80 年代,专家系统的主流方法是通过知识获取或者知识工程的方法,将专业领域的知识或者经验运用决策树的结构,为用户提供导航。这种方法获得令人吃惊的成果。萨斯坎德团队开发了历史上第一个电子法律顾问并投入运行,其在重大问题上的判断表现比专业律师更好。DELTA 是通用公司开发的错误诊断系统,主要帮助维修人员发现柴油发电机中的故障。ACE 是由贝尔实验室开发用于定位和识别电话网络中的故障点,其投入运行取得了一定的经济效益。在商业上获得成功的是卡梅大学为 DEC 开发的 XCON(订单专家)系统。DEC 使用该系统后通过与销售人员的互动积累了 2 500 条配置规则,运行 XCON 系统共处理了 8 万多笔订单,准确率达 98%,为 DEC 公司节省了 2 500 万美元的成本。

2. 专家系统的问题

虽然专家系统在某些领域有一些成功的案例,但也存在一些问题。第一,随着知识数据的不断增加,知识描述的难度会陡然突增,很多常识性知识对于计算机来讲难度非常大。此外所制订的规则越来越多,规则之间常会出现矛盾或者前后不一的情况,这对系统的逻辑算法提出了更高的挑战。著名的人工智能专家勒奈在 1984 倡导的"CYC"项目,就是希望把这些常识性的知识都输入到计算机中,然而人类的一般性知识太多了,这个现代版知识的"巴别塔"到现在也没有完成。

第二,由于专家系统所应用的范围一般是知识积累相对成熟的专业领域,如医学、法律、化学等,开发和维护成本非常高昂,这不仅需要知识工程师不断采访和编纂专家的逻辑,而且需要专家投入大量的时间。但医生、律师等职业的利润非常丰厚,他们也不愿意去设计专家系统来损害他们的利益。

第三,由于算法的原因。这个阶段的人工智能采用的是知识驱动的方法,它需要海量的数据作为支撑,通过暴力运算的方法进行,也就是对要解决的问题,列举出它所有可能的情况,然后逐个判断有哪些是符合问题所要求的条件,从而得到问题的答案。这种方法需要强大的运算力作为支撑,但当时的计算机性能还达不到这样的要求,因此在结果上还令人不满意。

这个时期的专家系统面临着知识获取困难、知识面狭窄、推理能力弱、智能水平低、系统层次少、实用性差等问题,其根本原因在于现有程序式数据计算的固有缺陷:局域式信息存贮、串行程序式符号处理所致。但随后的神经网络理论的发展为专家系统开辟了新的方向。神经网络是模拟生物的神经系统,它由大量的处理单元(电子元件、光电元件、处理元件等)经广泛互连而组成的网络。运用神经网络理论建立的专家系统,机器可以自组织学习,并进行模糊推理。但由于数据量少和计算力的限制,也制约了其发展。然而这却为人工智能的下一次兴盛奠定了基础。

四、人工智能的振兴与知识挖掘(2006年至今)

2012年,在著名的 ImageNet 图像识别竞赛中,由欣顿和他两名学生组成的团队采用了与其他参赛者完全不同的深度学习的识别方法,他们以5次猜测机会,将10万多张照片正确地分成1000个类别,准确率高达85%。超过第二名东京大学10%以上,而第二到第四名的准确率的差别不超过1%。也就是说,采用深度学习方法,可以把图像识别的准确率提高一个数量级。这在图像视觉识别领域产生了极大的震动,并迅速波及整个产业界。2013年谷歌公司收购欣顿的 DNNresearch 公司,2015年又收购了瑞典的 DeepMind 公司,这家公司根据深度学习理论和对数据流的研究,能设计开发出像人一样通过学习人类游戏规则与人对弈的机器,其水平甚至可以击败人类。2016年,该团队设计 AlphaGo 围棋程序以4胜1负的战绩击败了围棋冠军李世石,引起全世界的瞩目。

深度学习在20世纪90年代提出,是机器学习领域的分支学科。实现机器学习的方法很多,其中基于神经网络深度学习是其中重要方法之一。2006年欣顿教授针对深度学习提出了很多具有创造性的新思想和算法,他用统计学方法巧妙处理深度神经网络数据的权重问题,把概率上相对近似度高的数据合并处理,这样就大大降低了数据的处理维数。维数虽然降低了,但采用的多层神经网络计算方法,在输入层和输出层之间加上隐层,隐层还可不断增加,因此需要的并行计算量非常大。与此同时,GPU 的发展为人工智能的运算提供了强大的计算能力。由于深度学习进行的是高速度、大规模的矩阵运算,而当时的 GPU 大规模并行计算能力远高于 CPU。2010年,NVIDIA 480 GPU 芯片,已经达到每秒1.3万亿次浮点运算。到2015年的 Titan X,更达到6.1万亿,是同类级别 CPU 处理速度的100到300倍。深度神经网络学习本质上是一个数据驱动模型,需要提供大量的数据让机器去学习,然后根据学习的结果不断调整、优化模型中的参数,实现模型收敛,也就得到预期学习效果。2009年,拥有1 500万张经过标注图片,含22 000类物品的数据库ImageNet诞生了。ImageNet是开源大数据集,它成为检验各种人工智能算法的最权威平台,也成为评价人工智能科研机构和科技公司的最好竞技平台。深度学习的算法、GPU的算力、ImageNet的数据成为人工智能再次崛起的动力。随后人工智能在不同的领域取得了一个又一个成功,迅速推动了整个人工智能的再次发展。

2017年10月,DeepMind公司研制的机器人AlphaGo Zero以100∶0的胜绩碾压AlphaGo。不同于以往的学习模式,AlphaGo Zero采用了新的强化学习方法,从一个不知道围棋游戏规则的神经网络开始,通过将这个神经网络与强大的搜索算法结合,进行自我对弈。在经过2 900万次对弈后,神经网络不断被更新和调整,最终成为世界上最强大的围棋选手。AlphaGo Zero不仅发现了人类数千年来已有的围棋棋谱,还设计出人类前所未知的策略和新招,产生了新的知识。这标志着机器可以在一些领域,在没有任何先验知识的前提下,通过自学,达到超人的境地。这种在借鉴大脑神经网络原理和人类认知过程方面理论所建立的模型,从环境到行为映射的学习算法,不是告诉人工智能系统如何产生正确的答案,而是可以通过评价答案的质量来不断迭代改进学习结果,从而找到解决问题的最佳方案。现在AlphaGo Zero正在药物研究领域帮助生物学家研发新药、在新材料领域帮助物理学家研制常温的超导体。

人工智能可以从大量的数据中寻找相关性,这与人类注重知识的因果关系不同。虽然这些相关性很多并无任何意义,但经过适当训练过的人工智能系统可以检查2个乃至3 000个变量的相关性,从中发现人类不曾发现的新知识。对于人类而言,只有在相关性降低为因果关系时才有意义。而人工智能系统在处理数据时,查找的不是数据的因果关系,这与人类发现新知识采用的方法截然不同。相对于缺乏计算能力的人类而言,人工智能系统的计算能力可以同时检测大量相关性的内容,隐藏在数据背后的潜在的新知识将会诞生,这也为人类的知识创新打开了另一扇大门。实践证明,这种新的知识在2016年特朗普总统竞选、人工智能客服、通信网络识别攻击等领域产生了重要的作用。

人类的强项在于处理知识,从知识寻找事物的本质。机器的强项在于处理数据,从数据中寻找事物特征。第一代的人工智能由于缺乏知识的支撑,采用的是规则式的程序,面向数值的逻辑推理计算,数据要求精确的,而且执行的顺序是由程序确定,依靠设置的规则来进行"智能化"判断,其适用的范围非常有限。第二代人工智能需要人类为系统输入大量的经验和知识,求解的问题面向的是符号、模糊等结构不良问题或者不确定性问题，推理时的模式匹配一般也不精确，但与第一代的人工智能相比有本质的区别。系统可以用于处理那些数据不精确或者信息不完整的事件，适用于人类专家短缺或者专业知识昂贵的诊断、预测、设计等任务。第三代人工智能模仿脑神经的人工神经网络算法，可以从大量的、不完全的、有噪声的、模糊的、随机的数据中，提取隐含在其中的、人类不知道但又是潜在有用的知识。它采用强化学习系统，强调学习模型结构的深度，通过多层隐层节点，将数据从低级到高级进行特征提取，从而完成问题的求解。与前二代系统相比，第三代人工智能在机械工艺上有了很大的提高，在一些专业特质的领域已经进入了自动化，并取代了人类的工作。在知识密集型行业中，已成为人类最好的助手，虽然最终决策和认知行为还需要人类做出，但强大的计算能力和提取数据能力，在很大程度上提高了人类的工作效率，而且其数据挖掘能力可以协助科学家在发明领域进行知识的挖掘和探究活动，他们成为人类合作的好助手。

第三节　人工智能在出版业知识服务中的应用

1995年，亚马逊网络电子商务公司成立，开始在线销售传统出版物。1998年，谷歌搜索引擎诞生，大量网站如雨后春笋般崛起，用户购物数据的深度挖掘变得越来越盛行，网页文本的自然语言处理得到了迅速的发展。海量的数据为机器学习提供了大量的素材，各类算法应运而生，最近邻分类算法、朴素贝叶斯算法、决策树、支持向量机、人工神经网络等。但机器学习的核心难点之一：特征量一直是人工标注的，这对精确度有很大的影响。2012年，由欣顿教授领衔的深度学习算法研究在图像识别领域的国际大赛中以压倒性的优势拔得头筹，其算法可以从数据中发现特征量，这使得人工智能的准确性发生了质变。云计算、GPU计算、TPU计算等多核并行计算流的方式为人工智能的算力提供了保障。2016年，AlphaGo在围棋界击败了人类顶尖选手李世石的事件对人工智能的发展起到了推波助澜的作用，人工智能技术开始在各个领域大规模的应用。

传统出版业率先受到人工智能的冲击。由于图书具有完备的各种信息，包括书名、作者、出版社、出版日期、ISSN等，信息非常容易上网并被检索。亚马逊通过收集用户购买图书的消费行为，自动分析用户的需求，为每个用户提供个性化的订制书目，还建立了作者和用户沟通交流的平台。其后的Kindle电子书出版业务,允许作者借助网络平台进行在线出版,彻底颠覆了传统出版业的产业链。

随着技术的发展,出版业的各个领域都出现了人工智能的身影,机器已经不再被局限于那些重复性的机械的统计工作,它们开始变得越来越聪明,通过算法对数据进行挖掘思考,可以实现精准预测、智能编辑、个性交互和精细操作的能力。

一、发现基本规律,做出精准预测

1998 年,作为"大数据"概念的先驱,哈佛大学教授朱伯夫曾指出"信息技术不仅执行着具体的任务,还带来了一种可能,创造出一种新方式,使各种活动、对象和流程都变得可见、可知、可分享"。这里的"可能"就是大量的信息数据,通过分析这些数据可以帮助我们更清楚地了解生产活动中的各个对象流程。如今,与日俱增的物联网设备每时每刻都在采集数据,搜索、社交、媒体、生产、交易等各个领域,持续产生海量数据。分析这些数据,可以为我们揭示出以前从未被专业人士发现的各种规律、相互关系、有价值的线索等。

在出版领域,从选题策划到出版发行,从作家到用户,从内容消费到用户反馈,数据已经渗透了出版的每个角度,逐步成为重要的生产要素。人工智能对于这些数据的处理,不会模仿人类的工作方式。比如书目推荐,系统会将用户的网络行为与数据库内的千万用户行为进行对比分析,以此来预测用户将会购买的图书,而荐书团队则是根据个人经验来判断的。人工智能专家温斯顿指出:"机器有许多可以实现智慧的途径,它们和人类处理的方式并不一定相同。"

1. 对用户进行分析

以大数据挖掘为特征的人工智能技术可以帮助出版社做出更精准、高效的决策。出版社通过利用人工智能技术,根据互联网的热门事件、热点词汇、用户参与度、图书论坛、销售数据、阅读数据、评论数据等,通过各种算法,对用户进行精准的个性画像,比如搜索算法包括搜索关键字、用户的参与率、访问历史等;社交算法包括参与性、相关性、信任度、付费等;零售算法包括关键字、点击率、品牌、价格、反馈等;位置算法包括访问信息的时间、地点等;通过对用户多方面的了解,将各种信息聚合在一起,形成用户画像,从而为出版社的知识生产和内容推荐提供决策依据。

成立于 2011 年的 Callisto Media 公司在 2015 年和 2016 年被 Publishers Weekly 评为增长最快的独立出版商之一。该公司使用人工智能技术分析用户的需求,每月收集大约 6 000 万条消费数据。用户在亚马逊上搜索一条信息,如果没有产品能满足用户的需求,这就意味着潜在的商机。公司 CEO Benjamin

Wayne 表示他们会及时联系作者,根据数据分析的大纲快速撰写,并在九周内将图书推向市场。因此他们可以在一本销售约 1 500 册的书上盈利。

2. 对内容进行分析

传统的书籍有不可否认的文化成分,但它们也是数据。透过文本数据的采集和分析,可以了解人的情感。与用户消费数据不同,文本具有内在的规则和形式。人工智能对这些规则进行学习、比较和分类。通过自然语言对文本情绪的分析,将文本的每一部分分为积极的(兴高采烈、跳跃)、消极的(哭泣、杀戮)或者中性的(马路、台灯)。把这些结果画出来,就可以看到文本的情感弧线。机器人虽然对文本的具体内容不了解,但它通过收集阅读人类文本的情感反应能力会逐步增长,对人的看法的"理解"也就越精确。

朱迪·阿切尔和马修·乔克斯通过数千台计算机分析畅销小说的特点,并建立相应的"畅销书测量仪"模型,帮助出版商挑选有望成为畅销书的作品;柏林初创公司 Inkitt 被称为"算法选择的第一部小说"的出版企业,它邀请作家在他们平台发表小说供用户观看,Inkitt 的算法跟踪读者对故事的反应,以确定潜在的畅销书,目前该平台拥有 80 000 个故事,全球有超过 50 万读者。

Story Fit 是一家位于美国奥斯汀的科技公司,目前已与 15 家出版商合作,为他们提供人工智能服务。该公司采用自然语言处理、机器学习和专有算法,为媒体行业(尤其是图书出版商和电影电视制作商)量身定制解决方案。通过人工智能技术扫描故事文本,提取描述故事的内容、影响情感的单词、短语、角色类型、冲突类型等,将这些单词与谷歌、Amazon 趋势进行比较和过滤,以确定目前的流行内容,响应用户的需求。

3. 对供应链进行分析

图书从出版社收到稿件开始,通过审查和编辑等流程,确定新书的出版;根据经验,制定印刷册数,经过物流中心进入批发市场到书店销售给读者构成了完整的供应链。通过人工智能分析各个阶段的数据,作者、出版社、物流中心、销售渠道等都可以对读者需求做出灵活积极的响应,不断调整人力、财力、物力以适应市场的需求。基于图书销售数据,人工智能可以帮助书店建立完善的图书供应系统,调整出版社的图书供应与仓储的存量,调节物流中心的仓库配置,扩大书籍销售的机会。

丸善 CHI 株式会社和日本印刷株式会社共同建立基于人工智能系统的书籍分销体系,将流通中心、书店库存、出版社库存数据进行关联。根据读者的需求进行弹性管理,提高图书在生产、流通和销售中的速度,减少库存和退货,降低物流成本。亚马逊网上书店为了缩短物流配送时间,它与印刷公司进行合作,将部分图书和杂志从印刷工厂直接出货到读者。同时,亚马逊也和出版社开展合作,便于读者能以最快的速度从分发渠道获取他们想要的图书。通过客户与供应商之间分享数据和互动协作,人工智能技术可以实时分析读者需求,为出版社、书店等做出预测判断并制订最佳的决策,提高企业运营效率。

二、具备专业知识,实现智能编辑

2011 年 1 月,IBM Waston 在美国智力游戏 Jeopardy 中击败了两位有史以来最厉害的人类选手。与上一代人工智能专家系统不同,Watson 内置了大量人工智能工具和技术,包括高级自然语言处理、信息检索、知识表示、自动推理、机器学习、语音合成等开放式问答技术,基于为假设认知和大规模的证据搜集、分析、评价而开发的 DeepQA 技术,还存储了超过 2 亿页的文件来构建它的知识体系,包括字典、百科全书、网页主题分类、宗教典籍、小说、戏剧和其他资料。IBM 公司认为,Waston 已经可以开始学习专业人士的语言,接受专家培训学习从事各种行业的工作。类似的 Waston 机器人开始进入出版的数据分析、写作、翻译中。

1. 数据分析

洛杉矶拥有 1 000 万人口,从 2007 年开始,洛杉矶时报都会发布该地区的"凶杀案报告"。一旦有暴力死亡事件,验尸官就把信息添加到数据库里,机器人就会将所有可用数据绘制到地图上,按种族、性别、死因、警察参与等进行分类,并发布在线报告。机器人参与显著改变了记者只会报道有新闻价值的犯罪,这种大规模的即时统计计算并生成可视化数据,易于用户理解并帮助记者收集更多的信息,撰写更深层次的犯罪报道。

2010 年初,Narrative Science 公司开发了一款专为儿童棒球比赛写作的平台 Stats Monkey。它可以使用棒球俚语,根据玩家的活动,游戏分数和获胜率等即时处理统计数据和生成比赛报告。深受小球迷的喜爱。2011 年,它为儿童联盟撰写了 40 000 份报告。

2014 年 3 月 17 日美国洛杉矶遭遇地震,《洛杉矶时报》内部研发的地震机器人(Quakebot)在地震发生 3 分钟后就完成新闻的撰写和发布,成为新闻史上的一个里程碑。2014 年开始,美联社开始使用 AI 技术平台 wordsmith 进行上市公司的财务报道和体育新闻报道。2015 年新华社于 2015 年 11 月启用机器人写稿系统"快笔小新",供职于体育部、经济信息部和中国证券报。此外,还有华盛顿邮报、今日头条、腾讯等媒体也都纷纷开始采用机器人进行资讯报道。如表 9-1 所示。

表 9-1 部分写作机器人的情况

应用时间	写作工具	研发方式	应用领域
2014 年	洛杉矶时报：Quake Bot	自主研发	地震
2014 年	美联社：Wordsmith	与 Automated Insights 合作	财经
2014 年	俄罗斯 Yandex	自主研发	天气、交通
2015 年	腾讯新闻：Dreamwrite	自主研发	财经
2015 年	慕尼黑报	与 Syllabs 合作	体育
2015 年	新华社：快笔小新	自主研发	财经、体育
2016 年	华盛顿邮报：Heliograf	自主研发	体育
2016 年	第一财经：DT 稿王	与阿里合作	财经
2016 年	今日头条：Xiaoming Bot	与北大合作	体育
2016 年	中国地震台网	自主研发	地震
2017 年	南方都市报：小南	与北大合作	民生、时政
2017 年	财新网：财小智	自主研发	财经
2017 年	钱江日报：微软小冰	与微软合作	专栏文章

人工智能应用于数据分析主要是数据内容是否能够被结构化表达，如果结构相对固定，则其模块化程度也就愈高。体育、财经、地震等领域都涉及大量的可被采集的高质量数据，其叙事结构都有各自报道的逻辑和路径模块。机器人可以从这些数据中发现有价值的信息，也就是"异常数据"，如最大值、最小值、异数、阈值等，然后将数据代入算法的模块中，就可以自动生成文章。瑞典卡尔斯塔德教授对比研究了人类的报道和机器的报道，认为人类写的报道以"写得好""阅读愉快"为主，机器人写的故事更多地表现为"客观性""清晰描述"和"准确性"，从本质上讲，人类与机器人的写作差异是微不足道的。美联社购买新闻写作机器人 Wordsmith 的主要原因不是其报道写得比人类好，而是因为其写得越来越快。Wordsmith 在 2014 年已撰写出超过 10 亿篇的新闻稿，2016 年完成了 15 亿篇，远超所有人类记者报道的总和。

2. 文学创作

2008 年，俄罗斯的 AstrelSPb 出版社出版了有史以来第一本机器人写的长篇小说《True Love》，是由 PC Writer2008 机器人花了 3 天时间写完了这本 320 页的小说，故事情节取自于 17 本经典小说的情节库，文风模仿村上春树，销售达

1万本。2016年,由日本公立函馆未来大学松原仁教授研发的人工智能撰写的小说《计算机创作小说的那一天》通过了日本"星新一"文学奖比赛的初审,其小说的人物和故事梗概由人工设置,计算机根据事先准备好的大量词句素材,选择使用,最终完成小说的撰写。2017年,微软小冰创作的诗集《阳光失了玻璃窗》已由北京联合出版公司出版,它是对1920年后519位现代诗人的上千首诗进行了10 000次的迭代运算,100个小时后生成了数万首现代诗,编辑再从中精选出139首组成诗集。MIT媒体实验室的研究团队设计了一个叫Shelley的AI恐怖故事作家,它在Reddit上学习了大量的人类写的恐怖故事,然后在多层次循环神经网络和在线学习算法的结合下,与人们在推特上互动,根据人群的反馈,创作恐怖故事。

随着数据的采集从文本逐渐扩展到语义、情绪等非语言数据,文学创作的过程也在逐步被量化和建模。从故事的构思、素材的采集、组织与整理、文章结构的处理,到最终的遣词用句,都能发现一般模式和规则。而且分析不同作者的写作风格,机器人也可以从语义上进行模仿。此外,从技术上讲,机器人所拥有的词汇量远超过专业作者,但机器人在创作中必须使用与内容最相关、常规的单词,并且受到专业化的限制。而人类作者却不受词语相关性或者频率的限制,使用丰富多彩的词语,从而能拓宽语境并使文章生动形象。正如发现Shelley的研究员Iyad Rahwan说:"短期内,人类作家不必害怕。现在,AI算法能够生成高度结构化内容。但目前AI还不擅长生成复杂叙事。AI版的J.K.罗琳或斯蒂芬金出现还有待时日。"

3. 文章翻译

2016年,谷歌翻译推出了一个全新的人工智能翻译引擎。对于未经专业翻译训练的人而言,其翻译的文本几乎与人工翻译没有区别。《纽约时报》将其誉为"伟大的人工智能的觉醒"。2018年由网易有道公司和电子工业出版社合作出版的《极简区块链》中文版图书亮相北京国际图书博览会。这本20万字320页《极简区块链》通过输入原文、翻译、输出中文,整个过程实际耗时不到半分钟。与传统人工翻译相比,翻译速度已远超人类,准确性也大幅提升。虽然书稿仍有"机器翻译"的身影,但通过人类编辑的主动介入,翻译图书的质量和效率提高幅度惊人。

人工智能翻译每天可以提供数亿级别翻译次数,能够快速学习和迭代相关领域的术语、词语、句子、段落等,基本能满足翻译"信"和"达"。虽然对于一些复杂语法和语境还不能理解,不能够将信息呈现给不同文化背景的用户,远未达到"雅"的级别,但其高效性还是受到了广大翻译工作者的欢迎。布拉斯勒是一名在悉尼工作的翻译者,她认为随着机器翻译工具变得越来越好,通过与这些系统的合作,她可以翻译更多有创造力的文本。根据市场调研公司卡门森斯顾问的数据,未来几年,企业翻译业务的增长速度可能会达到两位数。

4. 图像匹配

Getty Images 是专门为出版商查找新闻故事的最佳配图的人工智能助手。它会根据诸如词频、已知的人或地方等参数来确定文本的含义和相关性。然后将其与来自 Getty 里超过 1 亿张照片的存储库的数据进行匹配,以显示一系列图像选项。Getty Images 数据和高级副总裁 Andrew Hamilton 指出:"在今天的数字世界中,出版商一直面临着讲述最新故事并争夺消费者注意力的压力,引人注目的图像对于创建在线互动非常重要。"

三、辨别人类情感,营造个性交互

1997 年,MIT 的 Picard 教授提出"Affective Computing(情感计算)"概念,她把情感计算定义为:"与情感有关、由情感引发或者能够影响情感的因素的计算。"并指出人机交互的过程中,我们可以通过人的脸像、声音、文本、肢体行为来了解人的情感反应。即赋予计算机像人一样具有观察和理解的能力,并可以针对用户的情感做出友好反应。随着物联网技术的发展,计算机已经可以通过各类传感器去鉴定识别人类的各种生理指标和变化,来实现自动辨别人类的情绪状态。如身体的移动可以通过陀螺仪传感器来测量;身体姿势可以通过压力传感座椅来识别;情绪状态也可以通过人类眨眼模式、头部倾斜角度和速度、点头、心跳、肌肉紧张程度、呼吸频率以及脑电波活动得知。最新出版的《牛津情感计算手册》篇幅已经超过 500 页了。运用具有情绪辨别的机器人与人交互,可以缩小人机之间的陌生感,营造出人机和谐的环境。

图书出版商哈珀·柯林斯出版社在 2017 年率先开始使用名叫 Epic Reads 的聊天机器人,它主要为用户推荐各类图书。只要用户对自己阅读内容有一个模糊的想法或者想随机寻求一些建议,它都会给用户明确的答案。企鹅兰登书屋在 2018 年发布了一款名为 Book Recs 的聊天机器人。这款机器人通过与用户交流,可以为用户推荐最多 18 本可能符合你感兴趣的图书。同时还会提醒用户,如作者的新书,作家签售会,以及更多和图书相关的消息。BAM Mobile 公司则与 Facebook 公司合作,在脸书的 Messenger、Slack 和 Telegram 等平台上推出"作者机器人",为亚马逊的 Amazon Echo 和 Google Now 提供声控找书和阅读服务。通过该软件,为用户创建一个"真实"的对话,作者也可以参与对话来协助读者了解作品或回答读者提问。世界三大出版商之一麦克米伦也是其客户之一。

四、精细机械操作,讲究任务技巧

1921 年,捷克作家卡尔·恰佩克在他的剧本《罗莎姆万能机器人》中创造了"机器人"一词,从那时起,文学作品中的各种机器人引起了人们巨大的兴趣。世界上第一台真正意义上的机器人是由美国人英格伯格和德沃尔在 1959 年制造的。这台机器人可以进行一些简单的操作,代替人做一些诸如抓放零件的工作。随着人工智能和自动化技术的发展,机器人可以听得见、看得到、摸得着,并且能够识别方位、温度、光线、速度以及湿度等,它可以和人类一样与物理世界进行互动。机器人也从早期的汽车、航空领域材料处理和焊接工作进入了更加细分的领域,如医疗、物流、安保、文化服务等。在出版领域,智能仓储机器人、教育机器人、书店机器人也投入了具体的应用。

1. 智能仓储机器人

智能仓储机器人是由一系列移动机器人、可移动货架、补货、拣货工作站等硬件系统组成,以人工智能算法为核心,来完成包括图书上架下架、订单识别、品种拣选、补货退货、盘点等流程的完整订单智能履行系统。2012 年亚马逊收购了机器人制造商 Kiva Systems,目前已在其物流配送中心部署了超过 10 万台 Kiva 机器人。Kiva 机器人依据算法指令规划路径找到货架,运用超声波传感器与货架进行交流。当 Kiva 识别到货架上的货物需出库时,顶起货架并将货架运送到拣选位置,而且依据算法在拣选位置以优先顺序先后一字排开等待工人作业。据统计,它的工作效率是传统物流作业的 2—4 倍,准确率达到 99.99%。英国的 Bookpoint 公司的库房,管理员只有几个,整个图书订单的识别、图书的挑选和打包均由一条智能化的机器流水线承担,极大提高了库管效率,有效地降低了人力资源的投入。

2. 智能教育机器人

教育机器人是面向教育领域专门研发的以培养学生分析能力、创造能力和实践能力为目标的机器人,具有教学适用性、开放性、可扩展性和友好的人机交互等特点。教育机器人广泛应用于 STEAM 教育、儿童娱乐教育和自闭症儿童教育等方面。如丹麦的乐高机器人,涉及科学、技术、数学、设计、社会学等学科,既适用于课堂教学,也可以作为课外活动和技能培训内容。美国的 RB5X 是专门在教育中应用的全智慧教学机器人,具备各种感应器,学生通过编程,来控制 RB5X 说多国语言,让他行走、旋转、跳舞和捡拾物品。日本理科大学机器人 Saya 老师,可以扮演老师角色,根据不同的教学情境,完成一门课程的教学。中国的科大讯飞公司研发的阿尔法蛋智能机器人在满足儿童玩乐需求的基础上,加入教学设计,"寓教于乐"地引导儿童学习生活、语言、社交等知识。此外还有专为特殊症状使用的机器人 Milo 和 Ask Nao,陪伴老人的机器人 Zaora Bot 和 Sil-bot 等。有研究表明教育机器人作为一个学习工具有着巨大的潜力,不仅对教育环境产生积极的影响,而且适用于各种人群,通过多样化的互动达到寓教于乐的目的。

3. 智能销售机器人

智能销售机器人是以图书识别、人脸识别、自助结算和防盗系统构成,可以提供 24 小时导购服务,大大拓展和延伸了传统图书销售服务时间。2017 年 10 月,北京图书大厦、王府井书店等店面出现了"北新宝宝"的智能售书机器人,用户可以和机器人进行交流,机器人会根据用户表述提供所需图书或商品的准确位置,并推送相关优惠信息和相似商品推荐。同时,机器人会记录用户的购买习惯,分析用户属性做出用户精准画像,在用户下一次到访时,推送更为精准的商品信息和优惠政策。浙江省新华书店推出了导购机器人"小新",不仅能为用户介绍图书资源,还能为用户精准引导到图书的货架,实现无人支付。

4. 智能导航机器人

智能导航机器人主要由图书馆的馆藏资源、识别技术和馆内路线设定构成,可以提供图书咨询服务导航的功能。康涅狄格州韦特波特公共图书馆内有两个名为"文森特"和"南希"的全自动步行说话机器人,它们可以帮你查询馆藏的流通状况,并能够依靠 RFID 技术定位书籍位置,迅速引导用户去相关的书架,而且可以向用户教授计算机编程技能。日本小山市图书馆推出了机器导览员"うさたん",机器人不仅可以和小读者进行语音对话,还可以提供咨询、引导、迎宾服务。中国西南大学图书馆推出了"西小图"的智能机器人。它们不仅能实现前台接待、问路引领、场馆介绍等功能,还能依靠数据库实现图书检索、智能导览、智能互动、知识库问答等功能。

第四节　出版业提供的知识服务模式

一、技术创新与知识服务

出版业虽然是全球古老的行业之一,承载着人类文明积累与传递的重要责任,但它的发展一直跟随着技术创新的步伐。从纸莎草到印刷机,从收音机到电视机,从万维网到出版类 APP,从文字到融媒体,出版总是在技术的进步下不断自我成长。管理学大师克莱顿·克里斯坦森将技术的发展所带来的深远影响分为"持续性"和"颠覆性"。持续性技术可以为行业的运行提供协助,并且对传统的方式进行改良,使一些工作自动化。比如网络投稿、查重,通过高效的机器协助完成,可以降低成本,提高工作效率。虽然对于出版的流程没有实质性的改变。但编辑人员得到解放,可以专心处理其他事务。颠覆性技术则对行业的传统提出根本性的挑战,并且创造出新的变化,它通常意味着对现有工作进行大规模改造,形成创新。

在没有互联网之前,为人类提供知识服务的是新闻出版机构,作家、记者撰写了大量的内容提供给用户。然而,作为第四媒体的互联网自投入商用以后,短短的二十多年,彻底颠覆了知识传播的方式,知识的提供者、传播的渠道、用户的选择都发生了改变。博客平台的出现,人人都有了一个麦克风,知识"守门人"的角色不再是新闻出版机构所独享;大量的媒体类网站疯狂生长,诞生出网易、腾讯、百度、头条等网络巨头,不仅创造了知识的需求,也蚕食了传统媒体的流量;亚马逊、当当等购物平台的出现导致大量的实体书店关闭,流通渠道的扩展,把传统的产业链打得支离破碎;用户可以随时随地获取大量的信息,他们能够通过各种媒体平台进行选择、分享、交流知识,不再被动地接受。

技术的创新已经从三个不同的维度迫使出版企业为用户的知识服务创造价值。第一,从知识产品的组织而言。创新系统降低了出版企业的成本,提升了知识服务的质量,增加了受益的用户。大量新技术应用于出版机构,使得出版企业的组织结构从金字塔的垂直管理模式转变成扁平化管理模式,简化了工作流程,促进了部门间的沟通联系,提高了决策的执行力和环境应变力。同时,技术的应用使得海量的信息资源变得有序化,有利于出版企业对知识内容的整合,提高知识的利用率。第二,从知识产品的开发而言。基于新技术的知识服务模式创造了新的机遇。针对不同用户的具体要求,在不同层次和范围内对知识进行深层次的再加工,从而形成具有独特价值的知识产品。如有声书、增强现实图书、知识库等。第三,从知识产品的营销而言。网络社交媒体的营销为图书销售注入了新的活力,由作者引领,通过社交媒体网络与线下出版机构密切相关的推广活动,使得知识的营销趋向于复杂化和精细化。人工智能的算法分析提升了传播效率,用户群体的互动促进了知识内容的创新。

二、人工智能对出版业知识服务的影响

1. 知识"把关人"升级

传播学先驱库尔特·勒温在《群体生活的渠道》首次论述了"把关"的问题,

他认为"信息的传播网络中布满了把关人",强调"把关即选择"的观点。出版社作为知识生产和传播的平台,在文化传承和科学发展中扮演着不可或缺的角色,是人类知识增长的基础。出版工作不仅是一门学问也是一门艺术,既要体现政策引导又要满足用户需求;既要有宏观的设计,也要有微观的视角;既要有道德的约束,也要经济的考量。

在传统媒体时代,信息量小、来源少、传播方式单一,出版社是知识服务的主要渠道。如今,这种运作模式正受到来自互联网的影响,信息流通加速和渠道的多样性,极大地提升了用户获取知识的便捷性。现在出版社发现为每本书找到用户变得越来越困难,一方面,来自于同行的竞争,例如美国每年出版的图书数量在过去十年中增长了400%,现在达到了每年100万本的数量;另外还有来自于互联网的数据科学家、系统程序员和知识工程师等,他们建立了维基百科、开发了共享开放存取模式。出版社的知识服务把关人角色受到了严重的挑战。

如今,根据IBM的数据,59%的出版企业正在利用数据进行分析以达到"更快地将洞察力转化为行动",从而改变他们的工作流程。作家Deb Vanasse在《独立》杂志中指出,"今天的出版业创新者正在深入挖掘21世纪科技产生的海量数据,以做出更加聪明智慧的决策"。大量的出版企业在数字化建设的基础上自主研发或者直接购买第三方的人工智能技术,有分析图书内容Booxby软件、Story Fit软件等;有向用户推荐内容的Contextly插件;有采集用户信息并提供咨询的聊天机器人Authorbot;有辅助作者的写作平台Narrative Science公司。出版社的工作边界正在被重新界定,学习运用人工智能技术成为智能时代"把关人"的基础。

2. 服务质量升级

尼葛洛庞帝曾在《数字化生存》一书中提出了"我的日报"的设想:"未来界面代理人可以阅读地球上每一种报纸、每一家通讯社的消息,掌握所有广播电视的内容,然后把资料组合成个人化的摘要。这种报纸每天只制作一个独一无二的版本。"尼葛洛庞帝的想法现在已经通过个性化的算法实现了。早期为用户推荐图书的算法采用协同过滤的方法,这种方法存在两个问题,一是需要大量的初始数据,二是缺乏对推荐合理的解释,因此个性化的服务并不准确。随着数据量的增大,云计算、GPU等强大的并行计算机力以及其他算法的发展,人工智能提供的数据越来越准确,从而促进了出版社在服务质量上的提升。

不同算法可以应用于出版的不同流程中,最大限度地提升了出版社知识服务的时效性和个性化。特征词算法和聚类算法可以协助编辑从海量的文稿中挖掘出有价值的作品;通过 AFPR 算法对信息进行聚合排序,可作为畅销作品的重要参考;基于 n 元短语模型算法和神经网络算法的写作软件可以实现部分作者创作的工作;循环神经网络算法可实现文本的翻译;随机森林算法和协同过滤算法可分析用户网络形为,形成用户画像,自动对不同用户推送个性化的内容。

现代出版企业尤其是一些超大规模的出版集团高效运行,人工智能精准助力服务十分必要。依据移动互联网、物联网和大数据技术的发展,人工智能可以实现对用户重大或特定关注事件的实时感知、准确预测,有效提升决策的效率,缩短反应的时间,提高企业运行效能,根据用户的需求提供高质量的个性化服务。

3. 数据共享升级

维克托·迈尔-舍恩伯格在其著作《大数据的时代》指出:"有了大数据的帮助,我们不会再将世界看作是一连串我们认为或是自然或者社会现象的事件,我们会意识到本质上世界是由信息构成的。"在数字化时代,我们生产生活中的各种数据都被记录下来,但其作用是不为人知的,就如同出版社多年来致力于电子书领域的开发,他们都只是把书籍内容数字化作为核心价值。而在智能时代,数据的价值从它最基本的用途转变为潜在的价值。文本数据化以后,不仅方便用户在浩瀚的内容中寻找需要的信息,也便于进一步挖掘有价值的内容。随着算法的升级,其价值在出版领域愈发凸显,甚至会迫使一些出版公司改变他们的商业模式。

出版活动对数据的依赖性不断增强,以数据为导向的出版模式正在形成。但由于数据的价值无法估量以及公司固有的商业模式,大量的数据并不共享。亚马逊的 Kindle 电子书阅读器记录了一些读者反复标注和强调过的内容,但是亚马逊并没有把这些数据卖给作者或者出版社。各大学术出版商将大量的科学文献锁定在收费的壁垒内,有价值的研究成果更是出版商版权保护重点。数据的不开放对于科学文献的深度解析、机器学习带来巨大的挑战。

2002 年,"布达佩斯开放获取计划"被提出后,开放获取运动便在全球蓬勃兴起,欧美国家经过数十年的发展,其开放获取在理论和实践上都形成了较为完善的体系。一些开放获取期刊已成为顶级的科学期刊,如《CA-A Cancer Journal for Clinicians》等。同时,各国政府也大力支持数据共享。如在 2019 年《美国人工智能倡议》中要求联邦机构,联邦政府的数据,将更多向人工智能研发人员和企业开放,以消除各行业之间"在功能上不关联互助、信息不共享互换以及信息与业务流程和应用相互脱节"的信息孤岛现象。数据增值的关键在于整合,但自由整合的前提是数据的开放。现在,越来越多的出版企业开始进行联盟,共享数据,促进知识服务的提质增效。如大地出版社、知识产权出版社、林业出版社等12家公司成立的生态文明知识服务联盟等。

三、人工智能环境下知识服务模式

人工智能技术在媒体领域的发展,使得各种媒体的融合进入到深水区,知识服务呈现出多角度、多媒体、多渠道、多链接的发展特征。出版的服务形态也在不断地变化,从纸媒向数媒不断的演变,由静态向动态过渡,由孤立向链接扩展,由单一向互动发展,由被动向主动拓展。在此背景下,出版企业根据用户不断增长的高质量知识产品需求,通过知识的数字化、数据化、体系化开发,满足不同层次用户的知识服务的需求。考察技术在出版企业应用知识服务的不同融入程度,对当前的知识服务模式归纳为传统模式、助理模式、专家系统模式、网络社交媒体模式、内嵌知识模式和机器生成模式。

1. 传统模式

传统的知识服务模式表现为单向性的知识传播,遵循着"编印发"为主的生产流程。出版社发行的各类大众读物、教材、工具书通过各种流通渠道呈现给用户。这种"一对多"的知识服务模式,具有批量生产、覆盖面广等优点。但由于知识信息的单向传播,因此无法保证所传播的内容是用户所需求的,用户没有主动选择权,只能被动地选择接收知识。

这种知识服务是以出版社为中心,他们扮演着知识"守门人"的角色,从选题策划、内容审定都是依靠编辑的经验来判定。编辑水平的高低直接影响到知识提供的质量,同时为了满足用户多样化的需求,编辑可能会把所有的内容都涉及,因此会浪费大量的资源。2016年美国大选,出版社就准备了大量的关于希拉里和特朗普内容,以备二选一,当特朗普当选后,关于希拉里的大量的资料就浪费了。此外出版企业提供的知识以书籍、报纸、杂志为主,是单向的传递模式,不会带给用户任何增值服务。

2. 助理模式

助理模式是传统模式的一种升级。由于技术的发展和环境的变化,出版企业面临的竞争越来越多,市场也越来越复杂,仅靠编辑长年累月增长的经验难以解决目前的困境。借助于人工智能技术,可以帮助出版企业完成一些初级的工作。如在选题策划阶段,可通过数据分析当前的社会热点确定具体方向;各类办公自动化软件如编务系统、出版发行系统、信息管理系统等,它们可以实现对图书产品、合同、书号、作者、财务、发行等业务的日常办公管理。这些系统的应用一方面提高了出版企业的效率和决策能力,另一方面,通过对数据的分析可以提高对用户的服务能力。

这种知识服务以出版社为中心,通过各类自动化软件如"腾云期刊协同采编系统"来辅助编辑的工作。编辑可以通过数据分析软件如 People Pattern 分析各类数据,迅速把握社会热点和用户的需求,准确的做出决策,达到事半功倍的效果,提升了出版社知识服务用户的效率。

3. 专家系统模式

专家系统模式主要指在某个领域由一个或多个专家提供的知识与经验,通过程序设计模拟人类专家的决策过程,进行智能的推理和判断,提供那些专家处理复杂问题的结果。在这种模式下,出版机构凭借自己在某个细分领域的深耕,不仅拥有专业内容的沉淀和经常合作的专家,而且享有用户对其的充分信任。通过响应市场的需求,组织相关专家提供规模化的知识服务。

此模式下知识服务是以出版社为平台,以满足用户的需求为中心,组织相关专家,通过程序设计,提供某一领域的权威知识。如人民法院出版社的"法信(智答版)"知识服务系统。不同于"百度""搜狗"等搜索平台,"法信"平台的知识服务更具专业性,通过组织相关领域的专家,将海量的法律知识资源结构化、碎片化处理,在机器深度学习的基础上,创造性地开发了交互式专业问答和检索式专业问答的智能匹配功能。用户不需要在成百上千条回答中筛选自己所需要的内容,只要用户提出问题,"法信"平台就可以快速识别出用户的意图,提供的解决方案都是能够援引权威来源并适时标示法律依据的效力。

4. 网络社交媒体模式

网络社交媒体的快速发展成为人们获取信息和知识的主要来源。传统的面对面、人对书籍的方式变成互联网上的人与媒体、人与人之间的交流方式,时间和空间的隔离被打破了,知识和信息的传递更加自由、便捷。同时,由于在社交媒体中知识和信息传递的成本更低和个人信息较好的私密性,用户更愿意在网络社交空间表达自己真实的感受和需求。但与社交媒体数量爆发式增长相伴而来的是知识内容可靠性降低和同质化现象严重。因此用户迫切需要通过平台组织或者权威作者建立社群小组,产生更加深入和精细化互动与交流,形成以作者与用户强关联,增强用户、作者和知识三者之间的关系。

此模式下知识服务是以社交平台为媒,以作者为中心,出版社主要承担作者的联系人角色,通过网上和线下社会推广活动进行营销,把用户和作者真正地联系起来,进行深入的交流,提升知识传播效率。如美国小说家 James Patterson,在 Facebook Messenger 发布新作,同时在社交媒体上进行促销活动,用户通过搜索书名就可以进入相应的阅读小组,不仅可以与作者交流互动,还可以接收文本视频内容,进而在图书的推广方面取得巨大的成功。

5. 内嵌知识模式

内嵌知识模式主要指把知识提炼成文字、图片、声音、视频等媒体形式,通过程序设计将它构建到机器系统中去,在知识服务过程中无需专业人士的参与。这种基于语义分析的知识服务在服务过程中融入语音识别技术,通过专业化的人员进行知识细分,辅以技术手段,使计算机在进行语义识别时有了具有专业性的自主判断能力,从而大大提高了用户的体验,也减少了查询的错误率。

这种模式下的知识服务是出版社通过与科技公司合作共同研发,将具有专业性和普适性的知识应用到多种不同的情景中,实现大规模定制化服务。比如四川新华文轩出版社联合北京师范大学、北京华为技术公司研发人文素养教育机器人"小胜机器人",主要应用于家庭礼仪和行为教养场景,并具有行为识别和性格养成记录评价的功能。贝美科技公司的机器人"萌萌"与贝瓦儿歌、宝宝巴士、童趣出版社等知名第三方机构合作,涵盖了1 000＋儿童电台,1 000＋专题儿歌,40 000＋正版故事等在内,并及时提供热门的内容资源,给予用户需求及时反馈和更新。此类模式的机器人还有科大讯飞公司的阿尔法蛋机器人、慧昱科教的小哈智能机器人、寒武纪"小武儿童机器人"等。

6. 机器生成模式

机器生成模式主要指机器通过学习大量的人类知识后能够生成非人类总结的知识,这些知识可能会包含大量具备广泛应用潜力的通用信息或者是特殊场景中个性化观点。人类可以学习这些知识并运用到实际操作中。基于机器生成的知识服务可以是一对一服务或者一对多服务。这些系统可以成为人类的助手,或者被内嵌到某些系统中为人类提供服务。

这种模式下的知识服务需要大量的专题知识,人工智能公司可能会与出版社合作,请出版社提供相关专业数据给机器,机器通过不断迭代学习,生成新知识,为用户提供服务。如天壤智能公司开发的AI围棋系统"天壤",学习了人类大量的棋谱,通过两种不同的"策略网络"和"值网络"的深度神经学习算法,两个同样的系统不断对弈迭代,选出比较有价值的棋步,抛弃明显的差棋。由于人工智能的"技术黑箱",它可以产生人类不熟悉的棋路。相比与人工智能,人类可收集的棋谱的速度远远落后于机器,但机器所生成新棋谱又为人类提供新知识。

第五节　人工智能背景下的出版业知识服务的推进策略

随着物联网、大数据、量子计算以及知识工程的飞速发展，日益强大的人工智能必将为人类创造分享实践知识的新方法，人类将逐渐迎来一场"大知识革命"。国内人工智能首席专家陆汝钤和他的团队在研究了国内外六大知识工程项目的基础上于2016年提出"大知识"的10个特征，包括大量的概念、大规模的联通性、海量的清洁数据资源、大量的案例、巨大的信心度、大规模的能力、大规模的累积性、大规模的关注度、大规模的一致性和大规模的完整性。由此可见，在大知识背景下的知识服务应该是一个持续的、不断迭代和发展的过程。出版社提供的知识服务的转型也不可能一蹴而就，一步到位，这是一个循序渐进的过程，需要政策、资本、技术、人才等全方面的支撑。

一、宏观层面

人工智能技术的专业程度、开发成本，都对传统出版企业形成较高的应用门槛。相对人工智能公司拥有的技术优势，传统出版企业拥有版权内容优势和一定的资本优势，在少数综合实力较强出版企业自组团队自主开发的同时，更多的出版企业与专业技术公司具有优势互补的合作契机。基于此，在不同的发展阶段，可以通过多个层次的产业政策引导，推动内容与技术多种形式的合作，鼓励出版企业应用人工智能技术。

1. 建立示范项目

遴选基于人工智能知识服务的示范项目。根据出版企业自主研发的人工智能项目，出版企业与人工智能技术公司深度合作研发的知识服务出版项目，在一定时期内予以专项扶持资金支持；对于能够提供更多延伸服务的人工智能技术应用项目，根据实际情况提高资金扶持力度，为数字出版、知识服务向更深层次发展提前布局。同时，随着越来越多的公司开展人工智能服务，产业链初步显现，有必要尽快启动人工智能技术企业评估工作，周期性推出人工智能优秀技术公司推荐名录，引导更多出版企业与优秀技术公司合作，为知识服务的更广泛应用、更深入开发助力。

2. 扶持产业基金

通过设立人工智能出版产业投资引导资金，鼓励出版企业对包括优秀人工智能技术公司在内的数字出版技术公司进行投资、并购,加快出版企业对大数据、机器人等人工智能技术的获取速度,推动出版企业从整体上提升人工智能在出版中的整合应用能力,探索可持续发展的知识服务构建模式,形成从知识建设到知识推送服务,再到知识应用反馈的产业应用链的新型商业模式。

3. 加强版权保护

鼓励支持出版企业在基于人工智能技术上的知识服务的创新,加强对创新应用和新型版权的支持力度和保护力度,让勇于创新者充分受益。提高出版企业探索人工智能应用创新的积极性,通过创新引导和版权保护,推动出版内容创新和功能创新,催生人工智能知识服务多样性。同时,鼓励高校、科研机构及技术公司进行人工智能基础技术研发和专利申请,提高人工智能技术在出版行业应用的深度和广度。

4. 加大人才培养

国内复合型知识专业和技术人才整体上缺口较大,对出版企业、数字出版从业人员提供人工智能技术应用培训是当务之急。从长远考虑,还可以引导具备条件的专业院校开设人工智能与出版专业,培养大数据、算法、知识工程师、策划创意等方面的专业人才;同时,鼓励出版企业与高等院校专业合作,通过建立研究中心,共建人工智能出版项目等方式,加快专业人才培养和专业人才应用速度。

二、微观层面

1. 转型用户思维

出版传播所服务的对象是具有个性特征的用户,离开了用户的信息接收和反馈,出版活动也就失去了存在的价值。在智能时代,出版企业可以从以下几个方面建立用户思维。① 建立用户画像。移动互联网的发展,用户自主选择、掌握信息的能力进一步加强,出版企业也有了更多的渠道和平台与用户直接交互、沟通和交易。用户在网络空间的行为轨迹、消费习惯、选择偏好等数据都可以被保存下来,运用人工智能技术,出版企业可以前所未有的深度理解用户,让用户更加完整地展现在出版企业面前。② 为用户提供高品质的交互体验。在产业链全球化和扁平化的今天,内容生产的质量与价格已经差别不大,出版企业之间的竞争差异是用户体验。当用户愿意花更多的时间和精力与企业进行互动时,才会凸显企业的价值所在。因此出版企业需要提供更多的场景、交互、情感等附加服务,增加用户对企业的黏性。③ 为用户提供权威性内容。混乱、不稳定、去中心化是网络社会现存的特点,各种信息平台的信息存在着内容良莠不齐,混淆用户视听的现象。而出版企业作为最大的权威知识资源平台,更需提供多维化的、不断动态完善的知识体系,加强网络平台和媒体渠道建设,借助线上线下的互动,形成多元立体的产品线和知识服务的格局,增加用户的对平台的信任感。

2. 迭代技术内容

随着用户对知识服务的需求日益高端化,精品的内容知识也日趋复杂和多样化,对技术的要求也愈来愈高,构建多层次、多维度、系列化的知识产品成为开展知识服务的必然要求。由于知识内容也具有生命周期,只有从用户需求出发,跟踪和运用不断发展的人工智能技术,运用迭代思想作为持续改进的方法论,才能保证知识服务的先进性和实用性。出版社可以从以下几个方面进行。① 人工智能技术逐步应用于出版流程中。人工智能技术也处于不断迭代中,其中核心算法也逐步由贝叶斯、分类回归等演变成现在主流的生成对抗网络、深度卷积神经网络、深度递归神经网络等几十种算法,各有不同的应用场景。出版社可以尝试将一些成熟的人工智能技术应用于知识服务的不同场景中,如可以运用数据分析技术对用户进行画像,运用智能客服与用户进行交流等。在知识服务团队与技术团队不断磨合中,根据现实需求不断对技术进行迭代,以使技术更加成熟。《纽约时报》用于采访和写作的聊天机器人有 30 多个,被应用于美国大选、里约奥运会等不同场景中,并被赋予不同的角色性格。② 知识内容的不断迭代。知识发展的日新月异,国际数据公司报道 2018 年,中国产生了大约 7.6 泽字节(ZB,1 ZB 约为 1 万亿 GB)的数据,美国同年为 6.9 泽字节。大量新知识的产生必然要求出版社与时俱进,不断更新制造和传播新的知识内容。出版社可以选择一些具有足够资源的专业性、权威性甚至排他性的知识,建立知识本体,对原有的知识进行碎片化处理后并做知识标引,建立语义网,运用人工智能技术学习和动态添加新的知识内容,与此同时平台在对用户进行知识服务的过程中不断改进,逐步建成在某一领域的权威知识体系。

3. 形成人机协作

就在 10 年前,全球顶尖的出版社中还没有人考虑使用人工智能技术。如今,人工智能已经改变了行业的面貌,机器人可以不需要休息,不会被分散注意力,不会因为过度工作而改变分析结果,它可以自动生故事,可以帮助编辑识别选题,可以审核文章的质量。自动化的生产提高了出版的工作效率、改变了出版人员的一些工作职责,但其局限性也给出版人员带来了新的机会。① 人工智能参与到出版工作中,可以在很大程度上帮助编辑分析数据、查找相关性,发现有价值的内容,但它仅是一个"有用的提示单",提醒人类编辑可能会错过的东西。编辑应该学习了解这些机器人是如何运作,以及如何利用它们来提高编辑水平,这也意味着编辑要学会适应算法和与技术人员进行交流。② 人工智能技术可以自动化完成各项工作,但其背后的核心算法还需要人员进行监控和干预。正如皮尤研究中心推出的《算法时代》研究报告指出:算法的客观中立仅仅是理想,创建算法的人即使尽量做到客观中立,也不可避免地受到自身成长环境、教育背景、知识结构和价值观的影响。例如根据用户喜好推荐的算法有可能会形成"信息茧房",进而造成算法偏见和各种歧视,因此人工干预可以加强自动化决策的透明度。

第六节 结 语

著名的出版分析师伊莎贝尔·汤普森指出:"出版社创造价值的方式正在改变。例如发现内容、分析知识、记录用户行为、服务作者已成为出版社的关键组成部分,而这在十年前是根本不可能的。人工智能将加剧这些变化。"这意味着出版企业要在出版领域保持竞争力,就必须将人工智能技术应用到出版工作中。《华盛顿邮报》被亚马逊收购后,积极地利用各种人工智能技术对内容生成、管理、营销进行整合。不到三年的时间,《华盛顿邮报》面貌焕然一新,数字订阅和广告收入大幅增长,用户大幅提升,其新闻编辑部获得多项奖项。人工智能技术运用到出版行业中,肯定会对产业结构产生积极影响。虽然目前存在一些著作侵权、侵犯用户隐私等法律问题,但不能因噎废食。出版人要积极地学习运用创新人工智能技术,获取人工智能所带来的红利,做强出版业,实现整体竞争力的提升。

(杨晓新:南通大学教育科学学院)

第十章
出版业智库建设与知识服务研究

第一节　数字出版智库建设综述

随着数字出版的创新性发展,传统出版与新兴出版的融合时代已经到来,这种创新、融合体现在许多新兴业务方向和领域不断被发掘,不断受到重视并被付诸实践;这种创新、融合已经远远超出了原有的数字出版项目申报实施、数字产品研发销售方面的创新,而是受到互联网企业、受到文化产业发展的影响和冲击,出现了新的发展模式、新的业态创新。文化与资本的对接,启发了许多出版集团、出版企业向着文化产业基金的方向发展;自主研发力量的重要性,促进了出版机构考虑与技术企业联手,或者参股,或者控股,向着技术研发的方向转型;高端人才的成长与政府决策机制的创新,推动着出版机构考虑向着智库的方向发展,等等。

关于智库的定义,通俗化的表述为"智囊团又称头脑企业、智囊集团或思想库、智囊机构、顾问班子,是指专门从事开发性研究的咨询研究机构"。根据我国智库界的约定俗成,或者说学术化的表述,体现在《2013 年中国智库报告》的规定中,智库主要是指:"以公共政策为研究对象,以影响政府决策为研究目标,以公共利益为研究导向,以社会责任为研究准则的专业研究机构。"尽管定义方面略有不同,但是作为"外脑、第四部门",智库的功能、价值和定位是一致的:它将各学科的专家学者聚集起来,运用他们的智慧和才能,为社会经济等领域的发展提供满意方案或优化方案,是现代领导管理体制中的一个不可缺少的重要组成部分,其主要任务是提供咨询,反馈信息,进行诊断,预测未来。

高水平、国际化的智库既是国家软实力和国际话语权的重要标志,也是推进国家治理体系和治理能力现代化的重要力量。为深入贯彻落实党的十九大精神,以习近平新时代中国特色社会主义思想为指导,加强中国特色新型智库建设,建立健全决策咨询制度,为新闻出版业转型升级和融合发展提供智力支持和智慧支撑,结合出版业实际情况,依据《关于加强中国特色新型智库建设的意见》《关于推动新闻出版业数字化转型升级的指导意见》《关于推动传统出版和新兴出版融合发展的指导意见》《关于加快新闻出版行业智库建设的指导意见》等政策文件,结合"融智库"的实践经验,笔者就出版业高端智库尤其是数字出版智库①的整体情况,浅谈如下:

一、数字出版高端智库建设的总体要求

数字出版高端智库建设的总体要求,大致包括其建设依据、指导思想、基本原则和工作目标等;这些总体要求,是官方智库、高校智库和企业智库无一例外都要遵守的。尤其是在目前我国智库界鱼龙混杂、形势不明的情形下,作为舆论宣传阵地的数字出版,必须要确保智库的导向正确、方向准备。

1. 政策依据

数字出版高端智库的建设依据,一方面是《关于加强中国特色新型智库建设的意见》中关于科技创新智库、企业智库和高端智库的相关规定;另一方面是《新闻出版业科技"十三五"发展规划》中关于科技智库、智力支持的相关规定。

《关于加强中国特色新型智库建设的意见》中明确规定:"建设高水平科技创新智库和企业智库。""实施国家高端智库建设规划。加强智库建设整体规划和科学布局,统筹整合现有智库优质资源,重点建设 50 至 100 个国家亟需、特色鲜明、制度创新、引领发展的专业化高端智库。"②《新闻出版业科技"十三五"时期发展规划》中则明确提出"加快智库建设,提供智力支持保障。完善新闻出版科技专家库,充分发挥科研机构、高等院校、技术企业、新闻出版企业在新闻出版科技创新体系建设中的重要作用。"③

2018 年 3 月份,原国家新闻出版广电总局发布的《关于加快新闻出版行业智库建设的指导意见》则是新闻出版行业智库建设的行动指南和政策引领。该《指导意见》明确规定了新闻出版行业智库建设的主要目标是构建行业特色新型智库体系、重点建设一批较高知名度的行业智库,形成智库集群,生产一批智库产品,培养壮大一支咨询专家队伍。该《指导意见》旗帜鲜明地指出了新闻出版行业智库建设的重点任务包括:加强智库建设整体规划、加快高端智库建设、提

---

① 鉴于出版业智库建设与知识服务的关系,主要存在于数字出版智库与知识服务之间的相互支撑、相互补充,这里所涉及的智库,主要是指数字出版高端智库。
② 内容详见《关于加强中国特色新型智库建设》第九条、第十一条。
③ 冯宏声.新闻出版业"十三五"时期的科技工作思考[J].科技与出版,2016(6).

高专业智库服务能力、鼓励主流新闻出版单位建设媒体型智库、鼓励兴办社会行业智库、推动智库成果及时转化应用等六个重要方面。

就目前我国数字出版智库的分布状况来看，官方智库，由来已久，以中国新闻出版研究院为代表；协会型智库，如中国出版协会、中国编辑协会、中国音像与数字出版协会、中国画报协会等；高校智库，为数众多，以北京印刷学院、中国传媒大学、南京大学出版研究院等为代表；企业智库，发展迅速，以地质出版社、知识产权出版社联合成立的"融智库"为代表。四种智库形态均已出现，尤其是"融智库"的出现，填补了数字出版界企业智库、专门智库的空白。

2. 指导思想

数字出版高端智库在指导思想、基本原则和工作目标方面，和其他各领域的专业智库相比，既有共通性，也有其独特性。

数字出版高端智库的指导思想是：深入贯彻党的十九大精神，以习近平新时代中国特色社会主义思想为指导，坚持党的领导，把握正确导向，牢固树立和贯彻落实新发展理念，坚持以人民为中心的发展思想，坚持改革创新、融合发展、开放共享，以服务大局、促进行业健康发展为宗旨，以政策研究咨询和行业重大问题研究为主攻方向，推动科学决策、民主决策，提升行业治理能力和水平。①

上述指导思想对数字出版智库的发展，提出了更高要求，规定和制约着我们的数字出版智库：必须以服务新闻出版业决策为宗旨，以政策研究咨询和行业重大问题研究为主攻方向，以完善组织形式和运行机制为要点，以改革创新为动力，努力建设面向"互联网+"时代、面向新闻出版行业、面向媒体融合的中国特色数字出版新型智库体系，进一步支撑新闻出版业转型升级，进一步提高新闻出版业的软实力和话语权，为新闻出版业多出思想、出成果、出人才，进一步推动新闻出版业更好更快发展。

3. 基本原则

数字出版作为国家战略性新兴产业，决定和影响其发展方向的高端智库应该坚持以下几个方面的基本原则：

其一，坚持党的领导，把握正确导向。坚持党管智库，坚持中国特色社会主义方向，遵守国家宪法法律法规，始终以维护国家利益和人民利益为根本出发点，立足新闻出版业实际情况，服务于新闻出版业转型升级和融合发展。新闻出版领域的智库首先必须坚守"党管智库"的原则，因为新闻出版是宣传思想工作

---

① 《关于加快新闻出版行业智库建设的指导意见》，"一、指导思想"，原国家新闻出版广电总局2018年3月发布。

的主阵地,是意识形态工作的重要组成部分;坚持正确的导向、坚持弘扬主旋律、传播正能量、致力于出版业转型升级、致力于出版业融合协同发展,是数字出版高端智库的应有题中之意。

其二,坚持围绕大局,服务中心工作。数字出版高端智库的建设应该紧紧围绕新闻出版业转型升级急需的重大课题,围绕转型升级、出版融合、知识服务、大数据建设、标准化工作等重大任务,开展前瞻性、针对性、储备性政策研究,提出专业化、建设性、切实管用的政策建议,着力提高综合研判和战略谋划能力,切实起到"助力业态创新、服务政府决策、引领行业先锋、服务行业发展"的积极效果。

其三,坚持实事求是,鼓励大胆探索。数字出版高端智库的建设应该坚持求真务实,理论联系实际,以问题为导向,积极建言献策,围绕新闻出版业转型升级的重大任务,围绕传统、新兴出版融合发展的时代主题,提倡不同学术观点、不同政策建议的切磋争鸣、平等讨论,创造有利于智库发挥作用、有利于智库积极健康发展的良好环境。

其四,坚持改革创新,规范有序发展。数字出版高端智库的建设应该以新闻出版广电总局为指导单位,以新闻出版企业为建设主体,充分吸收社会资本加入,汇聚行业顶尖专家和智慧。按照数字出版行业智库、新闻出版行业智库、中国文化产业智库的发展次序,逐步建构、建立健全、不断提升新型智库的影响力,不断提高新型智库的社会价值。

二、数字出版高端智库建设的重点任务

数字出版高端智库要想健康、积极、向上、持续地发展下去,需要在资本对接、组织结构、内容方案和服务模式等方面进行突破和创新:

1. 拓宽融资渠道

数字出版高端智库在融资渠道方面,应该大胆创新、勇于尝试,可以采取跨所有制、跨领域、跨地域融资的方式,充分发挥文化与资本融合的优势,选取若干国有出版企业牵头,适当引入社会资本,以财政项目资金为助力,以股份制为主要实现形式,以股权激励为内在机制。

就官方智库而言,多方面、多渠道、多角度的争取国家政策支持和资金支持,是开展更高水平研究、提供更权威报告的重要保障;就高校智库而言,奉行产学研一体化发展思路,从行业、企业拓宽融资渠道,是科研实力更上一层楼的不二法门;就企业智库而言,通过跨地域、跨所有制、跨区域的合作,创新智库运作的方式方法,显得非常迫切。

2016年9月8日,地质出版社、知识产权出版社和睿泰集团三家联合成立了"中地睿知"管理咨询公司,公司设立了面向数字出版专业领域智慧服务的"融智库"。"融智库"的设立,体现了资本层面跨所有制的合作——地质出版社和知识产权出版社作为国有资本,睿泰集团则属于民营资本;体现了跨领域的合作,地质、知产出版社属于内容提供商,而睿泰集团则是标准的技术提供商,数字出版产业链上下游携手成立了融智库;体现了跨地域的合作,两家北京的出版社联合江苏的数字出版技术商,旨在打造第一个数字出版专业高端智库。

2. 完善组织架构

数字出版高端智库的产业链构成,应该以新闻出版广电总局为指导单位,以国有出版企业为发起单位、以科研院所为共建单位、以新闻出版行业权威期刊、报纸为合作媒体,以新闻出版内容、技术、运维企业为特别成员单位,吸纳产业链高端人才,汇聚整个行业顶尖智慧打造而成。

就具体的组织结构来看,数字出版高端智库可以采取公司制的方式,以管理咨询公司的身份设立;也可以采取非营利组织的形式,成立各种类型的研究院或者研究所。一般而言,官方智库、高校智库多采取事业单位、研究院、研究所等发展模式;而企业智库、民间智库多采取公司制模式,例如超星、同方等大型知识服务提供商均在部门设置方面成立了研究所。

3. 创新智库方案

结合数字出版"十三五"发展的专项规划,考虑到当前数字出版企业发展的态势,笔者以为数字出版高端智库的构成至少应包括:① 成员库,包括专家库、机构库、数字出版领域的各种示范单位和试点单位等;② 成果库,包括数字出版领域的核心论文、专著论述和标准规范等;③ 专题库,涵盖数字出版领域的重大专题,包括知识服务、大数据、转型升级、融合发展、数字编辑、在线教育、ISLI、财政项目等;④ 项目库,遴选数字出版领域的示范性项目,为整个行业转型和出版融合提供借鉴和参考。

4. 探索服务模式

数字出版高端智库的服务模式不拘一格,可以表现为线上的咨询解答服务,也可撰写智库报告,或者出版年度白皮书或者蓝皮书。从目前已经成立的智库运营模式来看,数字出版智库可以为广大数字出版从业者、数字出版机构提供会员制服务,为数字出版企业提供数字出版整体解决方案,可以开展数字出版项目监理服务,可以成为数字出版技术产品的中间商,也可以进行数字出版高端培训与认证等综合性智慧服务。无论何种模式,数字出版高端智库的成立初衷和目标在于促进行业发展、提升行业整体科研水平与战略高度。

三、数字出版高端智库建设的核心范畴

数字出版高端智库建设的核心范畴,是指数字出版高端智库的战略定位、研究重心、建设方案和经营模式等。核心范畴涉及的问题能否处理好,直接关系着智库能否起步、能否壮大、能否实现可持续发展,也决定着数字出版专业智库能否以"国家亟需、特色鲜明、制度创新、引领发展的专业化高端智库"的面貌屹立于为数众多的智库之林中,进而能否纳入国家专业高端智库的建设规划之中。

1. 数字出版智库的战略定位

数字出版高端智库的战略定位有二:一为政府献言建策,二为行业出谋划策。

就辅助政策决策而言,智库的定位在于:"服务政府决策,助力业态创新"——为新闻出版业转型升级提供智力支持,为媒体融合发展提供智慧支撑,致力于提升政府主管部门的战略谋划能力和综合研判能力。例如,融智库最近着手为国家新闻出版广电总局有关部门提供关于 AR 技术应用于出版业的报告,便是资政献言、辅助决策的典型体现。

就引领行业而言,智库的定位在于:"服务行业发展,引领行业先锋"——重点提出转型升级、融合发展、知识服务、大数据、转型示范等行业前瞻问题的发展理念和解决方案,为全行业研发创新产品、探索盈利模式、应用高新技术、培养融合人才提供科学模式和示范路径。

2. 数字出版智库的研究重心

时值当下数字出版进入发展"拐点"之际,媒体融合国家战略的提出对传统出版人把握舆论阵地、增强网络空间影响力提出了更高的要求和更严格的标准,持续几年的财政投入对数字出版的产值规模和新的经济增长点也形成了较大的压力,出版业开展知识服务转型的成效亟需以"双效融合"的方式加以显现。这些宏大的时代背景和政策方针,为数字出版高端智库发挥作用和体现价值提供了较好的前提条件,也为当下数字出版智库的研究主题指明了方向。数字出版高端智库应该着力解决当下困扰数字出版发展的热点问题和难点问题,通过问题聚焦、提供方案的方式,为政府决策服务,为行业发展出力。

3. 顶层设计的概念梳理

时下数字出版发展的顶层设计,涉及几个核心概念:转型升级、融合发展和知识服务,概念之间的逻辑关系亟需梳理清楚。概念不清,则判断不准;判断不准,则推理不真,最终会影响到微观至企业、中观至行业、宏观至管理层面的决策

和规划。笔者以为,转型升级是一个过程,是一个有起点无终点的连续过程,新闻出版业需要长期开展转型升级并将长期处于转型升级的过程之中。融合发展是一种状态,是传统出版与新兴出版在内容、技术、平台、运营、管理等方面的交融、互融、通融、共融的状态。知识服务是一个方向,是转型升级的最终方向,也是转型升级的最终结果;当新闻出版企业由纸质图书提供商转变为知识服务提供商之时,外化的表现必然是传统媒体与新兴媒体、传统出版与新兴出版融会贯通的状态。

(1) 大数据与出版业结合的原理与流程

数字出版智库,无论官方、高校智库,抑或企业智库,都需要关注作为国家战略的大数据与出版业的结合,需要研究大数据的产业链与出版业的业务环节之间的关联和衔接。如何将大数据的数据采集、数据清洗、数据标引、数据计算、数据建模、数据应用、数据服务等产业链,和出版业的编辑、校对、印制、发行等流程进行无缝衔接,是考究数字出版智库水准的重要标尺之一。

(2) AR 技术与出版业相结合的产业链构造

AR 技术、VR 技术逐渐呈现出席卷社会各个行业的发展态势,甚至催生出了 MR 形态。在这种背景下,数字出版智库应该冷静的思考,思考出版机构的战略定位,探寻出版企业在 AR 产业链中的角色和赢利点——在"AR 编辑器、3D 模型库、图像识别呈现"三个基本环节之中,出版企业最容易立足、也是内容增值型知识服务关键点。"3D 模型库"的建立,找准了这一点,出版企业也就握住了 AR 出版业态的抓手,牵住了"牛鼻子"。

(3) 知识服务的深入开展

数字出版高端智库应该在知识体系的研发、知识标引工具的开发、知识资源建设、知识资源应用、知识图谱的生成、领域词表和领域本体构建、知识计算的模型建构等方面进行重点研究,切实将知识服务由概念推动至产业发展的层面,切实将知识服务变成出版业转型升级的行动纲领和重要里程碑。

(4) 项目管理的规范化与职业化

项目申报的合规性与合理性、项目实施方式的法定性和约定性、项目管理过程的原则性和灵活性、项目验收的规范性和标准化等数字出版项目管理的核心领域,都应该被数字出版智库所关注并能够提出相应的解决方案。而这方面也恰恰是数字出版工作的主要组成部分,同时,也是许多数字出版从业者所难以把握和控制的工作难点。

举例而言,某地区存在较多项目未验收的情况,数字出版应该根据其未能如期验收的真实原因进行调研和分析,在此基础上,提供项目验收标准,通知其准备项目验收材料,在财务、技术、业务、管理四类文档"齐、清、定"的基础上,委派权威专家赴该地区进行验收。

4. 数字出版智库的建设方案

中国新闻出版研究院作为新闻出版业的官方智库,自建院30年以来,"研究院共编撰行业学术著作和专业图书200多种,科研人员每年发表专业学术论文100余篇,共完成课题700余项;连续多年推出《中国出版蓝皮书》《数字出版蓝皮书》等品牌研究成果,完成多项行业标准和国家标准的制修订工作"[1],同时成立了中国出版网,及时对外发布行业动态和消息,为数字出版专业智库的建设与发展提供了标杆和示范。社会科学文献出版社"皮书"系列成果,也是集多年发展于一身,形成了"蓝皮书"品牌优势。

结合上述官方智库、民间智库的发展特点和成果,笔者以为数字出版高端智库可"线上+线下"的互动模式进行建设:

(1) 线上模式——中国数字出版高端智库网

线上模式是各个专业领域的智库均要采取的模式,例如国务院发展研究中心打造的"中国智库网"、中国金融创新发展智库和战略智库发展基金建设的"中国战略智库网"等。

就数字出版高端智库网的建设而言,可以由专家库、机构库、成果库、专题库、项目库、数字出版技术产品交易中心、数字出版人才评价中心、新闻出版学知识库、新闻出版标准规范库、公共政策库等栏目所组成。

1) 专家库

专家库是整个智库建设的核心和龙头,是智库建设的重中之重,也是数字出版智库年度报告的主要起草者和撰写人。无论是官方智库,还是民间智库,都需遴选业界顶尖专家,进入数字出版高端智库网,同时要设立严格、科学、合理的指标评估体系,确保所入选专家的权威性、专业性和领先性。入选专家的指标体系应该包括:理论研究指标、实务业绩指标和行业影响力指标;同时要对所入选的专家进行动态评估,保证专家队伍的流动性、思想的先进性、实务的引领性和政策的指导性。

专家指标体系是否严格、高标,直接关系到入库专家的水平和实力,直接关系到数字出版高端智库能否胜任资政献策、引领行业的目标,也直接关系到智库所在机构能否长久经营和发展。例如,融智库分别设置了管理专家、理论专家和

---

① 刘蓓蓓,王坤宁.中国新闻出版研究院30周年座谈会召开吴尚之出席并讲话[N].中国新闻出版广电报,2015-11-30.

实务专家的指标体系,每种类型的专家指标都各有特色,总体来讲,指标设定均较为严格,对于学术水平、实务经验和战略眼光都进行了评估和考察。

仅以"融智库"实务专家指标为例进行列举:"多次申报、获批、实施和验收文化产业财政项目(3个以上);具备较强的市场开拓意识,同时在数字出版市场化、产业化过程中积极探索和勇于尝试;在数字出版转型示范、转型升级、知识服务、融合发展等重大工作中具有显著的推动作用和较大贡献;吃苦耐劳、高度敬业,在业界具备较高声誉和影响力;遵守新闻出版纪律,坚持弘扬主旋律、传播正能量,具备正确的价值导向和职业操守;在核心期刊发表过新闻出版领域的专业论文5篇以上,或者出版过新闻出版领域相关的专著。"可见,融智库对于实务专家的准入门槛是相当高的,既需要有丰富、成功的项目实践,又需要有市场化、产业化的能力;既需要有数字出版实务经历,有需要有较高的理论水平;既需要业务能力过硬,更需要导向正确、价值观积极向上。

2) 机构库

机构库是数字出版高端智库网的主体之一,需要邀请出版机构、数字出版技术企业、各省市新闻出版局等机构用户到数字出版高端智库网注册、登录;同时对上述机构用户的经营范围、主要特点、人员招聘、主打产品等核心信息进行介绍。

3) 成果库

数字出版高端智库每年将分专题、分时段推出中国数字出版高端智库报告,作为智库年度成果,报告发布后将在成果库集中展示和运营。成果库是体现数字出版高端智库含金量的重要组成部分。

同时,可采取市场化的手段,汇聚和整理中国新闻出版业核心期刊的资源,对其中精华稿件和论文进行碎片化处理,作为成果库的主要素材之一。

4) 专题库

专题库最能体现数字出版高端智库的特色和区分度。数字出版高端智库网将围绕大数据、知识服务、转型升级、融合发展、ILSI国际标准、CONIX标准、复合出版、转型示范、AR、VR等数字出版核心专题,提供理念、对策、解决方案、发展路径、顶层设计等系列智慧成果,智慧成果集中体现于专题库。

5) 项目库

项目库也是数字出版高端智库建设的重头戏之一。可以针对2012年以来的文化产业专项资金、国有资本经营预算金等财政项目,遴选和评审出示范性项目,将项目的概况和成效部分,集中在项目中进行展示,对新闻出版行业申报、实施、验收和转化项目提供示范性参考和借鉴。

6）数字出版技术产品交易中心

鉴于目前数字出版产业信息不对称、缺乏统一展示平台的现状，高端智库可以汇聚数字出版技术企业的核心技术产品、平台产品，建成数字出版技术产品交易中心，向出版机构开放，同时可集中展示我国数字出版技术产品的全风貌。

7）数字出版人才评价中心

数字出版高端智库同时也是高端人才成长和提升的摇篮。智库建设可以确定和选取数字出版人才培训课程，配合线下高端培训和线上网络培训，对经过培训的数字出版人才进行考核，考核通过后颁发相应的培训认证证书，进而建成数字出版人才评价中心栏目。

8）新闻出版学知识库

自2015年以来，知识服务成为新闻出版业转型升级的主要方向，然而，各出版机构均围绕着各自所服务的国民经济专业领域开展知识服务，很少有出版企业面向新闻出版学提供知识服务。

鉴于此，数字出版高端智库网的必备服务方向之一是提供新闻出版领域的知识服务，以知识服务为核心，构建中国新闻出版学知识库栏目，为新闻出版从业者提供理论支持和知识储备，为新闻出版行业政策制定提供基础数据支撑和资料支撑。

9）新闻出版标准规范库

标准化成果是数字出版高端智库的重要组成部分。数字出版高端智库网应建成中国新闻出版标准规范知识库，将近十年新闻出版领域的国际标准、国家标准、行业标准、项目标准、工程标准等对全行业具有指导性价值的标准规范进行集中和统计分析，做成标准规范查询平台，便于为整个新闻出版业提供知识服务。

10）新闻出版公共政策库

为了更好地服务政府决策、为出版业转型升级提供建设性意见和建议，数字出版高端智库需要建成中国新闻出版公共政策库。公共政策库可收录历年来中国新闻出版的重大政策、发展规划、指导意见等公共管理性政策，为政府主管部门拟定新的战略规划提供资料支撑和数据基础，为新闻出版机构及相关机构提供知识性服务。

（2）线下模式——咨询管理业务

中国数字出版高端智库的线下模式主要包括提供咨询服务，提供个性化智库产品，提供数字出版高端人才培训、财政项目监理服务，等等。所提供的智慧型产品必须具备专业性、权威性和智慧性，同时以较高价格提供服务，旨在提供高端、智慧的知识服务。

5. 数字出版智库的运营模式

纵观我国数字出版领域目前的官方智库、高校智库和企业智库,经过调研和总结,可以发现其主要运营模式包括:

(1) 会员制模式

机构会员和个人会员分别采取收取年费的方式,以维持数字出版高端智库的日常运营和发展。

(2) 财政项目监理模式

长期以来,数字出版项目一直是业务重心和难点,而数字出版项目的申报、实施、验收、管理、审计等业务一直缺乏标准化的流程;为此,数字出版高端智库可以考虑为行业提供标准化、程式化、规范化的项目监理服务,提供自策划至审计的全程智慧服务。

(3) 智库产品订购模式

针对用户的个性化需求,提供个性化的智库解决方案,如数字出版的顶层设计、五年战略发展规划纲要等。

(4) 高端培训模式

智库可于每年举办一期数字高端培训,针对数字出版主管、主任展开高端理论、业务和政策培训。

(5) 线上知识服务模式

标准规范库、公共政策库、成果库、专题库等新闻出版知识服务库的收入,可以作为智库维持日常运转、扩大再生产的常态化资金。

(6) 智库出版业务

出版物一直都是智库的主要收入来源之一,如,兰德公司已发表研究报告18 000多篇,在期刊上发表论文3 100篇,出版了近200部书。数字出版高端智库将围绕转型升级、知识服务、出版大数据、AR出版物、ISLI国际标准等热点前瞻专题,针对性地出版相应的白皮书,填补数字出版细分领域的空白,梳理和总结数字出版专项工作的成果和经验,为新闻出版业提供数据支撑和智力支持。

前述"融智库"自成立两年以来,先后承接了"AR技术在出版业应用"的研究课题、"出版集团大数据应用"的研究课题、高等院校数字出版专业人才培养一体化战略研究课题等,累计面向全国高校、科研院所、出版机构发放了三十几项课题共计500多万元,分别在辅助政府决策、服务行业发展和创新人才培养等方面进行了献言建策,并取得了较好的社会效益和经济效益。

四、数字出版智库运行机制

高端智库的建设,一般是通过完全市场化的机制进行,采取股份制的方式运作,充分吸纳社会资本和技术资本的力量,以国有出版企业作为发起单位,以科研院所作为智力支持单位,以社会力量作为资本补充,以权威核心期刊报纸作为特别成员单位,以广大的新闻出版企业作为会员单位,荟萃行业智力资源,提供行业整体数字化智慧方案。

结合新闻出版产业,研究完善智库运行机制,分别就智库运行的专家助理机制、旋转门机制、智库出版机制、智库报告机制(一定时段保密/非保密报告)、会议论坛机制、会员单位机制、理事单位机制、智库捐赠机制、智库评价机制等方面形成理论成果,并对新闻出版智库建设提供指导意见。

图 10-1 智库运行机制

1. 旋转门机制

所谓螺旋门机制,起源于美国,是美国思想界、政界和商界之间一种通畅的人员转换机制,治理美国的精英人士在智库、政府、企业之间有规律的流动,研究人员、政界名流、商界人士角色可以不断转换,就好比走螺旋门一样。具体到美国智库而言,往往是指学界和政界人士的身份转换。

智库应做好从智库到政府、从政府到智库的"旋转门"工作。在着重培养智库人才的同时,充分利用现有的政府渠道以及媒体平台,建立智库特有的语言和有效的建言献策和社会传播机制,保证"旋转门"中政府与智库双方的交流互动,推动和完善智库人才的发展。

中国智库应该加强对人才结构多元化的建设,组成一支由了解国际形势的高管、企业家、社会学者和杰出青年等人才领导的研究队伍,以此来有效解决智库人才学术素养和研究素养割裂的问题。智库也应建立与政府、企业和国际组织的人才流转机制,使得多方互相挂职,形成一个结合和融合的状态,你中有我,我中有你,这样才可充分发挥智库的"旋转门"作用。

通过建立健全中国特色的"旋转门"制度,加强地方智库资政能力相对较弱的问题,促进地方决策层与地方智库之间的人员流动。地方智库应积极吸纳政府卸任官员从事政策研究,采用聘任制,聘请已退休但经验丰富的决策者继续来智库发挥余热,带领团队;同时政府也应给智库人员提供挂职、定期与政府负责人和政策规划小组进行接洽等实际锻炼机会,引导智库人员了解治策过程,提供高质量的切合实际问题的决策咨询研究成果,真正发挥智库的"思想库"作用。坚持以人为本理念,用创新思维解决人员流动过程中产生的问题。

2. 智库出版机制

出版物一直都是智库的主要收入来源之一,如美国历史上最具影响力的智库——布鲁金斯学会,多年来出版了《布鲁金斯出版物》《布鲁金斯经济活动论文》《布鲁金斯教育活动论文》等系列作品,一方面成为传播智慧、献言建策的重要载体,另一方面也形成了维持智库运转的日常经费来源。

数字出版高端智库将围绕转型升级、知识服务、出版大数据、AR出版物、ISLI国际标准等热点前瞻专题,有针对性地出版相应的白皮书,填补数字出版细分领域的空白,梳理和总结数字出版专项工作的成果和经验,为新闻出版业提供数据支撑和智力支持。

以地质出版社、知识产权出版社联合建立的"融智库"为例,自成立以来,先后承接了"AR技术在出版业的应用""出版业大数据应用理论成果集""知识资源建设与服务指南"国家标准等高等院校数字出版专业人才培养一体化战略等研究课题,分别在辅助政府决策、服务行业发展和创新人才培养等方面献言建策,取得了较好的社会效益和经济效益。

3. 智库报告机制

智库担有主持、参与国家标准、行业标准研制,开展企业标准、项目标准研制等方面任务,基于此生成报告书,旨在不断提升标准化科研水平。

以融智库为例,其先后获批《知识资源建设与服务工作指南》国家标准2项,经总局批准发布《数字出版业务流程与管理规范》行业标准1项,经总局立项启动《出版业AR技术应用规范》行业标准1项,承接国土、地质、外语、建筑、宏观经济等领域的企业标准13项。

通过标准的研制,融智库创新性地打通了前沿技术与新闻出版的通道,形成了AR出版的"3D模型库、AR编辑器、输出展示系统"的相对完整产业链构成,探索出了大数据与新闻出版的"数据采集、数据存储、数据加工、数据标引、数据模型建构、大数据知识服务"等数据出版原理与规律,梳理了存量/在制/增量知识资源建设、知识资源组织、知识资源标引、知识计算、扩展性与定制化知识服务的相对完整的知识服务产业流程,等等。

4. 会议论坛机制

由智库牵头，搭建政府、行业与企业之间的智慧桥梁，以会议、论坛的模式，推进官方智库、企业智库与高校智库之间的融合发展，凝聚共识，合作共赢。

"中国新闻出版智库高峰论坛"是融智库的品牌性论坛，迄今已经连续举办两届。融智库于 2017 年联合南京大学、中国音像与数字出版协会专业数字出版工作委员会两家单位主办，发动 3 家承办单位、9 家协办单位、12 家媒体单位，举办首届中国新闻出版智库高峰论坛；首届智库高峰论坛的学术色彩较为浓重。融智库于 2018 年联合广西师范大学主办，发动 7 家承办单位、10 家协办单位、数十家媒体单位，举办第二届中国新闻出版智库高峰论坛；第二届高峰论坛的行业协会色彩相对突出。

通过每年一次的中国新闻出版业智库高峰论坛，搭建衔接政府、行业和企业的智慧桥梁，推动新闻出版行业沿着正确的导向健康发展，推进官方智库、高校智库和企业智库的融合发展，促进高端交流、凝聚共识、合作共赢。目前，中国新闻出版智库高峰论坛品牌已经成为新闻出版行业年度性、延续性、战略性、高端化、充满活力和创造性的行业盛会。

5. 会员单位机制

新闻出版智库会员单位机制，即分别对机构会员和个人会员采取收取年费的方式，以维持数字出版高端智库的日常运营和发展。

以融智库为例，机构会员和个人会员分别采取收取年费的方式，每家机构用户每年收取 2 万元的费用，个人用户收取每人每年 1 000 元的费用；实现经营收入，预期会员制收入第一年达到 25 万元，并以 25％的速度进行递增。

6. 理事单位机制

一般在盈利公司中，理事会通常称为董事会，他对股东或利益相关方——任何对公司感兴趣或会受到公司影响的人负责。在非赢利组织中，理事不收任何报酬，也不因为在理事会工作而获得任何补贴。新闻出版智库理事单位，一般属于非赢利组织。理事会的细则规定了理事会成员的组成、权利、义务和责任。理事会在法律上负责为组织制订政策、监督这些政策的执行，并确保组织的活动合法。除非根据理事会细则被解职，在法律上理事有权利为理事会工作。

融智库作为单体型智库，2018 年 6 月份选举出了理事长单位一家、副理事长单位三家；作为智库联盟，2017 年 11 月 29 日，由国内多家主流新闻出版单位所组成的"新闻出版产业新型智库联盟"第一次工作会议在北京召开。会上，选出了 9 家单位组成了第一届常务理事单位。其中包括商务印书馆全民阅读促进中心、人民网舆情数据中心、健康时报中国健康研究院、人教数字出版中心、北京北大方正电子有限公司、华闻传媒产业创新研究院等。①

7. 智库捐赠机制

当今中国,智库日益发挥着政府"外脑"作用。在经济全球化和社会信息化深入发展的背景下,无论是服务国家战略决策,推动经济社会发展,还是参与全球治理,扩大中国国际影响力,都越来越需要智库的思想支持。

有越来越多的民间有识之士通过捐赠方式为智库建设提供支撑。这反映了越来越多民间力量投入参与到智库建设中来,代表着他们对搭建学界平台的关注,这体现了对服务社会的热心和放眼未来的远见。

由于新闻出版智库的建立与发展需要较大额的经费,因此把捐赠收入作为筹措经费的主要渠道之一是必要的。与政府的财政资助相比,捐赠基金具有非计划性、非政府性和灵活性等特征。捐赠基金在智库建设经费中所占的比例越大,智库对政府拨款以及其他外部资金的依赖性就越小。

另一方面,新闻出版智库在发展过程中,要积极吸纳多方捐赠。捐赠机制越灵活,智库的独立性与学术自由就更能得到保证。高度的决策自主性特征可以使智库拥有较高的社会声誉,能更加吸引社会资金的大量流入,拓宽智库资金来源渠道。

8. 智库评价机制

评价,是成熟智库必备的功能和价值。智库评价,包含对人的评价、对产品的评价、对组织体的评价;包含专项评价和综合性评价。越是具备战略眼光的智库,越是重视评价功能的发挥和运用。历年来,中国新闻出版研究院、中国出版协会、中国编辑协会、中国新闻出版智库高峰论坛等所发布的各种奖项和评比,都是评价功能的外化和成功发挥。

公平公正的成果甄别机制和广泛深入的调查研究,是确保智库成果质量的两条有效途径。建议在智库成果甄选与评价方面,应当纳入用户意见,参与智库评价也是政府重视智库建设、提升治理能力的重要表现。建议在智库成果评审时,坚持贯彻评审专家的无关利益等原则;并积极鼓励智库开展一线调研,树立"无调研、不智库"的理念,从项目管理流程上增设相应的征询环节,以智库列席、听证会、专家座谈会等形式,要求将智库调研纳入治策流程,在制度上确保智库成果的批示、采纳及应用情况能及时得到反馈,为更好地发挥智库的资政作用创造适当条件。与此同时,也要防止政策研究的学术化倾向,在向高校和科研院所

---

① 新闻出版业首个新型智库联盟在京成立,华商网,http://news.hsw.cn/system/2017/1130/933247.shtml,2019 年 4 月 28 日访问。

寻求理论支撑的同时，应加强对具有决策咨询价值的学术研究进行持续跟踪和政策转化。

五、数字出版高端智库建设的保障措施

1. 规范运行机制

数字出版高端智库建设通过完全市场化的机制进行，采取股份制的方式运作，充分吸纳社会资本和技术资本的力量，以国有出版企业作为发起单位，以科研院所作为智力支持单位，以社会力量作为资本补充，以权威核心期刊报纸作为特别成员单位，以广大的新闻出版企业作为会员单位，荟萃行业智力资源，提供行业整体数字化智慧方案。

2. 强化人才建设

数字出版高端智库吸纳行业顶级人才、权威政策制订者为首席专家库成员，吸收一线数字出版业务骨干、一线数字出版理论研究人员作为专家库成员，面向数字出版中坚力量、新生力量提供个性化智慧服务，面向广大会员机构提供定制化智慧服务，通过打造行业人才流动枢纽、行业智慧产品交易中心，来聚集人才、培养人才和提升人才。

3. 实施项目带动

数字出版高端智库将积极奉行项目驱动战略，在实现原始成员积累、数据积累、平台积累之后，将通过文化产业资金、新闻出版基金等多种财政项目的形式，积极申报并争取财政项目，以项目促进智库建设，以项目提升智库的行业影响力和社会效益。

纵观我国的数字出版智库格局，尽管很少直接冠之以"智库"的名称，但是以中国新闻出版研究院数字出版研究所为代表的官方智库，以北京印刷学院、武汉大学、南京大学等为代表的高校智库，以"融智库"为代表的企业智库分别在各自的领域展现出了强劲的发展势头，并且互为补充、相得益彰，共同助推着我国数字出版业的健康、有序、稳步发展。

以知识服务为视角，分为政策驱动型、产品驱动型、信息驱动型、技术驱动型和智慧驱动型的知识服务；作为智慧驱动型的知识服务，数字出版高端智库显示出知识服务的旺盛生命力，同时，又以出谋划策、献言建策为己任，承担着推动产品知识服务、助力信息知识服务、启蒙技术知识服务的艰巨任务。

六、"融智库"的现状与未来

2016年9月，由地质出版社、知识产权出版社联合成立"融智库"，经过3年

发展,已经发展成总库、吉林分库、重庆分库、广东分库、广西分库5家,并发展了全国政务、理论和实务专家共计约200人,面向全国发放课题40多项、经费共计500多万元。

1. 建设经验及成果

在智库建设经验方面,"融智库"重心聚焦于开展前沿性研究、主导标准研制、举办高端论坛、提升业务咨询水平、持续提高科研投入和开展专业培训等六个方面。经过两年的发展共计形成了200多万字的科研报告、数十项标准、多项国家级重点课题和报告的研究成果。

(1) 开展前瞻研究

"融智库"自成立以来,紧紧围绕新闻出版业转型升级急需的重大课题,围绕转型升级、出版融合、知识服务、大数据建设等工作等重大任务,开展了一系列研究,以期为行业发展提供专业化、建设性、切实管用的政策建议。

截至目前,共组织智库专家和学者完成《AR技术在出版业应用研究报告》《新闻出版业数字化转型升级蓝皮书(2016)》《新闻出版业数字化转型升级政策文件汇编(2013—2017)》《数字出版前瞻领域研究蓝皮书》和《中国新闻出版智库蓝皮书》等智库报告的撰写工作,合计字数近200万字。通过创新智库报告定价机制,打破传统的印张定价规则,首次引入"知识定价机制",充分体现知识的价值、智慧的价值,实现了智库报告的高端营销效果。

(2) 强化标准研制

"融智库"自成立以来,持续主持、参与国家标准、行业标准研制,开展企业标准、项目标准研制,不断提升标准化科研水平。先后获批《知识资源建设与服务工作指南》国家标准2项,经原总局批准发布《数字出版业务流程与管理规范》行业标准1项,经原总局立项启动《出版业AR技术应用规范》行业标准1项,承接国土、地质、外语、建筑、宏观经济等领域的企业标准13项。

通过标准的研制,"融智库"创新性地打通了前沿技术与新闻出版的通道,形成了AR出版的"3D模型库、AR编辑器、输出展示系统"的相对完整产业链构成,探索出了大数据与新闻出版的"数据采集、数据存储、数据加工、数据标引、数据模型建构、大数据知识服务"等数据出版原理与规律,梳理了存量/在制/增量知识资源建设、知识资源组织、知识资源标引、知识计算、扩展性与定制化知识服务的相对完整的知识服务产业流程,等等。

(3) 持续科研投入

除承接研究项目外,融智库还拟定课题研究规划,启用自有资金或社会捐赠资金,面向国内相关研究领域的高等院校、科研机构、新闻出版企业发布重点课题研究项目公开招标,以挖掘专业领域机构和人才,联合研发和形成成果,服务于行业。

成立两年以来,"融智库"共发布课题20多项,累计投入科研经费500万元,用于知识体系研发、大数据技术应用、人工智能与出版、增强现实与新闻出版、虚拟仿真与新闻出版等研究,科研成果预计于2019年初陆续发布。

(4) 开展高端培训

"融智库"立足于新闻出版行业,先后在全国各地承接了多家集团和新闻出版机构的高峰论坛、项目论证会、骨干培训班等会议,同时向国家新闻出版培训机构推荐、输送培训专家,服务省份包括吉林、重庆、广东、天津、江苏、陕西、广西等地区,累计培训学员逾5 000人,在行业内树立起了广泛的影响力和良好的口碑。

此外"融智库"还举办新闻出版业智库高峰论坛,并面向新闻出版企业及高等院校等提供咨询服务,取得较好的效果。

2. 面临的主要问题

经过两年时间,"融智库"已发展成具有自身经营特色的实体机构,取得了一定的成果。但就长远规划和可持续性发展而言,仍存在一些问题,突出地表现在以下几个方面:

(1) 高素质专家队伍有待培育

一方面,目前"融智库"专家数量众多,来自全国各地,既有政府部门、企事业单位管理者,也有高等院校教授、博导,以及新闻出版机构的部门负责人等。统一组织和调度、相互间沟通协调存在一定困难,难以形成整体合力,专家队伍的凝聚力、向心力和协同创新能力需要进一步强化。

另一方面,智库专职研究人员数量不足,高素质人才匮乏。目前"融智库"的专家助理机制还有待强化,专家助理与专家之间的衔接与沟通机制需要进一步完善和改进。现有的专家资源,在制订智库发展战略规划、课题研究计划方面难免存在不足,在辅助、服务、引导专家开展研究方面力不从心。

(2) 多元化筹资机制欠缺

纵览古今中外,智库的经费来源都是核心问题。通行的收入构成包括:政府委托、社会捐赠和业务收入。而目前"融智库"研究经费主要来源于社会捐赠和财政资金,经费来源相对单一且略显不足,在"融智库"分库数量众多的情况下这一需求尤为迫切,智库捐赠机制需要树立并深入落实。

(3) 研究成果转化率尚需提升

"融智库"坚持紧跟时代步伐,课题立项具有较强的前瞻性和预判性,但投入的相关领域高素质人才略显不足,且缺乏有效监管和约束,研究成果往往不能触及问题本质,缺乏全面性、系统性、深刻性,政策建议的可操作性和务实性方面需要进一步提升和巩固。

3. 发展愿景与规划

当前我国处于各类智库蓬勃发展的时期,智库建设面临较好机遇,"融智库"应牢牢抓住时机,围绕新闻出版转型升级和融合发展的前瞻性、热点难点问题开展研究,多出高质量成果,以真正做到服务政府决策、服务产业发展。

(1) 完善发展机制,激发人才活力

在经营发展过程中,"融智库"坚持学习借鉴国外智库和国内优秀智库的有益经验,结合新闻出版行业特色,制定和完善规章制度,包括分库运营办法、专家管理制度、专家助理制度、科研管理办法、成果审核制度等,确保智库运行有章可循。制定良好的激励机制和专家管理办法,确保专家资源得到有效利用和合理分配;对入库专家要逐年进行考核和遴选,适度分级分层或进行淘汰更新。招聘或培养一批具有较好研究能力和经验、良好沟通能力和管理能力的专职人员,作为专家助理辅助专家或者独立开展研究,并使专家助理与专家配比逐年升高。

(2) 扩大研究经费来源,并增强智库自主盈利能力

通过研究发达国家智库可以发现,其经费来源呈现多元化特点,如政府拨款、企业捐赠、会员会费、政府或企业委托项目等。其中,欧盟国家智库大部分由政府拨款支持,而美国智库基本来源于私人捐赠,智库顺利运营得到保障。针对"融智库"发展现状和研究需求,应在政府拨款、企业捐赠方面进一步深挖,在会员会费和委托项目方面进行广泛开拓,不断提升自主盈利水平和能力,才能确保智库的持续发展。

(3) 提升智库成果质量,加快向政策咨询的转化效率

关于"融智库"的成果转化,可以从以下几个方面进行展望:其一,通过完善专家管理机制,对专家进行考核和遴选、聘用高素质专职人员等方式,为高质量科研课题的研究打下良好的人才资源基础;其二,参照国内外领先智库的做法,制定严格的课题评审和监管制度,完善成果评价体系,确保成果质量,向着评价机构进行转型和升级;其三,不忘初心,定位于辅助政府决策,课题规划要结合行业时机,找准政府需求,研究成果应具有较强的可操作性,能切实帮助政府和企业解决实际问题。

"星星之火,可以燎原"。"融智库"从致力于数字出版的高端智库,逐步壮大为面向新闻出版业甚至是文化产业的智慧服务提供商,其发展历程之艰辛、探索过程之曲折、生存壮大之不易,唯有亲历者,方能体会。在新时代,我们时刻迎接

着一系列新机遇和新挑战,我们不断面临着一系列新技术、新业态和新模式,需要以开放、宽容、共享、合作、协同的心态去面对新事物,去对待新型智库,唯有如此,才能共赢、才能多赢。

第二节　出版业知识服务流程与类型

出版社所开展的知识服务,是指出版社围绕目标用户的知识需求,在各种显性和隐性知识资源中有针对性地提炼知识,通过提供信息、知识产品和解决方案,来解决用户问题的高级阶段的信息服务过程。出版社开展知识服务需要遵循战略策划、模式策划、资源采集、资源组织和资源应用等流程。相对于图书馆知识服务而言,出版社开展的知识服务,无论是扩展性的知识服务还是定制化的知识服务,其性质、特点和内容都有着鲜明的不同之处,这也意味着出版社开展知识服务具有良好的社会效益和经济效益。在"互联网+"的时代背景下,在媒体融合、出版融合的形势驱动下,未来的出版业转型升级的最终方向必然是知识服务,为目标用户提供全方位、立体化、多层次、多介质的知识服务。

一、出版机构知识服务解析

2000年,张晓林教授发表了《走向知识服务——寻找新世纪图书情报工作的生长点》一文,提出把知识服务作为新世纪图书情报工作的生长点、突破口和核心能力。该文在国内学术界产生了重大影响,并由此拉开了国内图情界研究图书馆知识服务的序幕。① 较之于图书情报界的知识服务,新闻出版界的知识服务系统工程,发端于专业出版机构知识服务模式试点单位的遴选和确定。2015年3月,新闻出版广电总局办公厅发布了《关于开展专业数字内容资源知识服务模式试点工作的通知》,并在经过专家评选之后,选取了28家单位作为知识服务模式探索的试点单位,紧接着启动了出版机构知识服务通用标准的研制工作,在2016年又揭开了知识服务模式探索的大幕。

相对于图书馆机构的知识服务模式而言,我国的出版机构所要开展的知识服务具有很大的不同,一则是因为图书馆是非盈利的机构,而出版社要考虑到社会效益和经济效益;二则是因为图书馆本身并不生产知识,而出版社承担着知识资源的编辑、加工和生产的职责;三则,图情界的知识服务最早是由学术界发起

---

① 张晓林.走向知识服务——寻找新世纪图书情报工作的生长点[J].中国图书馆学报,2000(5).

的,而出版机构的知识服务是由政府主管机构自上而下推动开展的,体现了政府推动文化产业发展的前瞻性和指导性。

1. 出版机构知识服务的基本含义

出版社所开展的知识服务,是指出版社围绕目标用户的知识需求,在各种显性和隐性知识资源中有针对性地提炼知识,通过提供信息、知识产品和解决方案,来解决用户问题的高级阶段的信息服务过程。

出版社所开展的知识服务分为三层:第一层为信息服务,是指出版社为目标用户提供书讯、图书基本信息、数字产品信息等服务;第二层为知识产品,是指出版社根据目标用户的需求所提供的数字图书馆、条目数据库和以知识体系为核心的知识库等产品;第三层为知识解决方案,是指出版社根据用户个性化、定制化的知识需求,为目标用户提供点对点、直供直连直销的知识化的问题解决方案。

2. 出版机构知识服务的主要特征

出版社的知识服务,其主要特征有:

其一,知识服务注重社会效益,同时也注重经济效益。该点与图书馆所提供的图书情报信息服务有着显著性的差别,图书馆的图情信息服务公益性色彩较重,基本不涉及依靠图情信息服务来提高经济效益的目标,所提供的图情服务以无偿服务为主;而就出版社而言,长远地看,出版社未来的业务发展,出版社将来生产和发展的主体业务,应该是提供知识服务,并且多数情况下提供的是有偿的知识服务。

其二,能够提供多层次、跨媒体、全方位的知识服务。相对于图书馆知识服务而言,出版社所提供的知识服务更加全面、立体和丰富。首先,出版社所提供的知识服务可以包括信息资讯服务、数字产品和知识解决方案,信息服务、数字产品、解决方案的层次性差别明显,既能够满足一般用户的大众化的、扩展知识的需求,也能够满足特定用户个性化的、解决特定知识问题的需求。其次,出版社能够提供包括纸质介质、网络介质、终端介质等在内的多介质、跨媒体的知识服务。最后,出版社所提供的知识服务既能满足特定专业、特定领域的用户需求,也能满足普通社会大众的知识需求,服务范围囊括整个社会,属于全方位的知识服务,而图书馆知识服务往往只能面向特定专业群体或者特定社区,具有服务范围特定性特点。

其三,知识服务是出版社转型升级的最终目标。我国的数字出版转型升级工作推行了数年,部分出版社已经实现了一定程度的业态转型,但是国内出版单位目前主要的经营主业仍然是提供纸质的图书产品。从转型升级的最终目标来看,包括但不限于纸质图书的知识服务应当是出版社经营发展的最终走向。总局关于转型升级的部署,无论是数字化软件、硬件的配置,还是数字资源库项目的启动,抑或是行业级数字内容运营平台的搭建,其初衷和归宿都在于让出版社具备提供数字化、信息化的数字产品与服务的能力,推动出版社具备开展互联网、移动互联网知识服务的能力,最终实现出版社由单一的提供纸质图书产品向提供全方位、多媒体的知识服务的角色转型。

3. 出版机构知识服务战略转型的国内外现状

而在关于出版机构自身定位的调研中,笔者查阅了数十家出版单位的企业介绍,发现无论是专业类、大众类、教育类还是综合性出版社,其定位大多是"出版机构、图书出版商、信息服务提供商、图书提供商、出版公司"等,旗帜鲜明地指出向服务方面转型的只有外语教学与研究出版社,在其企业简介中指出:"为教育机构以及学习者提供全面的教育解决方案,发展为国际化的、领先的教育服务提供商。"而国外的出版机构,其大多定位于信息服务、知识解决方案,例如,励德爱思唯尔的企业介绍定位于"励德·爱思唯尔已全面转向信息服务,离传统的出版越行越远";汤森路透的定位是"商务和专业智能信息提供商,提供智能信息及解决方案"。相比而言,境外的出版传媒集团很早就意识到知识服务是转型升级的方向和目标,而国内大部分出版单位仍局限于纸质产品的经营和销售范围内;实践证明,知识服务是新闻出版业高水准满足信息消费需求的必然发展方向,率先思考知识服务转型、率先开展知识服务工作的外研社、知产社等国内社都取得了较好的转型效果。①

二、出版社开展知识服务的流程

出版社开展知识服务,需要在统一的知识服务战略的指引下,在充分调研市场的基础上,以目标用户公共性、特定性的知识需求为导向,围绕着知识资源的获取、知识资源的组织、知识资源的管理进行,最终实现知识资源的应用,对外为目标用户提供各种层次的知识服务。

1. 知识服务战略规划

在开展知识服务以前,出版单位应该组建知识服务领导小组,由社领导层担任领导小组组长,定期制订、修改知识服务总体战略规划、阶段性发展规划,检查、督促知识服务工作整体进度,建立、健全知识服务评估体系,确保知识服务长期、稳定地开展和进行。

出版单位应该制订并落实前瞻、务实的知识服务战略规划,在充分调研目标

---

① 冯宏声.出版的未来:从"互联网+"到"内容+"[J].出版人,2015(05).

用户市场的基础上,形成自身的知识服务产品研发策略、技术应用策略和市场运营策略。战略规划需要立足行业发展现状和出版社实际情况,要有配套的体制机制,要有知识服务团队加以实施,要推行绩效考核,责任到人,只有这样,才能够切实有效地将战略规划落实到日常的经营管理实践中去。

2. 知识服务模式的策划

出版社知识服务模式的策划,是指根据目标用户的知识需求的不同,而确定采取信息服务、知识产品抑或知识解决方案,以及采取具体哪一种信息服务、知识产品和解决方案。知识服务模式策划是策划人员根据用户需求及调研结果明确其市场定位、确定知识资源,并据此确定服务模式。知识服务模式策划由用户需求分析、资源可行性分析、技术可行性分析、市场可行性分析、撰写产品计划书等基本步骤构成。

在上述可行性分析之中,目标用户类型分析、同类竞争性产品分析和目标用户购买力分析显得至为重要。用户目标是个人用户还是机构用户,决定了知识出版社是采取在线提供还是镜像安装,决定着出版社是提供单一性数字产品还是提供综合性数字产品。同类竞争性产品是否存在、数量多寡,引导着出版社是采取蓝海战略还是红海战略,是填补市场空白还是提供更优质、更便捷的知识产品。值得一提的是,目前,我国知识产品市场的竞争不充分,存在着许多市场空白,尤其是在专业性数字产品和解决方案领域,这便为出版社开展知识服务提供了有力的市场先机。目标用户的购买力分析,直接决定着出版单位的知识服务价格策略体系,仅以政府机关用户为例,出版社所提供的数字图书馆、数据库产品的价格要符合目标用户的年度预算和决策机制,否则将会严重干扰价格策略的稳定性和有效性,出现要么销售打不开局面、要么销售周期人为延长的不利后果。

就 2016 年而言,知识服务模式的策划与创新是出版机构知识服务的主题建设年,如何找寻合适的知识服务模式,是否能够争取到财政项目资金的支持,对于出版机构而言显得特别重要。自 2013 年中宣部、财政部和国家新闻出版广电总局联合启动中央文化企业数字化转型升级项目以来,出版机构先后在基础软硬件配置、特色资源库建设和行业级运营平台等方面获得了中央财政国资预算金的大力支持;而到了知识服务"最后一公里"的阶段,如果财政资金能够继续给予支持,将会大力推动出版企业由传统的图书提供商向知识服务提供商转变,对出版企业而言,这意味着锦上添花甚至是雪中送炭。

3. 知识资源获取

在经过充分的市场调研、制订知识服务模式之后,出版社应该尽最大可能去采集和获取相应的知识资源。知识资源获取的过程就是把用于问题求解的专门知识从某些知识源中提炼出来的过程。① 关于知识资源的获取,经过这几年的转型升级项目实施,出版社并不陌生。知识资源获取的方法主要有三种:存量资源的转化、在制资源的建设和增量资源的发掘。

第一,存量资源获取。存量资源的获取,主要采取纸质产品形态转化的手段,对出版社既存的知识资源进行数字化、碎片化,进而获得所需的各种类型的知识资源。各出版社的历史有长短,所积累的存量图书少则千余种,多则数万种,这些存量资源的数字化、碎片化是很重要的知识资源积累。

第二,在制资源获取。在制资源的获取,是指针对出版社日常编辑出版过程中的知识,通过流程同步化的手段,进行数据的标引、加工,以获得所需的知识资源。通过2013年第一批数字化转型升级项目的有效实施,出版社基本具备了在制资源的获取能力。

第三,增量资源获取。增量资源的获取,是指在出版社主营业务之外,通过资源置换、资源购置、网络抓取等方式和手段,获得所需的知识资源。增量资源获取能力的高低,是出版社开展知识服务,与民营企业、海外出版机构竞争的关键所在,也是目前各出版社正在着力解决的难题。

4. 知识资源组织

在实现知识资源获取之后,出版社需要根据目标用户的知识需求或者知识服务的类型开展知识资源的组织工作。知识资源组织的路径主要有三种:基于知识体系、基于行业应用和基于用户定制。

(1) 基于知识体系的资源组织

基于知识体系的资源组织,是指根据各学科领域的细分不同,在抽取和建立知识元的基础上,形成各个学科领域的知识体系,根据知识体系的逻辑层次对文字、图片、声音、视频、影像等各种类型的知识资源进行聚类和重组。② 基于知识体系组织资源,主要可面向高校、科研机构和科研工作者,提供满足扩展知识面、查阅参考相关资源的知识服务类型。

基于知识体系组织资源,出版社需要做好知识元的建构和知识体系研发两项准备性工作。关于知识元的建构,根据用途不同,出版单位可分别建构概念型、事实型和解决方案型的知识元,为知识服务的有效展开奠定逻辑基础。关于知识体系的研发,在知识元建构的基础上,理清知识元相互之间的知识逻辑层次,分别就学科、领域而制订知识体系,将知识体系作为知识标引的依据和参照。

---

① 董金祥.基于语义面向服务的知识管理与处理[M].浙江:浙江大学出版社,2009(08).
② 张新新.数字出版产业化道路前瞻——以专业出版为视角[J].出版广角,2014(9).

(2) 基于行业应用的资源组织

基于行业应用的资源组织,是指根据目标用户的行业应用需求不同,围绕特定行业、特定领域用户的业务流程、工作环节组织文字、图片、声音、视频、影像等各种类型的知识资源。随着知识服务向专业化、行业纵深角度开展,越来越多的出版社根据所服务的国民经济行业的业务流程、工作环节来组织相应的资源,提供相关的知识服务,例如社科文献出版社的皮书数据库、法律出版社的中国法官数字图书馆等产品,均取得了较好的社会效益和经济效益。

(3) 基于用户定制的资源组织

基于用户定制的资源组织,是指根据特定用户的具体知识需求不同,围绕特定知识问题,对相关知识资源进行重组、聚类和关联,向特定用户进行推送或者交付。基于用户定制的资源组织往往适用于较高端的知识服务,为了满足特定用户的个性化需求,而提供定制化的知识解决方案,例如,励德爱思唯尔的数字决策工具产品。

5. 知识资源应用

在采集、组织好相应的知识资源以后,便步入到知识资源应用的环节。知识资源的应用,分为内部应用和外部应用,内部应用包括知识的共享和交流,外部应用就是出版社用之以开展知识服务了。

知识共享是指员工彼此之间相互交流的知识,使知识由个人的经验扩散到组织的层面。[1] 这样在组织内部,员工可以通过查询组织知识获得解决问题的方法和工具。反过来,员工好的方法和工具通过反馈系统可以扩散到组织知识里,让更多的员工来使用,从而提高组织的效率。出版社进行知识资源的共享管理,一方面可以通过人与人之间的交流,将技能、经验等隐形知识进行传递和共享;另一方面可以通过文档、邮件、数据库录入等方式对开展知识服务的显性知识进行上传和分享。

三、出版社开展知识服务的基本形态

出版社开展知识服务,大致包括两种形态:扩展性知识服务和定制化知识服务。

1. 扩展性知识服务

扩展性知识服务,针对无具体问题,以学习知识、拓展知识面为目的的用户,

---

[1] 岳高峰.知识管理良好实践指南——GB/T 23703 知识管理国家标准解读[M].北京:电子工业出版社,2014(05).

针对用于意欲拓展的知识领域提供较为科学的研究方向和相关数据资料。扩展性知识服务的主要形态有：

(1) 数字图书馆

数字图书馆，是指出版社按照学科体系或者行业应用为分类标准，提供综合型、全面性或者特定行业、特定领域的数字图书、期刊、报纸，及其检索、复制、粘贴、关联等多项服务。如中国法学院数字图书馆、中国少年儿童数字图书馆等。

(2) 专业数据库

专业数据库，是指出版社按照特定行业或者特定专业，以海量条目数据作为基本知识素材，以提供检索、查询、复制、粘贴、推荐、关联等各种服务。如北大法宝数据库、皮书数据库等。

(3) 知识库产品

知识库产品，是指以知识体系为内核，综合采用文字、图片、音视频等多种知识素材，围绕特定领域、特定行业甚至是特定问题，提供一站式知识服务。知识库产品是新兴、先进的知识服务类型，融入了知识体系的内核，能够满足特定领域的知识需求，目前正处于探索和建设阶段。

(4) 大型开放式网络课程 MOOC(massive open online courses)

MOOC，是指出版社按照学科领域的不同，集中拍摄、制作各个领域权威教授的网络课程，通过互联网传播的手段，面向规模巨大的学生受众群体进行开放和提供服务。例如，人民卫生出版社的人卫 MOOC 联盟产品。

2. 定制化知识服务

定制化知识服务，是根据用户需求，以用于欲解决的问题为目标，不仅为用户检索并提供数据，更要根据相关知识对提供的数据进行筛选、清晰、拆分、重组，提供解决问题的产品或者方案。定制化知识服务的主要形态有：

(1) 个性化知识解决方案

通过用户特定类别、特定领域的个性化知识问题需求，提供点对点的直联、直供、直销的知识解决方案，以满足用户的个性化知识需求。例如，励德爱思唯尔的数字化决策工具。

(2) 移动型知识服务平台

遵循移动互联网传播规律，以知识元数据为资源基础，以通信技术为支撑，针对用户个性化、定制化的知识需求，采取模糊匹配、语音回复等方式，提供个性化的知识解决方案。法律出版社正在研发的手机律师产品便属这种类型。

(3) 小规模限制性在线课程 SPOC(small private online course)

SPOC，是指根据企业需求，创建小规模限制性在线课程，为特定用户提供服务。① SPOC将课堂人数控制在一定数量,并对课程活动做出明确规定,如在线时间、作业完成情况和考试及格线等。需要指出的是,SPOC课程产品是对MOOC产品的改进和扬弃,它能够有效提高出版机构和目标用户的互动性,并且能够提高课程的完成率和通过率。

结语:

结合目前国内出版业的现状来看,部分出版社已经在扩展性知识服务方面研发了相应的知识产品,并且取得了一定的社会效益和经济效益,尽管这种效益比例占出版社整体收入还相对较低;但是,仍然有大部分出版社在知识服务方面还没有形成清晰的知识服务战略规划,没有完成相应的知识积累、知识资源的转化与应用,还缺乏一支了解知识服务原理、通晓知识产品研发、洞察知识服务规律的复合型出版人才队伍。

同时,还应该看到,尽管我们的出版单位已经在知识服务方面进行了探索和试点,但是我们目前所取得的成果仍然局限于扩展性知识服务范畴,对于如何针对特定群体、特定个人的目标用户提供定制化的知识服务,出版单位还没有产生示范性、引领性的服务模式和服务案例。一言以蔽之,知识服务转型之路,还有很长的道路要走。

第三节 新闻出版智库与知识服务顶层设计

自2013年原国家新闻出版广电总局推动新闻出版业数字化转型升级工作以来,智库专家就在转型升级的政策制定、路径设定和业态创新方面起到了积极和实质性的作用。

在知识服务领域,政务、产业和学界专家纷纷献言建策、贡献智慧,为理论和实务界绘制了一幅宏伟的知识服务蓝图;迄今为止,专业出版领域的知识服务产品如雨后春笋纷纷涌现、知识服务的市场营销百花齐放、知识服务的标准规范体系健全、知识服务的未来发展前途光明,均与智库专家的经验分享、智慧共享紧密相关。

---

① 维克托·迈尔-舍恩伯格,肯尼思·库克耶.与大数据同行——大数据与未来教育[M].赵中建,张燕南,译.上海:华东师范大学出版社,2015.

一、智库建设的宏观调控价值——政策

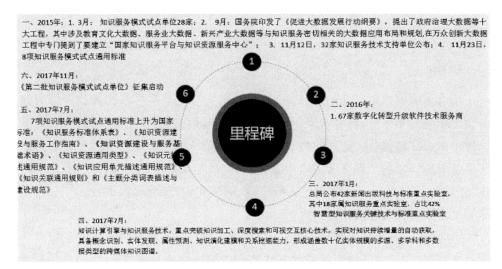

图10-2 知识服务进入新闻出版业的里程碑

在新闻出版知识服务的政策演变方面,智库专家起到了积极的作用,无论是政府宏观调控领域的专家、业界实务一线专家还是学界理论专家,对知识服务的政策沿革,均起到了积极的助推作用:

1. 三批知识服务模式试点单位的遴选与公布

与新闻出版知识服务直接相关的政策是2015年3月原国家新闻出版广电总局发布了首批知识服务模式试点单位。首批试点单位共计28家,主要集中在专业出版领域,如地质出版社、法律出版社、人民法院出版社等。首批试点单位在专业出版的知识元研发、知识体系建设、知识服务标准研制与宣贯、数字内容资源加工、知识服务工具研发与平台建设、知识服务商业模式探索等方面均取得了良好成绩。

第二批知识服务模式试点单位于2017年11月征集启动,2018年1月,共计遴选出27家知识服务模式试点单位。第二批知识服务模式试点单位中,大学出版社的比例相对较高、地方出版社入围也比较多。

2018年6月1日,中国新闻出版研究院公布了第三批知识服务模式试点单位的遴选结果,确定了人民出版社等55家单位为知识服务模式试点单位。第三批知识服务模式试点单位除了包含出版单位以外,还包括高等院校和图书馆,覆盖面更加广泛;同时,综合性知识服务的色彩较重。

值得一提的是,三批知识服务模式试点单位的策划、遴选与公布过程,智库专家积极参与,分别确立每一批次的遴选重点,并由我国新闻出版的官方智库——中国新闻出版研究院主持发布了第三批试点单位。

2. 知识服务技术支持与保障政策

除了由出版机构为主体所构成的新闻出版知识服务模式试点单位以外,政府主管部门还及时发布了知识服务技术支持与保障政策,遴选出若干批次知识服务技术支持与保障企业。主要类型包括:

2015年11月12日,32家知识服务技术支持单位公布,分为三类:其一,核心技术支持单位;其二,知识体系建设及知识化加工、管理技术支持单位;其三,知识服务与运营技术支持单位。

2016年,67家数字化转型升级软件技术服务商推荐名录发布,40家北京技术企业入围,其余27家分布在地方各省份。根据智库专家意见,数字化转型升级软件技术服务商所提供的技术主要涵盖:融合出版软件系列、ISLI工具集、CNONIX工具集、虚拟仿真技术系统、增强现实工具系统等。

2017年7月20日,国务院发布了《新一代人工智能发展规划》,其中明确规定了"知识计算引擎与知识服务技术":"重点突破知识加工、深度搜索和可视交互核心技术,实现对知识持续增量的自动获取,具备概念识别、实体发现、属性预测、知识演化建模和关系挖掘能力,形成涵盖数十亿实体规模的多源、多学科和多数据类型的跨媒体知识图谱。"

对于知识服务关键技术的认知和理解,智库专家也是在学习、研究和实践中逐步认知完善和成熟,形成了从知识资源加工、知识元发现、知识体系建设、知识标引、知识关联、知识计算、形成知识图谱、提供知识服务基本形态的清晰技术路径。在充分吸收各界专家意见的基础上,新闻出版政府主管部门先后几批次遴选出符合行业需求、适应发展方向的技术供应商。需要注意的是,这些技术供应商仅仅是推荐性质,不带有强制性质,各新闻出版企业在日常实践中,根据自身发展需要和行业实际情况,按照相应的招投标程序,可在更广阔的范围内选择技术服务提供商。

3. 国家级知识服务平台相关政策

针对新闻出版各企业知识资源"小、散、弱"的实际状况,智库专家从行业实际出发,分别采取撰写论文、观点汇报等方式,多次建议构建特定行业、特定领域的完整知识资源体系和知识服务产品体系。这些建议也在各个国家级的文件和政策中得到了及时回应。

2015年8月底,国务院发布《促进大数据发展行动纲要》。《纲要》提出了政府治理大数据等十大工程,教育文化、服务业、新兴产业大数据等与知识服务密切相关的大数据应用中进行布局和规划，在万众创新大数据工程中旗帜鲜明地提出建立"国家知识服务平台与知识资源服务中心"。——"知识服务大数据应用。利用大数据、云计算等技术，对各领域知识进行大规模整合，搭建层次清晰、覆盖全面、内容准确的知识资源库群，**建立国家知识服务平台与知识资源服务中心**，形成以国家平台为枢纽、行业平台为支撑，覆盖国民经济主要领域，分布合理、互联互通的国家知识服务体系，为生产生活提供精准、高水平的知识服务。提高我国知识资源的生产与供给能力。"

2016年1月，原国家新闻出版广电总局办公厅向中国新闻出版研究院下发了《关于同意筹建知识资源服务中心的批复》（新广出办函[2016]28号），批准中国新闻出版研究院筹建知识资源服务中心。截至目前，中国新闻出版研究院已经完成国家知识资源服务中心的门户网站的主体建设，出版领域提供知识服务的出版企业信息、技术企业信息、产品信息、法规信息等相关内容已上线发布。

4. 知识服务相关的重点实验室政策

智慧驱动型知识服务是最新出现的知识服务模式。各新闻出版企业充分运用科技与标准重点实验室、出版融合重点实验室的资质和智库平台，结合自身特色和优势，开展相关知识服务工作。

其中，在原国家新闻出版广电总局所公布42家新闻出版科技与标准重点实验室中，有18家属知识服务重点实验室，占比42%。地质出版社所牵头组建的"智慧型知识服务关键技术与标准重点实验室"、知识产权出版社牵头成立的"知识产权知识挖掘与服务实验室"等多家知识服务紧密相关的实验室获批为2017年度优秀新闻出版业科技与标准重点实验室。

二、智库建设的顶层设计作用——路径

知识服务三步走战略，是迄今为止学界、业界和政府层面所公认的新闻出版知识服务的清晰路径，分别是基础软硬件改造、特色资源库建设、行业级运营平台的研发。该三步走战略，在政策和资金支持层面，分别得到了2013—2015年国家级文化产业发展专项资金的支持，惠及新闻出版企业多达上百家。

知识服务三步走战略，肇始于2012年文博会期间：若干新闻出版企业一线的实务专家在政府主管部门负责人的带领下，探讨未来几年数字出版的发展以及知识服务走向时，结合行业实际，采用头脑风暴的专家意见法，将三年的知识服务路径予以清晰勾勒。

基础软硬件改造，旨在为新闻出版企业开展知识服务配备必要的基础硬件设备和软件系统。除了基础硬件的改造和升级以外，当时为各新闻出版企业所

普遍配置的软件系统有数字化加工软件、内容资源管理系统、编辑加工系统和产品发布系统共计四项软件。

特色资源库建设，主要是实现新闻出版企业的内容资源数字化加工、数据化加工、知识化标引和产品化准备，集中解决了新闻出版企业尤其是中央文化企业的存量资源数字化问题，同时也购置和扩充了部分增量数字资源。

行业级运营平台，致力于解决新闻出版企业知识服务"最后一公里"的销售问题，通过企业级行业级运营平台的研发与建设，推动新闻出版企业具备数字化运营和推广的能力，为最终的知识服务提质增效提供运营和营销支持。

知识服务三步走战略，是行业专家集体的智慧结晶，是对新闻出版知识服务的路径设定，是新闻出版转型升级的主体框架，整体上实现了装备的转型升级、资源的数字化和数据化、运营平台的研发与建设目标，基本实现了预期的社会效益和经济效益。

在接下来的知识服务发展历程中，各界专家纷纷贡献智慧，以"提质增效""智能知识服务""知识计算"等为关键词的智能知识服务将走向历史的舞台，以市场化机制为导向的知识服务产业化将走向纵深。

智能知识服务的主要特征包括：① 各行业所构建的专业知识库，将会从单一型知识库向多源、多学科、多数据类型、跨媒体的知识库的方向演进和升级；② 知识服务将会从目前的知识库构建、应用为主，转向更加纵深的专家系统，并将与大数据、机器学习等最新技术相融合。③ 知识服务所要重要突破的技术包括：重点突破知识加工、深度搜索和可视交互核心技术，实现对知识持续增量的自动获取，具备概念识别、实体发现、属性预测、知识演化建模和关系挖掘能力。

智能知识服务未来场景描述，在2018年初的新闻出版行业智库专家会上曾经被充分讨论，最终达成的共识如下："研发应用知识计算引擎、知识管理及知识服务的关键技术与标准，鼓励发展众筹众智、众问众答的共享知识经济，创新发展满足人民群众精神文化需要的扩展性知识服务和定制化知识服务。培育壮大以知识、技术、信息、数据等新生产要素为支撑的数字经济新动能，重点发展面向垂直领域的国民经济各行业知识资源数据库和服务平台；建立国家知识资源服务中心，重点提供信息服务、知识产品和知识服务解决方案，形成涵盖数十亿实体规模的多领域、多学科和多数据类型的跨媒体知识图谱。"

三、智库建设的定标贯标贡献——标准

知识服务，智库引领，标准先行，科技支撑，行稳致远。以新闻出版标准领域的智库专家所引领的知识服务标准工作，在十三五期间实现了突破性进展，取得

了良好的工作业绩。

1. 知识服务系列标准概况

2015年11月12日,在国家新闻出版广电总局的统筹下,在全国新闻出版标准化技术委员会和中国新闻出版研究院的指导下,由出版机构主导研发的八项专业数字内容资源知识服务模式试点通用标准,全部通过评审。八项标准分别为:《知识服务标准体系表》《知识资源建设与服务工作指南》《知识资源建设与服务基础术语》《知识资源通用类型》《知识元描述通用规范》《知识应用单元描述通用规范》《知识关联通用规则》和《主题分类词表描述与建设规范》。2015年11月23日,上述八项标准正式批准发布。2018年6月,上述8项标准中的7项正式进入国家标准的研制阶段。2019年5月30日,该7项国家标准通过了最终的专家会审查,步入最终的报批和发布阶段。①

此外,在建筑、法律、宏观经济、农业科技、自然资源等领域的知识服务企业标准层面,有关出版社纷纷制订了企业标准,涉及知识体系、知识服务指南、知识关联规则等;在制订标准的基础上,标准的宣贯和落地实施工作也在紧锣密鼓推进。

2. 出版机构知识服务标准体系的价值分析

包含着行业智库专家智慧的《知识服务通用标准体系》,具有以下几个方面的特征和价值:

首先,锻炼了出版企业的标准化队伍,提升了出版人的知识服务理论素养。在标准的撰写主体方面,一改过去的由技术企业牵头的做法,转而由出版单位牵头制订。在标准制订之初,所确定的28家出版单位,在标准人才储备方面略显不足,标准起草的经验也不丰富,这种人才和经验的欠缺曾一度引起质疑。而经过长达5个多月的专业训练和认真学习研究后,所制订的8项通用标准得到了业界专家的一致认可和高度肯定。这项标准撰写工作,一方面为出版企业开展知识服务提供了依据和准绳,使得知识服务的开展有章可循、有据可依;另一方面,推动和促进了一批新闻出版标准化人才的成长,锻造和提升了一支出版企业成长起来的标准化队伍。

其次,涵盖了知识服务的基本理论、基本经验、基本方法和基本流程。8项标准由《知识服务标准体系表》统领,包括基础术语、知识资源类型、知识元描述规范、知识应用单元描述规范和知识关联规则等通用性的理论型标准,同时也包括知识资源建设与服务工作指南这一最具实务指导性的应用型标准。八项标准大多包含了所在领域的基本概念和经验,而《知识资源建设和服务工作指南》则

---

① 知识服务标准体系表未被列入国家标准研制序列。

囊括了知识资源建设的基本条件、基本流程和基本方法,对于广大出版企业开展知识资源数字化、碎片化和数据化工作具有较强的指导意义,对于出版机构探索知识服务模式、应用不同的知识服务形态实现自身的转型升级具有较高的借鉴价值。

再次,借鉴和吸收了图书情报界的成熟经验做法,同时开创性地融合了新闻出版界知识服务的新技术、新业务和新业态。图书情报界关于信息、数据和知识等知识服务的基本范畴大多被此次知识服务标准体系所吸收,而那些晦涩、繁杂的专业性观点则较少被采纳;而新闻出版界所正在开展的数字图书、知识库、专题数据库、MOOC课程、SPOC课程等知识服务的形态多数都被包括在标准体系中。

最后,确立了知识服务的基本阶段,厘清了知识服务的基本形态。本着删繁就简、求同存异的原则,此次知识服务标准所确立的基本阶段包括知识服务战略规划制定、知识服务模式策划、知识资源的获取、知识资源的组织和知识资源的应用;而知识服务的基本形态则包括基于满足大众求知欲的扩展性知识服务和基于满足小众个性化知识需求的定制化知识服务。例如,MOOC是典型的扩展性知识服务形态,而SPOC则是较为新兴的定制化知识服务形态。

四、出版智库研究的核心范畴——模式

伴随着"十二五"时期国家新闻出版业转型升级的启动,"十三五"时期新闻出版转型升级的深入推动、媒体融合步入深度融合发展阶段,知识服务的发展呈现出多层次、全方位、立体化的发展特征。知识服务已先后走过基础软硬件配置、知识资源的数字化和数据化、知识体系研发、知识服务供应等阶段,目前正处于提质增效、推广应用的阶段,也是经受市场检验的关键阶段。

知识服务模式的实践与研究,是知识服务开展的核心内容,也是新闻出版智库研究的核心范畴。经过多年的发展,政策驱动型知识服务、产品驱动型知识服务、信息驱动型知识服务、技术驱动型知识服务和智慧驱动型知识服务为代表的"五大知识服务模式"已经成为业界典型代表,而最具生命力和创新力的智慧驱动型知识服务则走在了时代前列,成为知识服务模式的排头兵。智慧驱动型知识服务模式,是专家智慧与知识服务有机融合的产物,是智库思维与知识产品相得益彰的结果,是智库运行机制与知识服务流程相互促进、相互启迪的最新业态。

我国较早时期出现的知识服务产品类型有数字图书馆、数据库产品、终端阅读产品、手机书等,后来又陆续出现了以知识体系为核心的知识库、大数据知识服务平台、MOOC/SPOC在线教育平台、AR图书、VR图书等新产品新形态。

从2015年至今,国家新闻出版政府主管部门先后启动了三批110家知识服务模式试点单位的遴选、32家知识服务技术支持单位的遴选、67家数字化转型

升级技术供应商的遴选、18家知识服务类别科技与标准重点实验室的公布、8项知识服务项目标准的发布、7项知识服务国家标准的启动等工作,分别在试点示范、技术支持、科研支撑、标准研制等方面取得了卓有成效的业绩。

以知识服务层次为标准划分,出版社所开展的知识服务分为三层:第一层为信息服务;第二层为知识产品;第三层为知识解决方案。

以满足不同的用户需求为标准划分,包括扩展性知识服务和定制化知识服务。扩展性知识服务,针对无具体问题,以学习知识、拓展知识面为目的的用户,针对用于意欲拓展的知识领域提供较为科学的研究方向和相关数据资料。定制化知识服务,是根据用户需求,以用于欲解决的问题为目标,不仅为用户检索并提供数据,更要根据相关知识对提供的数据进行筛选、清晰、拆分、重组,提供解决问题的产品或者方案。

以动力源泉为标准划分,知识服务分为政策驱动型知识服务、信息驱动型知识服务、产品驱动型知识服务、技术驱动型知识服务和智慧驱动型知识服务等五种知识服务模式。

1. 政策驱动型知识服务模式

政策驱动型知识服务模式是政府配置出版资源的体现,主要是以各行业的政策为支撑、为契机,以行业知识需求为导向,旨在以机构知识服务为主体的知识服务模式。政策驱动型知识服务模式往往伴随系统、行业重大政策的出台和公布,采取较为前瞻性的数字技术,往往是政府购买服务,主要是政策撬动、引导而产生的知识服务市场;受政策辐射效应,此类知识服务模式往往也适用B2C、B2G的商业模式,知识服务产品在短期内能实现较高的市场占有率。

以政法类知识服务产品为例,《人民法院第三个五年改革纲要(2009—2013)》一公布,法律出版社即在2012年推出"中国法官电子图书馆"产品,并在全国各地数百家法院上线使用。在原国家新闻出版广电总局组织的"数字出版转型示范单位"评审中,法律出版社获批全国首批"数字出版转型示范单位",该产品是其通过评审的关键性因素。法律出版社因此取得了良好的经济效益,实现了社会效益和经济效益的相统一。2016年1月,最高人民法院信息化建设工作领导小组首次提出建设"智慧法院"。2016年12月,国务院印发的《"十三五"国家信息化规划》,明确指出支持"智慧法院"建设,推行电子诉讼,建设完善公正司法信息化工程。2016—2018年,最高人民法院召开了多次信息化工作会议,会上均强调建设"智慧法院"。"智慧法院"政策的出台,推动了"法信——中国法律应用数字网络服务平台"(简称"法信")的建设,"法信"是典型的政策驱动型知识服务平台。"法信"是中国首家法律知识和案例大数据融合服务平台,由最高人民法院立项,财政部提供资金支持,人民法院出版社负责实施。平台建设定位于法律服务市场需求,在人民法院出版社自有资源的基础上,结合热点法律案例解读,不断丰富和扩展资源库,建设面向法律人士的精准化一站式法律知识服务平台。迄今为止,"法信"已经在全国 30 个省市自治区的 3 200 家法院上线,成为全国 80 万法律人优选的知识服务工具。

2. 产品驱动型知识服务模式

产品驱动型知识服务模式是出版单位以知识资源为基础,研发和锻造优质知识服务产品,以优质资源为动力,以产品质量为抓手,提高知识服务市场占有率,抢占知识服务市场高地。产品驱动型知识服务模式的主要特征有:产品内容丰富、结构合理、技术较为稳定和先进,产品美誉度和知名度较高,市场覆盖率较广。研发单位往往集数年乃至数十年之功,精心打磨知识服务精品,以产品核心竞争力取胜,进而在激烈的市场竞争中占有一席之地。

产品驱动型知识服务模式的主要案例有社会科学文献出版社的"皮书数据库"。该数据库以皮书系列研究报告为基础,内容丰富,主要包含中国经济发展数据库、中国社会发展数据库、世界经济与国际政治数据库、中国区域发展数据库、中国竞争力数据库、中国文化传媒数据库等产品,已经连续几年实现 2 000 万元以上的产值。人民卫生出版社研发的"人卫临床助手"也属于产品驱动型知识服务模式。截至 2018 年上半年,"人卫临床助手"资源建设已初具规模,涵盖疾病知识 11 549 条,典型病例 5 000 例,医学词汇 17 万条,国家临床路径 1 213 个。产品驱动型知识服务模式还包括一些影视产品,如地质出版社拍摄制作的 4D 电影《会飞的恐龙》。《会飞的恐龙》获得 9 项国家级、省部级大奖,放映次数

图 10-3 《会飞的恐龙》首映式

多达80万次。其中,仅中国科技馆2015年6月至2016年底就放映529次,观影人次多达79 350次,票房收入达到159万元。截至2017年底,全国票房收入估计为800万元。

3. 信息驱动型知识服务模式

信息驱动型知识服务模式,是指通过提供特定行业系统、特定地域区域、特定专题领域的资讯信息,为用户提供服务的知识服务模式。信息驱动型知识服务隶属于知识服务的第一层次——信息服务范畴,往往在新闻领域应用较多,其发展的典型性业态是融媒体。信息来自对数据的萃取、过滤或格式化后而赋予数据一定的意义,来自或根据特定主题而收集的事实及数据。此种知识服务模式以行业资讯或其他动态信息为资源基础,通过运用大数据、人工智能等技术进行统计分析、资源整合,为相关行业企业或者从业者提供综合的解决方案。

以信息驱动的知识服务产品更加注重多元化的解决方案,包括行业热点信息解读、主题报道、市场动态分析以及相关产业战略规划等。励讯集团是典型的信息驱动型知识服务商,是目前世界上最大的科技、医学、法律、商业信息服务提供商之一,其收入的大部分来自信息服务。励讯集团在全球拥有超过30 000名员工,为180多个国家的客户提供专业信息服务。我国新闻业信息驱动型知识服务的主要案例体现为融媒体,包括行业性融媒体、区域性融媒体和品牌性融媒体,以及融媒体发展高级形态的中央厨房。"出版头条"和"百道网"是我国面向出版业的信息驱动型知识服务产品,大多以新闻出版业的新闻、资讯、动态信息为基础,经过大数据分析、人工加工编辑等手段进行资源重新整合,为出版单位和出版从业人员提供即时信息解读、市场分析等综合解决方案。

4. 技术驱动型知识服务模式

技术驱动型知识服务模式,是以高新技术作为驱动,研发前瞻性产品,为用户提供新型服务的知识服务模式。高新技术的应用、前瞻性产品的研发、科技与新闻出版的融合,是技术驱动型知识服务模式的典型特征。具体而言,技术驱动型知识服务模式又分为两种。其一,以高新技术为内核的知识服务,这类知识服务产品都使用高新技术,探索将前瞻性技术与传统内容相结合,研发新型产品,提供新型服务。如近几年持续成为焦点的大数据技术、AR技术、VR技术与新闻出版业的融合,催生出诸如"自然资源大数据平台"、苏州梦想人的AR图书系列产品、武汉和思易VR教育科普产品等。其中,"自然资源大数据平台"涵盖23类学科知识内容,知识关联2 000多万种,文字、图片资源数百万条,并且通过网络爬虫技术持续扩充资源,可支撑用户数据模型及交互数据的可视化展示。其二,新闻出版机构自建技术团队,提供知识服务领域的技术开发服务。2018

年底地质出版社旗下中地数媒公司(数字出版分社)依托两家高新技术企业,数字出版业务收入突破2 000万元,实现收入和利润连续三年翻番,形成了由技术开发、影视制作、智库建设、自然资源知识服务在内的知识服务矩阵,正式步入市场化、规模化、高质量发展的阶段。技术驱动型知识服务模式的关键在于将高新技术原理与新闻出版产业链有机结合,探索并找寻出各种技术在新闻出版业应用的路径和规律。

值得一提的是,几乎所有新闻出版单位,都高度重视高新技术与传统内容的融合,都积极探索和布局媒体融合发展,努力实现科技为出版赋能。

5. 智慧驱动型知识服务模式

图10-4 自然资源大数据平台

图片来源:http://geobigdata.zdsmbj.com.

智慧驱动型知识服务模式,是指以国家级重点实验室为龙头,以智库建设为核心,以产学研用一体化为整体格局,通过提供智慧型产品服务、智库咨询、智库报告、举办高端会议论坛、开展标准研制和宣贯,提供知识服务的模式。

智慧驱动型知识服务模式是近年来出现的创新型知识服务模式,其共同特征包括:

其一,以国家级重点实验室为龙头。开展智慧型知识服务的新闻出版单位大多都以融合发展、科技与标准重点实验室为依托,高度重视研发,强调创新,将科技融入出版,努力实现全程媒体信息无处不在、全员媒体提升公众参与度、全息媒体多元展现、全效媒体功能多样的全媒体发展。

其二，以智库建设为核心。开展智慧驱动型知识服务，首要确保的是拥有足够的智力资源和专家智慧，建设一支强有力的专家队伍，因此，智库建设成为出版单位战略布局知识服务领域不可或缺的一环。如中国农业出版社成立了"三农出版发行高端智库"，中国建筑工业出版社设立了"建设发展研究院"，知识产权出版社发起了"i智库"，地质出版社面向自然资源行业组建了"睿智库"。"融智库"则是由知识产权出版社和地质出版社联合发起的专业智库，在课题委托、标准研制、论坛主办、成果出版、运行机制等方面已不断完善并日臻成熟。

其三，致力于智慧技术研发应用，持续开展标准研制和宣传。以知识产权出版社、人民卫生出版社等中央部委出版社为代表的智慧驱动型知识服务提供商，大多重视人工智能、增强现实、虚拟仿真等智慧型技术的研发与应用，持之以恒的研发技术含量高的创新型产品，如中国知识产权大数据与智慧服务系统（DI Inspiro）、"人卫智网"医学教育智慧平台等。同时，各类标准化工作也在持续推进中，无论是早期的新闻出版转型升级标准体系，后来的复合出版工程系列标准，还是最近的国家知识服务标准，这些致力知识服务的新闻出版企业都给予了人财物支持，给予了智慧支撑和智力支持，并且经常开展标准的宣传、贯彻和落地执行工作。

其四，创新第一驱动，人才第一资源。智慧型知识服务模式的市场主体，都把创新作为第一动力。在产品创新方面，各单位纷纷试水大数据产品、AR产品、VR视频、"机器人+"阅读的新业态、新模式；在技术创新方面，知识产权出版社长期致力于大数据、语义分析技术的应用与推广；在运营创新方面，"直销+代理""机构+个人""线上+线下"的销售模式纷纷涌现，成为数字出版创收、盈利的主要商业模式。智慧型知识服务模式的市场主体，都把人才作为第一资源。在发展模式方面，地质出版社推行协议工资制，引进行业领军人才和骨干人才，持续供应新兴出版的人才资源，按照市场经营规律和现代企业制度推进数字出版的产业化发展；人民法院出版社、人民卫生出版社、社会科学文献出版社等企业均拥有一支数十人规模的知识服务队伍，形成涵盖战略、内容、技术、运营等全方位的人力资源布局。

其五，提质增效重要性凸显，融合传统部门成为趋势。采取智慧型知识服务模式的新闻出版企业，除了一如既往地强调转型升级以外，还对提质增效提出了更高的要求，通过市场经营实现规模千万元以上的收入、实现数百万元的盈利已经成为知识服务绩效考核的现实可能指标，也是传统新闻出版企业知识服务转型初步成功与否的重要标志；与此同时，对传统出版部门的支撑与融合，成为智慧型知识服务的未来发展方向。

今后,政策驱动型知识服务需要更好发挥政府配置资源的作用,同时面向广大的机构市场进行大力推广和应用;产品驱动型知识服务、信息驱动型知识服务、技术驱动型知识服务,须以市场为导向,以用户知识需求为目标,以科技与新闻出版融合为抓手,形成"政府引导、企业主体、市场主导、创新驱动、质效并重"的发展格局;智慧驱动型知识服务将成为国有数字出版知识服务的主流模式,成为数字出版产业化、新兴出版提质增效、出版与科技融合的主力军,成为数字出版提高发展质量和效益、落实媒体融合重任的必然选择。

(张新新:中国大地出版社)